本报告出版得到
国家重点文物保护专项补助经费资助

中国田野考古报告集

考 古 学 专 刊

丁种 第八十九号

拜 城 多 岗 墓 地

中 国 社 会 科 学 院 考 古 研 究 所
新疆维吾尔自治区阿克苏地区文物局　编著
拜 城 县 文 物 局

文物出版社

责任编辑：秦　彧

责任印制：张　丽

图书在版编目（CIP）数据

拜城多岗墓地／中国社会科学院考古研究所，新疆维吾尔
自治区阿克苏地区文物局，拜城县文物局编著 . —北京：文物
出版社，2014.11

ISBN 978 - 7 - 5010 - 4130 - 5

Ⅰ . ①拜…　Ⅱ . ①中…　②新…　③拜…　Ⅲ . ①墓葬（考
古）－研究－拜城县　Ⅳ . ①K878.84

中国版本图书馆 CIP 数据核字（2014）第 253285 号

拜 城 多 岗 墓 地

中 国 社 会 科 学 院 考 古 研 究 所

新疆维吾尔自治区阿克苏地区文物局　编著

拜 城 县 文 物 局

*

文 物 出 版 社 出 版 发 行

北京市东直门内北小街 2 号楼

http：//www.wenwu.com

E-mail：web@ wenwu.com

北京宝蕾元科技发展有限责任公司制版

北京燕泰美术制版印刷有限责任公司印刷

新 华 书 店 经 销

889 ×1194　1/16　印　张：29　插页：1

2014 年 11 月第 1 版　　2014 年 11 月第 1 次印刷

ISBN 978 - 7 - 5010 - 4130 - 5　定价：320.00 元

ARCHAEOLOGICAL MONOGRAPH SERIES
TYPE D NO.89

Duogang Cemetery of Baicheng County

by

Institute of Archaeology, Chinese Academy of Social Sciences

Aksu Bureau of Cultural Relics, Xinjiang Uygur Autonomous Region

Bureau of Cultural Relics of Baicheng County

Cultural Relics Press

目　录

插图目录

彩版目录

第一章 墓地概述

第一节 环境与沿革

多岗墓地位于新疆维吾尔族自治区拜城县亚吐尔乡都干买里村二组东北部约3千米处，县城至牧场的简易公路从墓地的南沿经过（图一）。拜城县境四周群山环抱，为带状盆地。西北高东南低，自然坡降较大，地形复杂，北部为天山主干，南部为却勒塔格山，东部为库车达坂，西部有叠山洪沟。有木扎提河、喀普斯浪河、喀拉苏河、克孜勒河等水系。拜城县气候属温带大陆性干旱型气候，冬季寒冷，夏季凉爽，年均气温7.6℃，无霜期133～163天，年均日照系数为2789.7小时，年均降水量171.13毫米。

拜城县的"拜"为突厥语"巴依"一词音译变音而来，意为富庶。拜城县境，汉时为姑墨

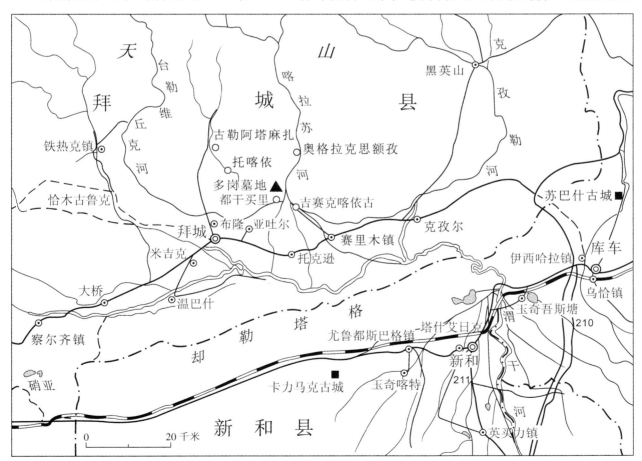

图一 多岗墓地地理位置图

国、龟兹国地，归西域都护统领。唐代这里有两城：西一城为"阿悉言城"，即"拜"，东一城为"俱毗罗城"，即"赛里木"，均属姑墨州，为安西都护府下的龟兹都督府所治。元、明时期为别失八里辖地。直至清乾隆二十五年（1760年）仍设"巴依"和"赛里木"两城。光绪八年（1882年）两地合建拜城县，隶属温宿直隶州。光绪二十八年（1902年）隶温宿府。1920年为阿克苏行政区所辖九县之一。1929年后行政区划均属阿克苏地区。2000年，拜城县辖2个镇、11个乡，分别是：拜城镇、铁热克镇、黑英山乡、克孜尔乡、赛里木乡、托克逊乡、亚吐尔乡、康旗乡、布隆乡、米吉克乡、温巴什乡、大桥乡、老虎台乡。

拜城县境内有很多文物古迹，在黑英山有东汉元寿四年的刘平国作亭诵，在木扎提河畔的明屋达格山，有克孜尔石窟，此外，还有很多古代的烽燧等。

第二节　发掘经过

遗址包括古墓地和石构古城址，地处天山山脉支脉托盖博依尼山南麓、喀拉苏河西岸戈壁台地上。整个遗址背靠天山，山前是冲积台地，墓葬群东西长约1.4～2.2、南北宽约2.1千米，总面积36.8万平方米，有古墓葬近400座。墓地东部、喀拉苏河西岸断崖上有喀拉苏石窟寺院遗址；墓地东南角上有喀拉苏古城。墓葬和石城就分布于这个山前冲积台地的东南部，冲积台地的南部是拜城绿洲盆地，东西向长条形拜城盆地的南部是却勒塔格山，这条山脉的南部就是塔克拉玛干沙漠。发源于天山的喀拉苏河由北向南从遗址东侧流过，流过拜城盆地西部，注入木扎提河。喀拉苏河东侧是东西向的托盖博依尼山，山前也是冲积台地。遗址西部是托盖博依尼山，西南方向的盆地中是拜城县城。冲积台地顺山势由北向南渐低，遗址所在的台地海拔1432米，台地为沙砾混合物，地表遍布戈壁角砾石，戈壁地貌，砾石最大有0.5米见方，绝大部分为拳头大小，有白色、黑色、绿色等。台地含碱量高，植被稀少。零星生长着麻黄、骆驼刺等耐旱耐碱植物（彩版一，1）。

墓地被雨水冲出很多大大小小的南北向沟壑，这些沟壑由北向南渐宽，把台地分割成若干岗梁，岗梁也由北向南渐渐变宽，四百多座古墓葬就分布在这些岗梁上。整个墓地大致分为三区（图二），由西至东编号为Ⅰ、Ⅱ和Ⅲ号墓区（彩版一，2），其中Ⅰ和Ⅱ号墓区北部墓葬为链状分布，南部随地形呈片状分布，Ⅰ号墓区墓葬分布没有Ⅱ号墓区密集，尤其在南部，而且，Ⅰ号墓区多大型墓，Ⅱ号墓区只在南部有一座大墓，Ⅱ号墓区发掘了一座石围墓，出汉代铜印，和其他墓不是一类，将单独介绍。Ⅲ号墓区墓葬大致呈链状零星分布，数量很少，从发掘材料看，有的和Ⅰ、Ⅱ号墓区的墓葬时代相差甚远，可能和喀拉苏寺院有关系，也将单独介绍。在冲积台地的东南角有一个砾石垒墙的椭圆形小城，只有北边和西边有墙，西墙已不存，东边和南边利用台地边缘的陡崖，高十米左右，城内有石围居址，但已被严重破坏。

1998年，多岗墓地被盗掘。新疆自治区文物局上报国家文物局，批准开展抢救性发掘。1999年8月，中国社会科学院考古研究所新疆队、阿克苏地区文物局和拜城县文管所组成考古队，对多岗墓地进行抢救性发掘，共发掘100座墓葬和遗址。

第二章 墓葬分述

多岗墓地发掘的 100 座墓中，M275 是汉代石围墓，III 区墓时代较晚，将在第二节介绍，其余墓葬为圆丘封堆竖穴墓，属于同一文化的墓葬。

墓葬封堆呈椭圆形和圆形，封堆顶部一般有一个凹窝，剖面看为马鞍形，这由三个原因造成，一是因为古代二次葬时，不断打开封堆，造成中间填土疏松下陷；二是因为时间久远，原来墓口搭盖的棚木朽坏，造成的塌陷，这是主要原因；三是后人盗墓造成，这种现象多集中在规模较大的墓葬。

从墓葬规模分，有大、中、小三类，封堆直径 9 米以上为大墓，封堆直径 5～9 米为中型墓，5 米以下为小型墓。

从墓葬形制分，墓坑有椭圆形、甲字形、鞋底形双室墓，有的有附葬坑，有的西部有小龛，有的有棚木，有的有积石和石围，有的既有积石和石围，又有棚木。

从葬式看，埋葬习俗有一次葬和二次葬，葬式有侧身屈肢葬、仰身屈肢葬、俯上身屈下肢葬和仰身直肢葬，其中一、二种葬式最普遍，后两种葬式不多。骨架有完整的，有的葬式清楚，但骨架不全，缺少头或肢骨等，有的骨骼分离，如头身分离，有的只是一堆散乱不全的骨架。有的头骨上有钻孔现象，有钻一个孔或两个孔。在 I 墓区的大墓中，还有在头盖骨上涂朱砂的习俗。有单人葬，单人葬又分屈肢、乱葬和直肢葬三种；有双人葬，又分为成人双人单层和双层葬，一成人与一儿童的双人葬，两个儿童的双人葬；有多人葬，又分多人一层葬和多人多层葬，其中多人多层葬还有棚木之上葬人的类型。

以上墓葬形制和葬式的各种特征在墓葬中搭配出现，使墓葬特征十分复杂。有的墓主身上盖芨芨草编的草席，或是垫在身下。有的底层墓主被置于木棍制成的尸床上。所以，多岗墓地的墓葬在大的方面比较统一，但在细节上非常复杂。下面进行详细介绍。

第一节 圆丘封堆竖穴墓

一 M101

1. 封堆

椭圆形圆丘状砂石土堆（图三；彩版二，1）。封堆底径东西 10.56、南北 9.32 米。墓口至封堆顶部高 0.90～1.10 米。主墓室口西部地面有一石围。上部有一长达 5.48 米的马鞍形凹窝，

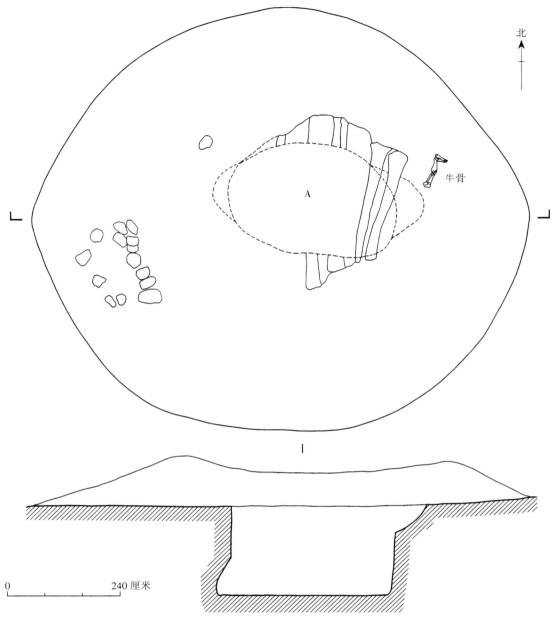

图三　M101平、剖面图

凹窝下部淤土。

2. 墓室

　　瓢形竖穴土坑墓（图四）。墓口上部留存大量棚木（彩版二，2），均为松木，为该墓区棚架最为壮观的一座，直径0.10～0.40米。均横向，未见纵向的。由于塌陷，有的棚架呈V字形。全部棚木均被火烧过，由于经火烧后至今保留较好。西部墓壁往里斜伸，形成一个小龛。墓口长3.28、宽2.48米。墓底长3.40、宽2.30米。墓底至墓口深2.10米。填土为石砾与砂土混合花土。方向268°。

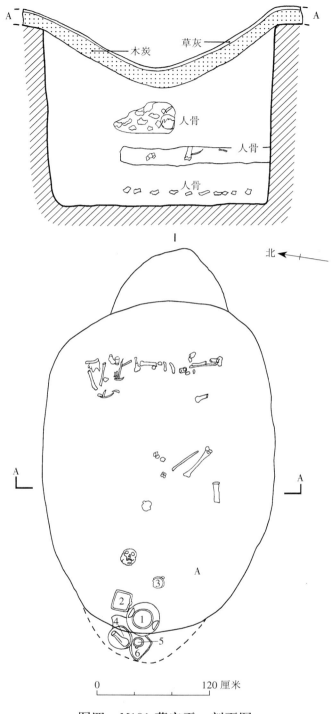

图四　M101 墓室平、剖面图

3. 人骨

无葬具。仅剩下不足 1 人的骨架，少量散乱肢骨，西部头颅碎块。方向以头颅的方向为准。头向西，面朝上。

4. 随葬品

随葬品放于西部小龛处，墓道中有牛骨。

双錾耳釜　1件。

标本 M101：1，夹砂红褐陶，外施淡土色陶衣。高37.8、口径22.6厘米（图五，1；彩版三，1）。

单耳深腹钵　1件。

标本 M101：5，夹砂红褐陶，外施红色陶衣。侈唇，直腹，圜底，沿上耳，耳为修复。口径11.4、高6.2厘米（图五，2；彩版三，2）。

无耳浅腹钵　1件。

标本 M101：4，泥质灰陶，手制。尖圆唇，敛口，圜底。高9.6、口径26.0厘米（图五，3；彩版三，3）。

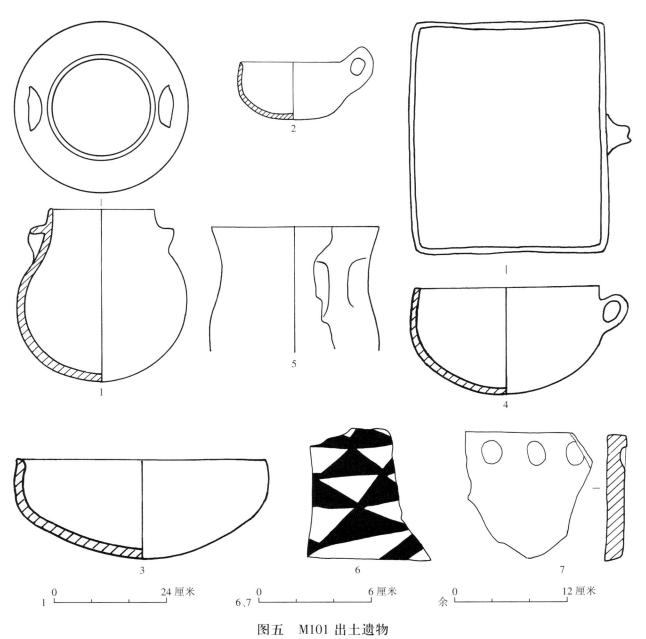

0　　　　　24厘米
1　

0　　　　　6厘米
6、7

0　　　　12厘米
余

图五　M101 出土遗物

1. 双錾耳釜 M101：1　2. 单耳深腹钵 M101：5　3. 无耳浅腹钵 M101：4　4. 单耳方形钵 M101：2　5. 陶片 M101：3　6. 陶片 M101：7　7. 陶片 M101：6

单耳方形钵　1件。

标本 M101：2，夹砂褐陶，内为褐色，外施黑色陶衣，手制。方圆唇，直口，长方口，圜底，单耳。高 11.5、口长 25.0、宽 19.5 厘米（图五，4；彩版三，4）。

陶片

标本 M101：3，夹砂红褐陶。圆唇，敞口，束颈，单耳。口沿外有一圈彩绘，下有深红色三角状纹饰。残高 13.5、口径 18.0 厘米（图五，5）。

标本 M101：7，夹砂红褐陶，外施黄色陶衣，手制。饰实体三角纹。长 7.0 厘米（图五，6）。

标本 M101：6，夹砂红褐陶，手制。方唇，直沿，口沿外有戳凹窝的纹饰。残高 6.8 厘米（图五，7）。

二　M102

1. 封堆

椭圆形圆丘状砂石土堆（图六；彩版四，1）。封堆底径东西长 8.00、南北宽 6.40 米。堆顶距墓口高 0.50 米，西高东低，顶部有直径 2.60、深 0.15 米的凹陷。

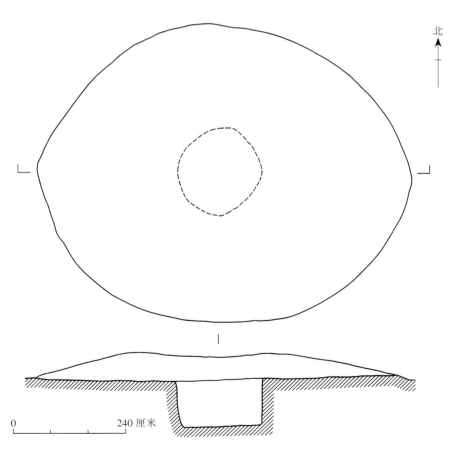

图六　M102 平、剖面图

2. 墓室

近似圆形的竖穴土坑墓（图七）。墓口直径约 1.86、深 1.00 米。墓口无棚木和封石，墓室上下基本一致。填土为淤土及砂石混合土。方向 276°。

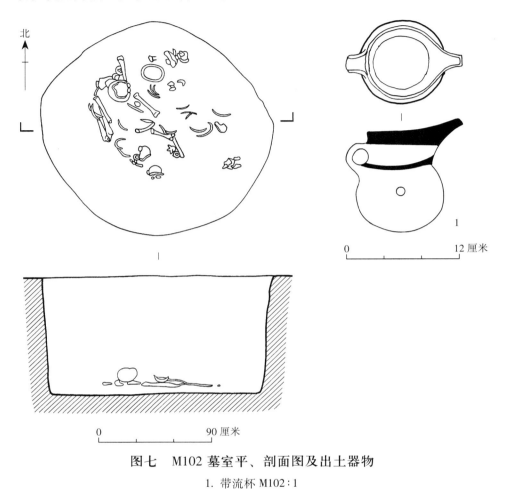

图七　M102 墓室平、剖面图及出土器物

1. 带流杯 M102∶1

3. 人骨

人骨架散乱不全（彩版四，2），从出土骨骼判断，似为两具青年个体，头向、葬式、葬具均无法确定。年龄在 20 岁以上，一男一女，保存状况不好，未采集。

4. 随葬品

无完整随葬品，从出土的 2 个陶器流嘴看，至少有 2 件带流器，修复 1 件。

带流杯　1 件。

标本 M102∶1，夹砂红褐陶，手制。圆唇，侈口，束颈，球腹，圜底，单耳。口沿外有彩。高 10.9、口径 7.4 厘米（图七，1；彩版四，3）。

三　M103

1. 封堆

圆丘状砂石土堆（图八；彩版五，1）。封堆略呈圆形，西高东低，地面由西向东往下倾斜，

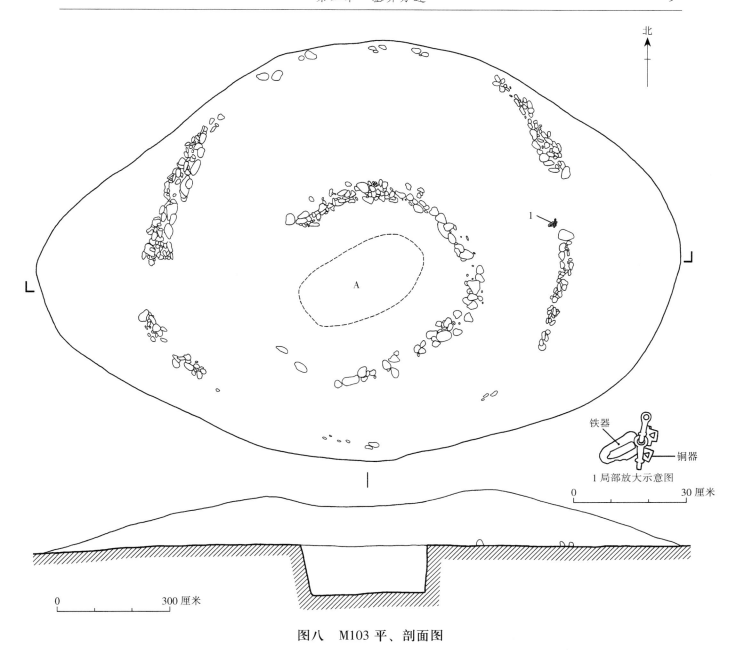

图八　M103 平、剖面图

为石、砂、土混合。封堆下部直径 17.15、上部直径 6.30、高 1.56～1.65 米。顶部凹窝直径 4.95 米。

2. 墓室

椭圆形竖穴土坑墓（图九），墓口上部有内、外圈石围。内圈石围，东西长 5.00、南北宽 4.04 米，外圈石围东西长 10.30、南北宽 8.17 米。墓口表面可见棕褐色棚木痕迹，在墓口外内圈小石围的范围内，未见棚木。墓口长 3.59、宽 2.00 米。墓底长 3.10、宽 1.55 米。墓底距墓口深 1.43 米。方向 240°。

3. 人骨

墓内人骨零乱，可见颅首，部分肋骨、肢骨、指骨等。人数 1 人。

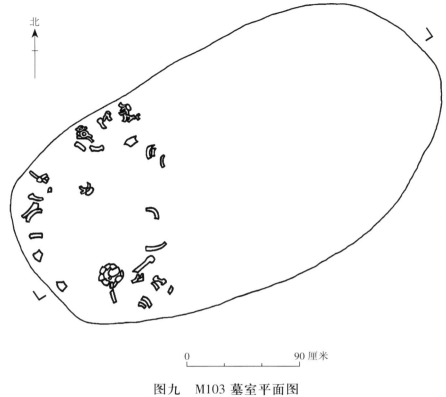

图九　M103 墓室平面图

4. 随葬品

铜牌饰　1 件。

标本 M103：2，青铜质。表面有一层绿色铜锈。表面有纹饰。高 6.6、宽 5.2、厚 0.8 厘米（图一〇，1；彩版五，2）。

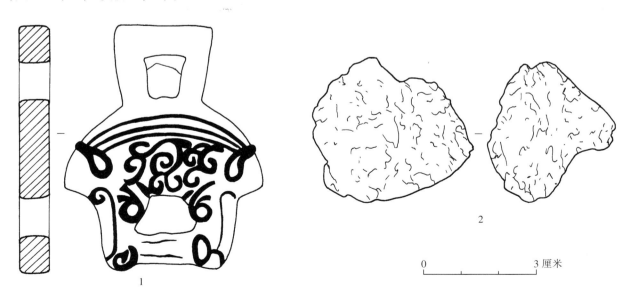

图一〇　M103 出土器物

1. 铜牌饰 M103：2　2. 残铁器 M103：1

铁器　1件。

标本 M103：1，铁质，已残。底部为弧形，中间带铜锈，铁质分层结构，器形难辨。长 4.3、宽 3.7 厘米（图一〇，2）。

四　M104

1. 封堆

圆丘状砂石土堆（图一一）。封堆平面略成圆形，为砂土混合，有的添加大石块堆积而成，未经夯打。封堆底径 11.45、上部直径 4.80 米。封堆高度 0.67～1.00 米，顶部中间有直径 4.10 米的马鞍形凹窝。封堆坡度 22°～23°。

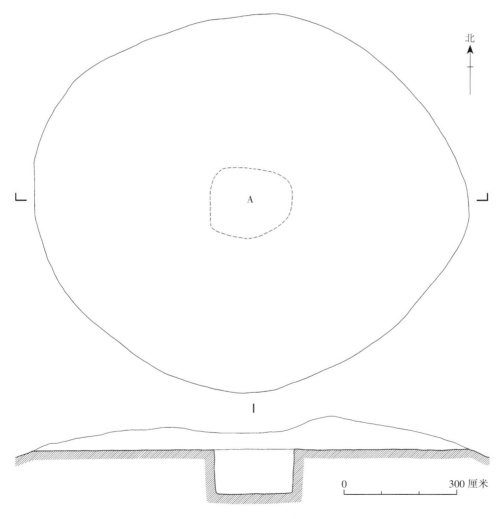

图一一　M104 平、剖面图

2. 墓室

椭圆形土坑竖穴墓（图一二）。墓口未见棚木痕迹。墓口长 2.38、宽 1.96 米，墓底长 2.24、宽 1.87 米，墓底距墓口深 1.34 米。填土为混合石、砂、土。方向 270°。

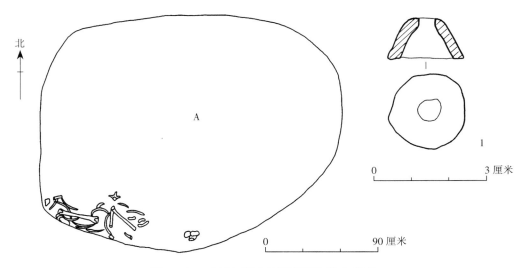

图一二　M104 墓室平面图及出土器物
1. 铜节约 M104：3

3. 人骨

1 人，保存状况差。仅存少量头颅骨、指骨、肋骨及脊骨等。

4. 随葬品

有残陶片和铜节约。

铜节约　2 件。

标本 M104：3，喇叭状。高 1.1、直径 2.0、内径 1.3 厘米（图一二，1）。

标本 M104：4，管状。

五　M105

1. 封堆

圆丘状砂石土堆（图一三；彩版六，1）。封堆为砂、石、土混合，未经夯打，底部直径 9.40、上部直径 3.70、高 0.70～0.80 米，坡度 22°。封堆上部有一直径 2.73 米的马鞍形凹窝。凹窝下部为淤土。封堆下部未见石围。

2. 墓室

封堆下部设置一附葬坑，位于主墓室南部 1.23 米处，椭圆形墓口竖穴坑（图一四），长 0.78、宽 0.55～0.60 米。坑底距地表（封堆底部）0.20 米。墓坑方向 257°。

主墓室为椭圆形土坑竖穴墓，未见棚木，墓坑口大底小。墓口长 2.20、宽 1.50 米。墓底距墓口深 0.96、长 2.04、宽 1.38 米。填土为砂石、土混合。方向 257°。

3. 人骨

附葬坑内为小孩骨骼（彩版六，2）。仰身葬，下肢骨残缺，头颅被石块压碎，面向不清。主墓室人骨架散乱无序，且残缺不全，只见几枚肋骨、脊骨，少量肢骨。未见头颅骨。该墓主

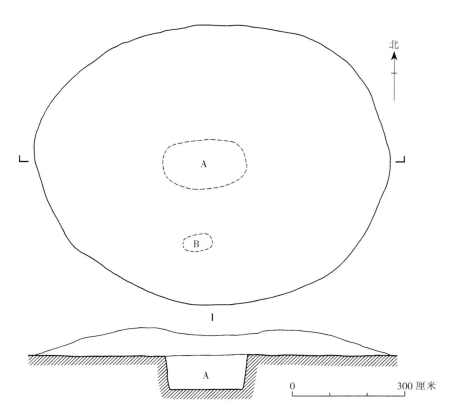

图一三 M105 平、剖面图

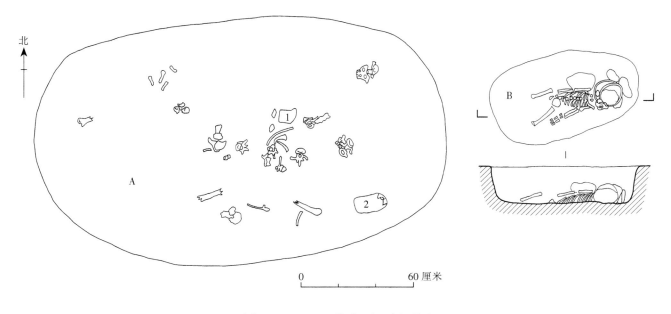

图一四 M105 墓室平、剖面图

墓室被盗扰。

4. 随葬品

单耳钵　1件。

标本 M105：1，夹砂红褐陶，外施黑褐色陶衣，尖唇，侈口，圜底，单耳。高 11.5、口径 30.1 厘米（图一五；彩版六，3）。

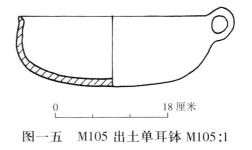

图一五　M105 出土单耳钵 M105:1

六　M106

1. 封堆

圆丘状砂石土堆，封堆为砾石、砂及黄褐土混合堆积而成（图一六）。封土底径 9.40、上部直径 4.70 米，现保存封土高度 0.58～0.80 米。封土下部有一圈石围，石围的东南部有一儿童附葬坑。顶部有马鞍形凹窝，直径 3.20 米，凹窝下部为淤土，墓口稍下见淤土，该处应是盗洞。坡度 22°。

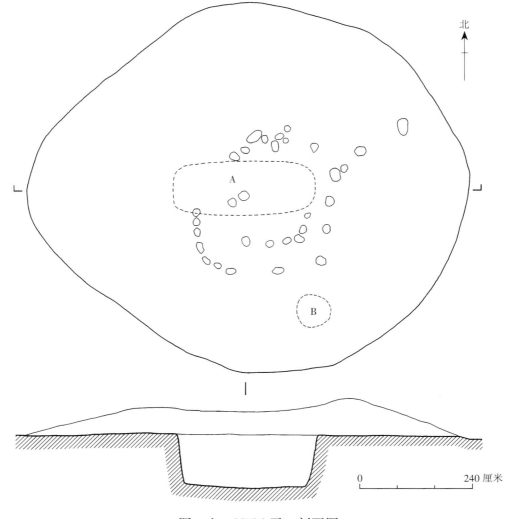

图一六　M106 平、剖面图

2. 墓室

椭圆形土坑竖穴墓，墓坑口大底小（图一七）。墓口长3.46、宽1.86米。墓底距墓口深1.02、长2.60、宽1.50米。墓口的上部见到少量圆形朽木，可能为棚盖的朽木，未见棺木痕迹。填土为砾石、砂及黄土混合。方向265°。

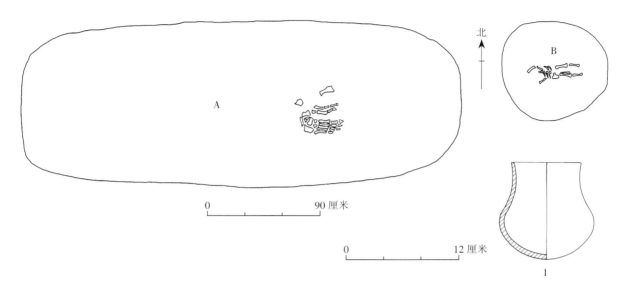

图一七　M106墓室平、剖面图及出土器物
1. 陶壶 M106：1

3. 人骨

1人，保存状况差，仅保留下肢及趾骨。未见头颅及其余骨骼。附葬坑略呈椭圆形，地表面部见肢骨，为婴儿墓。

4. 随葬品

有单耳器陶片、深腹钵陶片、泥质灰陶壶。

陶壶　2件。修复1件。

标本M106：1，泥质灰黑色，手制。尖圆唇，侈口，直领，鼓腹，圜底。高10.6、口径7.3厘米（图一七）。

七　M107

1. 封堆

圆丘状砂石土堆（图一八；彩版七，1）。封堆底部直径13.30、顶部直径4.00米，现保存封土高度0.75米。封土上部有一直径2.15米的凹窝。封土下部有部分内外石围。坡度25°～45°。

2. 墓室

椭圆形土坑竖穴墓（图一八）。墓口长3.20、宽1.80米。墓底距墓口深1.29、长2.75、宽1.52米。墓口东部棚盖木痕迹清晰，由墓口向下倾斜，仅存少量，已朽蚀，只见棕褐色粉末，

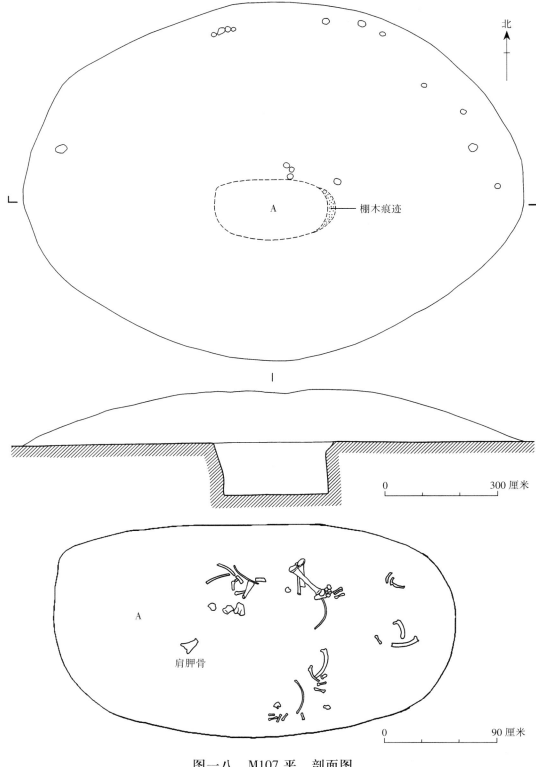

图一八　M107 平、剖面图

材料辨认不清。填土为石砾、砂及黄褐土混合物。方向268°。

3. 人骨

人骨架1具，保存差，人骨散落四周，只见胫骨、肋骨、趾骨部分，未见头颅。

4. 随葬品

角形管銎铜器　1件。

标本 M107:1，青铜，表面有绿色铜锈，有裂缝。管銎下部有铆钉孔。长23.4、宽4.4厘米（图一九，1；彩版七，2）。

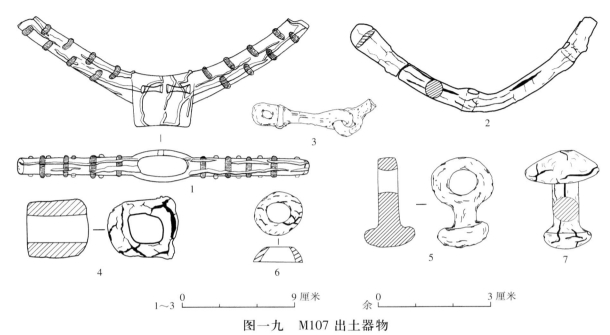

图一九　M107 出土器物

1. 角形管銎铜器 M107:1　2. 铜马镳 M107:2　3. 铜马衔 M107:6　4～7. 铜节约 M107:4、5、3、8

铜马镳　2件。均残。修复1件。

标本 M107:2，棒状，残，有三孔。长19.8、直径1.0～1.6厘米（图一九，2；彩版七，4）。

铜马衔　2件。均残。标本 M107:6，青铜，中间两环相套，环略成马蹬形，比较粗大（图一九，3；彩版七，5）。

铜节约　1组（彩版七，3）。

标本 M107:3，喇叭形（图一九，6）。

标本 M107:4，上有一环，下接一圆帽，长2.4、宽1.6、小孔直径0.7厘米（图一九，5）。

标本 M107:5，圆顶四柱形，中空，五个面都是通的（图一九，4）。

标本 M107:8，两端都为圆帽，一大一小，中间为圆柱相连。高2.7厘米（图一九，7）。

铁器　1件。残断。

标本 M107:7，两段，分别残长6.2、4.7厘米。

八　M108

1. 封堆

椭圆形圆丘状砂石土堆（图二〇）。封堆底径东西长11.00、南北宽8.00米，堆顶距墓口高1.30、顶部有直径3.00、深0.15米的凹陷。封堆内部西侧有残存的积石。

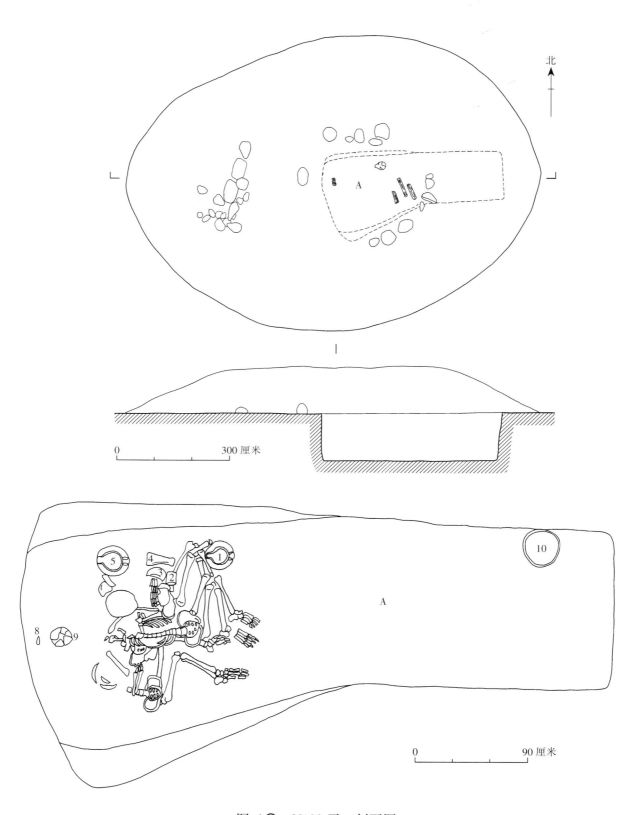

图二〇 M108 平、剖面图

2. 墓室

圆角长方形竖穴土坑墓（图二〇），东有深长墓道，墓口周围有零星积石，墓口上有棚木。墓室上大下小。墓口长 4.80、宽东端为 2.40、西端为 1.30 米。墓底长 4.80、宽东端为 1.70、西端为 1.30、深 1.30 米。填土为砾石、砂土。方向 263°。

填土内可见零散棚木（松木），该墓的形状可能是窄长方形，由于放炮震动，致使南壁西端塌方而扩大。所以清理完后墓室形状不规整。

c 号人骨下有草席痕迹。

3. 人骨

在封土东侧内出现零星人骨。在墓室西侧摆放有 4 具骨架，均侧身屈肢，头北脚东，向北侧身屈肢。骨架自北向南依次编为 a～d 号。由于沿着墓室西壁有一个盗洞直达墓底，所以四具骨架的头骨均被扰动，脱离原位，且北壁下的陶器也被打碎。

a 号骨架位于最北端，b 号位于其余三具之上，c 号位置偏西，压在 b 号之下，d 号又压在 c 号之上，d 号之下，因此这四具个体的埋葬顺序是 a—b—c—d。

在墓室东侧填土中有一具被扰的 e 号骨架，从墓口到底均出骨骼。

a 号骨骼粗壮，股骨略有弯屈，可能是长期骑马形成的，为男性。b 号无头，从盆骨上看为一成年男性（已朽），在其盆骨下出一砾石；c 号为一成年男性，骨架下有草席痕迹（彩版八，1、2）；d 号为一成年女性；e 号为一生育过的中年女性。

4. 随葬品

随葬的 1 号带流釜，2 号壶，3 号钵，4 号牛骨胛均位于 a 体的北侧，都在同一平面上，以上随葬品是 a 骨架的可能性最大。5 号带流釜位于 a 骨架头部上方（彩版八，3），釜底至人骨之间有厚 15.0 厘米的填土，因此 5 号是 a 的随葬品的可能性不大。6 号罐出自 b 的头北，压在 a 号之上，应是 b 的随葬品，在 b 骨架的肩胛骨上有一铜钉形饰 7 号，墓室西壁下，也就是在 b、c、d 号头部北侧有一块扁平的砾石，是放置随葬品的平台，上有一根化妆棒 8 号和一件碎陶器 9 号，在墓室东端，和 e 号同出的有一大型带流釜 10 号，已碎，应是 e 号的随葬品。另外，还随葬牛胛骨。

单耳带流釜 1 件。

标本 M108:1，夹砂红褐陶，手制。方圆唇，高领，微束颈，平底，单耳，细尖流。口沿内外饰宽红褐色彩带纹，色带下饰竖重环纹，腹颈饰半封闭双括号纹，并有胡须纹。高 31.1、口径 16.5 厘米（图二一，1；彩版九，1）。

单耳带流釜 1 件。

标本 M108:5，夹砂红褐陶，外施淡黄色陶衣，手制。尖圆唇，侈口，高领，鼓腹，带流，圜底，单耳。颈腹部交接处有半封闭的凸棱胡须纹。高 24.5～28.0、长径 23.5、短径 17.0 厘米（图二一，2）。

单耳圆口釜 1 件。

标本 M108:10，夹砂红陶，手制。圆唇，侈口，束颈，鼓腹，圜底，单耳。口沿内外施深褐

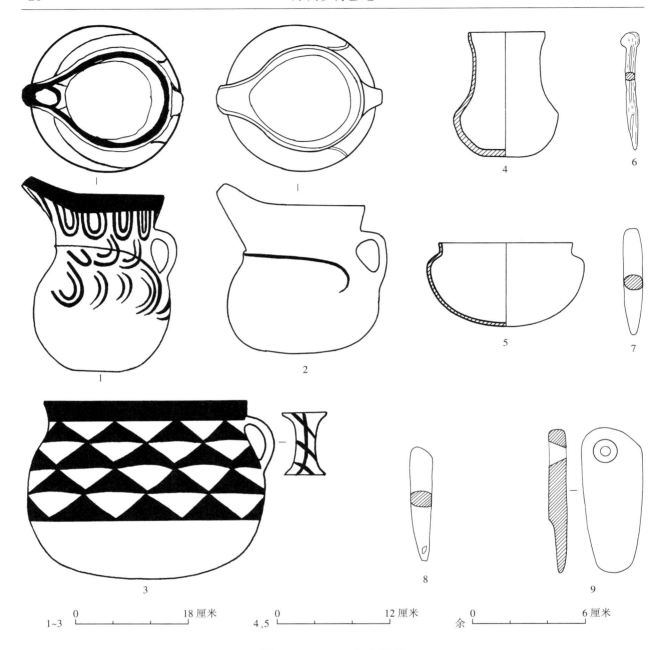

图二一　M108 出土器物

1. 单耳带流釜 M108：1　2. 单耳带流釜 M108：5　3. 单耳圆口釜 M108：10　4. 陶壶 M108：2　5. 无耳直沿钵 M108：3　6. 铜簪 M108：7　7. 化妆棒 M108：12　8. 化妆棒 M108：8　9. 砺石 M108：11

色彩，腹颈饰 4 圈连续三角纹。高 29.1、口径 31.0 厘米（图二一，3；彩版九，2）。

　　陶壶　1 件。

　　标本 M108：2，泥质红褐陶，外施灰黑色陶衣，手制。直口，高领，折肩，圜底，小平底，素面。高 13.6、口径 8.0 厘米（图二一，4；彩版九，3）。

　　无耳直沿钵　1 件。

　　标本 M108：3，泥质灰黑陶，手制。方唇，直领，鼓肩，圜底，素面。高 9.2、口径 14.2 厘米（图二一，5；彩版九，4）。

单耳器陶片

标本 M108:6，夹砂红褐陶，手制。敛口，圆唇，单耳。

铜簪　1 件。

标本 M108:7，有球形帽。长 6.5、帽直径 1.0 厘米（图二一，6）。

化妆棒　2 件。

标本 M108:12，长 5.8、最大直径 1.0 厘米（图二一，7；彩版九，5）。

标本 M108:8，长 6.3、最大直径 1.1 厘米（图二一，8）。

砺石　1 件。

标本 M108:11，单面钻孔。长 8.0、宽 2.8、厚 0.9 厘米，孔径 0.5～1.4 厘米（图二一，9；彩版八，4，彩版九，6）。

九　M109

1. 封堆

椭圆形圆丘状砂石土堆，封堆由细小砾石加黄土构成（图二二）。底径东西长 14.00、南北

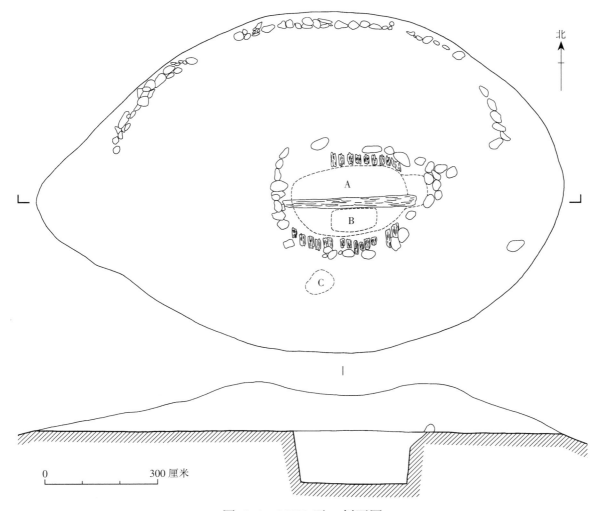

图二二　M109 平、剖面图

宽9.80米。堆顶距墓口高1.00米，顶部有直径3.00、深0.20米的凹陷。在封堆北侧靠近地表有半圈石围痕迹（彩版一〇，1）。

2. 墓室

椭圆形竖穴土坑墓，有两个附葬坑（图二二）。在墓口南侧，和墓口基本处在同一平面上有一婴儿附葬坑（彩版一一，1），坑深为0.10米，周围无明显标志（图二三，C）。墓坑中有一附葬坑（图二三，B，彩版一〇，2）在主墓口周围有一圈标识性的积石，下有一排15根南北向排列的棚木，在南北向棚木下面还有一根纵贯全墓室的东西向木柱，起到加固南北向棚木的作用。均已朽断，墓室早年被烧。在墓室东端有短墓道，长0.60、宽0.60、深0.50米。墓口长3.00、宽2.00米。墓底长3.00、宽为1.60米，距地表深1.50米。西端填土为淤土，东端为砾石、沙土混合物。在骨架a表面有一层草席，朽烂严重。方向260°。

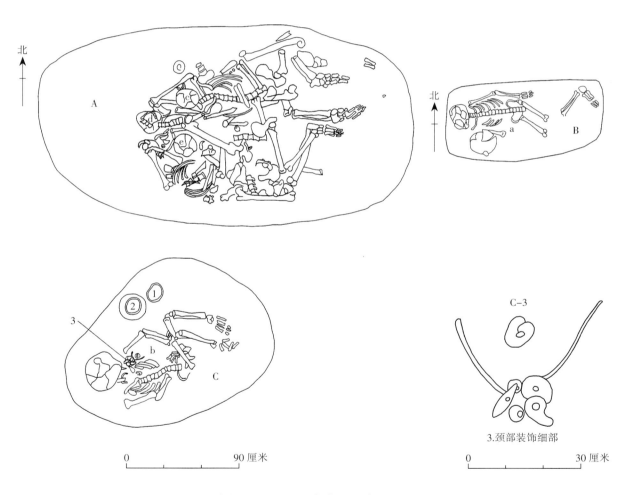

图二三　M109 墓室平、剖面图

3. 人骨

人骨集中于墓室中部，已被扰动过，但还可以看出有3个个体，均为头西脚东，向北侧身屈肢。c为成年男性，d为成年女性，e为成年男性，已取部分骨骼标本。头颅均已不在原位；侧身屈肢葬，保存状况不好（图二三，A）。

在封堆东侧，东西基线4～5米处向下约0.80米，出一人骨架a，上有积石，周围墓壁不明显。整个骨架都被上部的积石压扁。a骨架头北脚南，面朝西，向西侧身屈肢（图二三，B）。

婴儿附葬坑所葬婴儿b头西脚东，面朝北，向北侧身屈肢（图二三，C）。

4. 随葬品

原来位于墓室西端的陶器因盗扰而缺损，a骨架头西侧有1灰陶钵，已裂成数块，碴口很新，可能和石油物探队在封堆上放炮有关。婴儿b其北侧有一黑陶小罐，在颈部有四件一组的项饰，打成一个结，排列顺序是兽牙—玛瑙珠—铜饰—海贝（彩版一一，1）。在c骨架肘部出1小铜饰件和小铁块，在d骨架盆骨处出1砺石，放于草席之上（彩版一一，2）。

鋬耳圆口釜　1件。

标本M109：1，夹砂红褐陶，手制，较粗糙。圆唇，直口，鼓腹，小平底。口沿外有5个鋬耳。高27.1、口径21.6厘米（图二四，1；彩版一二，2）。

无耳钵　1件。

标本M109：17，泥质青灰色陶。尖唇，敛口，圜底。高8.3、口径18.3厘米（图二四，4；彩版一二，1）。

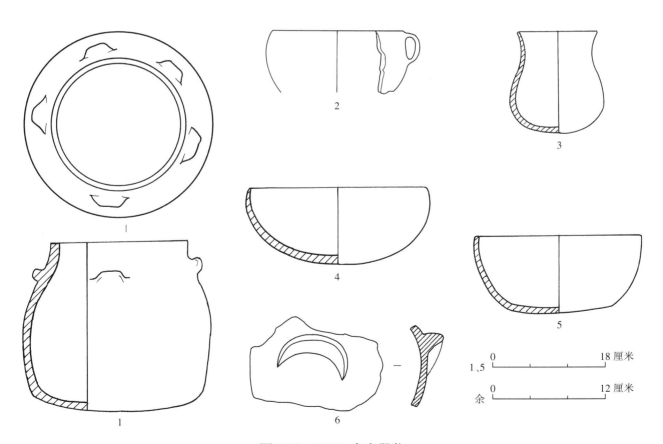

图二四　M109 出土器物

1. 鋬耳圆口釜 M109:1　2. 单耳陶片 M109:19　3. 灰陶壶 M109:12　4. 无耳钵 M109:17　5. 无耳浅腹钵 M109:8
6. 单耳陶片 M109:20

无耳浅腹钵　1件。

标本 M109：8，夹砂红褐陶，外有一层褐色陶衣，手制。方圆唇，敛口，平底。素面。高 12.6、口径 26.4 厘米（图二四，5）。

灰陶壶　1件。

标本 M109：12，泥质灰黑色，手制。圆唇，侈口，束颈，鼓腹，圜底，素面。高 11.2、口径 8.1 厘米（图二四，3；彩版一二，3）。

铜簪　2件。

标本 M109：16，青铜。长 3.7、帽头直径 0.8 厘米（图二五，1；彩版一二，4）。

标本 M109：18，已锈蚀。帽头直径 0.9 厘米。

小铜环　2件。

标本 M109：3，青铜，管状，表面有一层绿色铜锈。直径 1.4、孔径 0.7 厘米（图二五，2）。

标本 M109：14，有穿孔。长 3.5、最宽 2.0 厘米（图二五，3）。

铜饰　2件。

标本 M109：15，青铜，管状，中有穿孔。直径 1.0 厘米（图二五，4、5）。

砺石　1件。

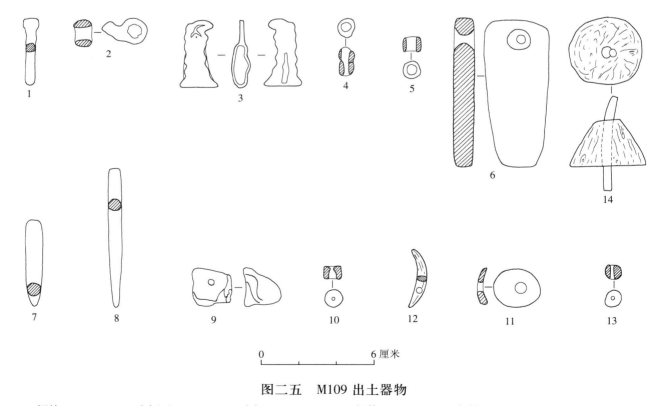

0　　　　　　　6 厘米

图二五　M109 出土器物

1. 铜簪 M109：16　2. 小铜环 M109：3　3. 小铜环 M109：14　4. 铜饰 M109：15　5. 铜饰 M109：15　6. 砺石 M109：13
7. 化妆棒 M109：7　8. 化妆棒 M109：11　9. 化妆眉墨 M109：10　10. 玛瑙环 M109：4　11. 海贝 M109：2　12. 兽牙 M109：5
13. 料珠 M109：6　14. 木纺轮 M109：9

标本 M109：13，砂石。长 8.0、最宽 3.4、厚 1.1 厘米（图二五，6；彩版一二，5）。

化妆棒　2 件。

标本 M109：7，石质，青黑色。长 4.7、最大径 1.0 厘米（图二五，7）。

标本 M109：11，长 7.4、最大直径 0.7 厘米（图二五，8）。

化妆眉墨　1 件。

标本 M109：10，石质，黑色，不规则形，有使用痕迹。2.0 厘米见方（图二五，9）。

玛瑙环　1 件。

标本 M109：4，淡红色。直径 0.9、厚 0.8 厘米（图二五，10）。

海贝　1 件。

标本 M109：2，椭圆形，中有穿孔。直径 2.0、孔径 0.6 厘米（图二五，11）。

兽牙　1 件。

标本 M109：5，象牙白。长 3.2、最大直径 0.5 厘米（图二五，12；彩版一二，6）。

料珠　1 件。

标本 M109：6，土黄色，有小穿孔。直径 0.9 厘米（图二五，13）。

木纺轮　1 件。

标本 M109：9，深褐色，圆锥形，中有一穿，尚有一段木棒残留其中。高 2.5、底径 3.9、上面直径 1.3 厘米（图二五，14）。

单耳陶片　2 件。

标本 M109：19，泥质红褐色陶，手制。敛口，圆唇，单耳。残高 6.8、口径 14.0 厘米（图二四，2）。

标本 M109：20，还有一块夹砂红褐陶，手制。有新月形鋬手。高 8.4 厘米（图二四，6）。

一〇　M110

1. 封堆

椭圆形圆丘状砂石土堆（图二六）。封堆底径东西长 15.00、南北宽 8.20 米。堆顶距墓口高 0.30 米。顶部有直径 2.60、深 0.20 米的凹陷。

2. 墓室

椭圆形竖穴土坑墓，墓室上大下小（图二七）。主墓室口所在的面上又发现两堆积石，均位于主墓室东南方向，两堆积石下发现两座附葬坑，其中偏西侧的在积石下有直径 0.08 米左右的棚木（图二七；彩版一三，1），而东侧的积石下无棚木。主墓口原有棚木，现仅周围有棚木的痕迹，因朽烂严重，已分辨不出有几根棚木。墓口长 2.80、宽 1.60 米。墓底长 2.20、宽 1.40 米，距地面深 1.50 米。方向 267°。

3. 人骨

两座附葬坑内各埋 1 具婴儿（彩版一三，2），头西脚东，面向北，向北侧身屈肢，无随葬品。主墓室因为早年被盗扰，从墓口到底均为淤土。墓室中骨骼因盗扰而凌乱，且不在同一层

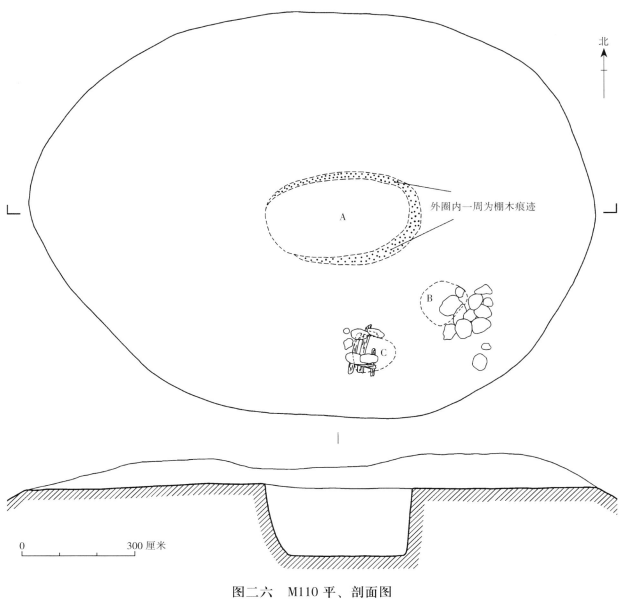

外圈内一周为棚木痕迹

北

0　　　　　　300 厘米

图二六　M110 平、剖面图

位中，似乎仅有 1 具。从下肢骨的位置看，为头西脚东，向北侧身屈肢。为一成年男性，已采集牙齿标本。

4. 随葬品

在墓室东端墓口向下约 1 米处出 1 单耳钵（残），在墓底中部偏西出一夹砂粗陶釜，已残为数块。发现有料珠的痕迹。

单耳钵　1 件。

标本 M110：2，泥质红褐陶。侈口，圆唇，鼓腹，单耳，口沿外有褐色纹带。残高 6.0、口径 14.0 厘米（图二七，1）。

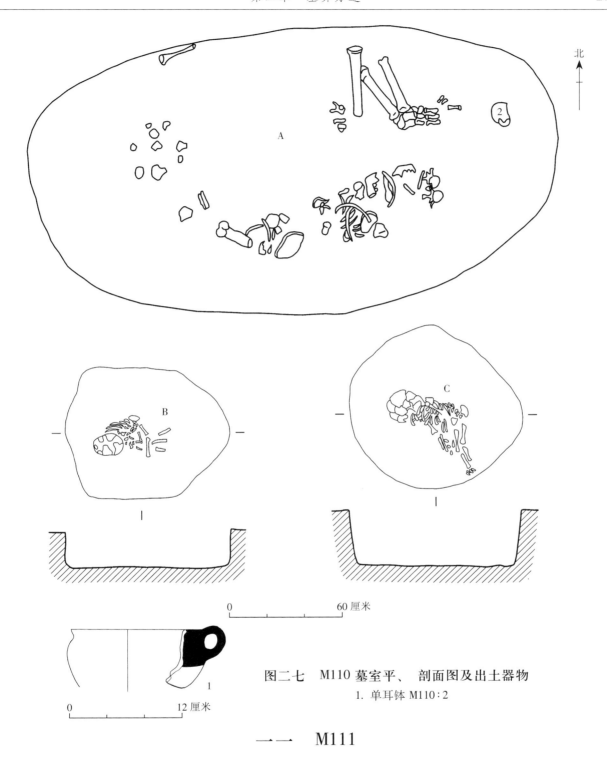

图二七　M110 墓室平、 剖面图及出土器物
1. 单耳钵 M110：2

一一　M111

1. 封堆

椭圆形圆丘状砂石土堆（图二八）。封堆底径 7.20 米。堆顶距墓口 0.40 米。顶部有直径
1.80、深 0.20 米的凹窝。

2. 墓室

近似圆形，墓室直径 1.50、深 0.65 米（图二八）。墓口上因被扰动而无积石或棚木，墓底

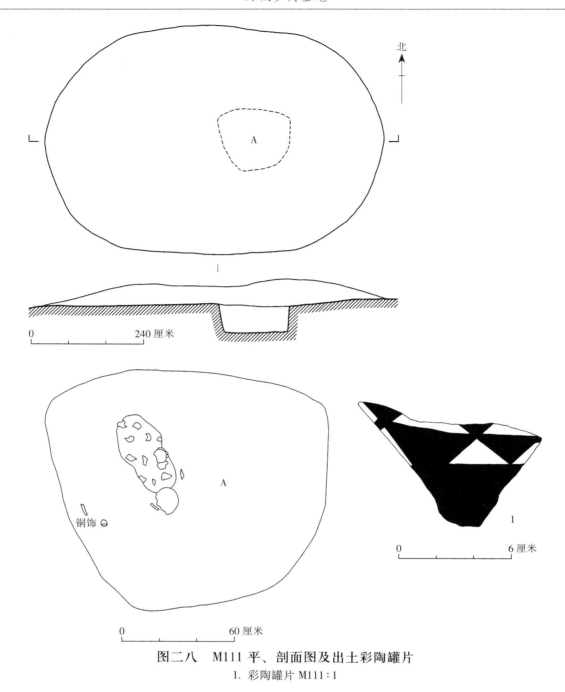

图二八　M111 平、剖面图及出土彩陶罐片
1. 彩陶罐片 M111：1

有一散乱的儿童骨架。

3. 人骨

1 具儿童骨架。

4. 随葬品

在墓底东侧出 1 件铜管饰，已朽。

彩陶罐片　1 件。

标本 M111：1，夹砂红褐陶。手制。尖唇，侈口，口沿内外均有棕褐色带状纹饰，外侧有三角纹（图二八，1）。

一二　M112

1. 封堆

圆丘状砂石土堆（图二九）。封堆底径 8.00 米。堆顶距墓口高 0.80～1.00 米。表面由直径 5 厘米的砾石构成，中央有圆形凹陷。顶部圆形凹陷直径 2.70、深 0.20 米。封堆西侧被雨水冲刷成断崖。

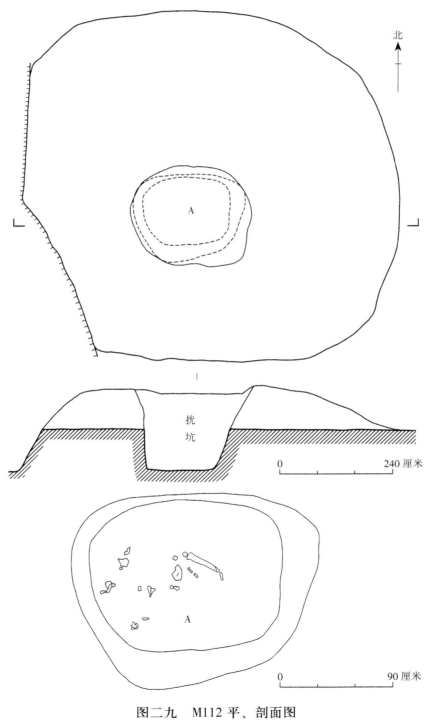

图二九　M112 平、剖面图

2. 墓室

椭圆形竖穴土坑墓（图二九）。填土为淤土。墓室顶部至封堆顶部因早年被盗扰而形成一漏斗状淤土层。墓室上大下小。在墓底有凌乱人骨和4块彩陶片。墓口长1.90、宽1.50米。墓底长1.50、宽1.20米。方向276°。

3. 人骨

人骨已被扰乱，从残存的肢骨、椎骨来看，可能仅存1具人骨。头向可能朝西，侧身屈肢。保存状况不好。

4. 随葬品

该墓口早年被盗，墓口位置有淤土。有4块陶片，可能均为同一彩陶罐残片。

一三　M113

1. 封堆

圆丘状砂石土堆（图三〇）。封堆底径8.00米。地面有一些砾石，在砾石中部为墓室口，堆顶距墓口高0.60、顶部有直径3.00、深0.25米的凹陷。

2. 墓室

椭圆形竖穴土坑墓（图三〇）。墓室上大下小。因被盗扰，墓口已无积石或棚木。墓口长

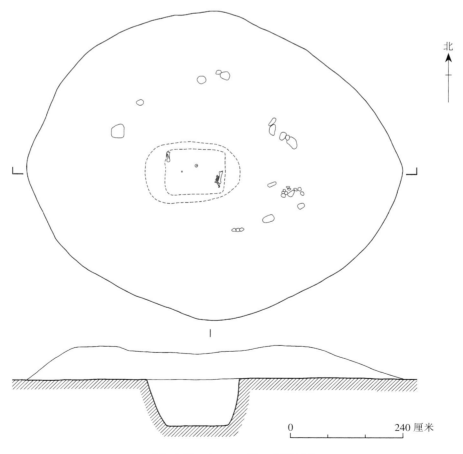

图三〇　M113 平、剖面图

1.86、宽 1.30 米。墓底长 1.20、宽 1.00 米，距地表深 1.00 米，填土为淤土（两端）和扰土，方向 266°。

3. 人骨

墓室中仅存零星散乱人骨，无法看出头向，应为 1 个个体。葬具和随葬品均无。

一四　M114

1. 封堆

圆丘状砂石土堆（图三一）。封堆为石、砂、土混合，有的添加大石块堆积而成。封土底部直径 15.00、上部直径 8.00 米。现保存封土高度 1.20 米。坡度 25°。封土上部有一直径 4.60 米的马鞍形凹窝。凹窝下部为淤土。封土下部置内外圈石围。外圈石围东西长 9.90、南北宽 9.00

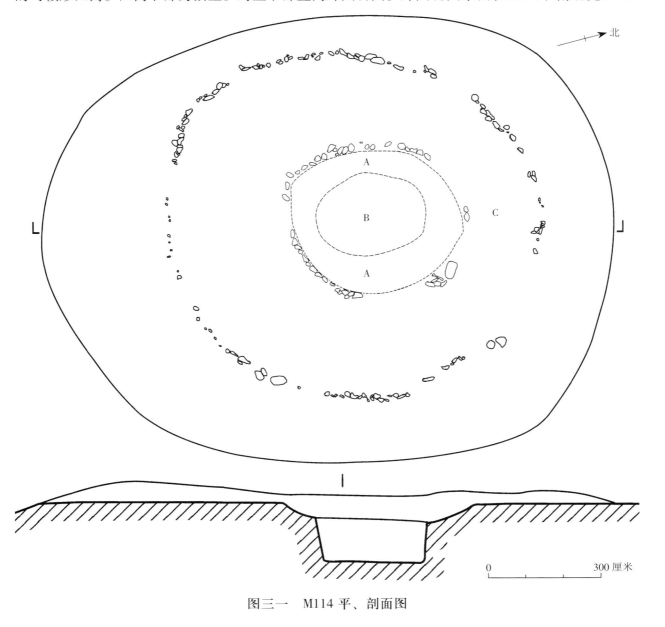

图三一　M114 平、剖面图

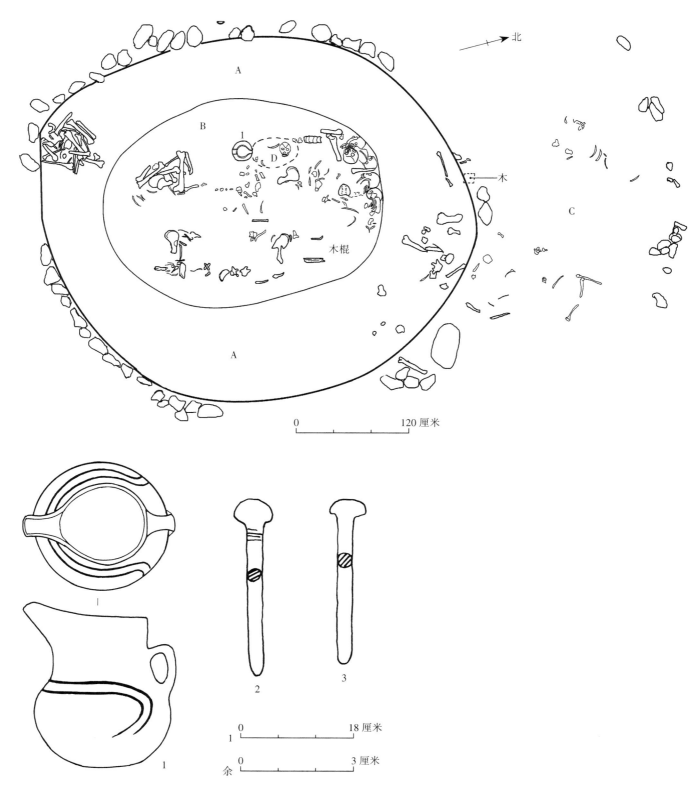

图三二　M114 墓室平面图及出土器物
1. 单耳带流釜 M114∶1　2. 铜簪 M114∶2　3. 铜簪 M114∶3

米。内圈石围东西长4.60、南北宽4.00米。

2. 墓室

椭圆形土坑竖穴墓（图三二；彩版一四，1），墓口上部放置纵、横的盖木各一排，棚盖长5.20、宽3.83米。盖木间稍有空隙，纵排在上，横排在下，朽木痕迹清晰，盖木上部放置苇杆或苇席。在墓口外围可见棕色朽物。在北部的墓葬棚盖可见到棚木上部铺垫苇杆，再铺垫麻黄草，上部封土。墓口距封土上部深1.00～1.20、长3.34、宽2.25米。墓底距棚盖深1.38米（墓底距墓口深1.00米），长2.82、宽1.32米。方向76°。

3. 人骨

封堆顶部地层中发现零碎的人骨。墓内人骨被扰乱严重（彩版一四，2），无一具完好的，在骨架下部均为扰乱熟土，被盗墓者翻动。

在棚盖上部有3具不完全的骨架，1具在棚盖的东南部，肢骨零散，头颅破碎（C区）。另2具在棚盖的西南部，肢骨均为堆放，头颅残（A区）。其余10具均在墓坑下，头颅分别在西北部2个，东部7个，北部1个，其中东部及北部各有一个头颅顶部涂朱。头颅有的上下叠压，有的紧靠一处，肢骨散乱无序（B区）。在棚盖上的3具骨架可能是用来殉葬的，墓坑下的10具骨架应为集体葬。

4. 随葬品

单耳带流釜　1件。

标本M114:1，泥质红褐色，手制。方唇，直口，细窄流，球腹，圜底，单耳。外施褐色彩，颈腹交接处有两条平行的三角突棱纹，半封闭胡须纹。高24.0～26.5、长径20.0、短径13.0厘米（图三二，1；彩版一四，3）。

铜簪　2件。

标本M114:2，青铜，表面有铜锈。长4.8厘米（图三二，2）。

标本M114:3，长4.5厘米（图三二，3）。

一五　　M201

1. 封堆

椭圆形圆丘状砂石土堆（图三三）。封堆底径长10.20、宽6.30米。中部有0.10米凹陷，方圆5.00米，封堆中部距地面高0.40米。

2. 墓室

椭圆形竖穴土坑墓（图三四；彩版一五，1）。长2.10、宽1.40、深0.94米，填土为砂土。方向108°。

3. 人骨

为二次葬，骨架放于墓室东部深0.44米处，呈斜坡状摆放，骨架已分离，可能有2人。

4. 随葬品

带流釜　1件。

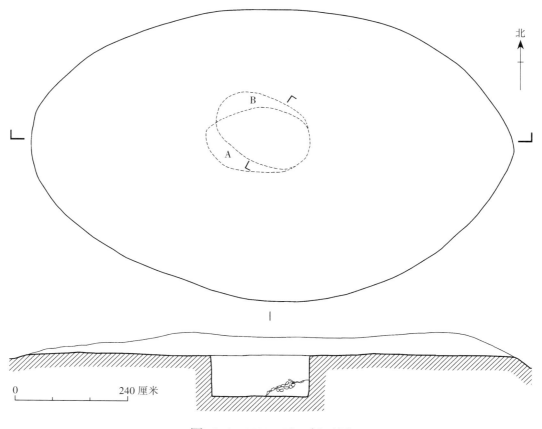

图三三　M201 平、剖面图

标本 M201：1，夹砂红褐陶，外施黄褐色陶衣，手制。方圆唇，侈口，束颈，鼓腹，圜底，高翘流，单耳。上腹和颈部有深褐色彩，已磨蚀。底部有一层薄粗砂。高 25.5～31.5、长径 23.0、短径 18.1 厘米（图三五，1；彩版一五，2）。

单耳深腹钵　1 件。

标本 M201：2，泥质灰黑色陶，手制。尖唇，侈口，圜底，单耳。高 7.4、口径 10.4 厘米（图三五，2；彩版一五，3）。

一六　M202

1. 封堆

圆丘状砂石土堆（图三六），用砾石、砂土混合堆积的，未经夯打。封堆底径东西长 8.00、南北宽 7.00 米。墓口至顶部高 0.32～0.50 米。封堆中部有一马鞍形凹窝，较深，窝深 0.13～0.20 米，下部有淤土。

2. 墓室

椭圆形竖穴土坑墓（图三六；彩版一六，1）。墓口未见棚木，西部墓壁往里延伸，形状似袋形。墓口长 1.90、宽 1.48 米。墓底长 2.08、宽 1.45 米，墓底距墓口深 1.00 米。方向 250°。

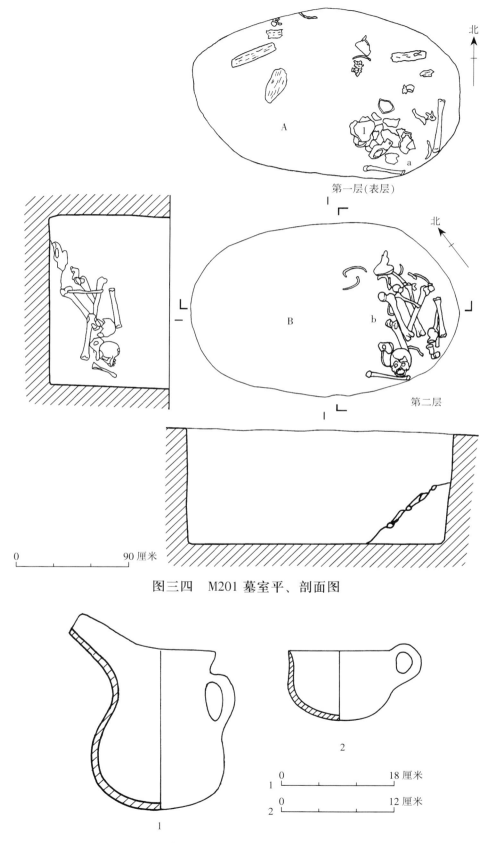

图三四 M201墓室平、剖面图

图三五 M201出土器物
1. 带流釜 M201：1 2. 单耳深腹钵 M201：2

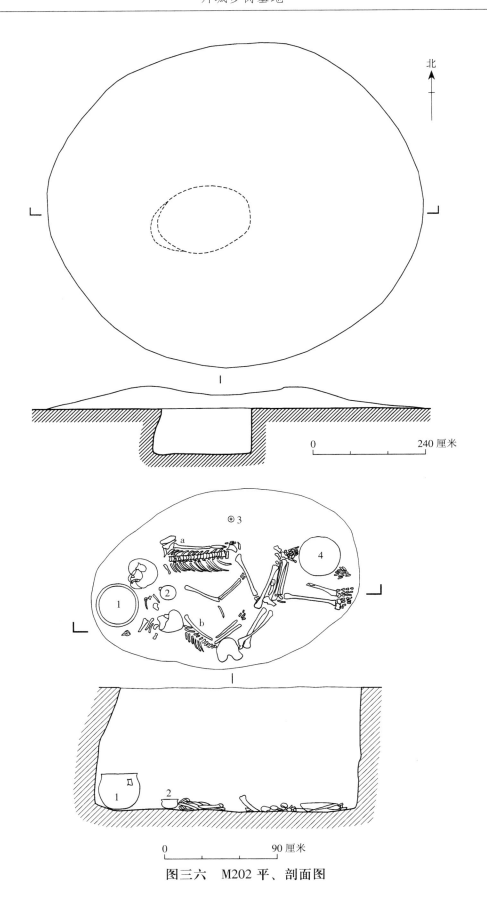

图三六　M202 平、剖面图

3. 人骨

保存状况稍差。人数2人，头向西。南面性别女，北面男。侧身屈肢葬。男性身躯保存稍好，指、趾骨排列有序，只是头颅倒转。可能被扰动的原因。

4. 随葬品

单耳圆口釜　1件。

标本M202：1，夹砂红褐陶，手制。器底有粗砂。方唇，侈口，圜底，单耳。器口沿外颈上腹部有深褐色彩，磨灭不清。高29.0、口径30.4厘米（图三七，1；彩版一六，2）。

深腹钵　1件。

标本M202：2，夹砂红褐色，手制。圆唇，侈口，束颈，鼓腹圜底，单耳。口沿内外均饰红褐色纹带，一侧有波折纹，但已磨损。高7.5、口径10.5厘米（图三七，2；彩版一六，3）。

单耳浅腹钵　1件。

标本M202：4，夹砂红褐陶，浅腹，口沿内外有一周深褐色彩，口沿内窄，口沿外宽。高9.2、口径30.9厘米（图三七，3）。

石纺轮　1件。

标本M202：3，白砂石质，双面钻孔。直径2.2、厚0.7厘米，孔径0.4～1.0厘米（图三七，4；彩版一六，4）。

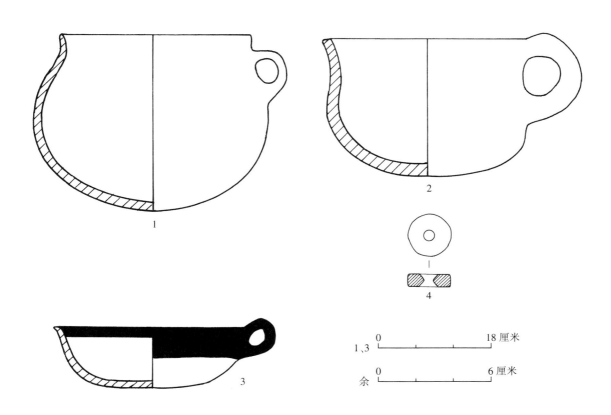

图三七　M202 出土器物

1. 单耳圆口釜 M202：1　2. 深腹钵 M202：2　3. 单耳浅腹钵 M202：4　4. 石纺轮 M202：3

一七　M203

1. 封堆

圆丘状砂石土堆（图三八）。封堆底部直径9.80、上部直径5.00米，距地表高0.76米。中部顶有直径2.20米的凹窝。

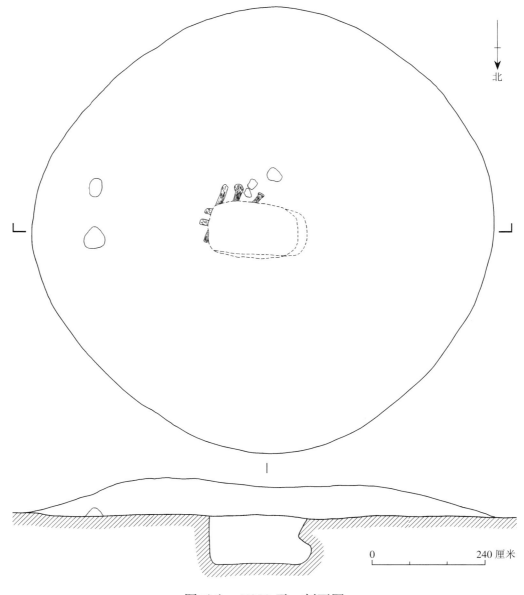

图三八　M203 平、剖面图

2. 墓室

椭圆形土坑竖穴墓（图三九；彩版一七，1），墓口上部放置盖木，盖木间有约0.30米的空隙，南北向盖木在下，东西向盖木在上，棚盖长2.20、宽1.50米。墓底长2.30、底宽1.20米。朽木痕迹清晰，为直径0.06～0.08米的树枝，墓口南沿有三块围石，墓室西部有一头羚，距墓口 0.50、高 0.60、宽 0.60、深 0.26 米。墓口长 2.00、宽 1.14 米。墓口距封堆顶部 0.70、0.84 米。墓底距棚盖 1.06 米。墓主由肩至脚有宽 0.80 米，厚 0.01～0.03 厘米的椭圆形板灰，可能是一木板，骨头上有一层草编席子，保存良好，由腹部盖到小腿部。方向 270°。

图三九　M203 墓室平、剖面图

3. 人骨

1 人，头骨比较残破，头向西，面向上，侧身屈肢葬。可能是老年女性。

4. 随葬品

墓口西部发现带沿残陶片 1 块，夹砂红陶。墓底北侧发现青铜纺轮、化妆棒和朱砂粉，深腹钵放于带流罐中。在头龛处，带流釜北侧有两块羊腿骨，可能是以 1 只羊腿随葬。墓底发现一些朱砂粉。

单耳带流釜　1 件。

标本 M203:3，夹砂红褐陶，外施淡黄色陶衣，手制。方圆唇，敞口，束颈，鼓腹，高翘流，单耳，圆底。底部粘一层粗砂。高 29.9～35.7、长径 25.0、短径 20.0 厘米（图四〇，1；

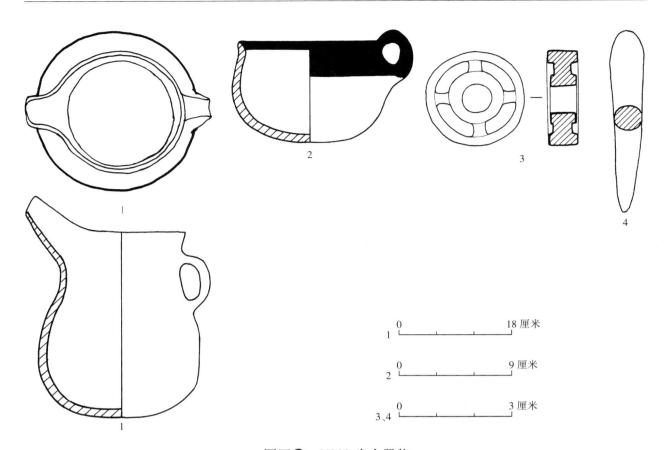

图四○　M203 出土器物

1. 单耳带流釜 M203:3　2. 深腹钵 M203:5　3. 铜纺轮 M203:1　4. 化妆棒 M203:2

彩版一七，2）。

深腹钵　1件。

标本 M203:5，夹砂红褐陶，外施黄色陶衣。圆唇，侈沿口，圜底，单耳，口沿内外绘深褐色纹带。高8.2、口径11.0厘米（图四○，2；彩版一七，3）。

铜纺轮　1件。

标本 M203:1，青铜，十字轮辐状。直径2.5、厚1.0厘米（图四○，3）。

化妆棒　1件。

标本 M203:2，石质。长4.9、最大直径0.9厘米（图四○，4）。

一八　M204

1. 封堆

圆丘状砂石土堆（图四一）。封堆底径5.60米。封土至墓口高度0.34米。

2. 墓室

椭圆形的竖穴土坑墓（图四二；彩版一八，1）。墓穴口上方原应有堆石，因被盗所剩无几。墓穴中未发现棚木痕迹。墓室上口长2.10、宽1.35米。墓底口长1.59、宽1.30米。墓室口至

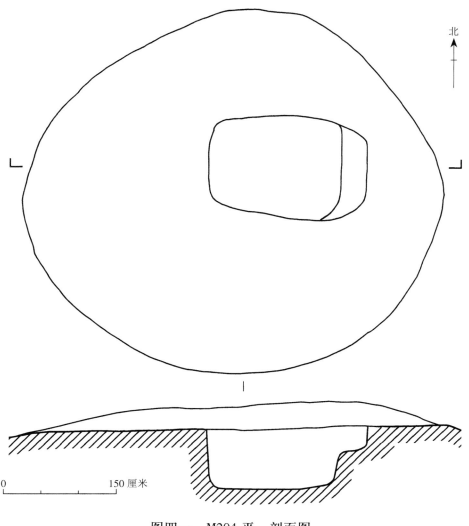

图四一　M204 平、剖面图

底深度 0.80 米。墓穴中填土为细砂土。方向 270°。

3. 人骨

骨架分三层，共有三具人骨。第一层人骨应为殉葬人骨，头西脚东，侧身屈肢，面南，紧靠在墓室北壁，头颅已碎。人骨多已酥，无法采集。第二层和第三层可能为一层，可能为一人骨架在不同层而出现。从凌乱骨架大致可判定，此人骨架应为二次葬。从出土物来看此人骨应为女性。

4. 随葬品

在墓西部陶钵北出现铁饰件（残）、单耳浅腹陶钵、石纺轮。

单耳浅腹钵　1 件。

标本 M204：1，夹砂红褐陶。方圆唇，敛口，圜底，单耳。高 11.6、口径 34.0 厘米（图四三，1；彩版一八，2）。

石纺轮　1 件。

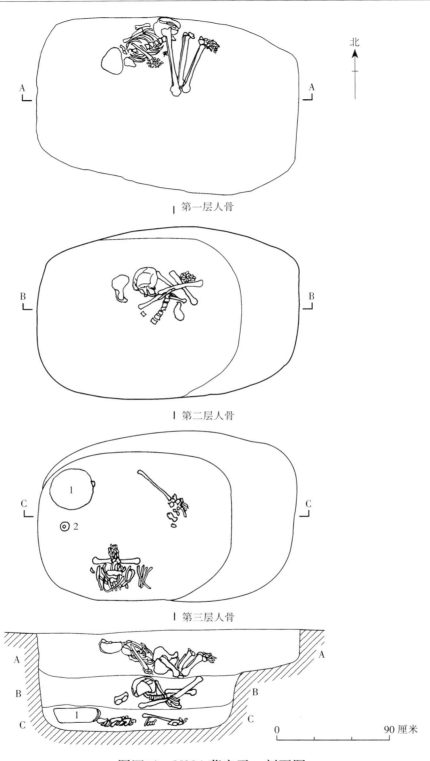

第一层人骨

第二层人骨

第三层人骨

图四二　M204 墓室平、剖面图

标本 M204：2，汉白玉，切磨，对钻穿孔。直径 3.5、厚 0.5、孔径 0.5～0.7 厘米（图四三，2；彩版一八，3）。

铁饰件　1 件。

标本 M204：3，已残。长 1.6 厘米（图四三，3）。

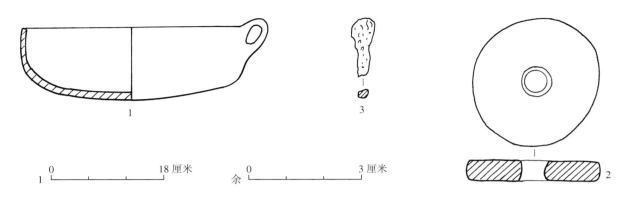

图四三　M204 出土器物

1. 单耳浅腹钵 M204 : 1　2. 石纺轮 M204 : 2　3. 铁饰件 M204 : 3

一九　M205

1. 封堆

椭圆形圆丘状砂石土堆（图四四）。封堆底径东西长 6.50、南北宽 5.50 米。堆顶距墓口高 0.30 米，顶部有直径 1.20、深 0.10 米的凹陷。

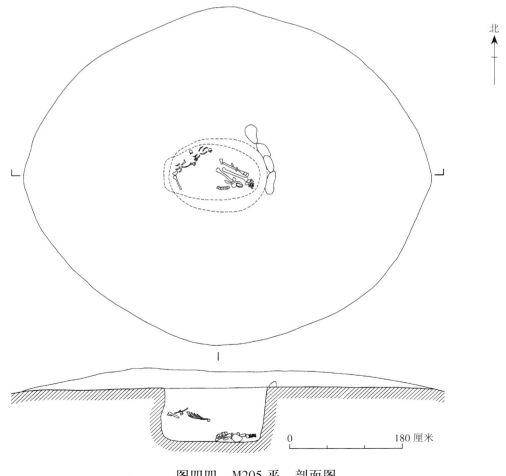

图四四　M205 平、剖面图

2. 墓室

椭圆形竖穴土坑墓，填土为淤土和砂石混合土（图四四）。墓口东侧有四块砾石，作为石围，墓室内无积石和棚木。墓口长 1.60、宽 1.00、深 0.90 米。方向 275°。

3. 人骨

1 具，已扰，陶片西有 1 块肢骨，东侧墓口下 0.20 米有 4 块人骨（为股骨，半个盆骨）等。从下肢骨的位置看，为头西脚东，向北侧身屈肢，性别不明。

4. 随葬品

陶片 5 片，在距墓口深 0.35 米的墓室两端发现。

单耳带流釜　1 件。

标本 M205：1，夹砂红褐陶，手制。圆唇，直口，腰微束，鼓腹，圜底，单耳，耳面有小窝。口沿外均有深褐色彩。高 23.0、口径 21.6 厘米（图四五）。

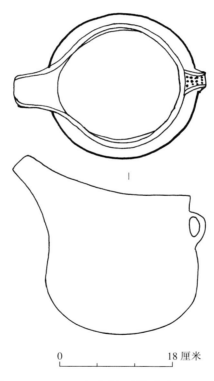

0　　　　　　　18 厘米

图四五　M205 出土单耳带流釜 M205：1

二〇　M206

1. 封堆

圆丘状砂石土堆（图四六）。封堆底部直径 9.10 米，底部至顶部高 0.74～0.99 米。封堆的顶部未见马鞍形的凹窝，保存比较完整，略呈馒头状。堆积情况西高东低，由西向东倾斜。

2. 墓室

椭圆形土坑竖穴墓（图四七），墓口上部靠东有少量石块，呈椭圆形，在石块中见到少量小

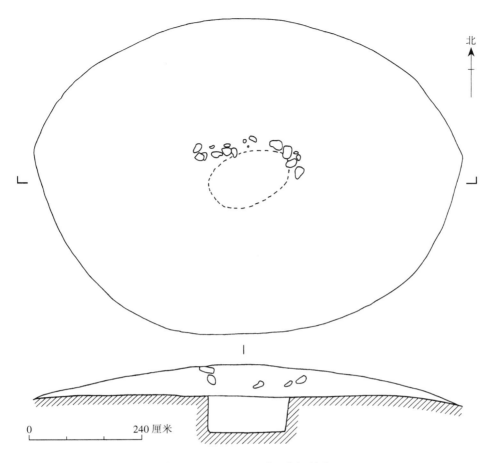

图四六　M206 平、剖面图

块棚木。墓口长 1.72、宽为 1.10 米。墓底长 1.60、宽为 1.03、深 0.78 米。

3. 人骨

2 人，分两次入葬。上层骨架底部距地表深 0.30 米（彩版一九，1），方向 340°。上层头向西北，仰身屈肢葬，男性。下层骨架底部距地表深 0.80 米（彩版一九，2），方向 258°，头向西，头颅破碎，侧身屈肢葬。女性。

4. 随葬品

上层有 3 件陶器。

单耳带流釜　2 件。

标本 M206∶3，夹砂红褐陶，外施淡黄色陶衣，手制。方唇，侈口，鼓腹，圜底，带流，单耳。颈腹部有一圈半封闭凸棱纹。高 20.5～23.0、长径 21.6、短径 15.3 厘米（图四八，1；彩版二〇，1）。

标本 M206∶4，夹砂褐陶，外施淡黄色陶衣，手制。尖唇，敞口，束颈，鼓腹，长宽流，单耳，圜底。高 24.5～28.5、长径 25.5、短径 19.5 厘米（图四八，2；彩版二〇，2）。

单耳钵　1 件。

标本 M206∶2，圆唇，敛口，小平底，单耳。高 10.4、口径 15.2 厘米（图四八，3；彩版二

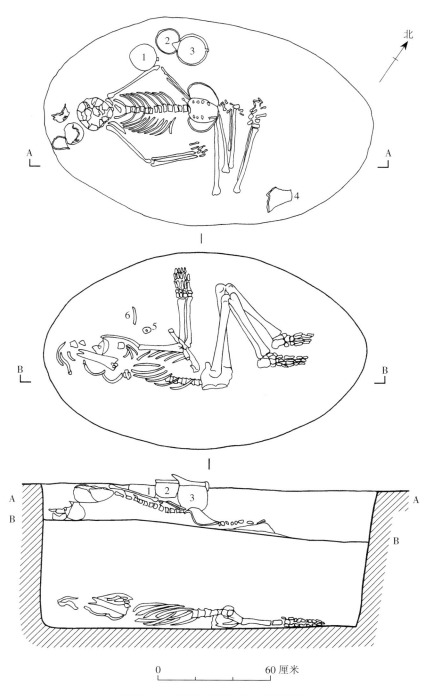

图四七　M206 墓室平、剖面图

○，3）。

　　无耳钵　1 件。

　　标本 M206∶1，泥质青黑色陶，手制。尖圆唇，侈口，直领，圈底。高 9.2、口径 11.2（图四八，4）。

　　下层有 2 件。

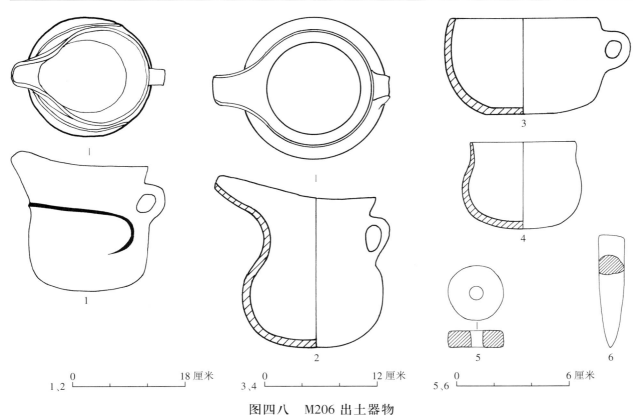

图四八　M206 出土器物

1. 单耳带流釜 M206∶3　2. 单耳带流釜 M206∶4　3. 单耳钵 M206∶2　4. 无耳钵 M206∶1　5. 石纺轮 M206∶5　6. 化妆棒 M206∶6

石纺轮　1 件。

标本 M206∶5，汉白玉质，单面钻孔。直径 2.9、厚 0.9 厘米，孔径 0.7 厘米（图四八，5；彩版二○，4）。

化妆棒　1 件。

标本 M206∶6，石质。长 6.0、最大直径 1.4 厘米（图四八，6；彩版二○，5）。

二一　M207

1. 封堆

圆丘状砂石土堆（图四九）。封堆由砾石、砂混合，未经夯打。该墓的封堆是比较小，同时也是比较矮的一座。土堆底部直径 6.00、底部至顶部高 0.30 米。封堆的顶部未见马鞍形的凹窝，保存比较完整，堆积情况西高东低，由西向东倾斜。

2. 墓室

椭圆形竖穴土坑墓（图四九；彩版二一，1）。墓口上部未见棚架痕迹，西部墓壁往里延伸略呈袋状。墓口长 1.44、宽 1.08 米。墓底长 1.43、底宽 0.93、深 0.42 米。填土为砾石、砂混合。方向 290°。

3. 人骨

2 具，侧身屈肢葬，头向西，保存状况稍差。北侧性别为女性，头颅残存少量碎片，脊骨、

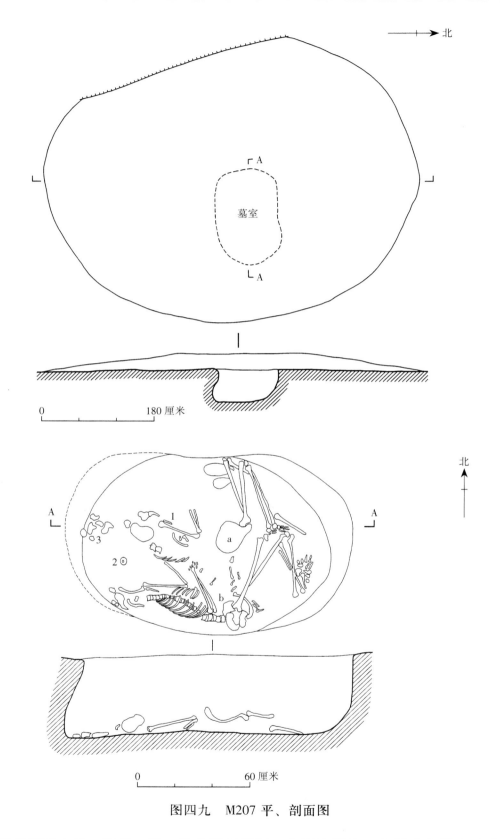

图四九　M207 平、剖面图

肋骨，上肢骨残存少量。股骨、胫、腓骨保存稍好。南侧为男性，头颅残存很少碎片，其他部位保存稍好。

4. 随葬品

无耳钵　1件。

标本 M207:3，泥质红褐陶，手制。圆唇，束颈，鼓腹，圜底，口沿外饰三角线纹。口径 12.6、高 8.6 厘米（图五○，1；彩版二一，2）。

陶纺轮　1件。

标本 M207:2，陶器残片制成，夹砂红陶，圆饼形，双面钻孔。直径 3.5、厚 0.7 厘米（图 五○，2；彩版二一，3）。

化妆棒　1件。

标本 M207:1，长 5.1、最大径 0.9 厘米（图五○，3；彩版二一，4）。

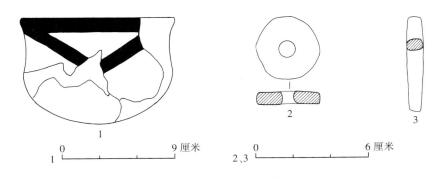

图五○　M207 出土器物

1. 无耳钵 M207:3　2. 陶纺轮 M207:2　3. 化妆棒 M207:1

二二　M208

1. 封堆

椭圆形圆丘状砂石土堆（图五一），西半部已无。底径东西长 4.60、南北宽 7.50 米，堆顶距墓口高 0.35 米，顶部无凹陷。

2. 墓室

椭圆形竖穴土坑墓（图五一），墓口南北两侧有封石，其下为棚木，为松木，直径 0.10 米左右。墓室西壁上有一凹进去的小龛。墓口长 1.50、宽 1.00 米。墓底长 1.70、宽 1.00 米。距地面深 0.80 米。方向 256°。

3. 人骨

有 2 具，均已朽烂，但从墓底未扰的下肢骨来看，至少有一具是头西脚东，向北屈肢而葬，年龄，性别不明。在墓口上方的封土内出人骨，为 2 个头盖骨和一些肢骨。

4. 随葬品

墓室西壁上有一凹进去的小龛，放置 1 个带流釜，其内还有 1 个小钵。

带流釜　1件。

标本 M208:1，夹砂红褐陶，外施淡黄色陶衣，手制。圆唇，侈口，束颈，鼓腹，圜底，单

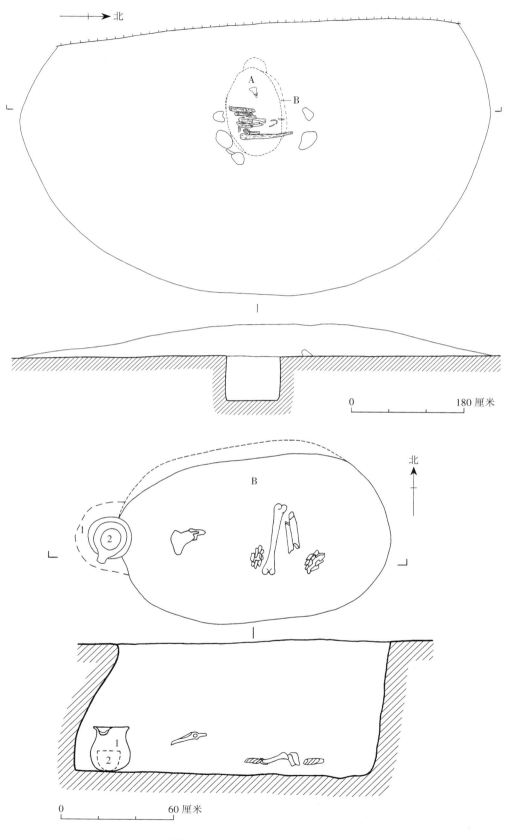

图五一　M208 平、剖面图

耳。高 24.2～28.5、长径 22.5、短径 18.0（图五二，1）。

单耳深腹钵　1 件。

标本 M208：2，夹砂褐陶，手制。直口直腹，小平底，单耳。高 9.2、口径 12.2 厘米（图五二，2）。

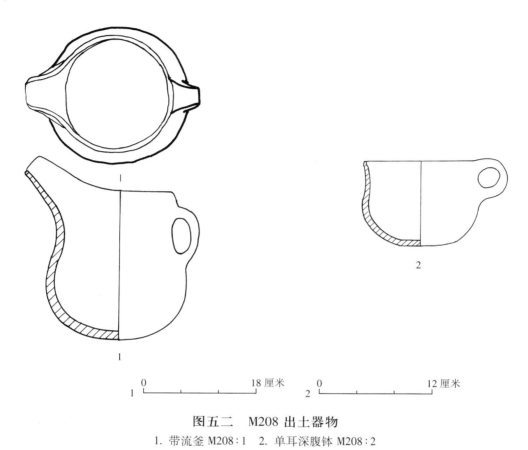

图五二　M208 出土器物

1. 带流釜 M208：1　2. 单耳深腹钵 M208：2

二三　M209

1. 封堆

圆丘状砂石土堆（图五三；彩版二二，1）。南北直径为 7.60、东西 8.00 米，堆顶距地面高 1.10～0.32 米。封堆表面有少数石块，其堆积西高东低，由西向东倾斜，顶部未见凹窝，前后三次移入骨架。中部被扰乱。

2. 墓室

椭圆形竖穴土坑墓（彩版二二，2），墓口表面有少数石块，石块堆积靠墓口东部，未见棚木。墓口长 1.93、宽 1.40～1.35 米。墓底长 1.95、宽 1.10 米。墓底距墓口深 1.70 米。填土为砾石、石、泥土混合土。方向 270°。

3. 人骨

共 4 具，保存状况稍好（图五四）。第一层：1 具，人骨比较完整，余头颅破碎。仰身屈肢，

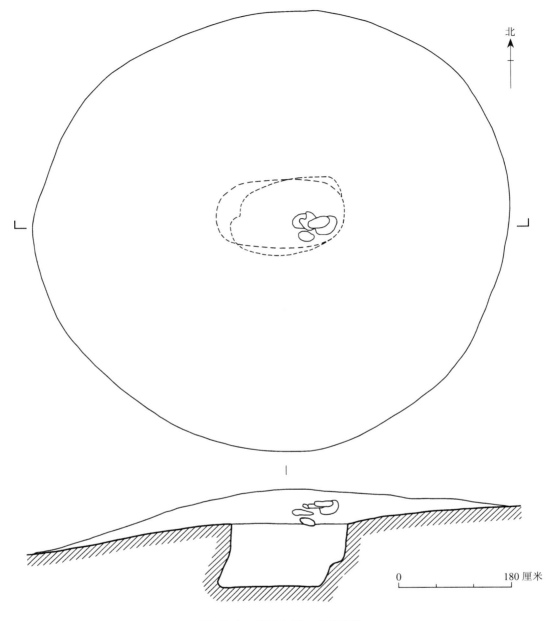

北

0　　　　　　　180 厘米

图五三　M209 平、剖面图

南北向，头向北。第二层：1 具，东西向，人骨被扰乱，排例杂乱无序，下颌骨朝北。第三层：2 具，骨体东西向。骨体排列散乱，骨体下部基本完整，上部分骨头散乱，头骨荡然无存，残缺不齐。在下部腿骨部位，又堆积着 1 具人骨，但只剩盆骨，破碎的头骨和一些散乱的碎骨，另外在西部有料珠，数量不多。

4. 随葬品

串珠

标本 M209：1，共 97 颗，均为白色石头，圆柱形，中间有孔。直径 0.25～0.6、厚 0.1～0.2 厘米（图五四，1、2）。

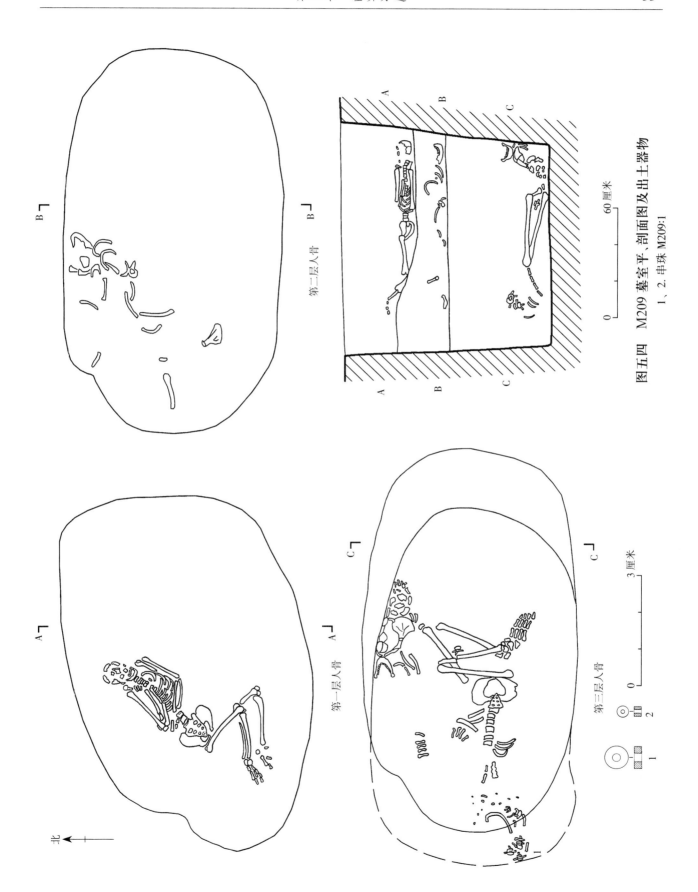

第二层人骨

第一层人骨

第三层人骨

北

图五四　M209 墓室平、剖面图及出土器物

1、2. 串珠 M209:1

0　　　　　60 厘米

0　　　　　3 厘米

二四　M210

1. 封堆

圆丘状砂石土堆（图五五）。封堆西部为一陡坡，所以封堆西部为不规则形，南北长 7.00、东西宽 7.80 米。封堆距墓口高 1.40 米。中部稍有凹陷，剖面为马鞍形。

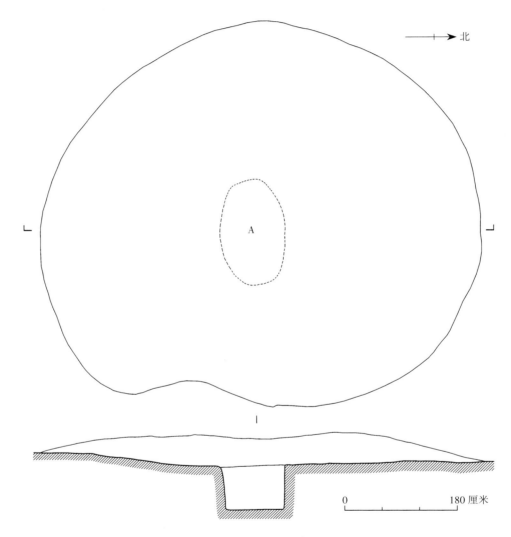

图五五　M210 平、剖面图

2. 墓室

椭圆形竖穴土坑墓（图五六；彩版二三，1），墓室上大下小，墓口长 1.80、宽 1.08 米。墓底长 1.80、宽为 0.92 米，距地面深 1.40 米。填土为砂土，方向 272°。

3. 人骨

墓主头骨反放于 1 个陶釜上，下颌骨已分离，肢骨不全，摆放凌乱。

4. 随葬品

陶釜口沿 3 件。

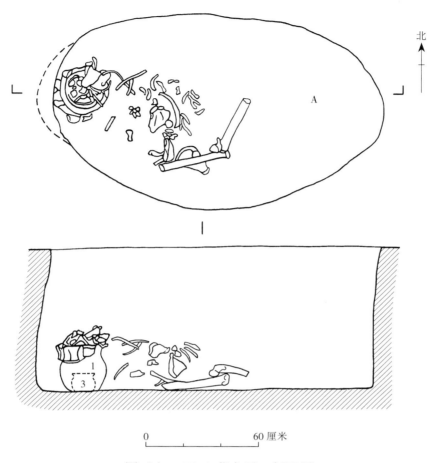

图五六　M210 墓室平、剖面图

单耳圆口釜　1 件。

标本 M210∶1，夹砂红褐陶，手制。圆唇、侈口、圜底，单耳。口沿外颈上腹部有深褐色彩，已磨灭不清。高 28.7、口径 25.5 厘米（图五七，1；彩版二三，2）。

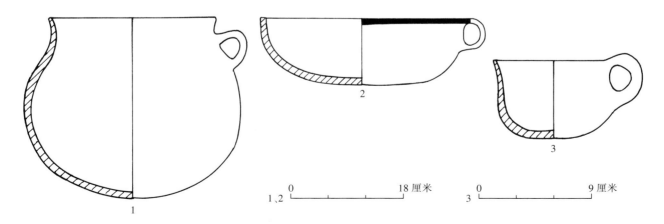

图五七　M210 出土器物

1. 单耳圆口釜 M210∶1　2. 单耳浅腹钵 M210∶2　3. 单耳深腹钵 M210∶3

单耳深腹钵　1 件。

标本 M210：3，夹砂淡黄色陶。尖唇，侈口，圜底，单耳。高 6.4、口径 9.4 厘米（图五七，3；彩版二三，3）。

单耳浅腹钵　1 件。

标本 M210：2，夹砂红褐陶。方唇，直口，圜底，单耳，口沿外有褐色纹带。高 10.8、口径 32.5 厘米（图五七，2）。

二五　M211

1. 封堆

圆丘状砂石土堆（图五八）。封堆中部稍有凹陷，剖面为马鞍形，底径 6.90 米。封堆距墓口高 0.48 米。

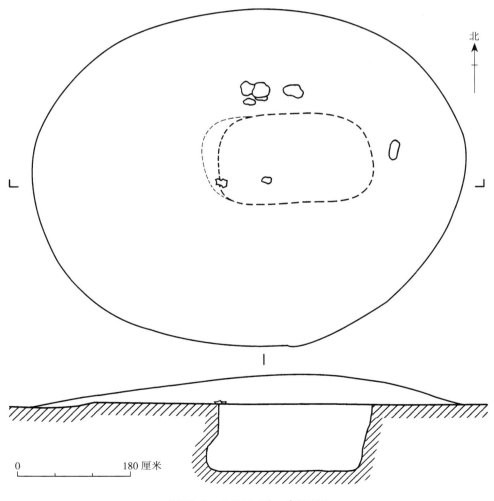

图五八　M211 平、剖面图

2. 墓室

椭圆形竖穴土坑墓（图五九；彩版二四，1），有头龛，头龛深 0.15 米。墓口长 2.44、宽

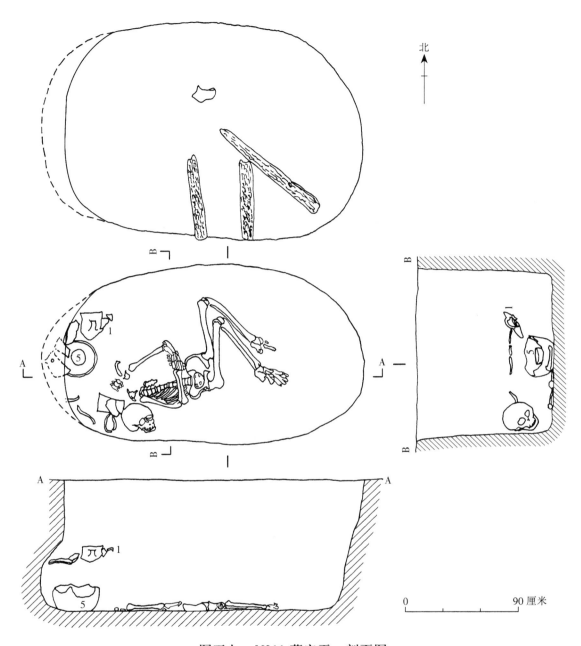

图五九　M211 墓室平、剖面图

1.50 米。墓底长 2.20、宽 1.20 米，距地面 1.10 米。填土为砂土。可能有木质棺床，墓口有三截棚木，已向墓室下塌。方向 250°。

3. 人骨

距墓口深 0.7 米时发现人骨架，人骨 1 具，葬式为仰身屈肢葬，双手曲折放于小腹之上，头骨已扭曲向后，并和脊椎骨分离，上下相距 0.20 米。

4. 随葬品

距墓口深 0.70 米时北部有 1 夹砂红陶片，墓室西部发现破损灰陶罐 1 个，头龛中又发现单耳大陶罐的底，内有 1 个小陶钵，大罐、小钵底部有 0.03 米厚一层粮食。

单耳直口釜 1件。

标本 M211：1，夹砂褐陶，外施淡黄色陶衣，手制，底部粘有一层粗砂。圆唇，直口，鼓腹，圜底，单耳，口沿内有褐彩带。器身上有两对锔孔，由外向内钻。高 32.2、口径 26.5 厘米（图六〇，1；彩版二四，2）。

单耳深腹钵 1件。

标本 M211：5，夹砂褐陶，侈唇，圜底，腹微鼓，沿上耳。高 9.5、口径 11.5 厘米（图六〇，2；彩版二四，3）。

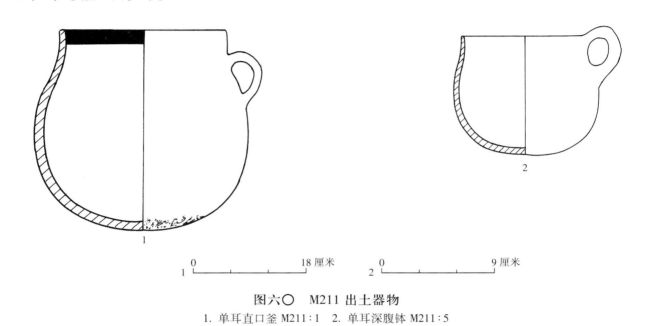

图六〇 M211 出土器物
1. 单耳直口釜 M211：1   2. 单耳深腹钵 M211：5

二六 M212

1. 封堆

椭圆形圆丘状砂石土堆（图六一），西侧为陡坡。底径东西长 4.20、南北宽 5.90 米。封堆顶距墓口高 0.80 米。

2. 墓室

主墓室为椭圆形竖穴土坑墓（图六一）。墓口长 2.10、宽 1.20 米。墓底长 1.80、宽 1.20 米，距地面深 0.60 米。墓室上大下小。填土为砾石、沙、泥土。主墓室南侧有附葬坑，方圆形坑，长 1.20、宽 0.80、深 0.20 米。方向 281°。

3. 人骨

二次合葬墓，所以主墓室人骨凌乱，大致可以看出埋葬有 2 人或者 3 人，附葬坑有 2 具人骨，一具是小孩，一具不明。头向西，侧身屈肢，保存不好，已成粉末状。

4. 随葬品

单耳夹砂红陶釜，已严重酥化。

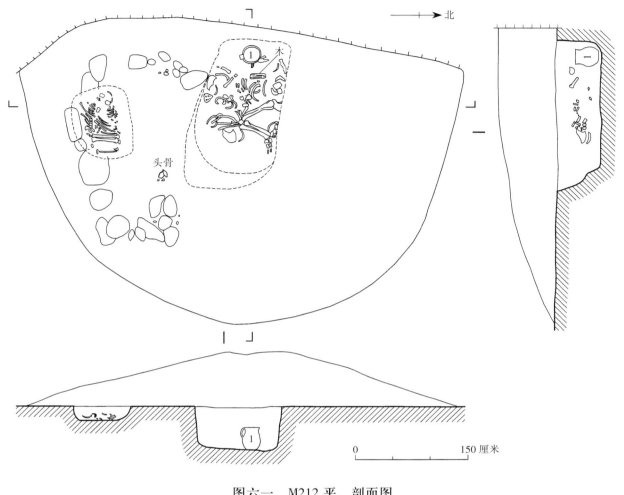

图六一　M212 平、剖面图
1. 单耳圆口釜

二七　M213

1. 封堆

椭圆形圆丘状砂石土堆（图六二），北高南低，由北向南倾斜。东西长 6.80、南北宽 8.90 米。顶部距地面高 0.67～1.12 米。

2. 墓室

椭圆形竖穴土坑墓（图六三；彩版二五，1、2）。墓口表面有棚架，棚木局限于东部，其他部位未见。棚木横向，木的上部见到苇席的编织痕迹（彩版二六，3）。墓口长 3.90、宽 1.70～1.80 米。墓底长 2.30、宽 1.02 米，墓底距墓口深 1.50 米。墓底设置棺床。用 11 根圆木拼成，木与木之间稍有距离，每根圆木直径 0.05 米左右。棺木长 1.80～1.90、宽 0.74 米，棺床下部两端各置一根横木，横木出头。未见穿孔痕，同时也未见棺钉，大概用绳系结的。棺床上部铺垫芨芨草席（彩版二六，1、2）。方向 85°。

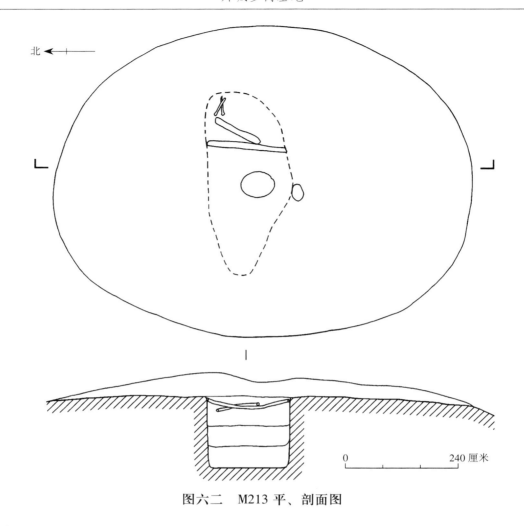

图六二　M213 平、剖面图

3. 人骨

在棚木的东北部存两根肢骨,人骨朽蚀成粉末状。显然是在棚架上面的。墓底置棺床,棚架与棺床间分三层人骨。第一层 8 具,第二层 1 具,第三层 1 具。第一层:均被扰乱,残缺不全,但头颅较集中一个位置上,头朝西。一号头颅面朝北,二号不明,三号朝北,稍完整。四号朝下,五号朝上(完整),六号朝西,七号朝上,八号,不明(破碎)(彩版二五,1,2)。第二层:人骨被扰乱,排列杂乱无序。头颅朝南。第三层:仅有部分脊骨,肋骨及骶骨紧贴棺床,其余头颅破碎,肢首、指骨、趾骨等散乱,头朝西,仰身(彩版二六,1)。

4. 随葬品

单耳带流釜　2 件。

标本 M213:1,夹砂红褐陶,手制。方圆唇,高领,微束颈,垂腹,平底,单耳,宽短流。口沿外有宽 1.5 厘米的红褐色彩带纹。高 23.4、口径 15.0 厘米(图六四,1;彩版二七,1)。

标本 M213:5,夹砂灰黑陶。方圆唇,直口,直领,鼓腹,圜底,宽平流。高 17.9～15.0、长径 15.0、短径 12.5 厘米(图六四,2;彩版二七,2)。

单耳浅腹钵　3 件。

标本 M213:2,泥质,夹砂红褐陶。尖圆唇,敛口,圜底,单耳。高 7.3、口径 15.8 厘米

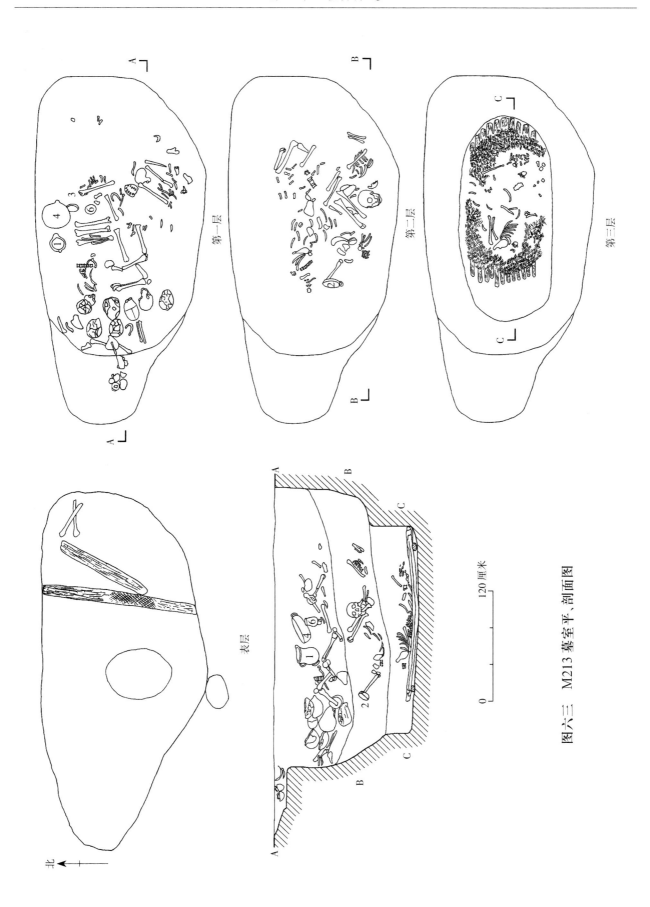

第一层

第二层

第三层

表层

北

0　　　　　　　120 厘米

图六三　M213 墓室平、剖面图

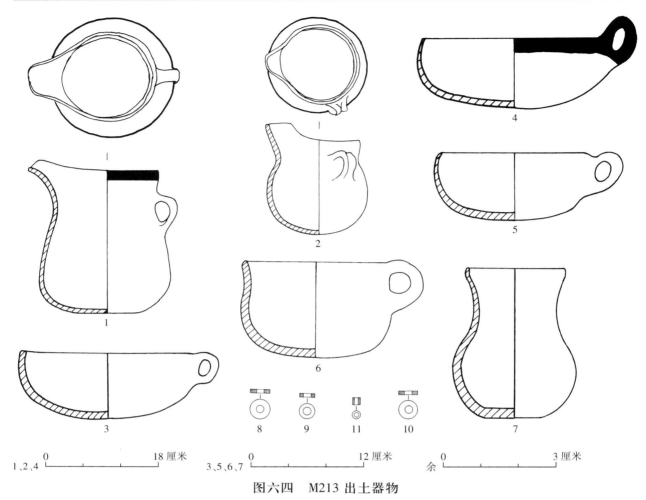

图六四　M213 出土器物

1. 单耳带流釜 M213：1　2. 单耳带流釜 M213：5　3. 单耳浅腹钵 M213：2　4. 单耳浅腹钵 M213：7　5. 单耳浅腹钵 M213：4　6. 单耳深腹钵 M213：3　7. 红陶壶 M213：6　8 ～ 10. 串珠 M213：8

（图六四，3；彩版二七，5）。

标本 M213：4，泥质红褐陶。尖唇，敛口，圜底，单耳。高 7.5、口径 19.3 厘米（图六四，5）。

标本 M213：7，夹砂红褐陶，外施淡黄色陶衣。圆唇，敛口，圜底，单耳。口沿外及耳部有红褐色彩带纹。高 10.0、口径 27.4 厘米（图六四，4；彩版二七，4）。

单耳深腹钵　1 件。

标本 M213：3，淡黄色泥质陶。圆唇，敞口，圜底，单耳。高 7.4、口径 11.2 厘米（图六四，6；彩版二七，3）。

红陶壶　1 件。

标本 M213：6，红褐色泥质陶。尖唇，侈口，束颈，鼓腹，小平底。口沿外饰褐色陶衣，底部有烟熏痕迹。高 16.0、口径 9.9 厘米（图六四，7；彩版二七，6）。

串珠　1 件。

标本 M213：8，共 25 颗。直径 0.5、厚 0.1 厘米（图六四，8 ～ 10）。

二八 M214

1. 封堆

椭圆形圆丘状砂石土堆（图六五），南低北高。东西底径为 7.20、南北底径为 8.10 米。堆顶距地面高 0.25～0.60 米。顶部有 2.00 米长的凹窝。

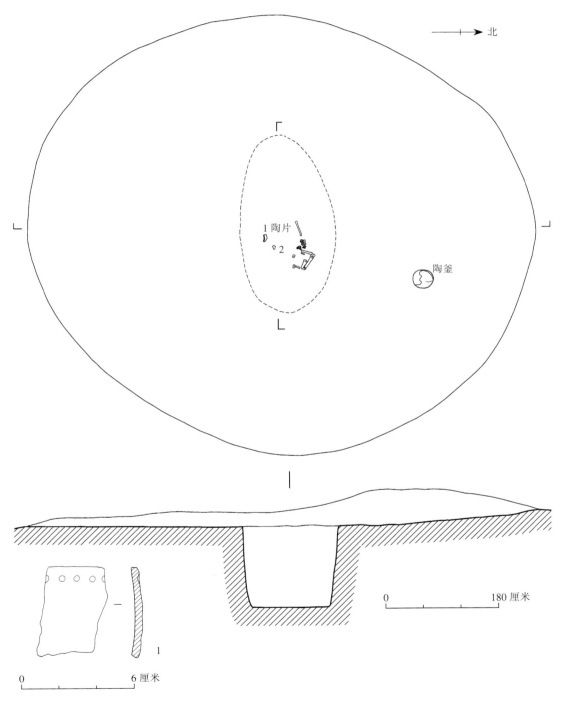

图六五 M214 平、剖面图及出土器物
1. 陶釜残片 M214：1

2. 墓室

长椭圆形竖穴土坑墓（图六五）。墓室表面有大片的淤土，没有棚木。墓口长 2.90、宽 1.55 米。墓底长 2.90、宽 1.54 米，距地面深 1.55～1.70 米。填土为砾石、沙、泥土混合花土。方向 270°。

3. 人骨

人骨 1 层，人骨杂乱无序，陶片残缺无序。

4. 随葬品

在墓中北部出土了 1 个陶釜，已残朽。

陶釜片

标本 M214：1，夹砂黑陶，手制。方唇，直沿，壁微弧。口沿外有凹窝纹饰。残高 4.8、厚 0.4 厘米（图六五）。

二九　M215

1. 封堆

圆丘状砂石土堆（图六六）。封堆底径 6.50 米。堆顶距墓口高 0.60 米，顶部无凹陷。

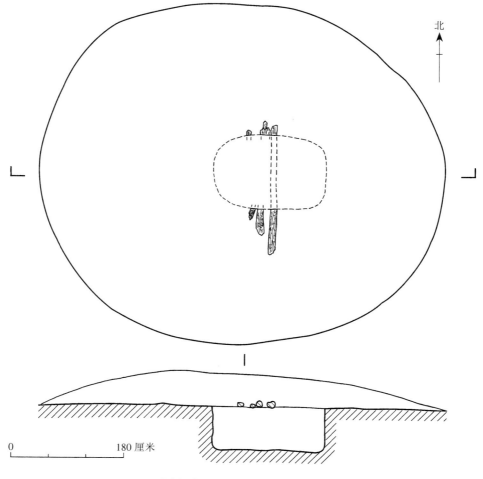

图六六　M215 平、剖面图

2. 墓室

椭圆形竖穴土坑墓（图六七；彩版二八，1），墓口有棚木，中段的已朽烂，仅剩两端。墓室长1.80、宽为1.30米，底距地面深0.70米。骨架下有草席的痕迹。方向265°。

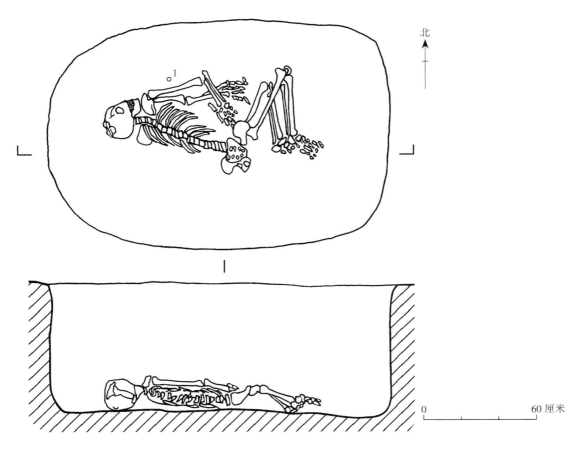

图六七 M215 墓室平、剖面图

3. 人骨

墓室底部中央为1具完整的人骨架。头西脚东，向北侧身屈肢。成年女性，头骨右侧破损，鼻骨保存完好。

4. 随葬品

陶纺轮置于墓主头北部，颈部有54粒石串珠。

陶纺轮 1件。

标本M215：1，夹砂红陶片制成，直径4.4、厚0.6、孔径0.7～1.2厘米（图六八，1；彩版二八，2）。

串珠

标本M215：2，54颗，白石珠36颗，直径0.3～0.4、厚0.9～0.1厘米。绿石15颗，直径0.4～0.7、厚0.2厘米（图六八，2～4；彩版二八，3）。

标本M215：3，玛瑙珠，一颗直径1.0、厚0.5厘米（图六八，5）。

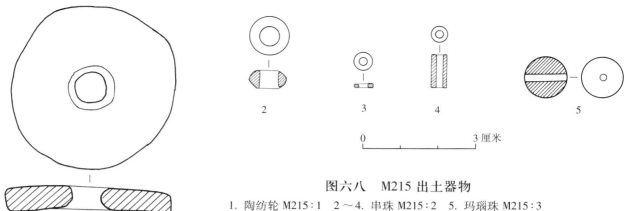

图六八　M215 出土器物

1. 陶纺轮 M215：1　2～4. 串珠 M215：2　5. 玛瑙珠 M215：3

三〇　M216

1. 封堆

圆丘状砂石土堆（图六九）。封堆中部稍有凹陷，剖面为马鞍形，底径 6.60 米。封堆距墓口高 0.60 米。

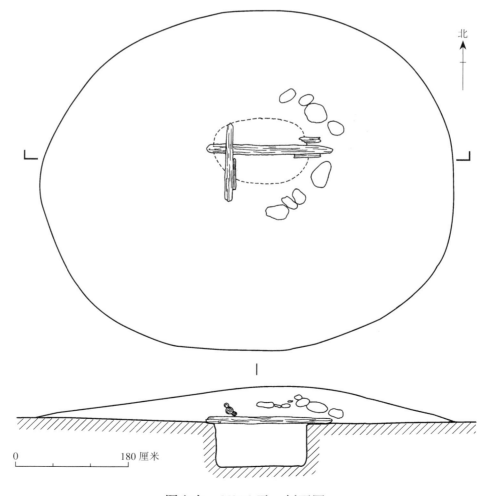

图六九　M216 平、剖面图

2. 墓室

椭圆形竖穴土坑墓（图七〇），墓室为东西向。墓口周围有半圈石围。墓口上有一根南北向，东西向上下叠压的两根横木（彩版二九，1）。墓口长 1.54、宽 1.00 米。墓室底部长 1.42、墓底宽 0.92 米，墓口至底深 0.70 米。方向 273°。

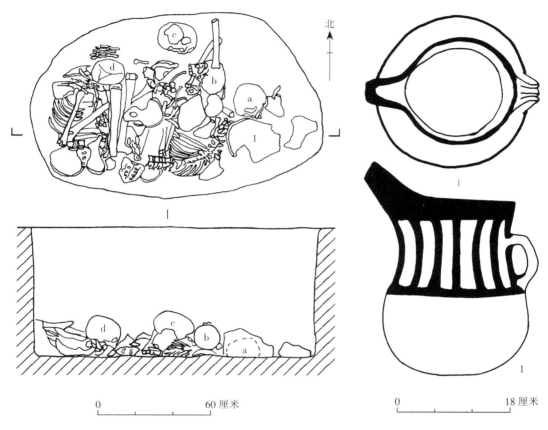

图七〇 M216 墓室平、剖面图及出土器物
1. 单耳带流釜 M216：1

3. 人骨

墓室中共葬 4 具人骨（彩版二九，2），依据墓室中头骨来看早期被扰，由西向东头骨依次编为：a、b、c、d 四个号。a 式面向正西，头西脚东，侧身屈肢；b 式面向西南，侧身屈肢；c 式头南脚东侧身屈肢；d 式头颅面向东南，侧身屈肢。四具人骨相互叠压，保存尚好，c、d 两头骨残碎。b 头骨下颌骨不见。a 尚完整。均侧身屈肢葬。

4. 随葬品

单耳带流釜 1 件。

标本 M216：1，夹砂红褐陶，外施淡黄色陶衣，手制。尖唇，微敞口，直颈，鼓腹，单耳，高窄流，圜底。口沿内有 2 厘米宽褐色彩带，口沿外有 5.5 厘米彩带，并有垂条纹带。底部有粗砂。高 28.5～34.7、长径 23.2、短径 18.0 厘米（图七〇，1；彩版三〇，1～4）。

三一　M217

1. 封堆

椭圆形圆丘状砂石土堆（图七一）。封堆底径东西长 6.00、南北宽 8.00 米。堆顶至墓口高 0.30 米。顶部有直径 1.30、深 0.20 米的凹陷。封堆由小砾石和土构成。

2. 墓室

椭圆形竖穴土坑墓（图七一），墓室口小底大。墓口无封石和棚木，墓室西端有一头龛。墓口长 2.10、宽 1.30 米。墓底长 2.30、宽 1.30 米，距地表面深 1.00 米。墓室内为土和沙石混合

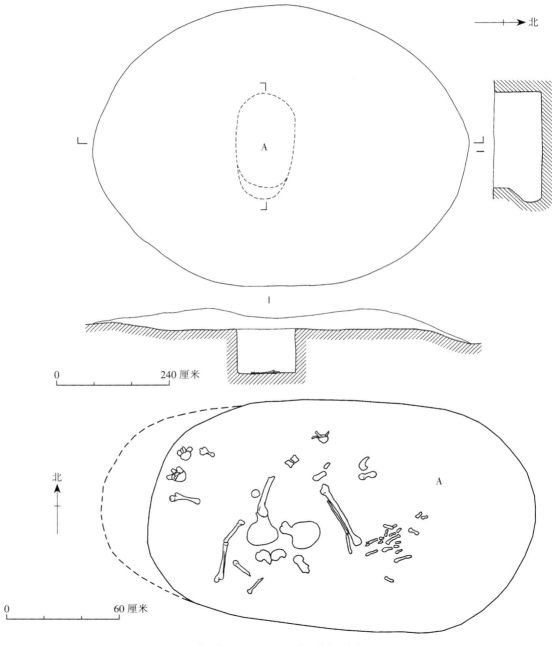

图七一　M217 平、剖面图

土。方向 275°。

3. 人骨

在墓底有被扰乱的骨架。未见头骨。从盆骨及下肢骨的位置看，应为头西脚东，向北屈肢，保存不好。

三二　M218

1. 封堆

椭圆形圆丘状砂石土堆（图七二）。封堆直径 7.30 米。封堆距墓口高 0.26 米。

2. 墓室

东西向竖穴土坑墓（图七二；彩版三一，1），墓室呈椭圆形。墓室长 1.50、宽 1.20 米，墓

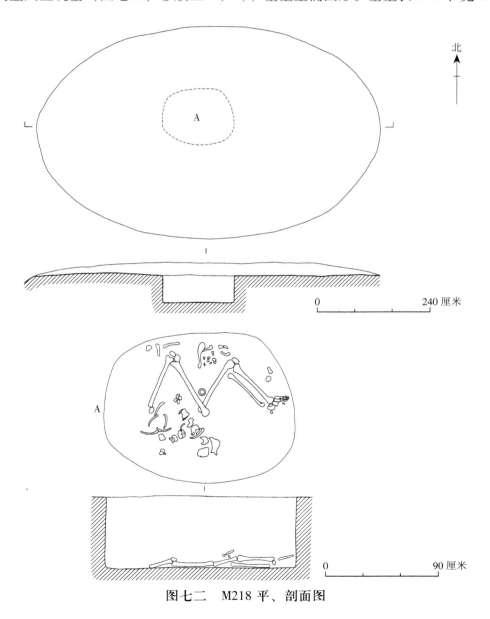

图七二　M218 平、剖面图

室口至底深 0.60 米。填土为细红砂土夹杂小石子，较松软。方向 276°。

3. 人骨

墓室填土中有散乱人骨。墓室距墓口约 0.55 米处有 1 具不完整人骨，墓室底部除交叉下肢骨尚算完整，其余肩胛骨和零乱脊椎骨在墓室南部出现，下颌骨在墓室北部出现。保存差，无法采集。

4. 随葬品

左下肢骨上方发现 1 小块残红陶片，上饰三角纹饰。

三三　M219

1. 封堆

圆丘状砂石土堆（图七三）。封堆底径 5.40 米。堆顶距墓口高 0.40 米。封堆北侧边缘残留有石围的痕迹，顶部凹陷处直径 1.80、下凹约 0.10 米。

2. 墓室

墓室为圆角长方形（图七四；彩版三一，2），墓室上下相同。墓室口周围有三堆砂石，西

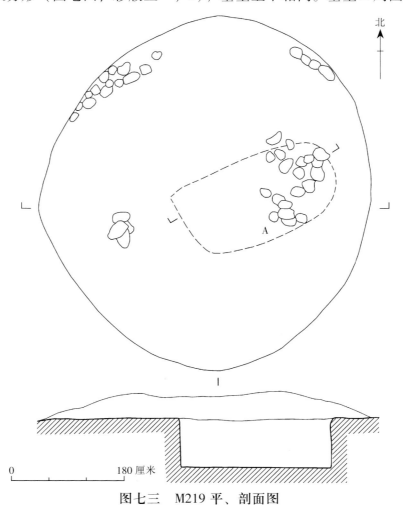

图七三　M219 平、剖面图

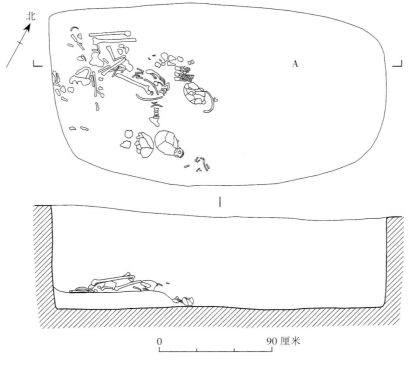

图七四 M219 墓室平、剖面图

侧无。墓室中有淤土而无棚木。墓口长 2.66、宽 1.50、深 0.80 米。方向 68°。

3. 人骨

在墓室口向下约 0.30 米始见头骨，墓室中人骨放置无序，3 个头骨都集中在西部南侧，人骨因朽坏严重而无法辨别年龄、性别，无法采集。墓室西端有颈骨 4 块，而且整个墓室的不同层位中均发现散乱人骨。可能被扰过。

4. 随葬品

无。

三四   M220

1. 封堆

圆丘状砂石土堆（图七五）。封堆底径 5.80 米。封堆距墓口高 0.40 米。封堆中部稍有凹陷，剖面为马鞍形。

2. 墓室

椭圆形竖穴土坑墓（图七六；彩版三二，1、2）。墓口长 2.00、宽 1.80 米。墓底长 1.60、宽 1.80 米，距地面 1.06 米。南部人骨身下有一片纯净黄沙。方向 270°。

3. 人骨

棚木上有人肢骨和头骨 1 个，底层有人骨架 2 具，头向西，侧身屈肢，南部人骨头身分离，保存良好。

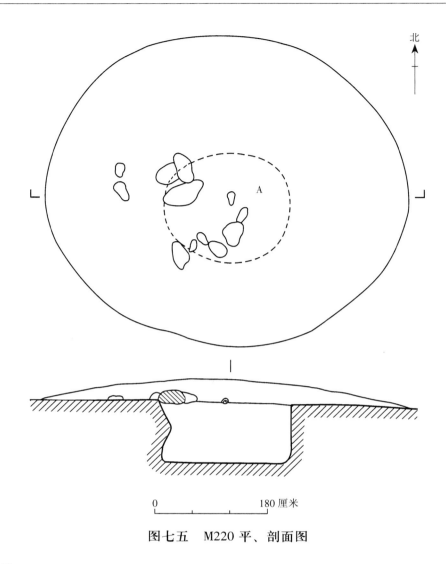

图七五　M220 平、剖面图

4. 随葬品

圆口彩陶釜内有羊骨。

圆口彩陶釜　1 件。

标本 M220：3，夹砂红褐陶，外施淡黄色陶衣，手制。方唇，束颈，鼓腹，小平底。口沿内外有深褐色彩带纹，颈上腹部饰连续波环纹。底部凹凸不平，粘一层薄粗砂。高 16.8、口径 21.8 厘米（图七七，1；彩版三三，1、2）。

单耳浅腹钵　1 件。

标本 M220：2，泥质，夹少量砂，红褐色陶，手制。圆唇，侈口，球腹，圜底，单耳。口沿内外饰褐色流带纹，内部有 " + " 字形褐色纹饰。高 9.6、口径 24.2 厘米（图七七，2；彩版三三，3、4）。

红陶小杯　1 件。

标本 M220：1，夹砂红褐陶，手制。圆唇，敞口，小平底。高 6.5、口径 8.0 厘米（图七七，3；彩版三三，5）。

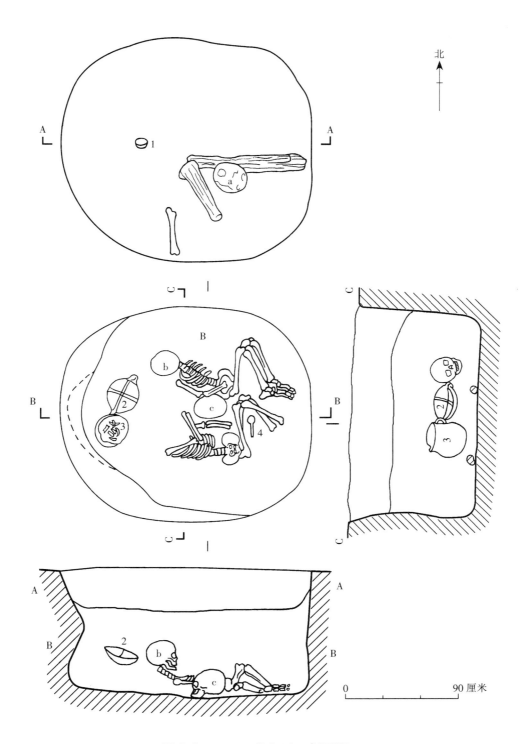

图七六　M220 墓室平、剖面图

铁勺　1 件。

标本 M220：4，表面有一层褐色铁锈。长 16.8、把宽 0.8～0.9、勺宽 4.2 厘米（图七七，4；
彩版三三，6）。

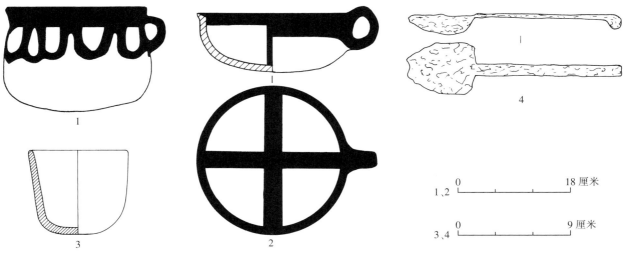

图七七　M220 出土器物

1. 圆口彩陶釜 M220：3　2. 单耳浅腹钵 M220：2　3. 红陶小杯 M220：1　4. 铁勺 M220：4

三五　M221

1. 封堆

圆丘状砂石土堆（图七八）。封堆顶部稍有凹陷，剖面为马鞍形。封堆底径为 5.20 米，封堆距墓口高 0.34 米。封堆中部有 0.10～0.30 米大小的石块若干（彩版三四，1）。

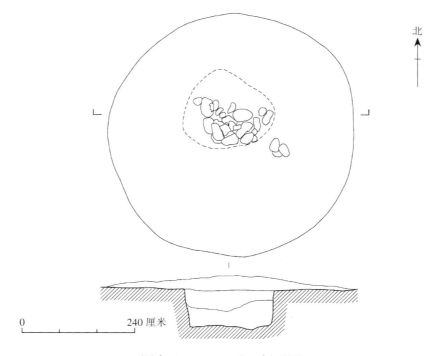

图七八　M221 平、剖面图

2. 墓室

墓室为椭圆形竖穴土坑墓（图七九；彩版三四，2），近圆形。墓口直径 1.90、墓底直径

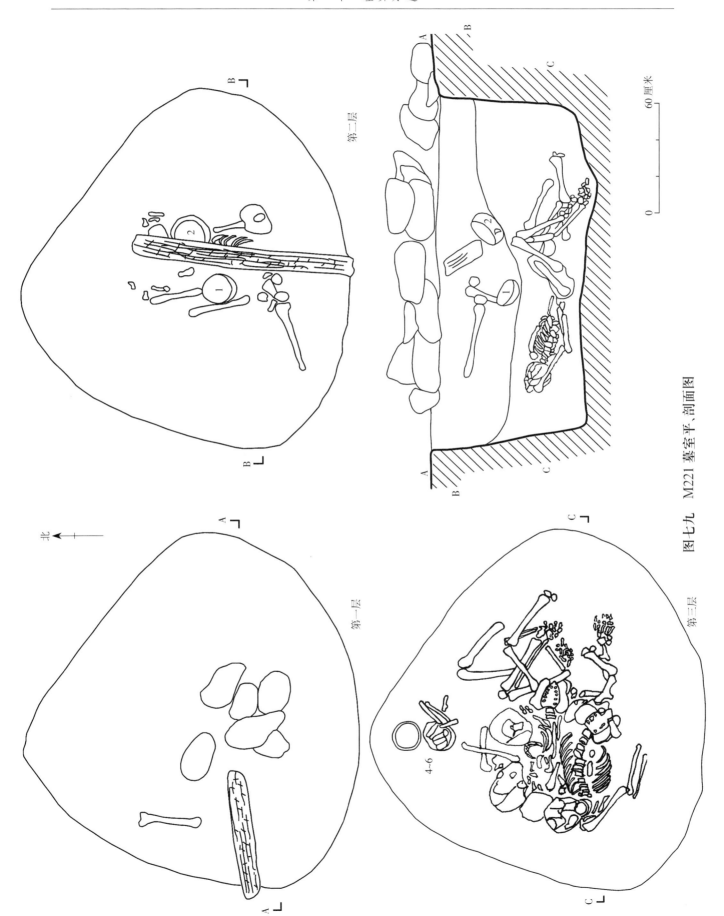

第一层

第二层

第三层

北

4~6

60厘米

图七九　M221 墓室平、剖面图

1.70 米，距地面 1.04 米，墓口下有一根棚木，b 号人骨下有很细草编织的席子。方向 270°。

3. 人骨

人骨架 5 具（彩版三五，1），最上层 1 具，腐朽严重，底层 4 具，头向总的朝西北。b 号人骨右手侧放于腹侧，左手置于背下，仰身屈肢，c 号头骨面向西，头骨下有红色颜料，下颌骨已分离，置于 c 号头骨南侧 0.10 米处，微侧身，骨盆向上，双腿屈，d 号人骨头面向北，侧身屈肢，双手屈放于小腹前，骨盆向上，e 号人骨仰身屈肢。

4. 随葬品

距墓口 0.10 米处发现灰陶单耳钵 1 个，在棚木另一侧发现红陶单耳钵 1 个。在上层人骨骨架上发现 2 个陶钵。东壁下发现铜针 1 枚。底层人骨西北角发现陶钵 3 个，两个相叠而放。

单耳深腹钵　1 件。

标本 M221:2，夹砂灰陶，外施深灰色陶衣，手制。方唇，直口，圜底，单耳。高 15.5、口径 26.0 厘米（图八〇，1；彩版三五，2）。

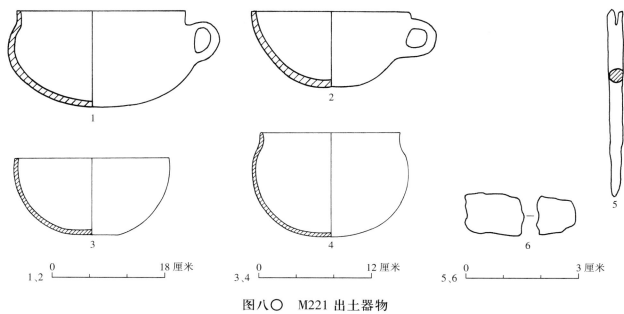

图八〇　M221 出土器物
1. 单耳深腹灰陶钵 M221:2　2. 单耳浅腹红陶钵 M221:1　3. 无耳钵 M221:5　4. 无耳钵 M221:6　5. 铜针 M221:3
6. 红色颜料 M221:7

单耳浅腹钵　1 件。

标本 M221:1，夹砂红褐陶，局部施黑褐色陶衣。方唇，直口，圜底，单耳。耳修复。高 11.8、口径 25.3 厘米（图八〇，2；彩版三五，3）。

无耳钵　3 件。

标本 M221:5，泥质灰黑陶。方唇，敛口，球腹，圜底。高 8.5、口径 16.3 厘米（图八〇，3；彩版三五，4）。

标本 M221:6，泥质灰黑色，手制。圆唇，敞口，直口，球腹，圜底，素面。高 11.5、口径 15.0 厘米（图八〇，4；彩版三五，5）。

铜针　1件。

标本 M221:3，青铜，锈蚀，针孔已残。长 5.1、最大直径 0.4 厘米（图八〇，5）。

红色颜料

标本 M221:7，断为两块（图八〇，6）。

三六　M222

1. 封堆

椭圆形圆丘状砂石土堆（图八一）。封堆由砾石、砂土混合，未经夯打。封堆底径东西 7.00、南北 5.96 米，底部至顶高 0.34 米。该封堆较平缓。顶部未见凹窝。

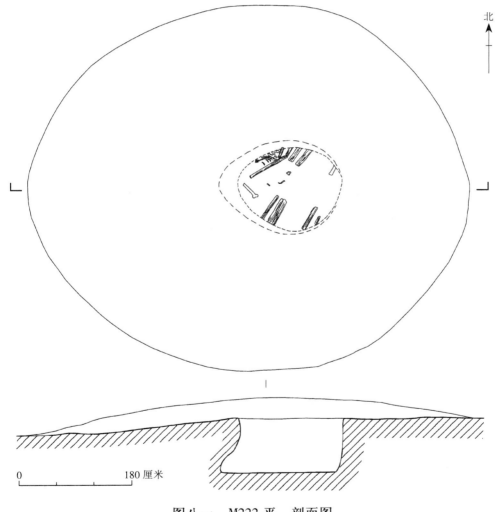

图八一　M222 平、剖面图

2. 墓室

椭圆形竖穴土坑墓（图八二）。墓壁西部往里斜伸。墓口距封堆顶深 0.34 米，长 1.63、宽 1.30 米。墓底距封堆顶部深 1.20 米，长 1.90、宽 1.00 米。墓口上部置棚架，保存的多见横向，纵向只见一根，棚木已朽蚀塌陷。填土为砾石、砂土混合土，方向 310°。

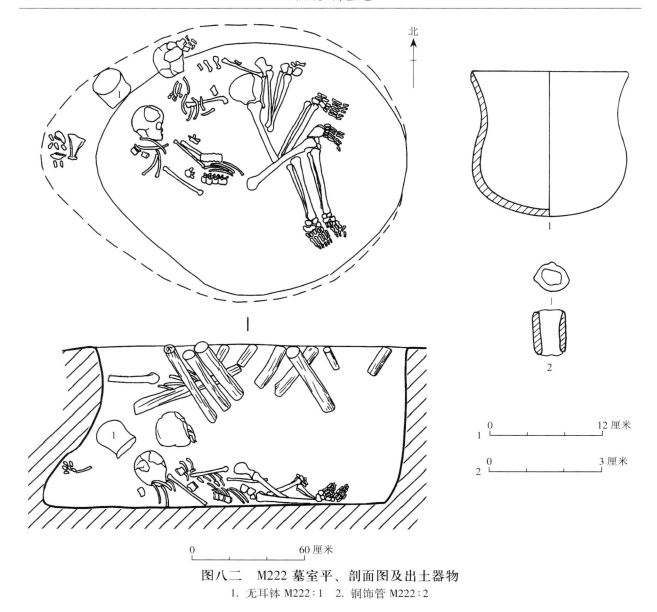

图八二　M222 墓室平、剖面图及出土器物
1. 无耳钵 M222 : 1　2. 铜饰管 M222 : 2

3. 人骨

在棚木上部见股骨，少量肋骨、脊骨等（彩版三六，1）。墓室内 2 具人骨（彩版三六，2），侧身屈肢（上半部腐朽）。头向西，面向南部。保存状况稍差，南部骨架、肋骨已朽蚀，下肢保存尚好。北部脊椎骨、肋骨及上肢骨已朽蚀，下肢保存尚好。性别南部男，北部女。

4. 随葬品

在西壁存一块羊肩胛骨。

无耳钵　1 件。

标本 M222 : 1，泥质红褐陶，手制。圆唇，侈口，束颈，鼓腹，圜底。外施陶衣，有烟熏痕迹。高 16.6、口径 16.1 厘米（图八二，1）。

铜饰管　1 件。

标本 M222 : 2，长条形铜片扭成，有接缝。长 1.3、直径 1.0 厘米（图八二，2）。

三七　M223

1. 封堆

圆丘状砂石土堆（图八三）。封堆顶部稍陷，底径6.90米。封堆距墓口高0.60米。

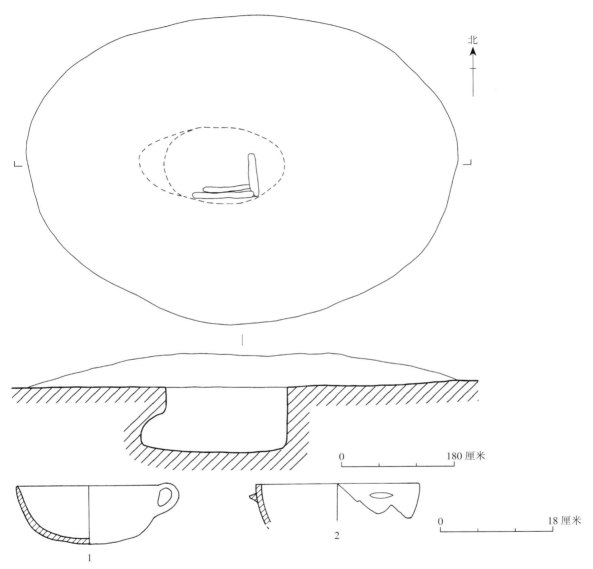

图八三　M223平、剖面图及出土器物
1. 单耳浅腹钵 M223：2　　2. 陶片 M223：1

2. 墓室

椭圆形竖穴土坑墓（图八四；彩版三七，1），墓室上大下小。墓口长1.90、宽1.40米。墓底长2.30、宽1.40米，距地面深0.60米。填土为砂土，西有头龛，深0.40米，墓口有棚木。方向270°。

3. 人骨

a号人骨，头向东，仰身屈肢，但肢骨不全，西部有龛，内有人骨若干。在a号人骨下又发现

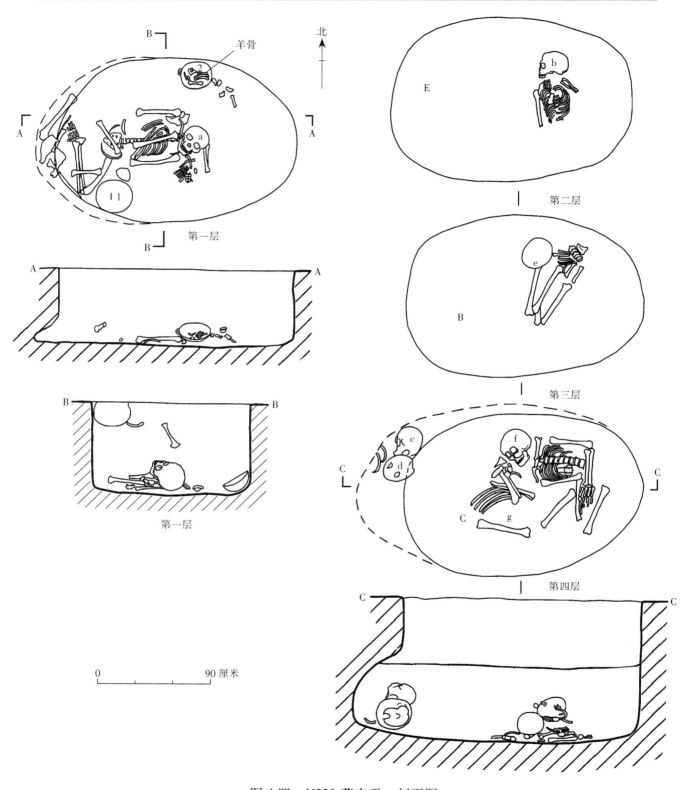

图八四　M223 墓室平、剖面图

1 具人骨，仅存头和上身，头向南，编号 b，在头龛中发现 2 个头骨，编号 c、d。向下清理，在 b 号人骨下，发现头骨 1 个，肢骨若干，编号 e，并有一些动物骨骼，向下清理，发现人骨架两具，其中一具保存良好，但下肢不存，编号 f，f 人骨南部有人骨若干，但朽腐严重。

4. 随葬品

在墓室西北角发现陶罐残片，南壁下发现一单耳陶钵，内有羊骨。

单耳浅腹钵　1件。

标本 M223：2，夹砂灰陶。尖圆唇，敛口，圜底，单耳。高9.1、口径22.7厘米（图八三，1）。

陶片　1件。

标本 M223：1，泥质红褐陶，手制。方唇，肩部有突棱錾耳。口径26.0厘米（图八三，2）。

三八　M224

1. 封堆

圆丘状砂石土堆（图八五）。封堆底径7.00米，封堆顶部距地面0.60米。

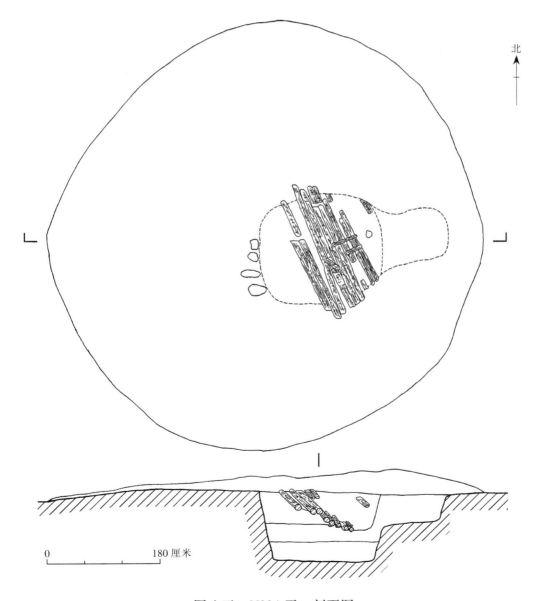

图八五　M224 平、剖面图

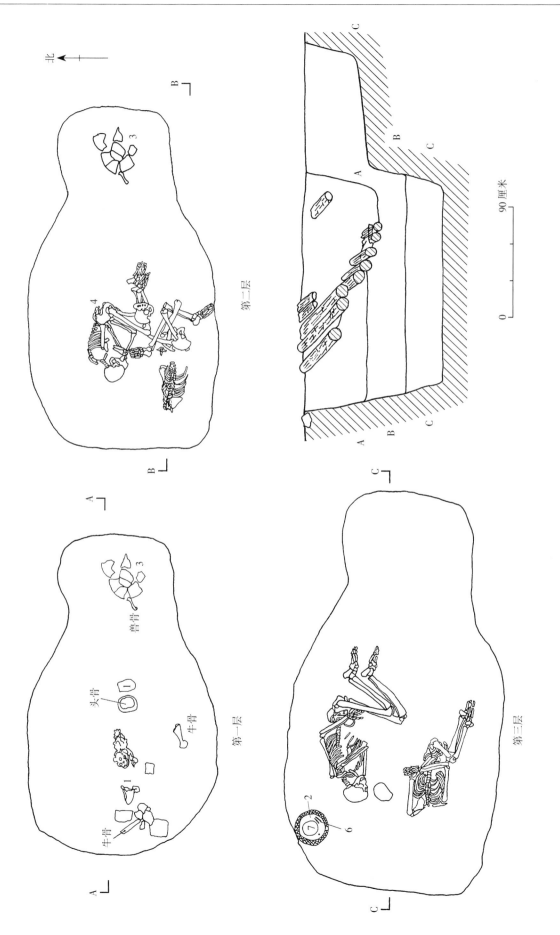

北

第二层

第一层

第三层

图八六　M224 墓室平、剖面图

90 厘米

2. 墓室

墓室为甲字形竖穴土坑墓（图八五；彩版三七，2），东部有短浅墓道。墓室长 1.90、宽 1.70、深 1.10 米。墓道长 1.00、宽 1.10、深 0.40～0.50 米。墓室上大底小。底长 1.60 米。墓口有棚木，多为横向，少量纵向覆盖在横向棚木之上，棚木中部向下坍塌。方向 245°。

3. 人骨

有三层人骨（图八六）。第一层距墓口深 0.50 米，有人骨、羊骨、牛骨，摆放凌乱，骨架不全。西部发现陶片，在墓道中发现陶钵和羊骨。第二层 2 人，北部一人侧身屈肢，头向西，面向南，南部一人俯上身，屈下肢，但脊椎和盆骨分离，盆骨分离，一下肢上举，无头骨。第三层距墓口 0.80 米，2 人，北部一人头向西，面向南，侧身屈肢，南部一人仰身屈肢，侧向南，无头（彩版三七，2）。

4. 随葬品

在第二层人骨背部盆骨附近发现有粮食。第三层人骨西北部发现单耳彩绘陶罐 1 个，大罐中发现骨条和陶钵。

单耳圆口釜　1 件。

标本 M224：2，夹砂陶，淡黄色，手制。口沿外饰红褐色带，腹部是五圈连续三角纹，下面饰三道波曲纹。高 25.0、口径 24.3 厘米（图八七，1；彩版三八，1、2）。

单耳深腹钵　1 件。

标本 M224：7，夹砂红褐陶，外施淡黄色陶衣，手制。尖圆唇，微侈口，束颈，鼓腹，圜底，素面。高 9.0、口径 11.3 厘米（图八七，2；彩版三八，5）。

单耳浅腹钵　1 件。

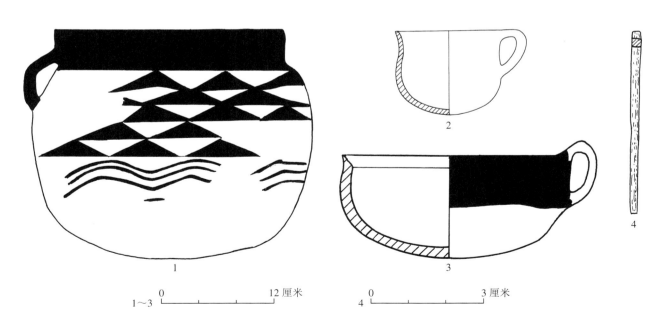

图八七　M224 出土器物
1. 单耳圆口釜 M224：2　2. 单耳深腹钵 M224：7　3. 单耳浅腹钵 M224：3　4. 骨条 M224：6

标本 M224:3，泥质红褐陶。尖圆唇，直腹，圜底，单耳。口沿外有褐色纹带，宽5.0厘米。高11.0、口径23.5厘米（图八七，3；彩版三八，3、4）。

骨条　1件。

标本 M224:6，截面呈正方形。长4.9、宽0.2厘米（图八七，4；彩版三八，6）。

三九　M225

1. 封堆

圆丘状砂石土堆（图八八）。封堆顶部稍有凹陷，底径6.84米，封堆距墓口高0.40米。

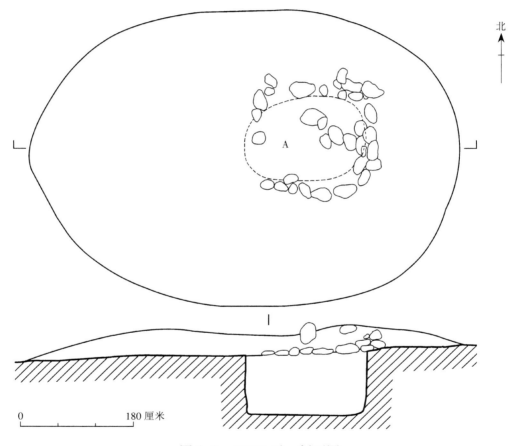

图八八　M225平、剖面图

2. 墓室

墓室为椭圆形竖穴土坑墓（图八九）。墓口长1.80、宽1.40米。墓底长1.70、宽1.00米，距地面深1.00米。填土为砂土。墓口有直径1.10米石围，不过西南角无石块，中部有大石头。方向270°。

3. 人骨

距墓口深0.60米处有一具残骨架，摆放凌乱，骨架不全。仅剩下肢骨，骨盆分离，西北部也有部分肢骨。

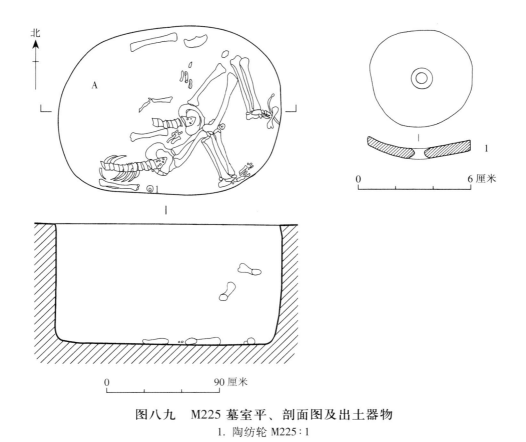

图八九　M225 墓室平、剖面图及出土器物
1. 陶纺轮 M225：1

4. 随葬品

在墓室南壁下发现陶纺轮 1 个，墓室东部有羊骨。

陶纺轮　1 件。

标本 M225：1，夹砂红陶片制成，尚保持原来器物的弧度。直径 5.4、厚 0.5 厘米（图八九，1）。

四〇　M226

1. 封堆

椭圆形圆丘状砂石土堆（图九〇）。封堆底径 9.10 米，顶部距地表 0.60 米，顶部稍有凹陷。

2. 墓室

椭圆形竖穴土坑墓（图九一）。长 2.40、宽 1.74 米，距地表深 1.20 米。墓口有棚木覆盖（彩版三九，1），多为横向搭建。方向 248°。

3. 人骨

为二次合葬墓，有二层人骨。第一层距墓口深 0.50 米（彩版三九，2），2 人，侧身屈肢，相向而卧，头骨不存，仅剩下颌骨，膝盖相互叠压，北部人骨俯上身，南部人骨不全。下层人骨距墓口深 1.00 米（彩版四〇，1），2 人，侧身屈肢，相对而卧，头向西，但肢骨不全。

4. 随葬品

第一层人骨西部发现彩陶片、陶壶、陶纺轮、陶杯。第二层人骨西部放置陶片，西南部人

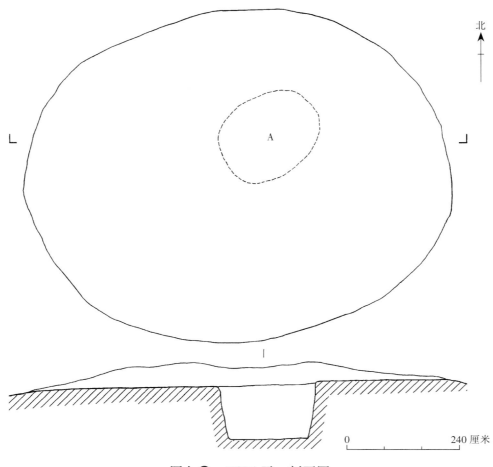

北

0　　　　　240 厘米

图九〇　M226 平、剖面图

骨背部发现石纺轮。

　　陶壶　1 件。

　　标本 M226：2，泥质黑陶，有灰黑色陶衣，手制。圆唇，侈口，束颈，鼓腹，小平底，素面。高 15.0、口径 12.0 厘米（图九二，1；彩版四〇，2）。

　　单耳深腹钵　1 件。

　　标本 M226：1，泥质陶，淡黄色。尖唇，敛口，圜底，单耳。高 7.4、口径 10.2 厘米（图九二，2；彩版四〇，3）。

　　无耳钵　1 件。

　　标本 M226：4，夹砂红陶，手制。直腹，圜底，素面。高 6.3、口径 9.9 厘米（图九二，3）。

　　陶纺轮　1 件。

　　标本 M226：3，夹砂红褐陶。直径为 3.3、厚约 1.0 厘米（图九二，4；彩版四〇，4）。

　　石纺轮　1 件。

　　标本 M226：5，白砂石质，纵剖面为梯形。高 2.3、下部直径 2.8、上部直径 2.0 厘米（图九二，5；彩版四〇，5）。

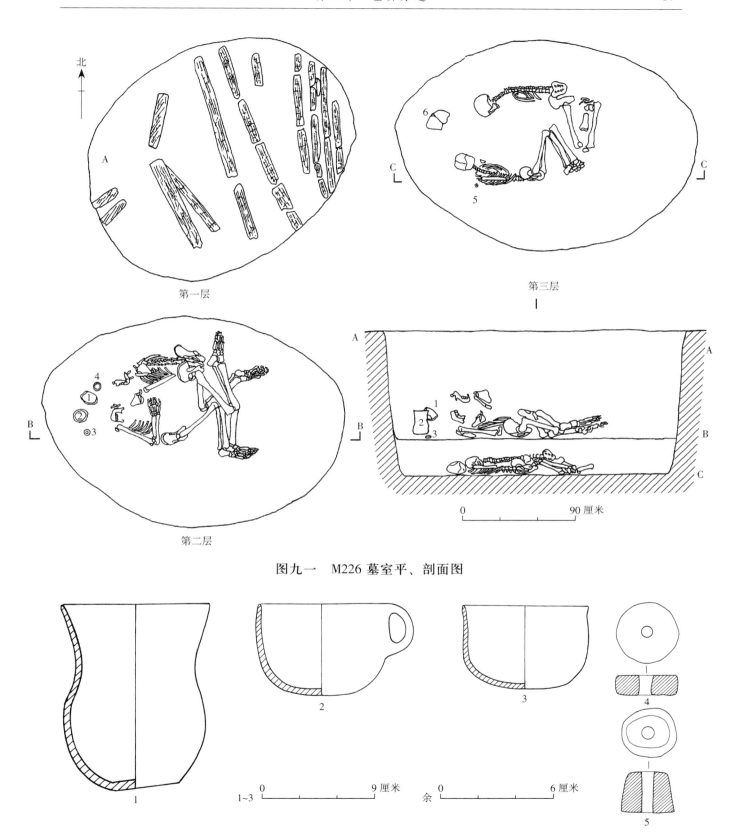

北

A

第一层

第三层

6

5

C C

第二层

4
1
2
3

B

A A

1
2
3

B B

C C

0 90 厘米

图九一 M226 墓室平、剖面图

1

2

3

4

5

1~3 0 9 厘米

余 0 6 厘米

图九二 M226 出土器物

1. 陶壶 M226：2　2. 单耳深腹钵 M226：1　3. 无耳钵 M226：4　4. 陶纺轮 M226：3　5. 石纺轮 M226：5

四一　M227

1. 封堆

圆丘状砂石土堆（图九三）。封堆底径 7.00 米。封堆距墓口高 0.67～0.94 米，中部稍有凹陷，封堆内有石块若干。

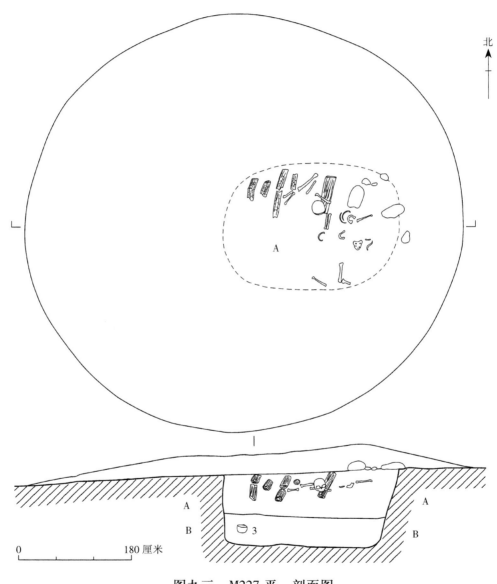

图九三　M227 平、剖面图

2. 墓室

椭圆形竖穴土坑墓（图九四）。墓口长 2.80、宽 2.10 米。墓底长 2.40、宽 2.10 米。距地面深 1.20 米，填土为砂土。有棚木。方向 271°。

3. 人骨

棚木上有人骨，可能为 2 人，摆放凌乱，骨架不全，底层有人骨架 2 具，头向西北、侧身屈

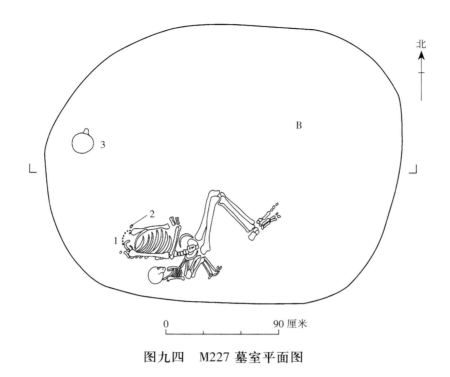

图九四　M227 墓室平面图

肢，1 成人 1 儿童，女性成人骨架侧身屈肢。成人后有 1 儿童，也侧身屈肢。

4．随葬品

在成人骨架脖子及胸前位置发现石串珠、小铜饰。西壁下发现 1 个单耳小钵。

单耳深腹钵　1 件。

标本 M227：3，泥质红褐陶。圆唇，直口，单耳，圜底。与耳相对一面外部有烟炱。高 7.2、口径 13.3 厘米（图九五，1）。

单耳浅腹钵　1 件。

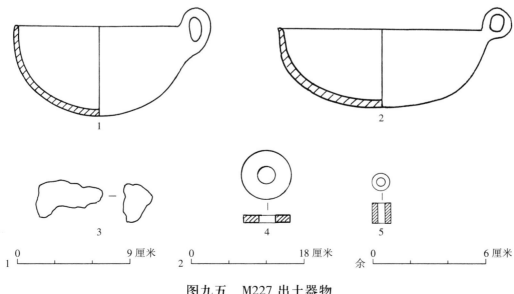

图九五　M227 出土器物

1．单耳深腹钵 M227：3　2．单耳浅腹钵 M227：4　3．铜饰 M227：2　4、5．串珠 M227：1

标本 M227：4，夹砂红褐陶。尖唇，侈口，圜底，单耳，耳高出口沿。高 12.8、口径 32.2 厘米（图九五，2）。

铜饰　1 件。

标本 M227：2，锈蚀严重，有铜锈和铁锈（图九五，3）。

串珠　1 件。

标本 M227：1，绿色的可能为绿石，6 颗，直径 0.6～0.5、厚 0.1 厘米。白色的有 10 颗，直径 0.25～0.5、厚 0.18～0.55 厘米（图九五，4、5）。

四二　M228

1. 封堆

圆丘状砂石土堆（图九六）。封堆底径 7.40 米，封堆顶部距墓口 0.26 米。

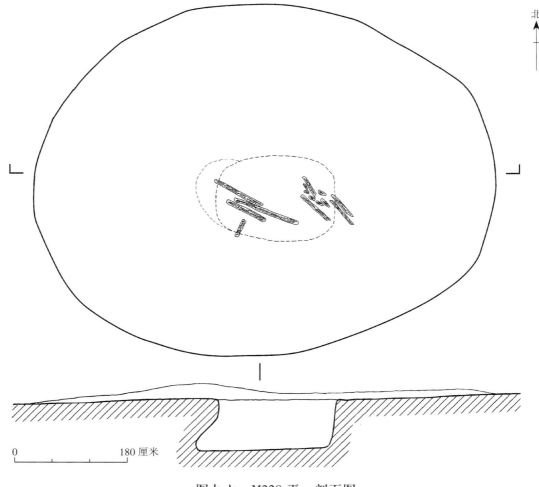

北

0　　　　　180 厘米

图九六　M228 平、剖面图

2. 墓室

墓室为东西向椭圆形竖穴土坑墓（图九七；彩版四一，1），墓室西部有一龛。墓室口长 2.00、宽 1.32 米。墓室底长 1.68、宽 1.00 米，墓室口至底深 0.97 米。墓室填土为砂土夹小石

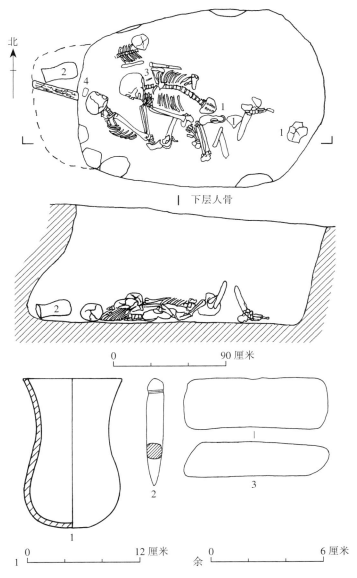

图九七　M228 墓室平、剖面图及出土器物
1. 陶壶 M228：2　2. 化妆棒 M228：3　3. 砺石 M228：4

子，较松软。墓口有棚木，方向较乱，有被扰动的迹象。方向282°。

3. 人骨

人骨有两层，共3具人骨架。其中上层因破坏严重，人骨散碎，无法采集，无法得知其葬式、面向、头向。下层，有三具人骨架，皆是头西脚东，墓室南部1具人头颅面朝南，另1具也朝南。西南的侧身屈肢，西北部似还有一具人骨，但不全。因人骨残碎严重，没有采集。从出土物看，可知下层中人骨性别为一男一女。

4. 随葬品

在墓室南边下层人骨的头颅旁出现砺石1件。在墓室正中人骨颈椎旁出现1根化妆棒。

陶壶　1件。

标本 M228：2，夹砂灰黑陶。敞口，尖唇，束颈，鼓腹，小平底。表面磨光。高16.3、口径

10.6、底径5.5厘米（图九七，1；彩版四一，2）。

化妆棒　1件。

标本M228：3，石质，锥形，顶部有圆帽。长6.0、最大直径0.9厘米（图九七，2）。

砺石　1件。

标本M228：4，砂石质，无孔。长7.6、宽2.7、厚1.9厘米（图九七，3）。

四三　M229

1. 封堆

圆丘状砂石土堆（图九八）。封堆底径9.00米。封堆东高西低，顶部稍陷，封堆距地表高0.30～0.50米。

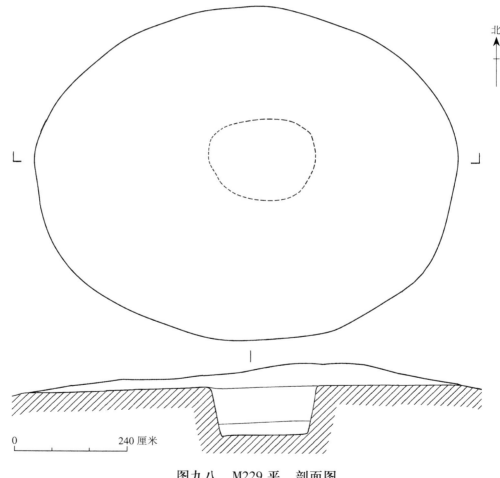

图九八　M229平、剖面图

2. 墓室

椭圆形竖穴土坑墓，口大底小，墓口东边有一堆石块。墓口长2.00、宽1.50、深1.10米。墓底长1.90米。墓口有棚木（彩版四二，1），南北向，向中部凹陷，棚木上有草席覆盖（彩版四二，2）。填土为砂土，方向263°。

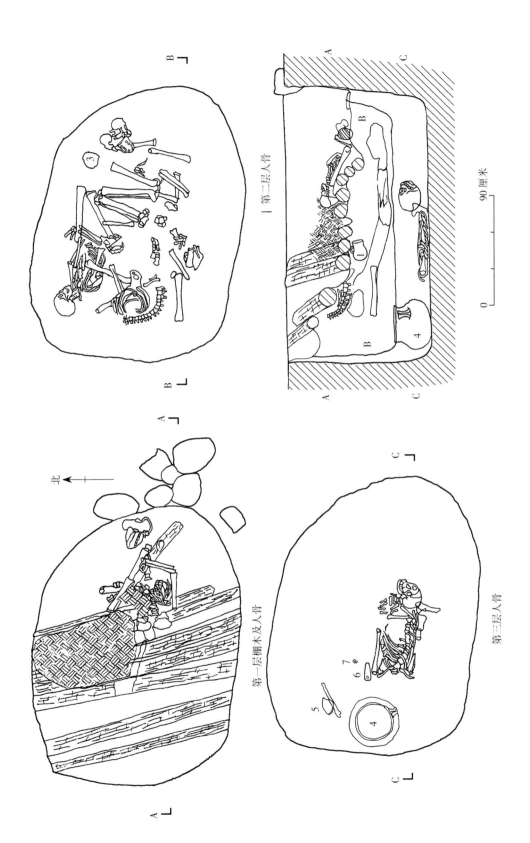

图九九　M229 墓室平、剖面图

3. 人骨

有人架三层（图九九）。第一层1具，置于墓口棚木之上，头身相连，但下肢分离，骨盆与脊椎分离。第二层距墓口深0.30米（彩版四三，1），人骨2具，北部一个头向西，面向北，侧身屈肢，双手屈置于腹前，南部一人摆放凌乱，肢骨不全。第三层距墓口深0.80米，人骨1人，为二次摆放，头向东，下肢不存。

4. 随葬品

第二层人骨南部放置单耳陶罐1个，东北角有陶片1块。第三层人骨处放置单耳陶釜1个，骨架附近放置砺石1块，戒面1枚。

单耳圆口釜　1件。

1件。标本M229:4，夹砂红褐陶，手制。圆唇，侈口，单耳，鼓腹，小平底。口沿内外有纹饰，颈部有垂条纹。高25.2、口径27.8厘米（图一〇〇，1）。

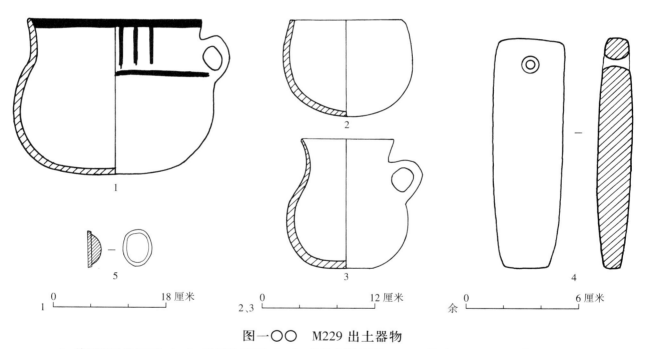

图一〇〇　M229出土器物

1. 单耳圆口釜 M229:4　2. 无耳钵 M229:3　3. 单耳小罐 M229:1　4. 砺石 M229:6　5. 戒面 M229:7

无耳钵　1件。

1件。标本M229:3，夹砂红褐陶，外施褐色陶衣，手制。方唇，敛口，圜底，素面。高10.6、口径12.0厘米（图一〇〇，2）。

单耳小罐　1件。

标本M229:1，泥质灰陶，手制。侈口，束颈，鼓腹，平底，素面。高14.0、口径9.9厘米（图一〇〇，3；彩版四三，2）。

砺石　1件。

标本M229:6，长方条形，一端中间有对钻穿孔。长12.6、宽3.3厘米（图一〇〇，4；彩版四三，3）。

戒面　1件。

标本 M229：7，下为椭圆形青铜基座，内嵌一颗红色宝石。长径2.0、高0.7厘米（图一○○，5；彩版四三，4）。

四四　M230

1. 封堆

圆丘状砂石土堆（图一○一）。封堆底径7.00米。封堆距墓口0.30米，顶部有直径1.70、深0.10米的凹窝。

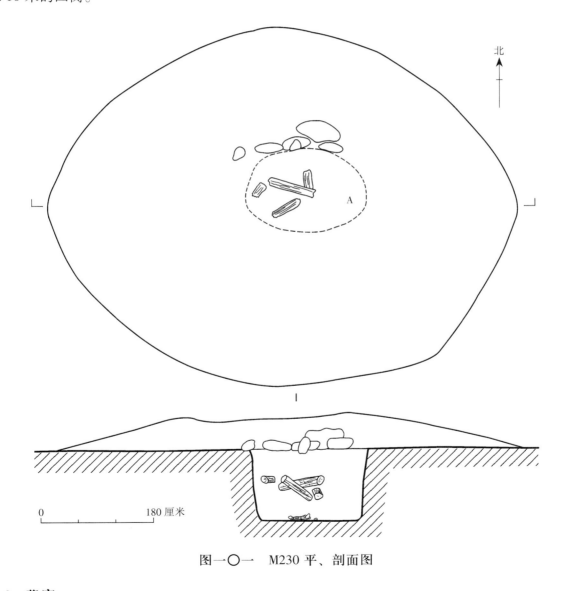

图一○一　M230平、剖面图

2. 墓室

椭圆形竖穴土坑墓（图一○二）。墓室长1.80、宽1.20、深1.10米。墓口北侧有一些标示性的砾石，墓口上原有的棚木因被扰动而掉入墓室。方向282°。

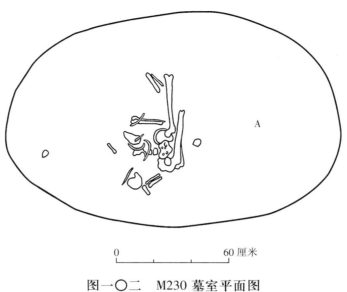

0   60 厘米

图一〇二　M230 墓室平面图

3. 人骨

距墓口深约 0.30 米的填土中出土 2 个头骨，一个位于西侧，一个在中部，这两个头骨放置于棚木之上。墓底有 1 具人骨，骨架凌乱，但相对集中于墓室中央。

4. 随葬品

无。

四五　M231

1. 封堆

圆丘状砂石土堆（图一〇三）。封堆直径 8.40 米。顶距墓室口 0.40 米。

2. 墓室

东西向的椭圆形竖穴土坑墓（图一〇四）。墓室形状为椭圆形，墓室上口长 2.80、宽 2.00 米。墓室底口长为 2.30、宽为 1.96 米，墓室口至底的深度 1.20 米。墓口上搭盖有棚盖，棚盖上堆有堆石，棚木上铺草席。方向为 88°。

3. 人骨

人骨架分为三层。一具人骨为棚木上的殉人骨，头颅不见，头东脚西，侧身屈肢，因酥碎无法采集。第二层面距墓口约 0.65 米（彩版四四，1），出现在墓室最南壁的两具头颅一只头骨较完整，另一只残碎，其附近是动物肢骨及肋骨，不见人骨。因此无法判定其联系，但可能是盗扰的缘故，两个头骨及动物肢骨、肋骨分别采集编号为 a、b、c（c 为动物骨）、d 为散乱人肢骨。第三层面人骨共有三具：其中一具人骨（靠墓室北边的）较完整，头骨保存较好；为头西脚东，侧身屈肢葬式。从墓室中另外两具人下肢骨看也应为头西脚东的侧身屈肢式。对第三层面人骨进行了采集，第三层中带有人头骨的一具人骨为女性。头骨编号为 e，f 为人肢骨。

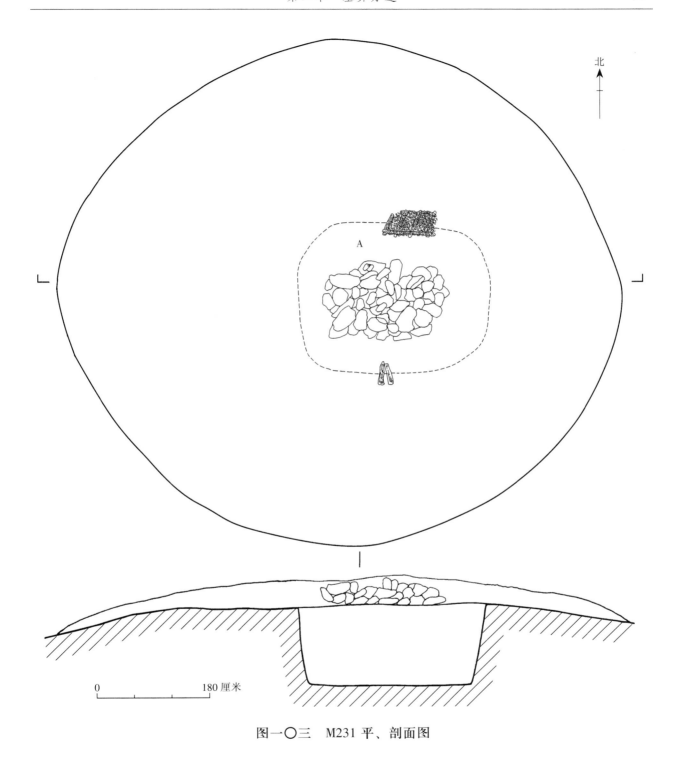

图一〇三 M231 平、剖面图

4. 随葬品

封土中有残陶片。墓室中出土动物肢骨和肋骨。

单耳浅腹钵 1件。

标本 M231:1，夹砂红褐陶，外施深褐色陶衣。尖唇，侈口圜底，单耳，耳为修复。高 6.8、口径 14.5 厘米（图一〇五，1）。

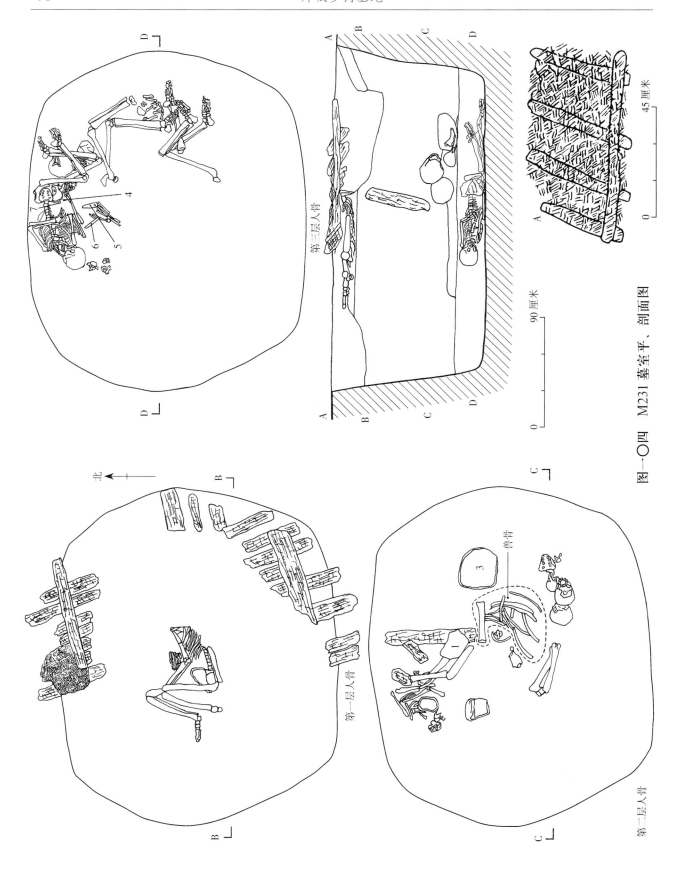

图一〇四　M231 墓室平、剖面图

大深腹盆　1件。

标本 M231:3，夹砂红褐陶，手制。圆唇，单耳，敛口，圜底。口沿外饰红褐色彩带，不完整。高21.0、口径38.0厘米（图一〇五，2；彩版四四，2）。

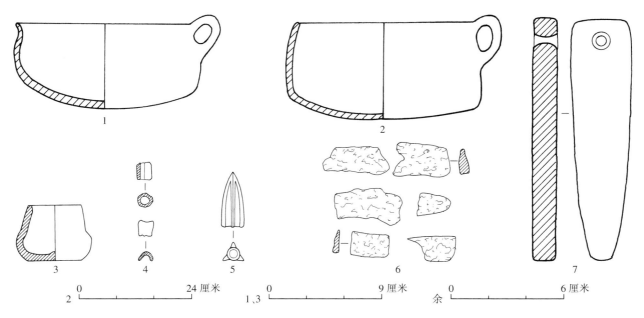

图一〇五　M231 出土器物

1. 单耳浅腹钵 M231:1　2. 大深腹盆 M231:3　3. 小无耳杯 M231:2　4. 铜管 M231:7　5. 铜镞 M231:4　6. 铁刀 M231:6　7. 砺石 M231:5

小无耳杯　1件。

标本 M231:2，泥质陶，含少量砂，淡黄色，手制。圆唇，侈口，鼓腹，小平底，素面。高4.5、口径4.2厘米（图一〇五，3）。

铜管　1件。

标本 M231:7，断为两截，一件长约0.9、直径0.8厘米，一节只剩一半，长约0.9厘米（图一〇五，4）。

铜镞　1件。

标本 M231:4，三棱形，中间为圆銎。长2.9、宽1.1厘米（图一〇五，5；彩版四四，3）。

铁刀　1件。

标本 M231:6，已锈蚀，断为6块（图一〇五，6）。

砺石　1件。

标本 M231:5，长方条形，窄的一端圆形，宽的一端中间有对钻穿孔。长12.8、最宽3.1、穿孔0.2厘米（图一〇五，7；彩版四四，4）。

四六　M232

1. 封堆

圆丘状砂石土堆（图一〇六）。封堆直径9.40米。顶部距墓口0.20米。

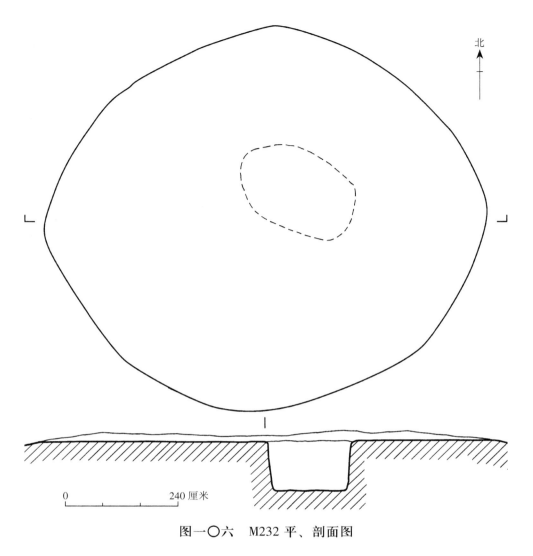

北

0　　　　　　　　240 厘米

图一〇六　M232 平、剖面图

2. 墓室

东西向的椭圆形竖穴土坑墓（图一〇七）。墓室上口长 2.20 米，东西宽 1.40 米。墓室底部口长 1.98、宽为 1.12 米。墓室口至底深度 1.30 米。墓室南部扩出一个殉人坑，因此整个形状像是一个不规则的鸭梨型。殉人坑是把主墓室南边向南扩展了约 0.70 米，殉人坑东西长 1.15 米，殉人坑底部距墓口高度 0.13 米。东部有两小截棚木。方向 292°。

3. 人骨

墓内填土中包含不少碎骨。

两层。包括殉坑内人骨架（为第一文化层）共有四具人骨架。殉坑内的人骨架保存尚完整，头部已压扁，其他人骨一动就酥碎，无法留作标本。

殉坑内人骨为头东脚西，面朝南的侧身屈肢葬。性别不详。编号 d。

主墓室中共出现 3 具人头骨，均集中在墓室最西北角，采集中把面朝西的中间头颅编号为 b；b 南边头颅面朝墓底，颈椎孔朝上编号为 c；b 北面的头颅编号为 e；因头骨几乎均处于独立状态，肢骨均在墓室最南部，无法联系头颅和肢骨的关系。从肢骨状况看应为侧身屈肢状。性别

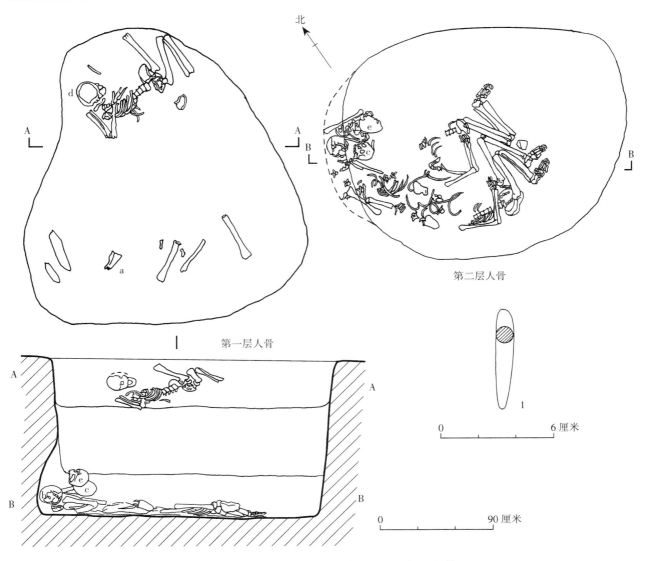

图一〇七 M232 墓室平、剖面图及出土器物
1. 化妆棒 M232∶3

不详。a 是第一层面出现的羊肩胛骨。

4. 随葬品

墓内有碎陶片，发现化妆棒、铜渣、串珠。第一层出土羊肩胛骨。

化妆棒 1 件。

标本 M232∶3，长 5.5、最大直径 1.0 厘米（图一〇七，1）。

四七 M233

1. 封堆

圆丘状砂石土堆（图一〇八）。封堆平面圆形，封堆表面为石块，矮小，底径 4.00 米，底部至顶高 0.23～0.37 米，顶部未见凹窝。

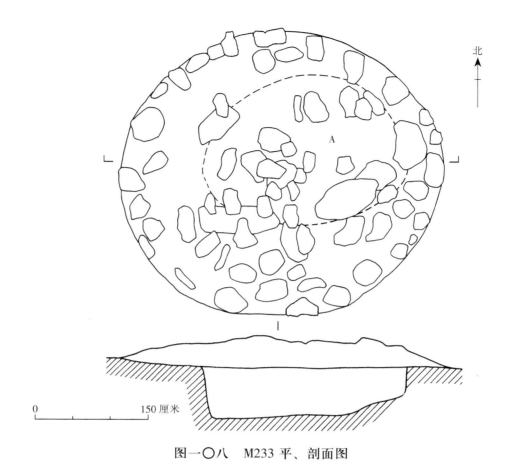

图一〇八　M233 平、剖面图

2. 墓室

椭圆形竖穴土坑墓（图一〇九）。墓口未见棚木痕迹，墓口距封堆顶深 0.30 米，墓口大底小。墓口长 1.90、宽 1.43 米。墓底长 1.70、宽 1.08 米，墓底距墓口深 0.57 米。方向 255°。

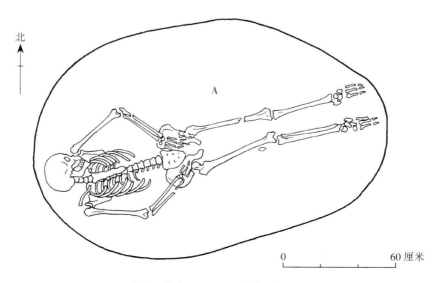

图一〇九　M233 墓室平面图

3. 人骨

1 人，仰身直肢葬，男性。头向西，面向朝北，头的上半部被石块压碎，两手指放于下腹，下肢伸直，因墓坑短小，趾骨向上弯屈。

4. 随葬品

无。

四八　M234

1. 封堆

圆丘状砂石土堆（图一一〇）。封堆直径 4.40 米，顶部距墓室口 0.22 米。

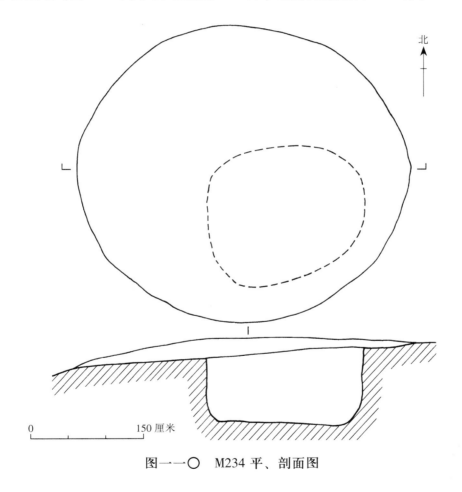

图一一〇　M234 平、剖面图

2. 墓室

椭圆形竖穴土坑墓，墓室口有堆石，堆石下有一层土，土下面为棚木。墓口长 1.86、宽 1.70 米。墓室底部口长 1.50、宽 0.94 米，墓室口至底的深度 0.94 米。墓室底部发现人骨底下曾有一张草席铺垫，但已成碎粉。方向 275°。

3. 人骨

墓室因未被盗扰过，因此墓室中人骨架保存较完整（图一一一），只是有个别头颅被填土压

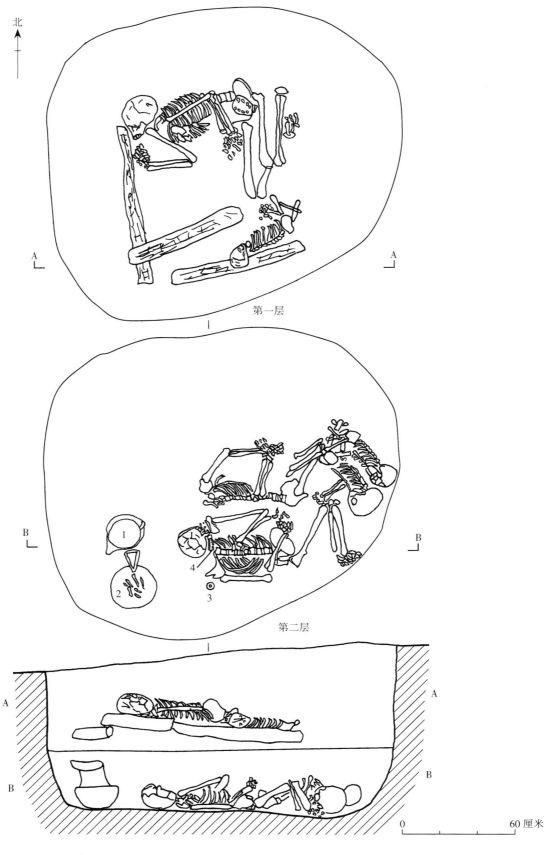

第一层

第二层

图一一一　M234 墓室平、剖面图

碎。两层。第一层为棚木上人骨（彩版四五，1），2 具（一大一小）；第二层为墓室中人骨 4 具（一大、三小），共有人骨架 6 具。其中棚木上人骨均是头西脚东，大人面朝南，小孩为面朝北的侧身屈肢葬。因人骨已酥碎无法采集；第二层 4 具人骨，2 具小孩人骨架紧靠在墓室东部，两具前后排列的小孩骨架均头南脚北侧身屈肢葬，因一具头骨保存完整，便予以采集编号为 c。另有两具，一大人架靠墓室南壁，头颅酥碎，大致可推断面朝上，头西脚东，另一具无头。对这两具人骨未进行采集。从出土遗物看，可知紧靠墓室南壁者为一女性，其余三具均为小孩骨架。人骨的采集编有 c 小孩头骨；b 小孩肢骨。

4. 随葬品

陶钵中放羊肩胛骨及肋骨，编为 a。

单耳带流釜　1 件。

标本 M234：1，夹砂红褐陶，手制。圆唇，侈口，束颈，鼓腹。高 21.6 ～ 26.5、长径 20.0、短径 14.0 厘米（图一一二，1；彩版四五，2）。

单耳浅腹钵　1 件。

标本 M234：2，泥质，夹少量砂，淡黄色，手制。尖唇，侈口，球腹，圜底，单耳。口沿外饰红褐色彩带。高 11.0、口径 23.0 厘米（图一一二，2）。

铜饰件　1 件。

标本 M234：5，外有一层铁锈，略成圆形。直径约 2.0 厘米（图一一二，3）。

串珠

标本 M234：4，共两串，绿石 44 颗，白石 142 颗，共 186 颗。绿石直径 0.3 ～ 0.5、厚

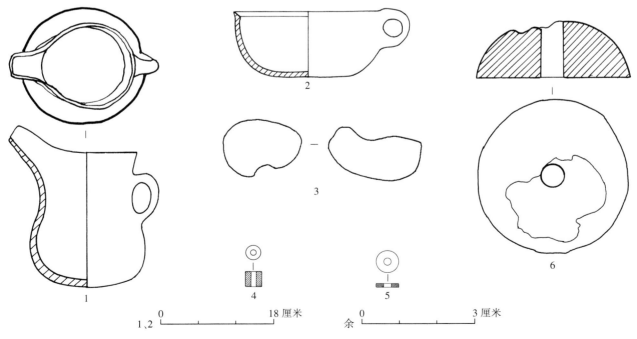

图一一二　M234 出土器物

1. 单耳带流釜 M234：1　2. 单耳浅腹钵 M234：2　3. 铜饰件 M234：5　4、5. 串珠 M234：4　6. 骨纺轮 M234：3

0.1～0.2厘米，白石直径0.3～0.5、厚0.1～0.4厘米（图一一二，4、5；彩版四五，3、4）。

骨纺轮　1件。

标本M234:3，馒头形，底部直径4.0、厚1.5厘米，中间穿孔直径0.6厘米（图一一二，6；彩版四五，5）。

四九　M235

1. 封堆

圆丘状砂石土堆（图一一三）。封堆底径为5.30米，封堆顶部距墓口高0.30米，封堆中有一圈大石，基本就是墓口的范围。

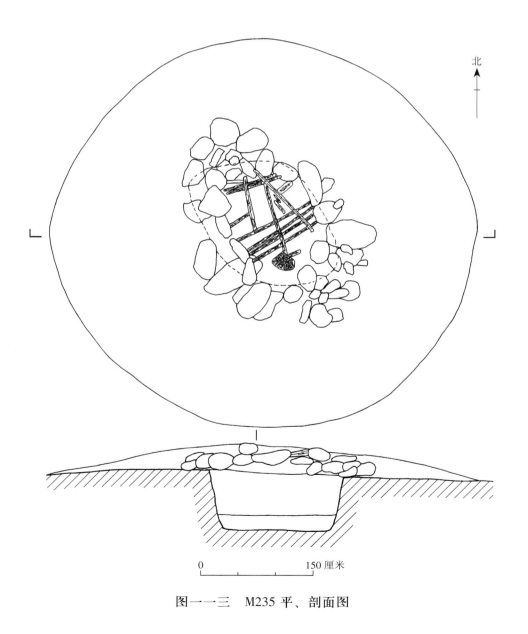

北

0　　　　　　　　　150厘米

图一一三　M235平、剖面图

2. 墓室

椭圆形竖穴土坑墓（图一一四）。墓口长1.50、宽为1.00米。墓底长1.50、宽为1.20米，距地面深0.70米。墓口有石围，墓口上有纵横相交的棚木（彩版四六，1）。方向330°。

3. 人骨

为二次合葬墓，上层a号人骨脊椎高度扭曲，头枕骨上有一规整钻孔，骨架都保存良好，b号骨架较乱。下层c号人骨上身为平躺，下肢分离（彩版四六，2）。

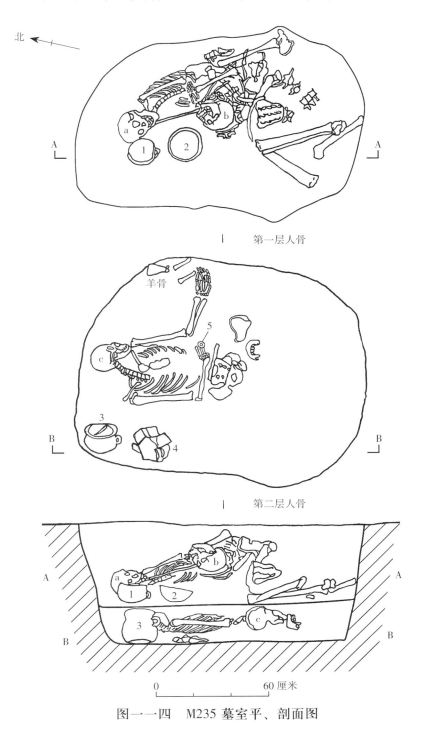

图一一四　M235墓室平、剖面图

4. 随葬品

红陶无耳钵和1件夹砂灰陶钵放置于墓室西北部，b号头骨下发现农作物。墓室东北壁下发现羊骨若干，在c号人骨架右上肢手骨处发现1件石纺轮。在墓室西北部清理出单耳陶釜1件，内有羊骨、单耳钵陶片。

单耳圆口釜　1件。

标本M235：3，夹砂红褐陶，外有一层泥色陶衣，手制。方圆唇，直口，鼓腹，圜底，单耳。口沿外与耳相对的位置有附加堆纹。高19.0、口径14.8厘米（图一一五，1；彩版四六，3）。

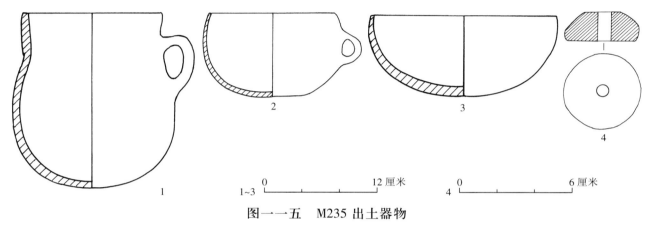

图一一五　M235 出土器物
1. 单耳圆口釜 M235：3　2. 单耳深腹钵 M235：1　3. 无耳钵 M235：2　4. 石纺轮 M235：5

单耳深腹钵　1件。

标本M235：1，泥质褐陶，手制。敛口，鼓腹，圜底，单腹耳。高9.4、口径13.2厘米（图一一五，2；彩版四六，4）。

无耳钵　1件。

标本M235：2，泥质红褐色。圆唇，敛口，圜底。口径19.9、高8.8厘米（图一一五，3；彩版四六，5）。

石纺轮　1件。

标本M235：5，馒头形。底部直径4.1、顶部直径1.4、高1.6、孔径0.7厘米（图一一五，4）。

五〇　M236

1. 封堆

圆丘状砂石土堆（图一一六）。封堆底径6.60米。封堆距墓口高0.46米。中部稍有凹陷、剖面为马鞍形。

2. 墓室

椭圆形竖穴土坑墓，有棚木（图一一七；彩版四七，1）。长1.70、宽1.16、深0.80米。底层人架垫草席。

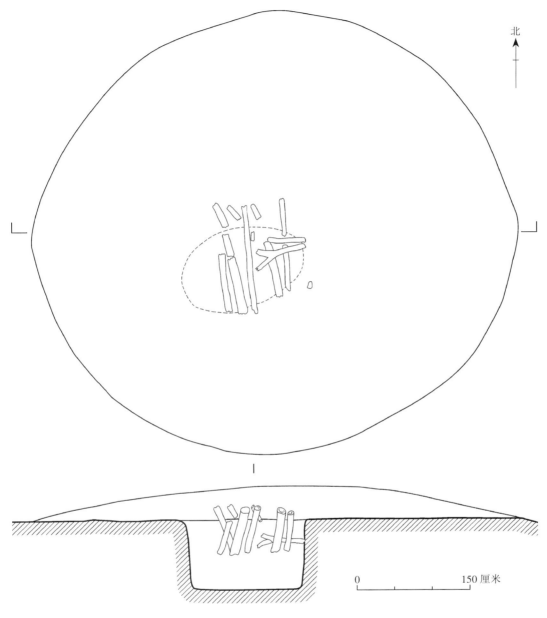

图一一六　M236 平、剖面图

3. 人骨

人架 2 层。一层 1 人（彩版四八，1），身首分离，侧身屈肢。二层侧身屈肢（彩版四八，2），骨架不全。

4. 随葬品

木纺轮　1 件。已朽。

金耳环　2 件。

标本 M236∶1，2 件，一对，黄金，上为细条状挂耳，下部为三角形片状。长 4.8 厘米（图一一七，1、2；彩版四七，2、3）。

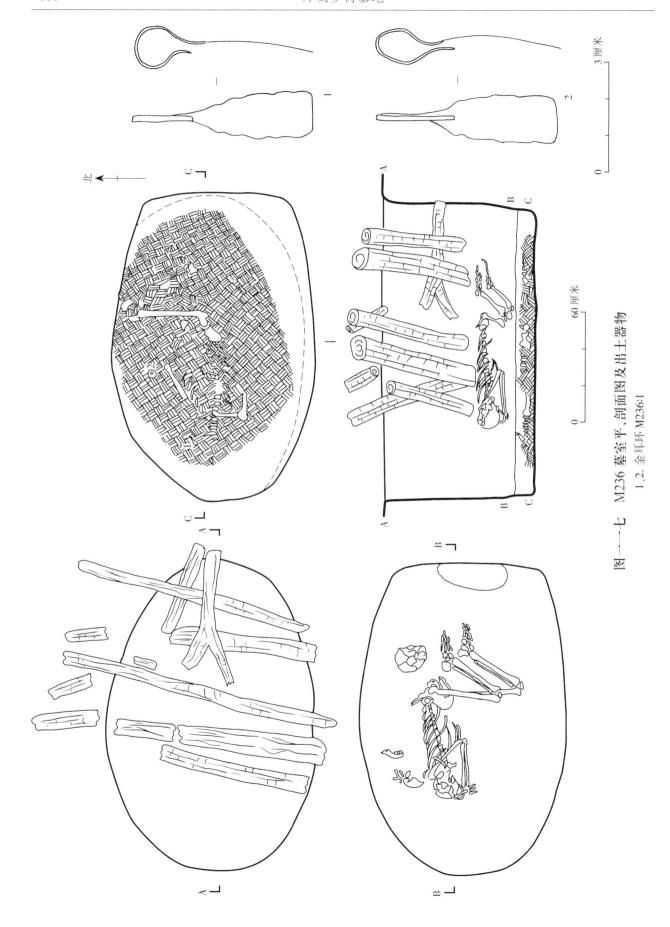

图一一七　M236 墓室平、剖面图及出土器物
1、2. 金耳环 M236:1

五一 M237

1. 封堆

圆丘状砂石土堆（图一一八）。封堆底径 8.60 米。封堆距墓口高 0.60 米。中部稍有凹陷、剖面为马鞍形。

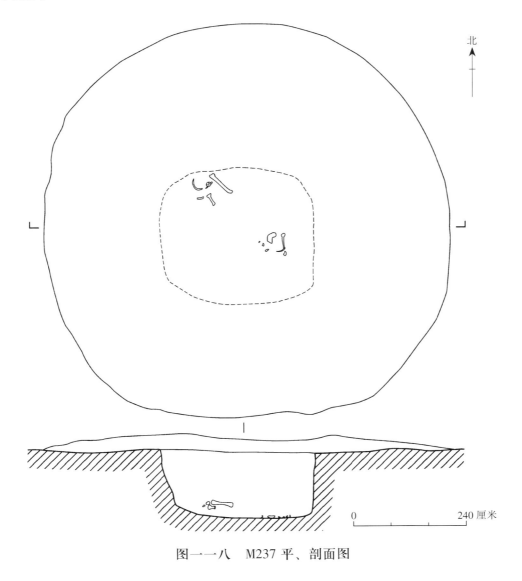

图一一八 M237 平、剖面图

2. 墓室

方圆形竖穴土坑墓（图一一八）。墓口长 2.64、宽 1.44 米。墓底长 2.00、宽 1.44 米。距地面深 1.24 米，填土为砂土。方向 270°。

3. 人骨

零碎骨头若干。

4. 随葬品

无。

五二　　M238

1. 封堆

圆丘状砂石土堆（图一一九）。封土直径 5.80 米。封土距墓口高 0.13 米。

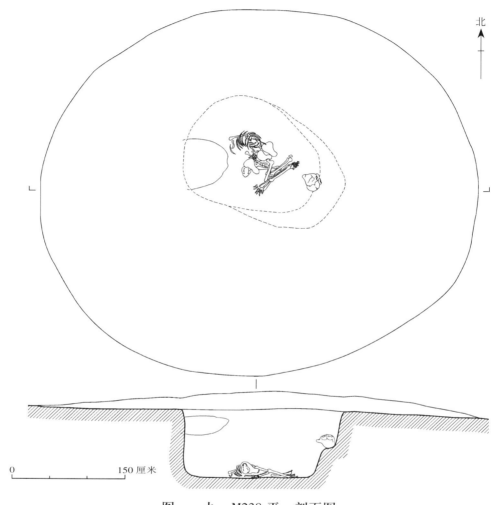

图一一九　M238 平、剖面图

2. 墓室

椭圆形竖穴土坑墓（图一一九），方向为东西。在墓室西部有一伸出的大石块压于墓室西部口沿，无法移动，应是当时墓葬形态。墓口长 2.16、宽 1.48 米。墓室底口长 1.80、宽 1.46 米，墓室口至底的深度 0.90 米。墓室中填土为细砂土，非常松软。墓边只残存有几小块棚木，说明墓室上原先应有棚木，但因被盗缘故，棚木只是零星出现。方向 291°。

3. 人骨

填土中随时有散乱人骨出现。因被扰严重，人骨散乱。因人骨保存状况较差无法采集，从墓室人骨架清理中发现的出土物及人骨来看，只有 1 具人骨架，且为女性。在墓室填土清理中各层均时有出现。距墓室口约 0.75 米左右时，墓室东部出现 1 人头颅，但已残碎，应与墓室底人骨架为一个体。从墓室底人骨清理状况看，因无头颅，无法得知面向，但仍可清楚发现为侧身屈肢葬式，头西脚东。

4. 随葬品

在清理封堆过程中出现了残碎红陶片。

串珠 1件。

标本M238：3，白石质，略带灰色，中间有小孔。一颗长1.2、一颗长1.8厘米，直径1.3厘米（图一二〇，1、2）。

骨簪 1件。

标本M238：2，头稍残。长6.7、宽0.35厘米（图一二〇，3）。

陶片 1件。

标本M238：1，夹砂红褐陶，手制。直壁，突棱耳（图一二〇，4）。

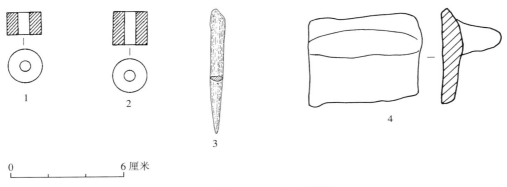

0   6厘米

图一二〇 M238 出土器物
1、2. 珠子 M238：3 3. 骨簪 M238：2 4. 陶片 M238：1

五三 M239

1. 封堆

圆丘状砂石土堆。封堆中部稍有凹陷，剖面为马鞍形，底径7.80米。封堆距墓口高0.34米。

2. 墓室

椭圆形竖穴土坑墓。墓口长1.64、宽1.06米。墓底长1.70、宽1.06米，距地面深1.24米，方向40°。墓口上有纵横相交的棚木，棚木上覆盖草席。尸体下垫草席。

3. 人骨

人骨2具，西部为俯上身，屈下肢葬，东部人骨为侧身屈肢，骨架保存完好，已采集。

4. 随葬品

无耳深腹杯 1件。

标本M239：3，泥质红褐陶，手制。圆唇，敞口，球腹，圜底。高5.5、口径9.5厘米（图一二一）。

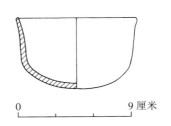

0   9厘米

图一二一 M239 出土
无耳深腹杯 M239：3

五四　M240

1. 封堆

圆丘状砂石土堆（图一二二）。封堆比较平缓。由砾石、砂土混合，未经夯打。封堆平面呈圆形，底径4.45米。地面至封堆顶高0.54米。

2. 墓室

椭圆型竖穴土坑墓（图一二二）。墓口距封堆顶部深0.54米，墓口长1.06、宽0.98米。墓口上部未见棚木痕迹，墓口表面堆码几块大石块。墓底长1.00、宽0.92米，墓底距墓口深0.48米。填土为砾石、砂土混合花土，方向260°。

3. 人骨

3具婴儿骨架，1具头向东，2具头向西，人骨散乱无序，骨骼细小、酥碎。保存状况差。

4. 随葬品

无。

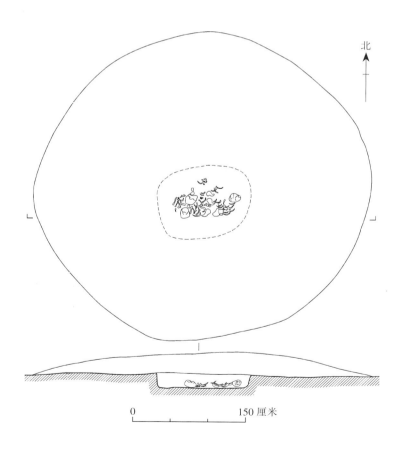

图一二二　M240平、剖面图

五五　M241

1. 封堆

圆丘状砂石土堆（图一二三）。封堆底径东西长 4.80 米。堆顶距墓口高 0.36 米，顶部无凹陷。

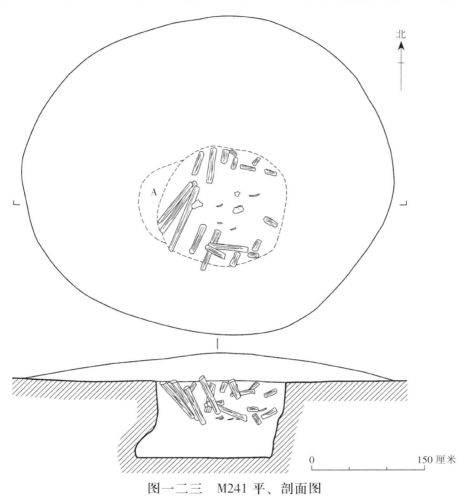

图一二三　M241 平、剖面图

2. 墓室

椭圆形竖穴土坑墓（图一二四），西部有小龛。墓口长 1.60、宽 1.50 米，距地面深 0.90 米。方向 295°。有棚木（彩版四九，1）。

3. 人骨

2 人，一男一女。头西面北，侧身屈肢（彩版四九，2）。

4. 随葬品

双耳釜　1 件。

标本 M241：2，泥质灰陶，外部有氧化不均匀留下的红褐色。手制，肩部有划刮痕，底部粘一层粗砂。方唇，微敞口，束颈，鼓腹，圜底，双耳。高 23.0、口径 17.0 厘米（图一二四，1；彩版五〇，1、2）。

无耳杯　1 件。

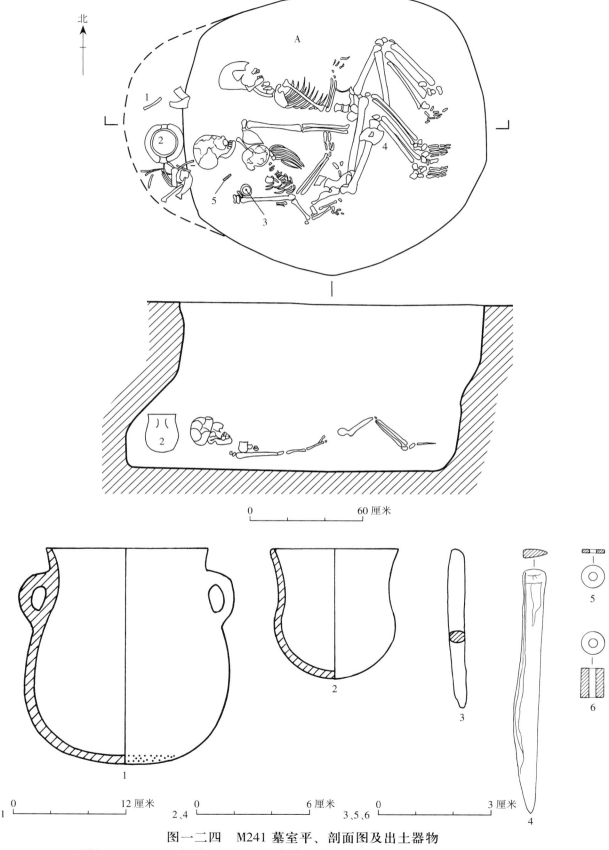

图一二四　M241 墓室平、剖面图及出土器物
1. 双耳釜 M241：2　2. 无耳杯 M241：3　3. 铜簪 M241：5　4. 铜刀 M241：1　5、6. 串珠 M241：6

标本 M241:3，夹砂淡褐色。圆唇，敞口，束颈，鼓腹，圜底。高 7.0、口径 6.5 厘米（图一二四，2；彩版五〇，3）。

铜簪　1 件。

标本 M241:5，长条形，已锈。长 4.3 厘米（图一二四，3）。

铜刀　1 件。

标本 M241:1，长 13.1、最宽 1.5、最厚 0.5 厘米（图一二四，4）。

串珠　1 组，23 颗。

标本 M241:6，绿色珠，直径 0.6～0.4、厚 0.1～0.15 厘米。厚 0.8、直径 0.6 厘米，为白石头（图一二〇，5、6；彩版五〇，4）。

五六　M242

1. 封堆

椭圆形圆丘状砂石土堆（图一二五）。封堆底径东西长 7.00、南北宽 5.20 米。堆顶距墓口高 0.30 米，顶部无凹陷。

2. 墓室

椭圆形竖穴土坑墓（图一二五；彩版五一，1），墓口周围有封石。墓口长 1.70、宽 1.40

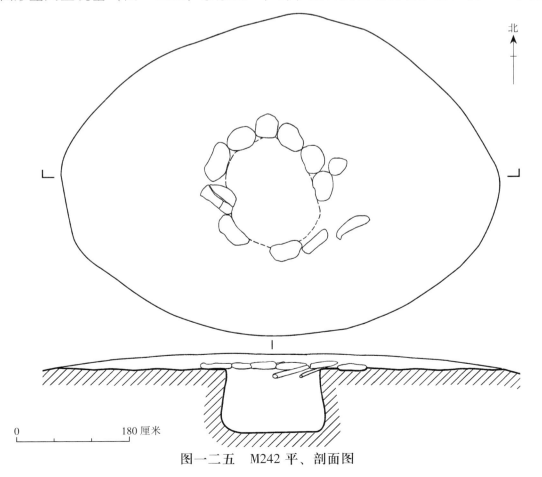

0　　　180 厘米

图一二五　M242 平、剖面图

米。墓底长 1.80、宽 1.40 米，距地面深 1.10 米。方向 320°。墓口下有棚木。

3. 人骨

墓室内有上下两层人骨架（图一二六）及 2 个头骨，共 7 个个体（a～g）。

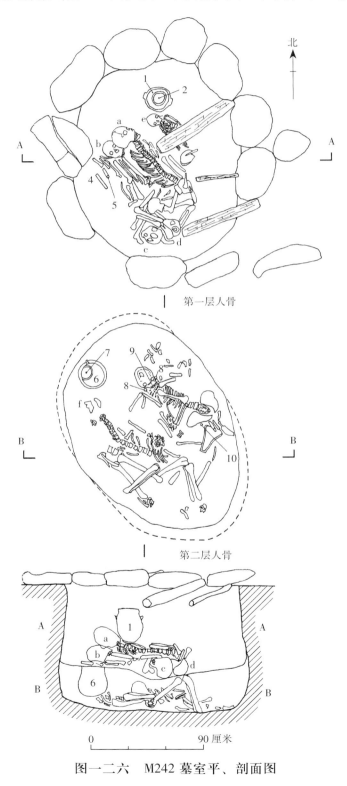

图一二六   M242 墓室平、剖面图

上层 5 具，a 号头西面北，向北侧身屈肢，为一成年女性；b 号头西面下，仰身屈肢，为成年男性；c、d 位于墓室南端，仅有头骨，为二次葬；e 号婴儿；下层 2 具，f 号头西面上，仰身屈肢，成年男性；g 号头西面上，仰身屈肢，为成年女性。

4. 随葬品

在墓室北端出錾耳釜 1 号，内出单耳钵 2 号，在 a 骨架头端出单耳罐 3 号，在墓室西侧出一砺石 5 号和一骨管 4 号；下层有 2 具骨架（f、g），在墓室北端出一单耳釜 6 号，内出红陶钵 7 号，在 g 号骨架头骨两侧耳部各出一个铜耳环 8 号，颈部有一串项珠 9 号，在其盆骨处还出一铜饰物 10 号，其盆骨向南还出一牛肩胛骨，墓底无葬具。g 号盆骨南部出一件牛肩胛骨。

单耳圆口釜　1 件。

标本 M242：6，夹砂红褐陶，手制。底部粘有一层粗砂。圆唇，侈口，束腰，鼓腹，圜底，单耳，素面。外表有一层烟炱。高 27.1、口径 20.1 厘米（图一二七，1）。

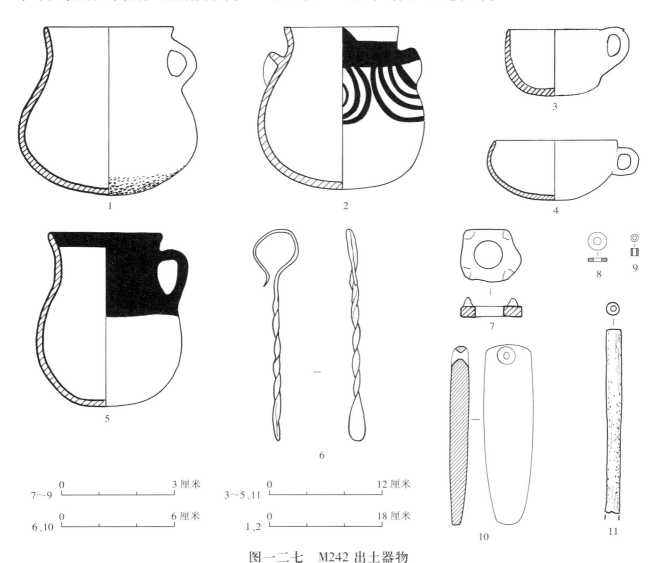

图一二七　M242 出土器物

1. 单耳圆口釜 M242：6　2. 錾耳圆口釜 M242：1　3. 单耳深腹钵 M242：7　4. 单耳浅腹钵 M242：2　5. 单耳小罐 M242：3
6. 铜耳坠 M242：8　7. 铜饰件 M242：10　8、9. 串珠 M242：9　10. 砺石 M242：5　11. 骨管 M242：4

鋬耳圆口釜　1件。

标本 M242：1，夹砂褐陶。方圆唇，直口，微束颈，鼓腹，圜底，半月形鋬耳。口沿内有宽2.0厘米的褐色彩带纹，外有宽6.6厘米褐色纹饰带，腹饰重环纹。高26.7、口径19.0厘米（图一二七，2；彩版五一，2）。

单耳深腹钵　1件。

标本 M242：7，夹砂褐陶。敛口，鼓腹，圜底，细环耳。高7.2、口径10.2厘米（图一二七，3）。

单耳浅腹钵　1件。

标本 M242：2，泥质灰陶，手制。尖唇，敛口，单耳，圜底。高6.7、口径13.0厘米（图一二七，4；彩版五一，3）。

单耳小罐　1件。

标本 M242：3，夹砂红褐陶，手制。圆唇，侈口，束颈，鼓腹，小平底，单耳。内施褐色彩带纹，口沿外腹部以上均饰红褐色彩。高18.7、口径12.5厘米（图一二七，5；彩版五一，4）。

铜耳坠　2件。

标本 M242：8，2件，为一段薄细铜条制成，上部弯成一圈，下部扭曲为螺旋状，最下部捶成水滴形状。长11.4厘米（图一二七，6；彩版五一，5、6）。

铜饰件　1件。

标本 M242：10，环状，一面有四个尖突。直径1.4厘米（图一二七，7）。

串珠　1件。

标本 M242：9，88颗，绿石77颗，白石11颗。绿石直径0.4～0.5、厚0.1～0.2厘米。白石直径0.2～0.3、厚0.2～0.3厘米（图一二七，8、9）。

砺石　1件。

标本 M242：5，长条方形，一头大，一头小。大头一端有对钻形成的穿。长9.7、宽2.6、厚1.0厘米（图一二七，10；彩版五一，7）。

骨管　1件。

标本 M242：4，细长管状。长20.0、直径1.6厘米（图一二七，11）。

五七　M243

1. 封堆

不规则圆丘形（图一二八），东南和西南为陡坡。封堆东西长4.30、南北宽3.90米。封堆距墓口高0.20米。

2. 墓室

椭圆形竖穴土坑墓（图一二八）。墓口长1.45、宽0.70米。距地面深0.70米。方向为310°。

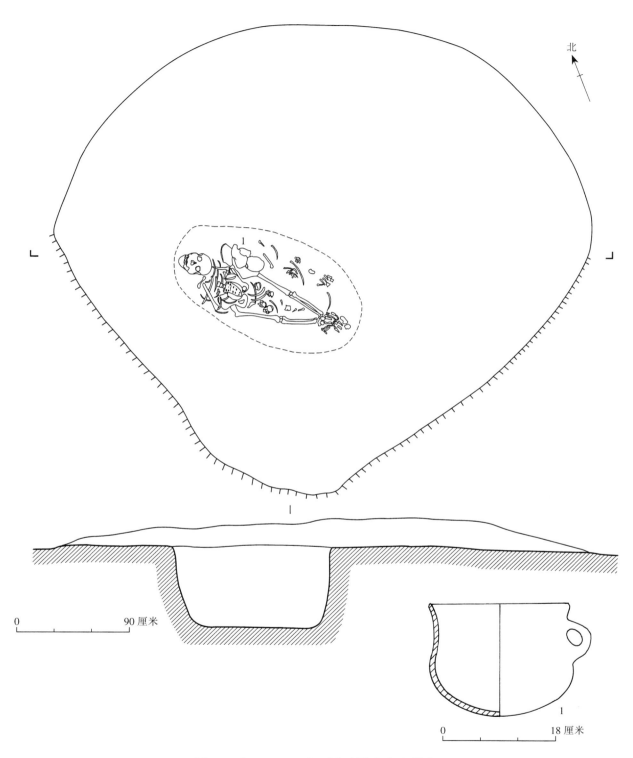

图一二八　M243 平、剖面图及出土器物

1. 单耳圆口釜 M243:1

3. 人骨

人骨架 1 具。仰身直肢，下肢双脚合并，身首异处，上肢骨凌乱。

4. 随葬品

单耳圆口釜　1件。

标本 M243：1，夹砂红褐陶，手制。方唇，侈口，圜底，单耳。素面。高 18.0、口径 22.2 厘米（图一二八）。

五八　M244

1. 封堆

圆丘土堆（图一二九）。封堆南北长 7.00、东西残宽 3.80 米。顶部距地表 0.60 米。东部已毁为陡崖。

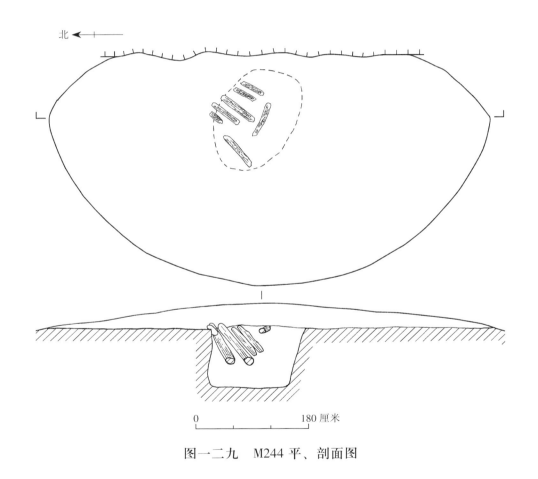

图一二九　M244 平、剖面图

2. 墓室

椭圆形竖穴土坑墓（图一三〇；彩版五二，1）。有棚木。长 1.80、宽 1.24、深 1.00 米。方向 320°。

3. 人骨

1人。侧身屈肢，头向西，面向北，保存好，在腿骨处，还有另外一人的下肢骨两根，在墓主身后，也有一根股骨。

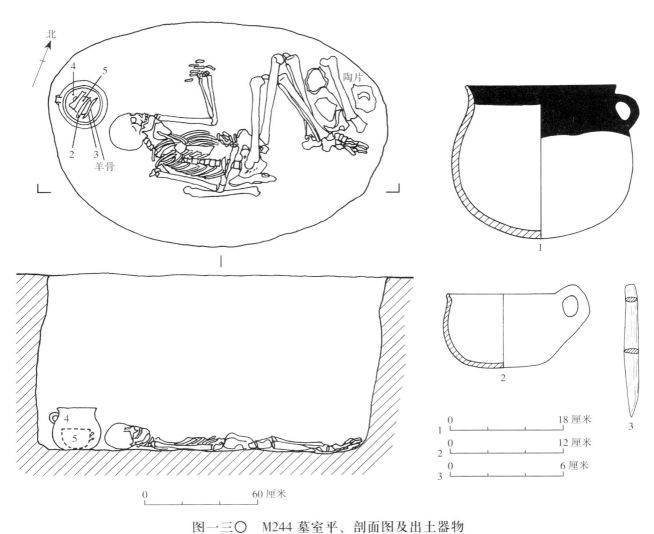

图一三〇　M244 墓室平、剖面图及出土器物

1. 单耳圆口釜 M244：4　2. 单耳深腹钵 M244：5　3. 铜刀 M244：2

4. 随葬品

单耳圆口釜　1件。

标本 M244：4，夹砂褐陶，外施淡黄色陶衣，底部粘粗砂，手制。尖唇，侈口，束颈，鼓腹，圜底，单耳。口沿内饰 3.0、外饰宽 10.0 厘米的黑褐彩。高 25.0、口径 23.2 厘米（图一三〇，1，彩版五二，3）。

单耳深腹钵　2件。

标本 M244：5，耳为修复，泥质夹砂陶，淡黄色，局部呈红褐色。尖唇，侈口，鼓腹，单耳，小平底。高 8.1、口径 12.0 厘米（图一三〇，2；彩版五二，2）。

标本 M244：7，泥质，夹少量砂，淡黄色陶，尖圆唇，束颈，鼓腹，圜底，单耳。口沿内外均饰褐色纹带。高 8.5、口径 11.4 厘米。

铜刀　1件。

标本 M244：2，长 7.3、宽 0.6～0.8 厘米（图一三〇，3；彩版五二，4）。

铜条　1件。

带耳陶片　1片。

五九　M245

1. 封堆

圆丘状砂石土堆（图一三一）。封堆平面略显圆形，封堆由砾石、砂土混合，未经夯打。底径6.80米，地表至封堆顶部高0.66米。封堆缓坡状，顶部稍平，东高西低，由东向西倾斜。

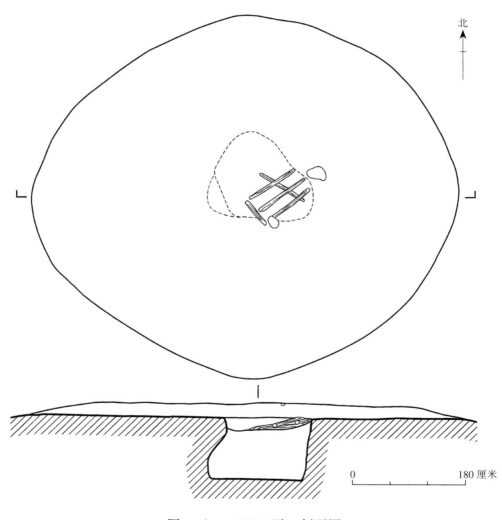

图一三一　M245 平、剖面图

2. 墓室

椭圆形竖穴土坑墓（图一三二；彩版五三，1），墓口高于封堆边沿0.20～0.50米，可能地表经冲刷往下沉降，墓口添加的棚木将墓口提高了。墓口长1.97、宽1.30米。墓底长1.48、宽0.85米，墓口距地表深0.94米。填土为砾石、砂土混合。西部被扰乱。方向300°。棚木呈网状，纵木在上，横木在下。

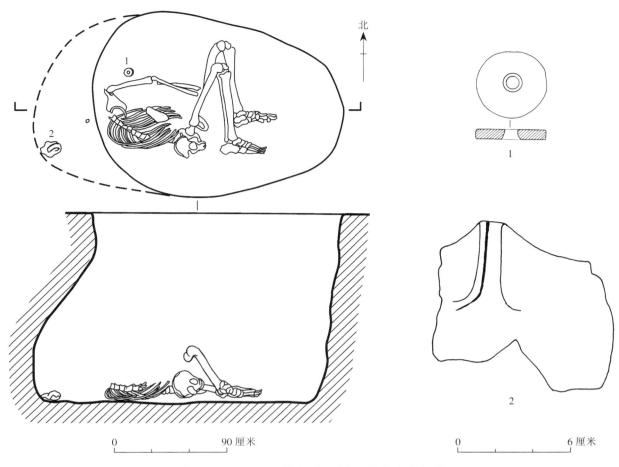

图一三二 M245 墓室平、剖面图及出土器物
1. 石纺轮 M245:1 2. 单耳罐残片 M245:2

3. 人骨

人骨 1 具，侧身屈肢葬，头向应在西部，未见头颅。锁骨及右上肢骨朽蚀，右股骨在熟土上部，高于脊椎骨 0.15 米。保存状况稍差，性别为女。

4. 随葬品

石纺轮 1 件。

标本 M245:1，汉白玉质，白色微泛红。直径 3.6、厚 0.6 厘米。单面钻孔，孔径 0.7～1.0 厘米（图一三二，1）。

单耳罐残片 1 件。

标本 M245:2，夹砂红褐陶，手制。外饰灰色纹饰。残高 4.5 厘米（图一三二，2）。

六〇 M246

1. 封堆

椭圆形圆丘状砂石土堆（图一三三）。封堆由砾石、砂土混合，未经夯打，顶部未见马鞍形凹窝，保存较好。封堆底径 5.52 米，地表至封堆顶部高 0.50～0.73 米。

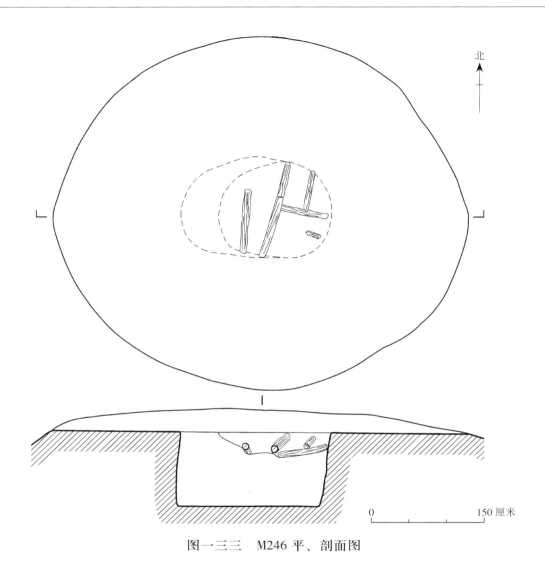

图一三三　M246 平、剖面图

2. 墓室

椭圆型竖穴土坑墓（图一三四；彩版五三，2），填土为石、砂土混合。墓口长 2.14、宽 1.40 米。墓底长 1.87、宽 1.22 米，墓底距墓口深 1.03 米。方向 270°。墓口上部堆码几块大石块，待搬平石块，下部便见到棚木，棚木横纵相交，横木在上。

3. 人骨

人骨架 1 具，头颅破碎，肢骨细小。头向西，侧身屈肢葬。保存状况尚好。性别女。

4. 随葬品

骨纺轮位于骨架的左侧。

单耳带流釜　1 件。

标本 M246:1，夹砂红褐陶，外施淡黄色陶衣，手制。尖圆唇，侈口，束颈，鼓腹，圜底，沿上单耳。口沿内外及颈、上腹部有深褐色彩，已磨蚀不清。高 22.5～27.5、口长径 21.5、短径 16.5 厘米（图一三四，1）。

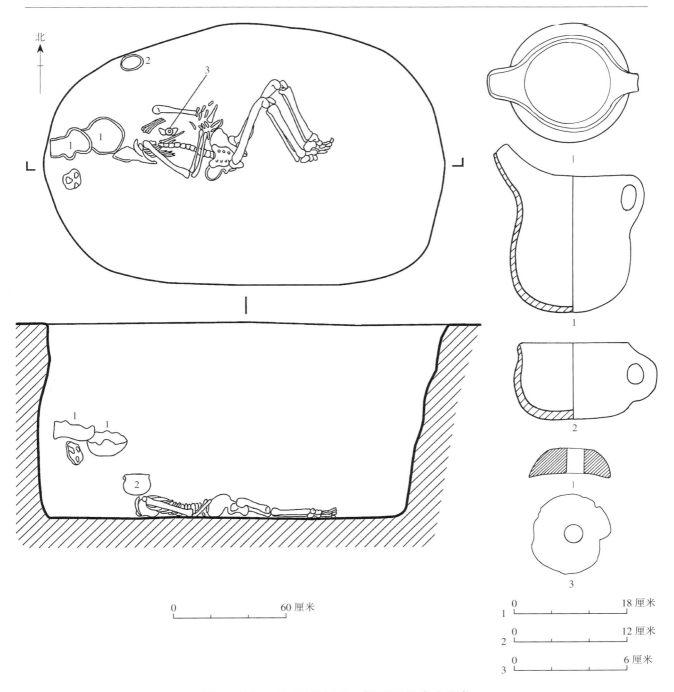

图一三四 M246 墓室平、剖面图及出土器物
1. 单耳带流釜 M246:1 2. 单耳钵 M246:2 3. 骨纺轮 M246:3

单耳钵 1件。

标本 M246:2，夹砂褐色陶，耳为修复，直口，直腹，圜底，单耳。高8.5、口径11.7厘米（图一三四，2）。

骨纺轮 1件。

标本 M246:3，馒头形，但顶部略平，底部内凹。底部直径4.3厘米，中间穿孔直径0.9厘米（图一三四，3）。

六一　M247

1. 封堆

圆丘状砂石土堆（图一三五）。封堆底径 7.60 米。顶部至墓口高 0.60 米。

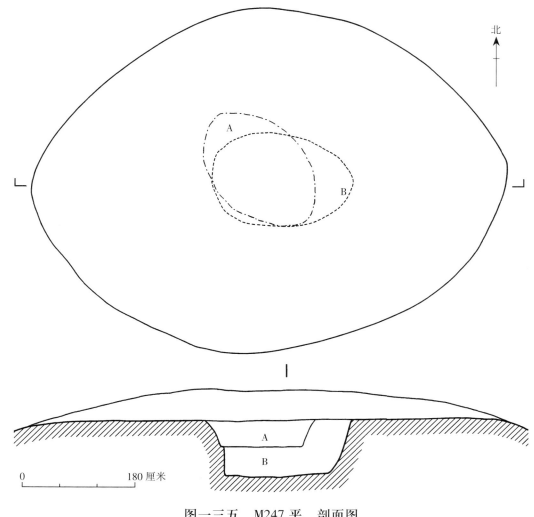

图一三五　M247 平、剖面图

2. 墓室

东西向椭圆形的竖穴土坑墓（图一三六；彩版五四，1）。墓室填土中有散乱零星的棚木。墓口长 2.20、宽 1.50 米。墓室底长 1.56、宽 0.84 米，墓室口至底深 0.90 米。方向 270°。

3. 人骨

墓室南壁共有 2 具人骨架，上下叠压，上一层人骨架不见头颅，头西脚东，面朝北，侧身屈肢式。从出土遗物看，此具人骨应为一女性。第二层人骨较完整，面朝北，头朝西脚朝东，侧身屈肢。从该层出土遗物看，此具人骨也应为一女性。

4. 随葬品

上层人骨原来头部附近放置 1 件单耳带流釜，颈椎旁边放置 1 枚化妆棒，左上肢骨处有 1 骨

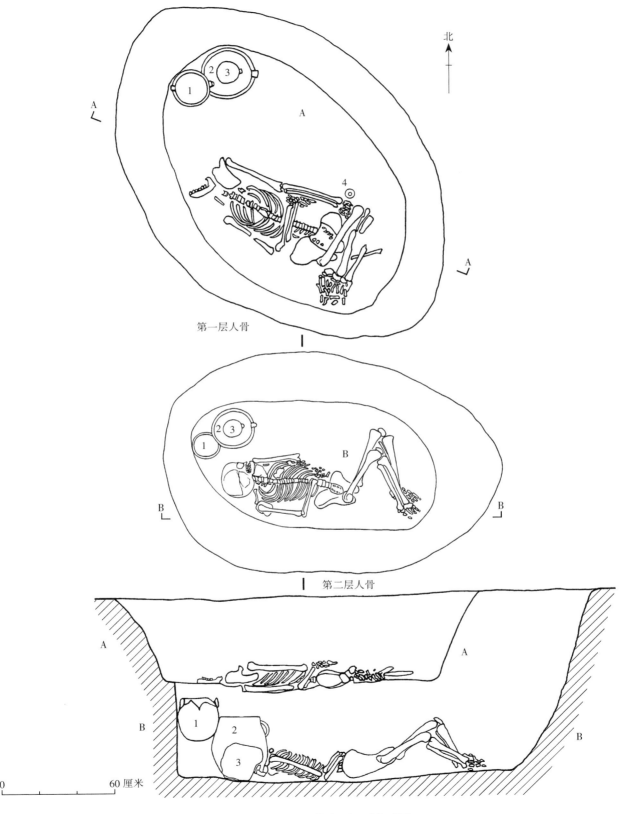

北

第一层人骨

第二层人骨

0 _____ 60 厘米

图一三六　M247 墓室平、剖面图

纺轮。下层人骨头部有 1 单耳彩陶釜，罐中放置单耳小彩陶钵，头北侧有 1 件骨饰件和 1 件
骨簪。

单耳带流釜　1 件。

标本 M247：1，夹砂红褐陶，外施褐色陶衣，手制。方圆唇，直口，高翘流，圜底，单耳。
高 24.9～31.0、口沿长径 23.5、短径 19.0 厘米（图一三七，1；彩版五四，2）。

单耳圆口釜　1 件。

标本 M247：2，夹砂褐陶，手制，底部粘一层粗石英砂。圆口，方唇，敞口，微束颈，鼓
腹，圜底，单耳。口沿内外有宽 3 厘米的褐色彩带，颈腹部饰四圈连续三角纹。高 25.5、口径
29.5 厘米（图一三七，2；彩版五四，3～5）。

单耳深腹钵　1 件。

标本 M247：3，夹砂红褐陶，手制。尖圆唇，敞口，鼓腹，圜底，单耳。外饰红褐色双层连
续"U"形纹。高 7.8、口径 11.8 厘米（图一三七，3；彩版五五，1～3）。

陶纺轮　1 件。

标本 M247：4，夹砂红褐陶片加工而成。直径 5.6、厚 1.0 厘米（图一三七，4）。

化妆棒　1 件。

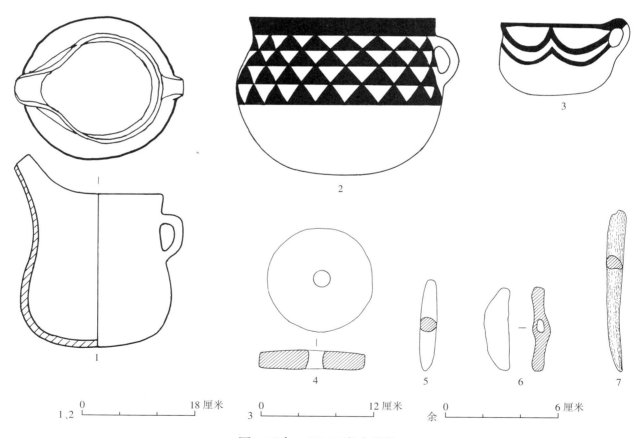

图一三七　M247 出土器物

1. 单耳带流釜 M247：1　2. 单耳圆口釜 M247：2　3. 单耳深腹钵 M247：3　4. 陶纺轮 M247：4　5. 化妆棒 M247：5　6. 骨
饰件 M247：6　7. 骨簪 M247：7

标本 M247:5，中间粗，两头细，一头尖，一头圆。长4.9、最大直径1.0厘米（图一三七，5；彩版五五，4）。

骨饰件 1件。

标本 M247:6，蝶形。长4.5、厚0.5～1.0厘米（图一三七，6；彩版五五，5）。

骨簪 1件。

标本 M247:7，长8.2、直径最大1.0厘米（图一三七，7；彩版五五，6）。

六二 M248

1. 封堆

圆丘状砂石土堆（图一三八）。封堆直径2.20米。封堆至墓室口高度0.30米。

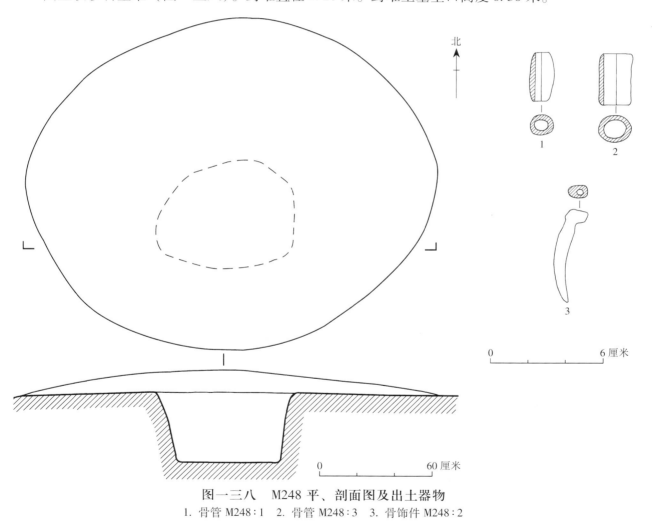

图一三八 M248 平、剖面图及出土器物
1. 骨管 M248:1 2. 骨管 M248:3 3. 骨饰件 M248:2

2. 墓室

东西向椭圆形的竖穴土坑墓（图一三九；彩版五六，1）。墓室上口长1.80、宽1.40米。墓室底口长1.16、宽1.00米。墓室口至底的深0.80米。墓室中填土为细砂土夹杂小石子。墓室口东部有几块大石头。方向280°。

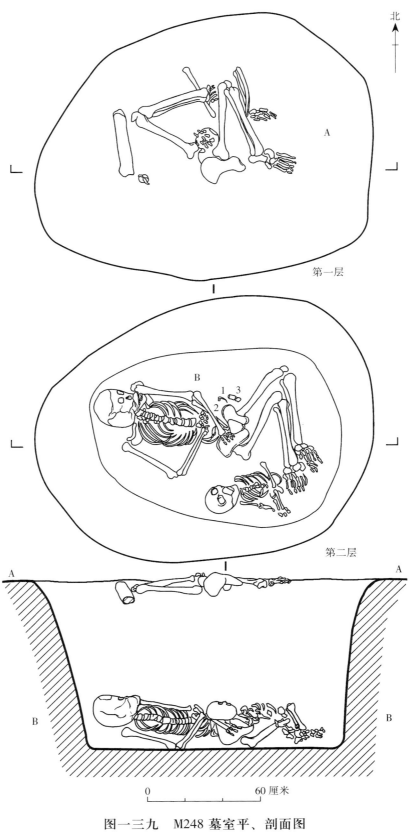

北

第一层

第二层

0   60 厘米

图一三九 M248 墓室平、剖面图

3. 人骨

2 具。有两个层面，共有 3 具人骨架。第一个层面为墓室棚盖上的殉人骨架，距墓室口约 10 厘米，墓室中棚木已塌陷，无头颅，头西脚东侧身屈肢，因此架人骨保存较差无法采集，未知性别。墓室中有 2 具人骨，一小孩骨架紧靠墓室南壁，头骨已碎，为头西脚东侧身屈肢葬式；一成人骨架在墓室正中，面向北，头西脚东，侧身屈肢葬式，头颅已碎，只采集了成人的部分肢骨，从出土的遗物来看，这一成人骨架似应为女性。

4. 随葬品

未出现陶器，在清理成人骨架时，在其手臂骨及股骨之间出现两截中空的骨管（为装饰用），并发现 1 件骨饰件。

骨管　2 件。

标本 M248∶1，长 2.7、直径 1.3 厘米（图一三八，1；彩版五六，2）

标本 M248∶3，长 2.8、直径 1.8 厘米（图一三八，2；彩版五六，3）。

骨饰件　1 件。

标本 M248∶2，长齿形。长 5.2 厘米（图一三八，3；彩版五六，4）。

六三　M249

1. 封堆

圆丘状砂石土堆（图一四〇；彩版五七，1）。封堆平面为圆形，底径为 6.00 米。堆顶距墓口高 0.34 米。

2. 墓室

椭圆形竖穴土坑墓（图一四〇）。墓口长 1.80、宽 1.00、深 0.70 米。方向 262°。墓口上无棚木，而以砾石代替，墓室内基本堆满积石。

3. 人骨

墓室正中为一成年女性（彩版五七，2），头西脚东，为俯身葬，在其北侧有一婴儿骨架，头西脚东，侧身向北屈肢。

4. 随葬品

儿童头骨西侧随葬铜簪与铜针（彩版五八，1）。

铜簪　2 件。

标本 M249∶1，长 6.8、帽径 1.4、中部直径 0.5 厘米（图一四一，1；彩版五八，2）。

标本 M249∶2，已锈蚀。长 4.0、帽径 1.0、中部径 0.6 厘米（图一四一，2；彩版五八，3）。

铜针　1 件。

标本 M249∶3，长 5.7、直径 0.3 厘米（图一四一，3；彩版五八，4）。

残铜管　1 件。

标本 M249∶4，外有铜锈。长 1.5、直径 0.7 厘米（图一四一，4）。

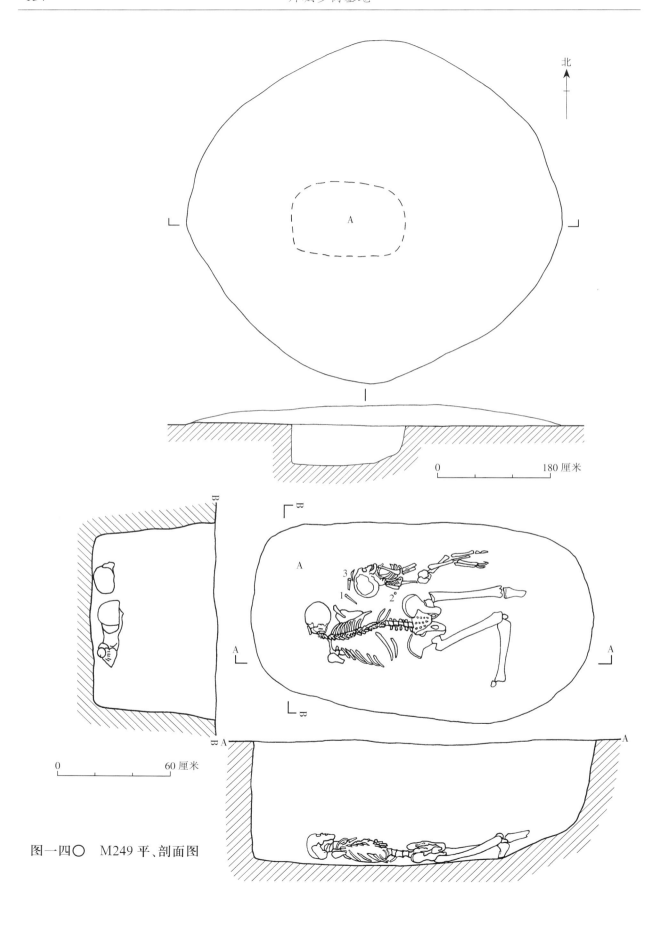

图一四〇　M249 平、剖面图

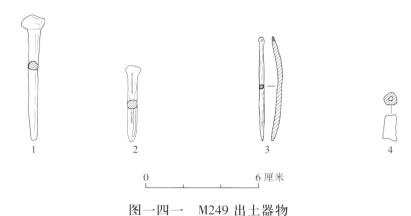

图一四一 M249 出土器物

1. 铜簪 M249:1 2. 铜簪 M249:2 3. 铜针 M249:3 4. 残铜管 M249:4

六四 M250

1. 封堆

椭圆形圆丘状砂石土堆（图一四二）。封堆东西长 8.10 米，南北宽 6.80 米。堆顶距地面高 0.25～0.35 米。西高东低，顶部有直径 1.80 米的凹窝。

2. 墓室

椭圆形竖穴土坑墓（图一四三；彩版五九，2）。有墓道，上口长 1.60、宽 1.00～1.20 米。到墓口深 0.80 米，下底长 1.63、宽 1～1.20 米。墓口长 2.80、宽 1.50 米。墓底长 1.95、宽 1.10 米，距地面深 0.80 米。方向 280°。墓口表面有石块，石块下面有棚木（彩版五九，1），棚木结构整齐，但中间塌下去了，棚木上面有较好的草席（编织草料为芨芨草）。墓底人骨架上面铺有草席。

3. 人骨

3 具，编为 a、b、c。墓口东南部 a 骨架已腐朽，骨架的上部分也随棚木一起塌下去了。在清理墓室中部时，在不同深度发现散乱的骨头。墓底有 b、c 两具骨架，保存较完整。1 具头向朝北，面朝北，1 具朝南，面朝南。面对面侧身屈肢。1 男 1 女（彩版五九，2）。

4. 随葬品

在南部人骨的头骨顶部有一堆羊骨，羊骨上面有一把铜刀，铜刀的北边出土了一个带流单耳彩陶釜、单耳黑陶带流釜和单耳陶钵（彩版六〇，1）。在北部人骨的颈骨周围有 170 多粒珠饰。往北边又出土了一个石纺轮，两具人骨的头部中间有一个直径 0.06 米的铁饰。

单耳带流釜 2 件。

标本 M250:1，夹砂红褐陶，施淡黄色陶衣，手制。单耳，高翘流，鼓腹，小平底。口沿外饰黑色垂三角纹，腹部饰连续波折纹。高 46.0、口径 29.5 厘米（图一四四，1；彩版六一，1～4）。

标本 M250:7，泥质灰陶，手制。圆唇，高直领，鼓腹，圜底，单耳，素面。高 18.0、口径 10.8 厘米（图一四四，2；彩版六〇，2）。

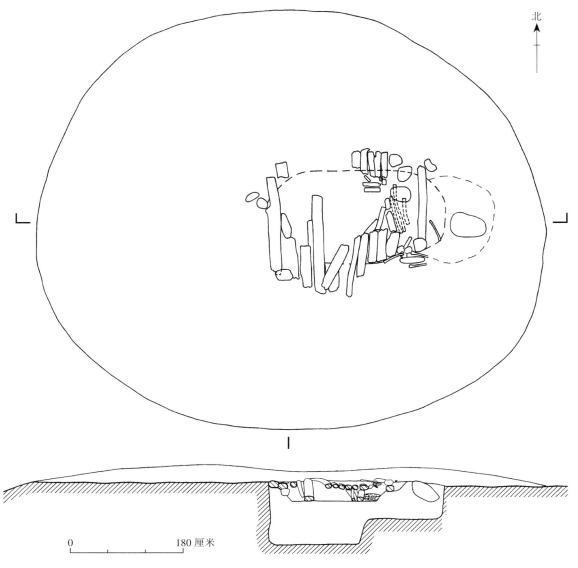

图一四二　M250 平、剖面图

单耳深腹钵　1 件。

标本 M250∶2，夹砂褐陶，外施淡黄色陶衣，手制。尖圆唇，侈口，圜底，单耳。口沿内外饰褐色彩带。高 7.2、口径 13.4 厘米（图一四四，3；彩版六〇，3）。

铜刀　1 件。

标本 M250∶3，长 11.8、宽 1～1.8 厘米（图一四四，4）。

铁饰件　1 件。

标本 M250∶5，长 3.7、直径 0.65 厘米（图一四四，5）。

石纺轮　1 件。

标本 M250∶4，汉白玉质，直径 3.7、厚 1.2 厘米，双面钻孔，孔径 0.5～1.1 厘米（图一四四，6；彩版六〇，4）。

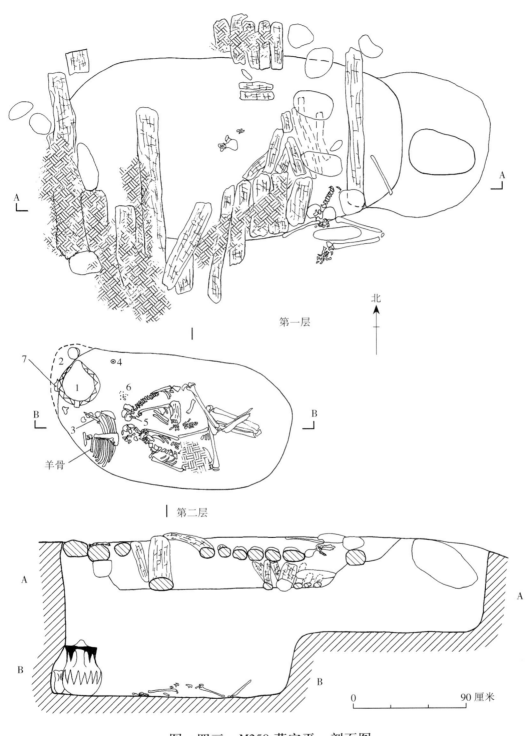

第一层

北

7　2　⊙4

1

6

B　　　　　　　　B

3　　　5

羊骨

第二层

A　　　　　　　　　　　　　　A

B　　　　　　　　B

0　　　　　　90 厘米

图一四三　M250 墓室平、剖面图

串珠　1 件。

标本 M250:6，176 颗，绿石 167 颗，直径 0.4～0.5、厚 0.1～0.2 厘米（图一四四，8）。
琥珀 9 颗，直径 1.0、厚 0.55 厘米（图一四四，7、8）。

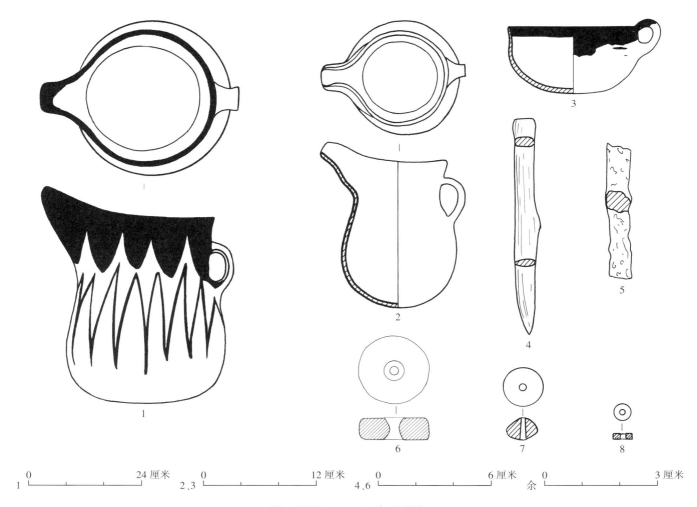

图一四四　M250 出土器物

1. 单耳带流釜 M250：1　　2. 单耳带流釜 M250：7　　3. 单耳深腹钵 M250：2　　4. 铜刀 M250：3　　5. 铁饰件 M250：5
6. 石纺轮 M250：4　　7、8. 串珠 M250：6

六五　M251

1. 封堆

椭圆形圆丘状砂石土堆（图一四五）。封堆底径东西长 7.60、南北宽为 6.60 米。堆顶距墓口高 0.60～0.30 米。西高东低，顶部有 2.00 米长的凹窝。

2. 墓室

瓢形竖穴土坑墓（图一四六）。墓口长 1.35、宽 1.40 米。墓底长 1.65、宽 1.00 米，距地面深 1.25 米。方向 255°。墓口西南角表面有棚木。

3. 人骨

2 具骨架都杂乱无序，残缺不齐。b 屈肢，为女性，a 无法鉴定。葬具无。

4. 随葬品

西北角发现大片残陶片，陶片 1 号分布在西墓口西边，2、3 号堆积在墓室的塌层中，4、5、6

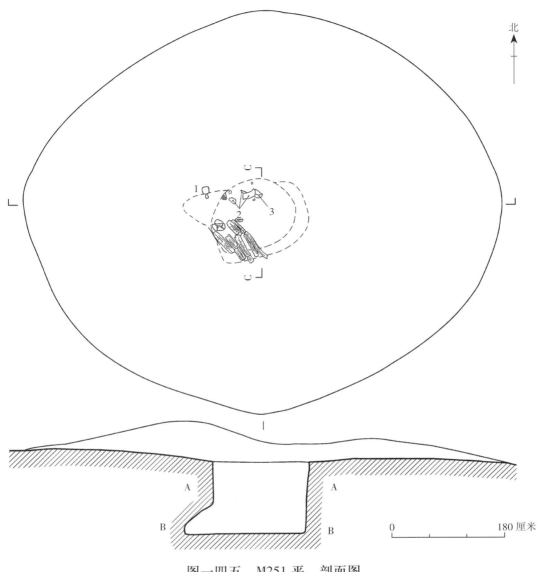

图一四五　M251 平、剖面图

号出土于墓底北部。

单耳带流釜　1 件。

标本 M251：2，夹砂红褐陶，手制。方唇，敞口，束颈，鼓腹，圜底，单耳桥形耳。口沿内外带流为深褐色，颈腹部饰三角纹，共六层。高 29.5、口径 24.0 厘米（图一四七，1）。

单耳深腹钵　1 件。

标本 M251：7，夹砂红褐陶，底为淡黄色陶衣，手制。尖圆唇，侈口，圜底，单耳，有波折纹。高 9.9、口径 13.1 厘米（图一四七，2；彩版六二，1）。

无耳黑陶钵　1 件。

标本 M251：3，夹砂红褐陶，外施黑褐色陶衣，手制。圆唇，直口，圜底，素面。高 14.5、口径 31.4 厘米（图一四七，3）。

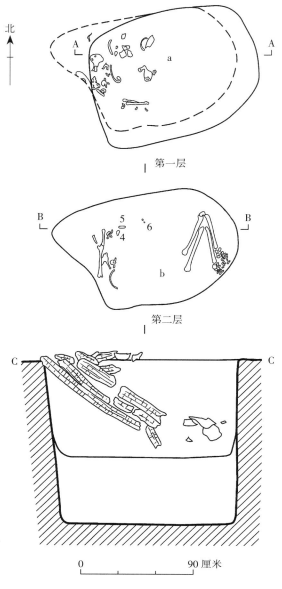

图一四六　M251 墓室平、剖面图

铜带钩　1件。

标本 M251:1，长 4.4、高 2.6、直径 0.5～0.7 厘米（图一四七，4）。

残铜饰件　1件。

标本 M251:4，已残，不规则形，表面有一层绿色铜锈，局部有褐色铁锈（图一四七，5）。

化妆棒　1件。

标本 M251:5，石质。长 5.1 厘米（图一四七，6）。

串珠　1件。

标本 M251:6，3颗，玛瑙 1 颗，白石 2 颗。直径 0.9、厚 0.4 厘米为肉红石髓（图一四七，7～9；彩版六二，2），直径为 0.5 与 0.4、厚为 0.2 与 0.3 厘米，为白色石头。

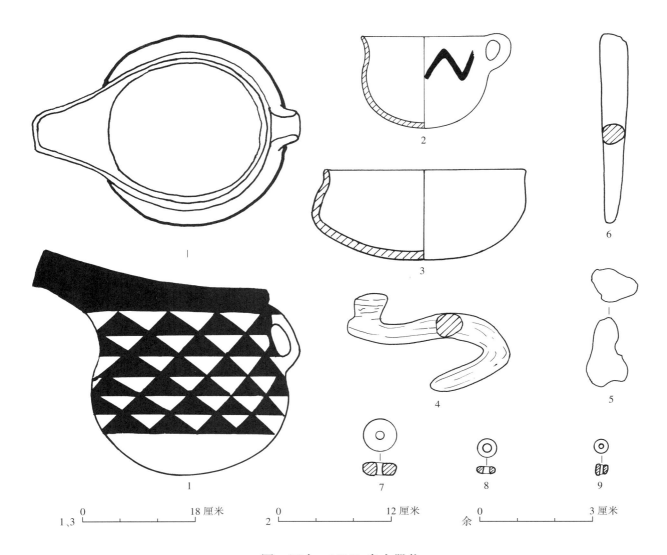

图一四七　M251 出土器物

1. 单耳带流釜 M251：2　2. 单耳深腹钵 M251：7　3. 无耳黑陶钵 M251：3　4. 铜带钩 M251：1　5. 残铜饰件 M251：4　6. 化妆棒 M251：5　7～9. 串珠 M251：6

六六　M252

1. 封堆

圆丘状砂石土堆（图一四八）。封堆底径为 6.20 米。堆顶距墓口高 0.20～0.30 米，东高西低，顶部有直径 1.40 米的凹陷，深 0.10 米。

2. 墓室

椭圆形竖穴土坑墓（图一四八）。墓室上大下小，上长下短。墓口长 1.90、宽 1.40 米。墓底长 1.50、宽 1.25 米，距地表深 0.80 米。方向 250°。墓口表面有积石。在墓室东南端发现 2 根斜埋于墓内的棚木，东端的长 0.45、直径 0.14 米，第二、三根紧靠在一起，均长 0.5、直径 0.05 米。骨架下有草席的痕迹。

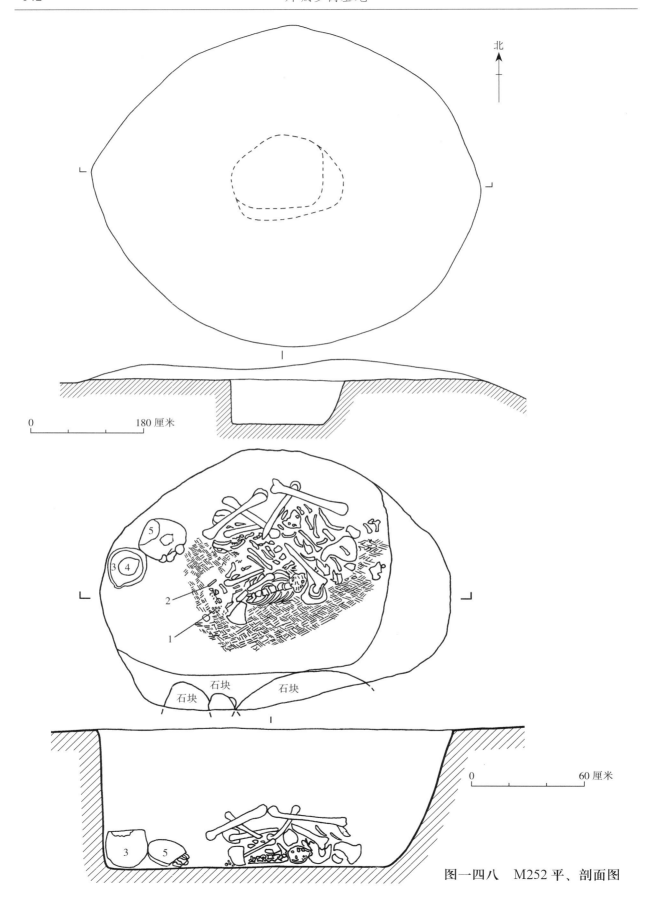

北

0 ————— 180 厘米

5

3 4

2

1

石块　石块

石块

3　5

0 ————— 60 厘米

图一四八　M252 平、剖面图

3. 人骨

棚木上有人指骨和朽骨粉。墓室底部中央有一堆人骨，已被扰动，但大致可以看出是头西脚东，向北侧身屈肢，为一成年女性。

4. 随葬品

单耳深腹钵　1件。

标本 M252:4，夹砂褐陶，手制。尖圆唇，直腹，圜底，沿上耳。高 7.6、口径 11.4 厘米（图一四九，1；彩版六三，1）。

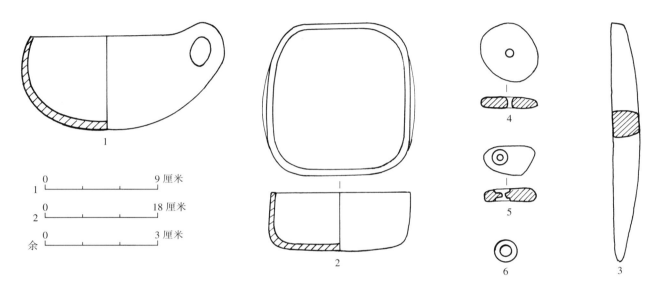

图一四九　M252 出土器物

1. 单耳深腹钵 M252:4　2. 方口钵 M252:5　3. 化妆棒 M252:2　4～6. 串饰 M252:1

方口钵　1件。

标本 M252:5，夹砂红褐陶，外施淡黄色陶衣，手制。方圆唇，直口，长方口，圜底，素面。高 9.5、口长 25.2、口宽 21.8 厘米（图一四九，2；彩版六三，2）。

化妆棒　1件。

标本 M252:2，略弯。长 6.5、最大直径 0.7 厘米（图一四九，3；彩版六三，3）。

串饰　3种。

标本 M252:1，白石片，直径 1.4 厘米。绿石坠。绿石石环，直径 0.4～0.6、厚 0.15 厘米（图一四九，4～6；彩版六三，4、5）。

六七　　M253

1. 封堆

圆丘状砂石土堆（图一五〇）。封堆底径 4.00 米。顶部距墓口高 0.60 米，中间无凹陷。

2. 墓室

椭圆形竖穴墓（图一五一），墓室上大下小，上长下短。墓口长 1.80、宽 1.50 米。

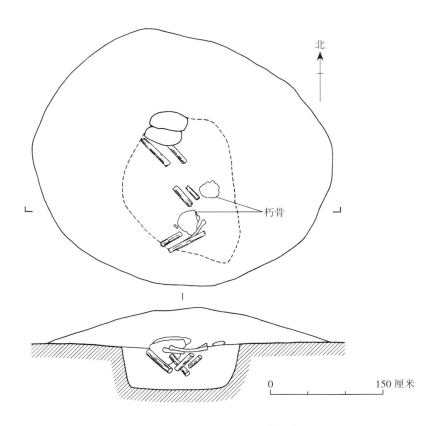

图一五〇　M253 平、剖面图

墓底长 1.50、宽 1.50 米，距地表深 0.60 米。方向 180°。墓口表面堆积有石块，墓室西壁由一大块砾石构成。墓口有散乱的棚木。

此墓墓室结构、葬式和随葬品都与其他墓葬不同。

3. 人骨

2 具。墓室上部有一些散乱的人骨，已朽，可看出为一具个体。下部南侧有一具完整的骨架，头朝南，面朝东，其躯干部分斜靠在南侧墓壁上，向南仰身屈肢（彩版六二，3）。

4. 随葬品

在头东侧的墓室边沿上有 2 件陶器（实际已在地表位置），1 号为一大陶釜，口朝下扣置，2 号为陶釜内的小陶钵，口朝上放置，在 1 号西侧有一扣置的钵 3 号。

无耳钵　1 件。

标本 M253：3，泥质红褐陶，含微量砂。尖唇，直口，圜底。外饰褐色陶衣，已破损。高 7.3、口径 12.0 厘米（图一五一，1）。

口沿陶片　1 件。

标本 M253：1，夹砂红褐陶，外施淡黄色陶衣，手制。方唇外翻，束颈，突棱纹（图一五一，2）。

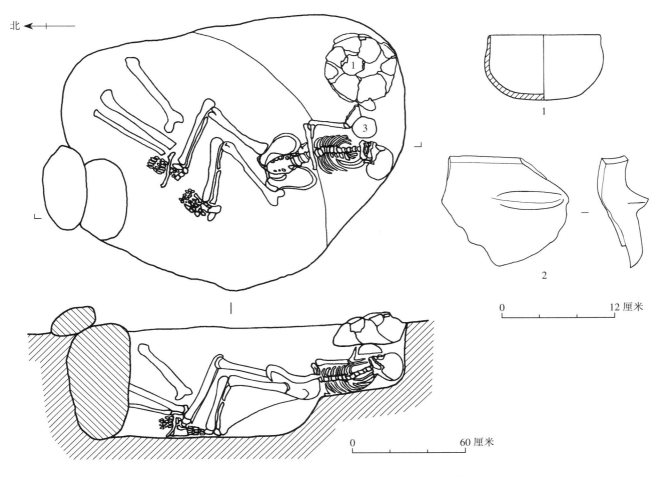

图一五一 M253 墓室平、剖面图及出土器物
1. 无耳钵 M253:3 2. 口沿陶片 M253:1

六八 M254

1. 封堆

椭圆形圆丘状砂石土堆（图一五二）。封堆矮小，堆积西高东低，由西向东倾斜。封堆东西长 8.00、南北宽 7.00 米。墓口至封堆顶部只有 0.34 米。

2. 墓室

椭圆形竖穴土坑墓（图一五三；彩版六四，1），墓口比封堆的地平面高出 0.20～0.48 米。墓口长 1.83、宽 1.40 米。墓底长 1.88、宽 1.35 米，墓口距地表深 1.35 米。方向 282°。棚木多见于西半部，主要南北横向，未见纵向的。

3. 人骨

2 人，头向西，面朝北，均侧身屈肢葬。北部女性，南部男性。

4. 随葬品

单耳带流釜 1 件。

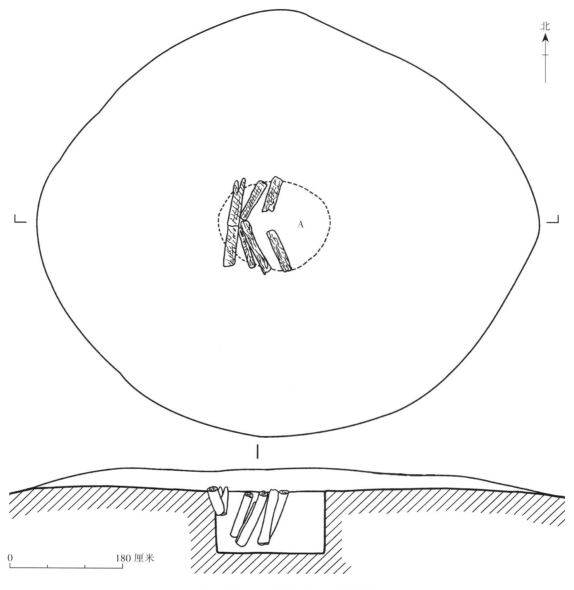

图一五二 M254 平、剖面图

标本 M254：2，泥质灰陶，夹少量砂。方唇，微敛口，直领，鼓腹，高窄流，单耳。十分结实。高 25.9～29.5、口沿长径 25.0、短径 19.7 厘米（图一五四，1；彩版六四，2）。

单耳深腹钵 1 件。

标本 M254：3，泥质红褐陶，外施淡黄色陶衣，尖圆唇，直腹微鼓，圜底，单耳。口沿外有宽 1.5 厘米的褐色纹带。高 8.0、口径 15.0 厘米（图一五四，2；彩版六四，3）。

单耳浅腹钵 1 件。

标本 M254：1，夹砂红褐陶，手制。尖圆唇，直口，圜底，单耳。高 11.5、口径 25.2 厘米（图一五四，3；彩版六四，4）。

化妆棒 1 件。

标本 M254：4，长 6.0、最大直径 0.8 厘米（图一五四，4）。

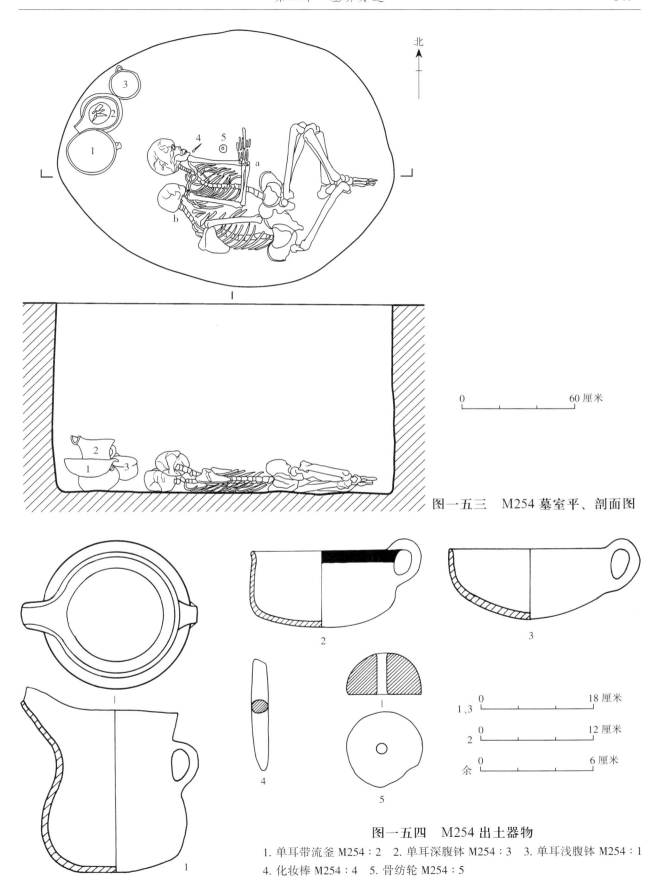

图一五三　M254 墓室平、剖面图

图一五四　M254 出土器物

1. 单耳带流釜 M254：2　2. 单耳深腹钵 M254：3　3. 单耳浅腹钵 M254：1
4. 化妆棒 M254：4　5. 骨纺轮 M254：5

骨纺轮　1件。

标本 M254：5，馒头形，底部直径 4.0、厚 2.2 厘米，中间穿孔直径 0.6 厘米（图一五四，5；彩版六四，5）。

六九　M255

1. 封堆

圆丘状砂石土堆（图一五五）。封堆底径 6.60 米。封堆中部距地表高 0.44 米。

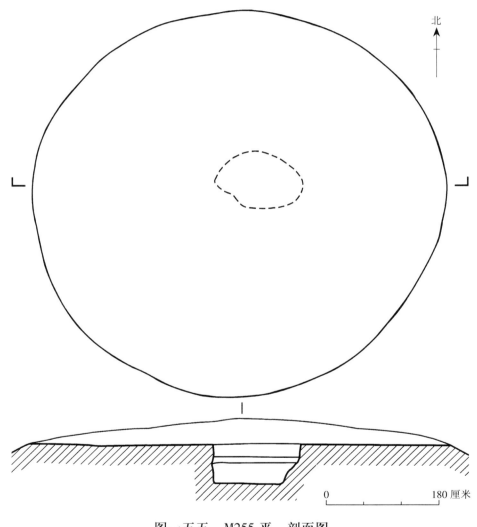

图一五五　M255 平、剖面图

2. 墓室

椭圆形竖穴土坑墓（图一五六）。墓口长 1.4、宽 0.92、深 0.64 米。墓底长 1.14、宽 0.92 米。

3. 人骨

三层。一层一人，头西面南，侧身屈肢，二层一人，散乱不全，三层 2 人，一人侧身屈肢，

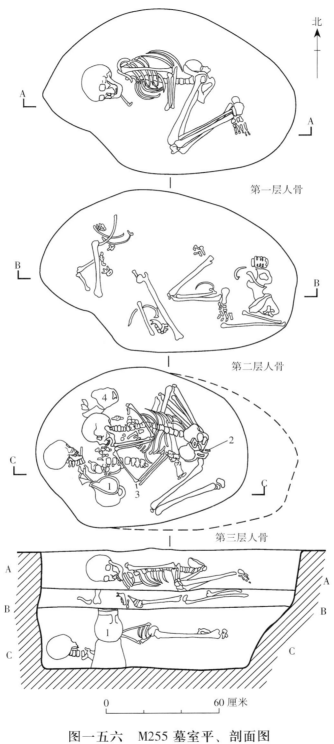

图一五六 M255 墓室平、剖面图

一人仰身屈肢，相向而叠压，骨架不全。

4. 随葬品

单耳带流釜 2件。

标本 M255：4，夹细砂褐陶，外施黄褐色陶衣，手制。圆唇，侈口，高领，鼓腹，带流，单耳。口沿内外有深褐色彩饰，器表也有，但已磨蚀不清。高 19.0～22.5、长径 22.5、短径 15.7厘米（图一五七，2；彩版六五，1）。

标本 M255：1，夹砂红褐陶，外施淡黄色陶衣，手制。尖圆唇，侈口，鼓腹，高翘流，圜底，单耳。器壁有烟炱。高 22.5～27.5、口长径 19.0、短径 13.5 厘米（图一五七，1；彩版六五，2）。

单耳深腹钵　1件。

标本 M255：5，耳为修复，夹砂灰黑陶。圆唇，敞口，束颈，球腹，圜底，单耳。高 8.5、口径 10.3 厘米（图一五七，3；彩版六五，3）。

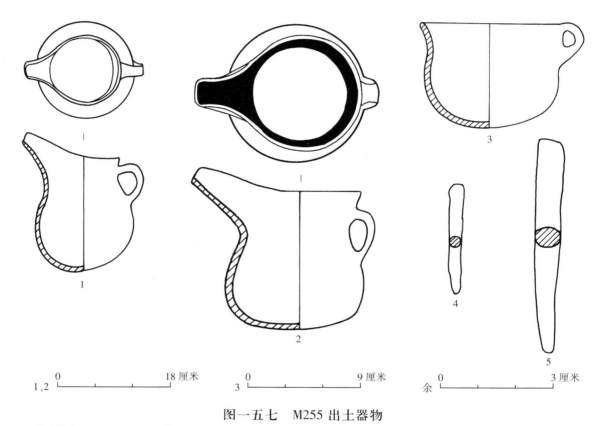

图一五七　M255 出土器物

1. 单耳带流釜 M255：1　2. 单耳带流釜 M255：4　3. 单耳深腹钵 M255：5　4. 铜针 M255：3　5. 化妆棒 M255：2

铜针　1件。

标本 M255：3，外部有一层铜锈。长 3.0、直径 0.4 厘米（图一五七，4）。

化妆棒　1件。

标本 M255：2，长 5.8、最大直径 0.7 厘米（图一五七，5；彩版六五，4）。

七〇　M256

1. 封堆

圆丘状砂石土堆（图一五八）。封堆底径 6.80 米。封堆中部距地表高 0.80 米，顶部稍平。

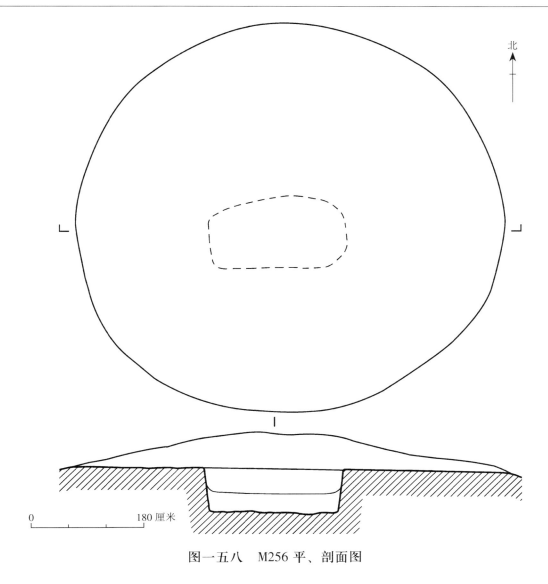

0 _____ 180 厘米

图一五八 M256 平、剖面图

2. 墓室

椭圆形竖穴土坑墓（图一五九）。长 2.20、宽 1.20 米，距地表深 0.70 米，墓室上大底小，底长 2.00、宽 0.80 米，填土为砂土，方向 270°。

3. 人架

骨架分二层，第一层距地表 0.15 米，主要放置在墓室中西部，为凌乱不全的人骨，第二层距地表深 0.50 米，有人骨 2 具，上下相叠，上层骨架头骨远离体骨，仰身屈肢，上肢分离，此人架下又有 1 具，仅剩骨椎、肋骨和一段下肢骨。

4. 随葬品

串珠 1 件。共 52 颗。

标本 M256:1，铜珠 2 颗，直径 0.8～1.4、高 0.8 厘米。红玛瑙 3 颗，直径 0.6～0.8、高 0.3～0.7 厘米。白石珠 47 颗，直径 0.3～0.5、厚 0.2～0.7 厘米（图一五九，1～8；彩版六六，1）。

图一五九　M256 墓室平、剖面图及出土器物

1～8. 串珠 M256：1

七一 M257

1. 封堆

椭圆形圆丘状砂石土堆（图一六〇），为砾石及土的混合体。封堆底径东西长 4.20、南北宽 3.60 米。封堆距墓口高 0.30 米，堆顶为拱形，无凹陷。

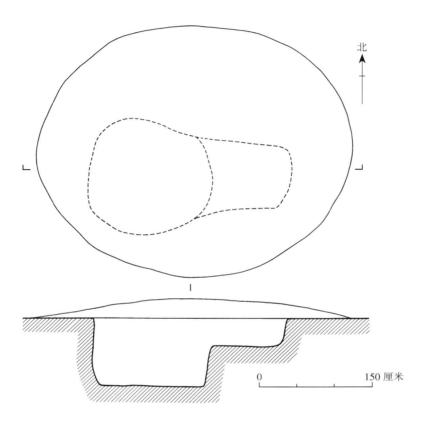

图一六〇 M257 平、剖面图

2. 墓室

位于封堆中部偏南，圆形的竖穴土坑墓（图一六一；彩版六六，4），墓室上大下小，上圆下长。墓口直径 1.80 米。墓底长 1.60、宽 1.00 米，距地面深 1.00 米。在墓室东端有一条长方形的短墓道，长 1.10、宽 1.00、深 0.40 米。方向 282°。墓室口部无棚木，封石。

3. 人骨

1 具，墓室底部中央出一完整骨架，头向西，面北，仰身屈肢，双手放置于腹部，为一成年女性。

4. 随葬品

在左臂肘部出一石纺轮，头顶部出一大型单耳带流釜，釜内放置羊骨和一单耳钵。

单耳带流釜 1 件。

标本 M257：1，夹砂褐陶，手制。圆唇，敞口，圜底，单耳。口沿外有深褐色彩，再下面为

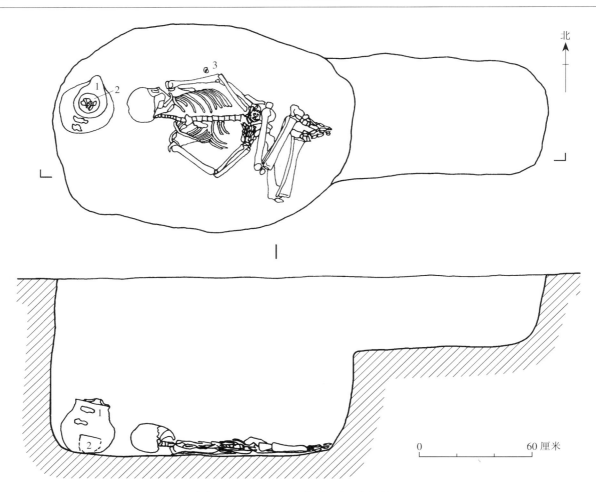

图一六一　M257 墓室平、剖面图

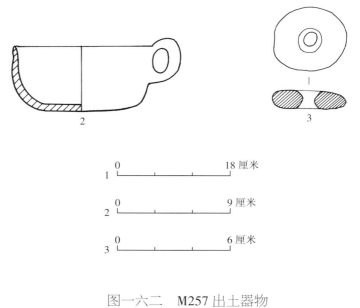

图一六二　M257 出土器物

1. 单耳带流釜 M257：1　2. 单耳深腹钵 M257：2　3. 石纺轮 M257：3

连续 "U" 形纹。底部有粗砂。高 23.6、口径 18.8 厘米（图一六二，1；彩版六六，2）。

单耳深腹钵　1 件。

标本 M257∶2，耳为修复，夹砂褐色陶。尖圆唇，直腹，平底，单耳。高 5.5、口径 11.2 厘米（图一六二，2；彩版六六，3）。

石纺轮　1 件。

标本 M257∶3，白砂石质，圆饼形，中间有穿孔。直径 3.8、厚 1.0 厘米，中间穿孔最大直径 1.2 厘米（图一六二，3）。

七二　M258

1. 封堆

椭圆形圆丘状砂石土堆（图一六三）。封堆底径东西 6.60、南北 4.96 米。地面至封堆顶高 0.55 米，中部大石块较多。

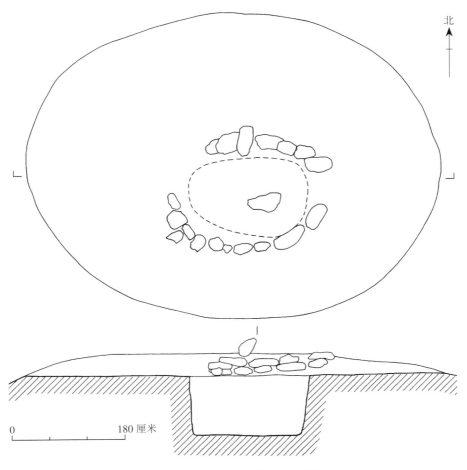

图一六三　M258 平、剖面图

2. 墓室

椭圆形竖穴土坑墓（图一六四）。墓口长 1.90、宽 1.10 米。墓底长 1.80、宽 0.95 米，墓底至墓口深 0.79 米。方向 295°。墓口表层堆较多大石块，大石块下部填土，未见棚木痕迹。

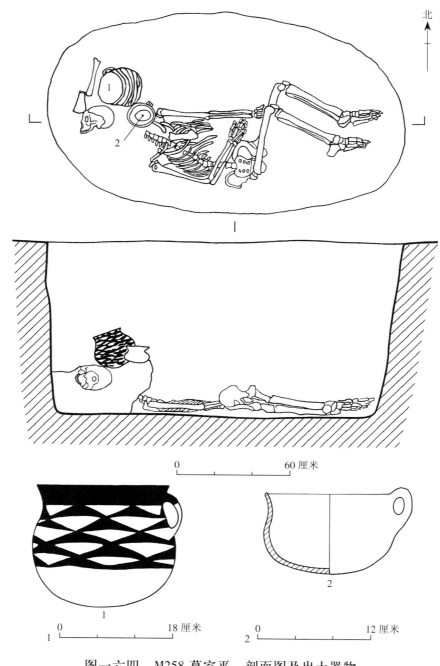

图一六四 M258 墓室平、剖面图及出土器物
1. 单耳圆口彩陶釜 M258：1 2. 单耳深腹钵 M258：2

3. 人骨

1 人，头向西，面向南，侧身屈肢葬，女性。

4. 随葬品

单耳圆口彩陶釜 1 件。

标本 M258：1，夹砂红陶，手制，器底粘有一层粗砂。方唇，侈口，束颈，鼓腹，圜底，单耳。口沿内外饰深褐色宽色带纹，颈腹部饰四圈连续细长三角纹。高 19.7、口径 20.5 厘米（图一六四，1）。

单耳深腹钵　1 件。

标本 M258：2，泥质红褐陶，手制。圆唇，侈口，单耳，圜底。器物口沿内以及外表饰紫褐色彩。高 8.8、口径 13.9 厘米（图一六四，2）。

七三　M259

1. 封堆

圆丘状砂石土堆（图一六五）。封堆平面近于圆形，底径为 5.40 米。地面至封堆顶高 0.20 米，封堆矮小。

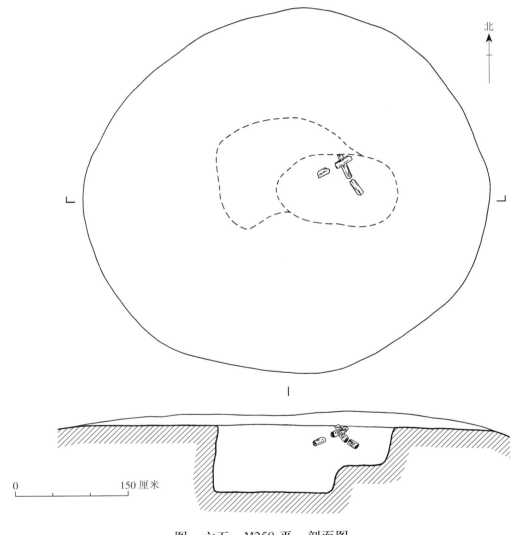

图一六五　M259 平、剖面图

2. 墓室

瓢形竖穴土坑墓（图一六六；彩版六七，1）。墓口长 2.43、宽 1.30 米。墓底长 2.40、宽 1.08 米，墓口距地表 0.70 米。方向 270°。墓口置棚架，苇席已腐朽，仅剩下棚木，2 根棚木集中在东北部，纵条在上，横条在下。

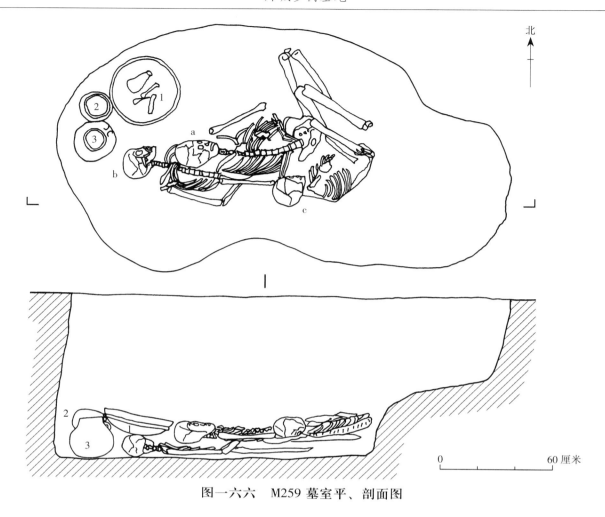

图一六六　M259 墓室平、剖面图

3. 人骨

3 具，保存状况差，互相叠压，3 具骨架编号北部为 a 号，南部为 b 号，东部为 c 号。a 号压于 b 号上部，c 号压于 b 号的盆骨，a 号朝上，b 号朝北，c 号朝北。a 号、b 号仰身屈肢葬，c 号侧身屈肢葬。a 号男，b 号女，c 号不清。

4. 随葬品

单耳圆口釜　1 件。

标本 M259：3，夹砂褐陶，手制，底部有粗砂。圆唇，直口，直领，鼓腹，圜底，单耳。高 23.7、口径 11.7 厘米（图一六七，1；彩版六七，2）。

单耳深腹钵　1 件。

标本 M259：2，泥质褐陶，手制。圆唇，敛口，鼓腹，圜底，单耳。口沿内外饰红褐色彩带。高 11.0、口径 13.7 厘米（图一六七，2；彩版六七，3）。

浅腹盆　1 件。

标本 M259：1，泥质，夹少量细砂，手制。方唇，敞口，浅腹，斜收，圜底。口沿外下 3.5 厘米处有一圈突棱纹。底部有火灼痕迹。高 11.5、口径 38.0 厘米。盆内有羊骨（图一六七，3；彩版六七，4）。

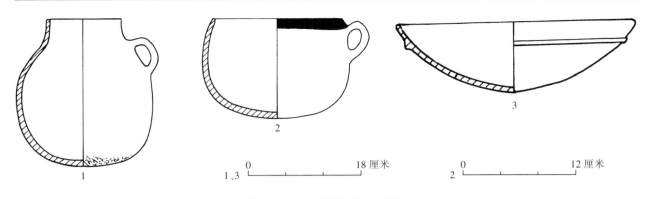

图一六七　M259 出土器物

1. 单耳圆口釜 M259:3　2. 单耳深腹钵 M259:2　3. 浅腹盆 M259:1

七四　M260

1. 封堆

圆丘状砂石土堆（图一六八）。封堆平面呈圆形，堆积东高西低，地面由东向西倾斜。底径 5.20 米，墓口至封堆顶部高 0.28 米，封堆矮小。

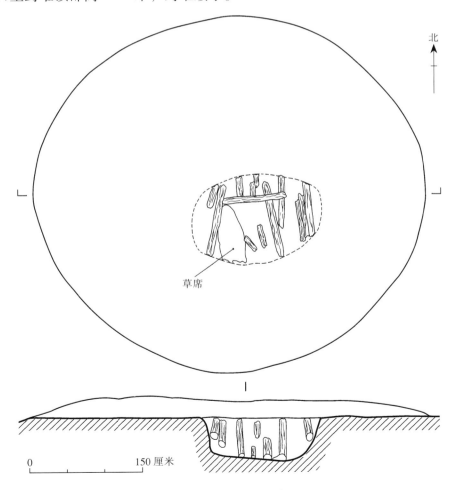

图一六八　M260 平、剖面图

2. 墓室

椭圆形竖穴土坑墓（图一六九；彩版六七，5），该墓葬口大底小。墓口长 2.07、宽 1.45 米。墓底长 1.83、宽 1.28 米，墓底至墓口深 0.74 米。方向 300°。墓口置棚木较多，横木 8 根，纵木 1 根，纵木在上。棚木塌陷，有的断为数节。在西部见到草席痕迹，在下部骨架周围同样见到草席（芨芨草）的痕迹，可能用芨芨草席包裹。

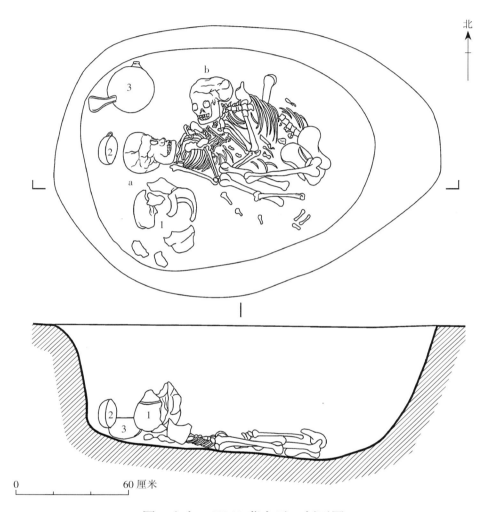

图一六九　M260 墓室平、剖面图

3. 人骨

2 人，头向西，南部 a 面向朝北，部分被 b 人架叠压，b 人架侧向南面，肢骨伸向 a 人架的上部。北部 b 面朝南，均侧身屈肢葬，肋骨、肢骨、指骨等散乱。a 为女性，b 为男性。

4. 随葬品

单耳带流釜　1 件。

标本 M260:1，夹砂红褐陶，外施淡黄色陶衣，手制。尖圆唇，直口，直领，带流，单耳，鼓腹，凹底。颈上有一圈凸棱纹，颈腹部有一圈凸棱半封闭胡须纹，流下有三条垂弧条纹。高 23～26.5、长径 18.0、短径 14.0 厘米（图一七〇，1；彩版六八，1、2）。

单耳深腹钵　2件。

标本 M260：3，耳修复，夹砂红褐陶，器表经过打磨。尖唇，侈口，圜底，单耳。高 11.8、口径 22.4 厘米（图一七〇，2；彩版六八，3）。

标本 M260：2，夹砂灰黑陶。尖圆唇，直口，圜底，沿上耳。耳修复，器表有一层烟炱。高 8.2、口径 16.5 厘米（图一七〇，3；彩版六八，4）。

串珠　1件。

标本 M260：4，79 颗，白石 78 颗。直径 0.3、厚 0.15～0.3 厘米（图一七〇，5、6；彩版六八，5）。

绿石　1颗。

标本 M260：4，直径 0.51、厚 0.1 厘米（图一七〇，4）。

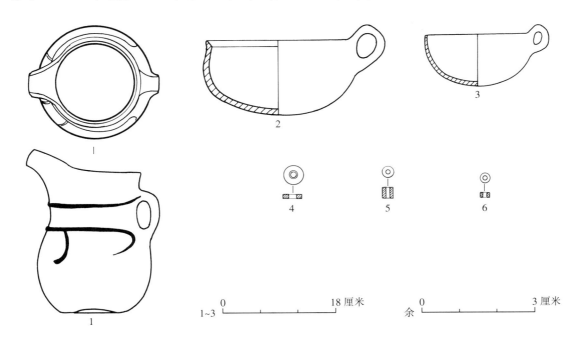

图一七〇　M260 出土器物

1. 单耳带流釜 M260：1　2. 单耳深腹钵 M260：3　3. 单耳深腹钵 M260：2　4. 绿石 M260：4　5、6. 串珠 M260：4

七五　M261

1. 封堆

圆丘状砂石土堆（图一七一）。封堆底径 6.00 米。距地表高 0.50 米。

2. 墓室

椭圆形竖穴土坑墓（图一七二；彩版六九，1）。长 2.10、宽 1.40、深 0.80 米。西部有小龛，进深 0.10 米。方向 272°。墓口有棚木和石块覆盖。

3. 人骨

两层，上层距墓口深 0.60 米，凌乱不全，下层距墓口深 0.70 米，2 具人骨，一成人，一

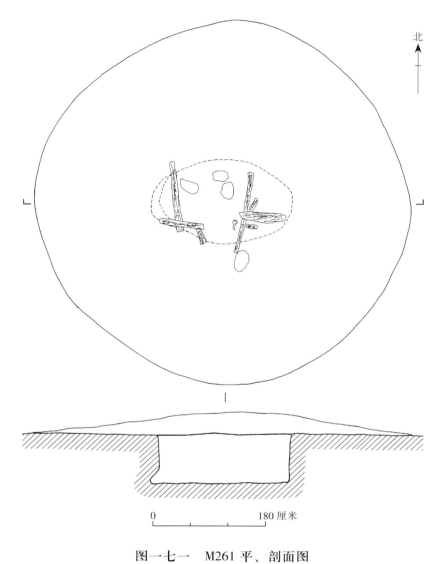

图一七一　M261 平、剖面图

小孩，儿童在北，大致为侧身屈肢，但骨架已分离。

4. 随葬品

上层人骨随葬陶片，下层人骨西北部发现方陶钵 1 个，单耳罐 1 个。

方钵　1 件。

标本 M261：2，泥质陶，淡黄色，手制。圆唇，方口，敞口，圈底。口沿外饰红褐色流带纹。高 6.4、长 14.6、宽 13.0 厘米（图一七三，1；彩版六九，2～4）。

单耳小陶罐　1 件。

标本 M261：3，夹砂灰陶。尖圆唇，侈口，鼓腹，小平底，单耳。高 12.4、口径 9.5 厘米（图一七三，2）。

陶片　1 件。

标本 M261：1，夹砂黄陶。圆唇，敞口，束颈，口沿外饰深褐色网状三角纹。

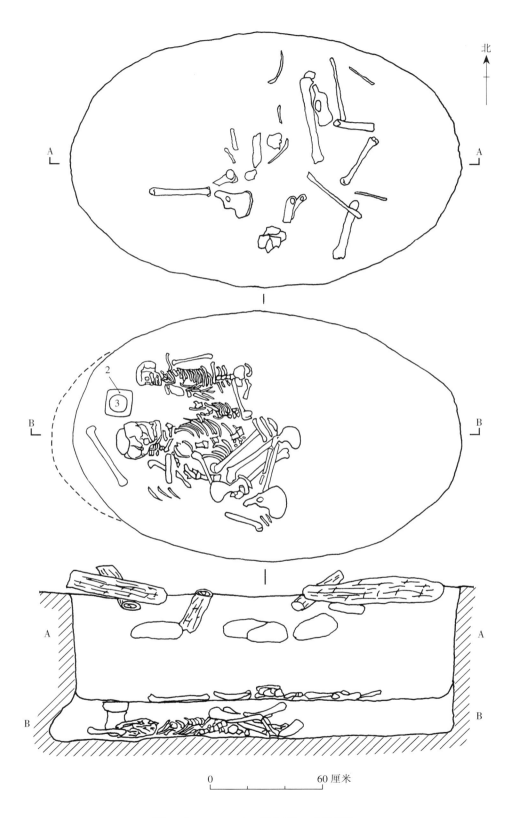

图一七二　M261 墓室平、剖面图

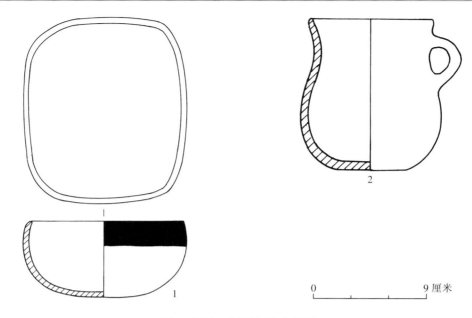

图一七三　M261 出土器物

1. 方钵 M261∶2　　2. 单耳小陶罐 M261∶3

七六　M262

1. 封堆

圆丘状砂石土堆（图一七四）。封堆底径 7.40 米。堆顶有凹窝，封堆中部距地表高 0.50 米。

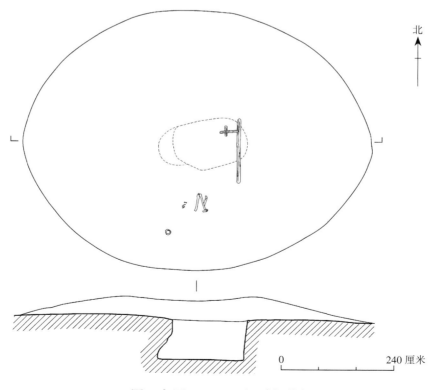

图一七四　M262 平、剖面图

2. 墓室

椭圆形竖穴土坑墓（图一七五；彩版七〇，1），西部有小龛。墓口长 1.60、宽 1.20、深 0.84 米。有棚木。

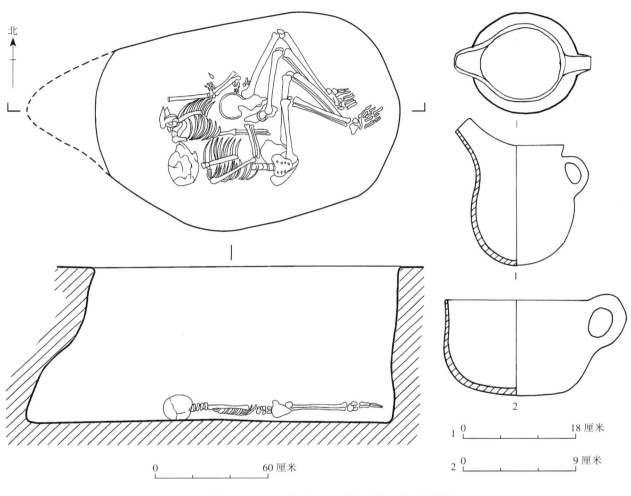

图一七五 M262 墓室平、剖面图及出土器物
1. 单耳带流釜 M262：1 2. 单耳深腹钵 M262：2

3. 人骨

2 具人骨，一男一女。头西，北部人架无头，向北侧身屈肢。封堆南部原始地面有部分人骨。

4. 随葬品

单耳带流釜 1 件。

标本 M262：1，夹砂褐陶，手制。侈口，高翘流，圜底，单耳。有斜垂条纹。高 19.6 ～ 24.7、口径 15.0 ～ 17.4 厘米（图一七五，1；彩版七〇，2）。

单耳深腹钵 1 件。

标本 M262：2，夹砂红褐陶。尖唇，侈口，圜底，单耳。口径 11.5、高 7.8 厘米（图一七五，2；彩版七〇，3）。

七七　M263

1. 封堆

椭圆形圆丘状砂石土堆（图一七六）。封堆底径东西长 8.90、南北宽 8.00 米，地面至封堆顶高 0.50 米。由砾石及砂土堆积。

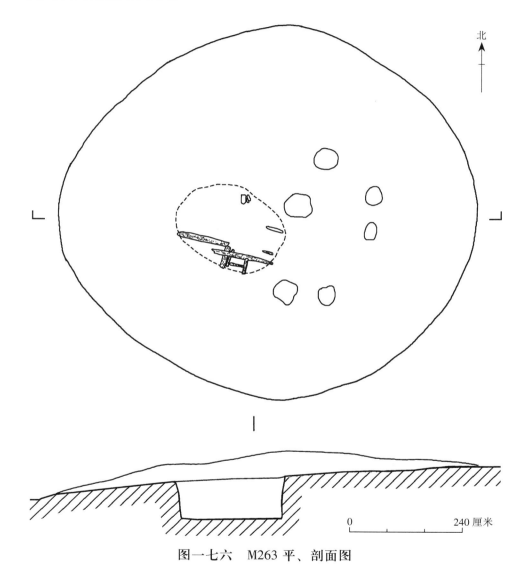

图一七六　M263 平、剖面图

2. 墓室

椭圆形竖穴土坑墓（图一七七；彩版七一，1）。墓口长 2.10、宽 1.75 米。墓底长 1.92、宽 1.05 米，墓底距墓口深 0.98 米。方向 275°。在墓口置棚木，大部分棚木塌陷，能见到的横木在下，纵木在上，均为松木，直径一般为 0.07～0.10 米。

3. 人骨

2 具人骨，均侧身屈肢葬。部分肢骨朽蚀，头均向西，北面一具男性，面向朝南，南面一具女性，面朝北。

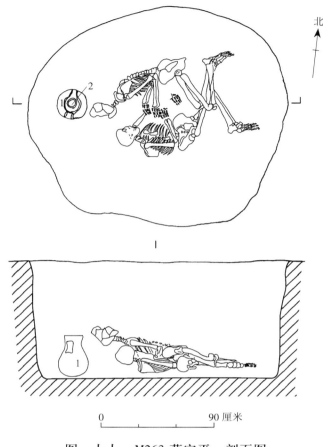

图一七七 M263 墓室平、剖面图

4. 随葬品

单耳钵放置于带流釜内,串珠散落在南部女性颈部间。

单耳带流釜 1件。

1件。标本 M263：1,夹砂红陶,施红色陶衣,手制。方圆唇,侈口,高翘流,鼓腹,圜底,单耳。素面。高 30.3～37.0、长径 25.5、短径 18.5 厘米(图一七八,1)。

单耳深腹钵 1件。

标本 M263：2,夹砂红褐陶,手制。尖圆唇,敞口,圜底。口沿内外饰褐色彩带纹。高 6.5、口径 12.3 厘米(图一七八,2)。

铜节约 1件。

标本 M263：5,已锈蚀,椭圆管状。长径 1.8、短径 1.0、宽 0.7 厘米。孔长径 1.3、短径 0.5 厘米(图一七八,3、4)。

石纺轮 1件。

标本 M263：3,直径 3.9、厚 0.6、孔径 0.5～0.7 厘米(图一七八,5)。

串珠 1件。

标本 M263：4,直径 0.4、厚 1.4 厘米(图一七八,6～8)。

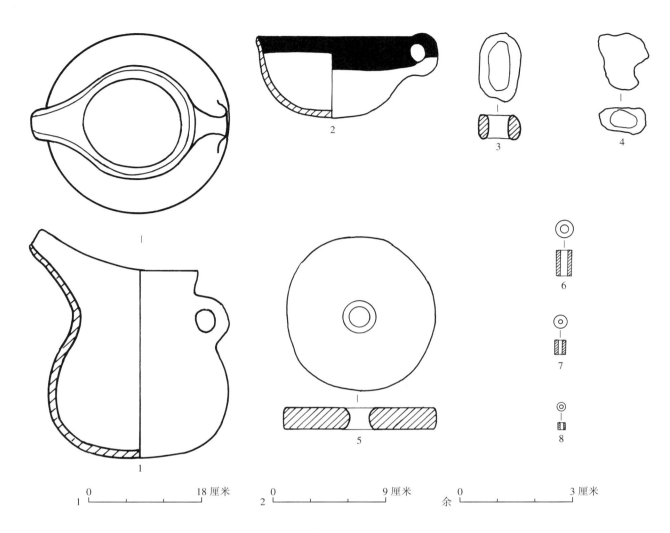

图一七八　M263 出土器物

1. 单耳带流釜 M263∶1　2. 单耳深腹钵 M263∶2　3、4. 铜节约 M263∶5　5. 石纺轮 M263∶3　6～8. 串珠 M263∶4

七八　M264

1. 封堆

圆丘状砂石土堆（图一七九）。封堆底径 5.60 米。封堆距墓口高 0.38 米。

2. 墓室

该墓墓口为椭圆形，墓室为椭圆形竖穴土坑墓（图一七九；彩版七一，2）。墓口长 1.75、宽 1.36 米。墓底长 1.50、宽 1.36 米。距地面深 0.60 米，填土为砂土，方向 330°。

3. 人骨

单人葬，头向西北，侧身屈肢，头骨保存不好。

4. 随葬品

西南壁下有陶片一堆。

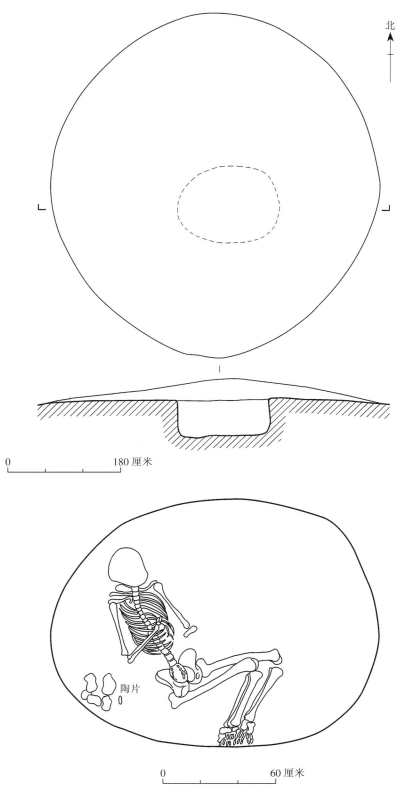

陶片

图一七九 M264 平、剖面图

七九　M265

1. 封堆

圆丘状砂石土堆（图一八〇）。封堆底径 6.50 米。封堆距墓口高 0.30～0.40 米，中部稍有凹陷，剖面为马鞍形。

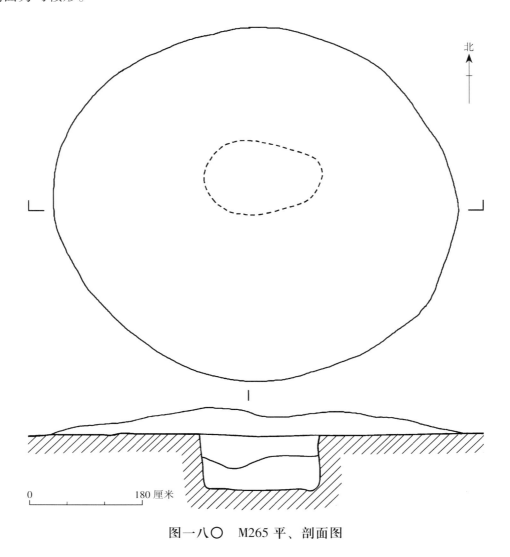

图一八〇　M265 平、剖面图

2. 墓室

椭圆形竖穴土坑墓（图一八一；彩版七二，1），墓室上大下小。墓口长 1.94、宽 1.25 米。墓底长 1.8、宽 1.25 米。距地面深 0.90 米。方向 275°。底层有板灰痕迹，可能有木质棺床。

3. 人骨

为二次合葬墓，a 号人骨距墓口深 0.20 米，仰身直肢，盆骨以上保存不完整，右腿处有头骨、肢骨等。下层有 4 具骨架，北部 d 号人骨无头，为侧身屈肢。头向西，侧身屈肢。

4. 随葬品

a 号人骨所在地层北壁下发现陶壶和陶片。d 号人骨西部发现陶钵 1 件。

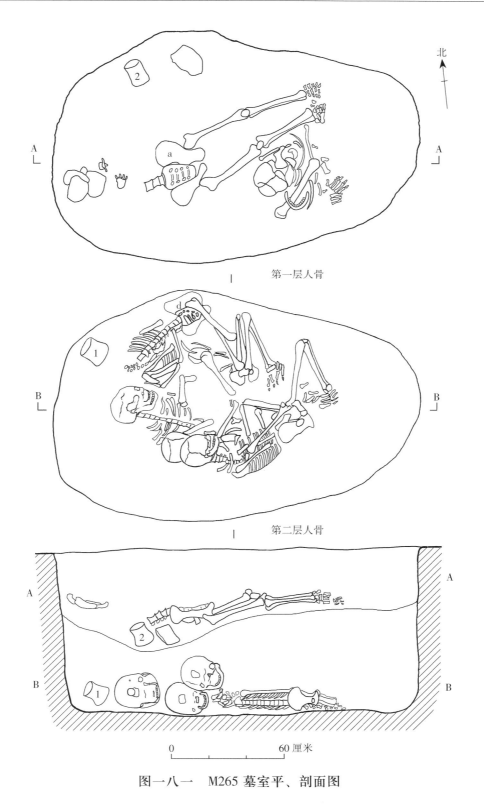

第一层人骨

第二层人骨

0   60 厘米

图一八一 M265 墓室平、剖面图

单耳深腹钵 1件。

标本 M265：1，夹砂黄褐陶，手制。圆唇，鼓腹，圜底，单耳。高9.3、口径12.3厘米（图一八二，1）。

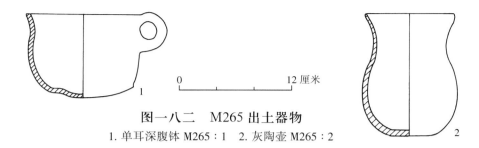

图一八二　M265 出土器物

1. 单耳深腹钵 M265：1　2. 灰陶壶 M265：2

灰陶壶　1件。

标本 M265：2，泥质灰黑色，手制。尖圆唇，敞口，束颈，鼓腹，小平底。高 13.4、口径 10.5 厘米（图一八二，2；彩版七二，2）。

八〇　M266

1. 封堆

封堆为圆丘形（图一八三）。底径 8.40 米。封堆距墓口高 0.72 米，墓口边有两块石头，北部离墓口稍远处有一块石头。

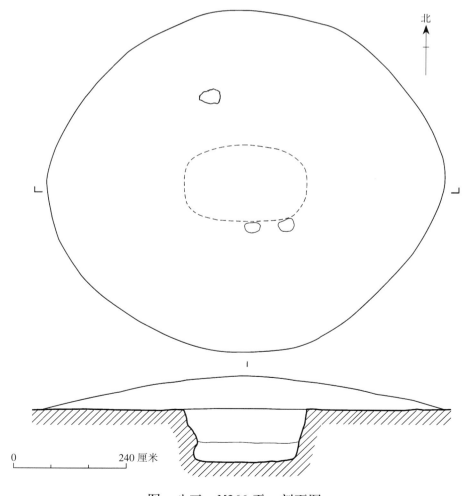

图一八三　M266 平、剖面图

2. 墓室

墓室为椭圆形竖穴土坑墓（图一八四），墓口长 2.61、宽 1.68 米，墓底长 2.19、宽 1.20 米，距地面深 1.16 米，墓室上大下小，西部有很小的头龛。填土为沙石土。方向 268°。墓口有棚木，上层人骨覆盖草席，盆骨下有植物垫子，下层人骨可能也铺垫草席。

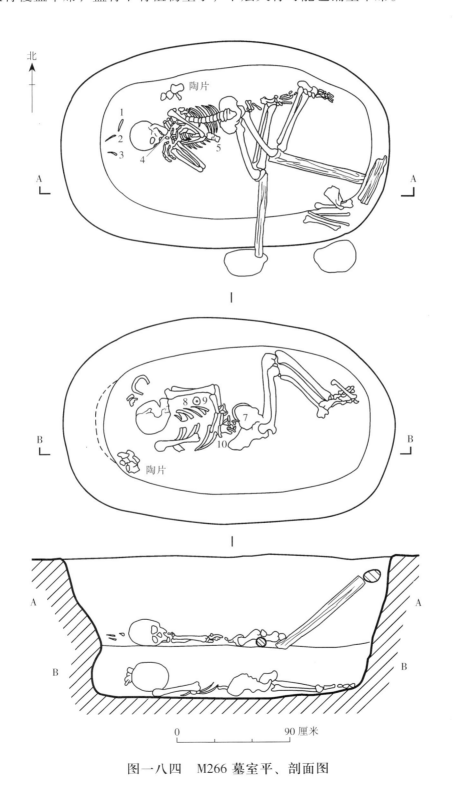

图一八四　M266 墓室平、剖面图

3. 人骨

棚木上有人腿骨和肩胛骨。墓中为二次合葬墓，但骨架保存完好，有 2 人，上层人骨姿态特别，膝盖压于棚木之上，双手上屈，交于颌下。下层骨架头身已分离，头向西，葬式为侧身屈肢（彩版七三，1，2）。

4. 随葬品

上层人骨脖颈处有绿石坠 1 个，腹部有卜骨 1 块，头部上方有铜簪 2 枚，化妆棒 1 个（彩版七四，1～3）。北壁下有几片陶片。下层人骨架头部发现铜簪 1 个，在腰部发现眉墨和化妆棒各 1 个，在左手臂处发现石纺轮和铜针各 1 个，头部上方有陶片若干（彩版七三，2）。

铜簪　3 件。

标本 M266：2，圆头簪。长 6.7、直径 1.0 厘米（图一八五，1；彩版七五，1）。

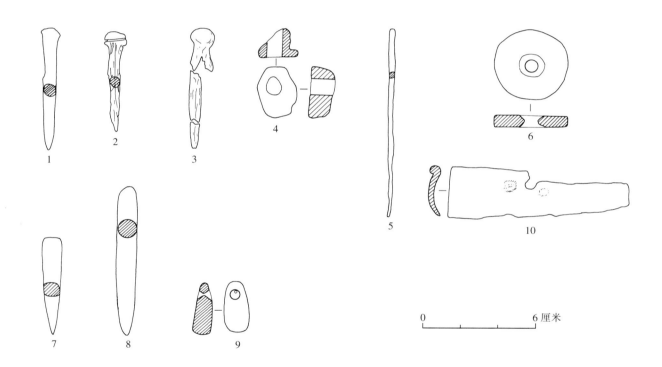

图一八五　M266 出土器物

1. 铜簪 M266：2　2. 双层钮簪 M266：3　3. 铜簪 M266：6　4. 眉墨 M266：7　5. 铜针 M266：8　6. 纺轮 M266：9　7. 化妆棒 M266：10　8. 化妆棒 M266：1　9. 坠饰 M266：4　10. 骨器 M266：5

标本 M266：3，双层钮簪，长 5.4、直径 0.6 厘米（图一八五，2）。

标本 M266：6，球形帽。长 6.5、直径 1.2 厘米（图一八五，3；彩版七五，2）。

铜针　1 件。

标本 M266：8，青铜。长 10.3、直径 0.3 厘米（图一八五，5；彩版七五，3）。

眉墨　1 件。

标本 M266：7，石质，黑色，略成圆柱形，中有小孔。直径 0.9、高 1.5、2.8 厘米（图一八五，4）。

纺轮 1件。

标本 M266:9，汉白玉。直径4.0、厚0.6厘米，中间有对钻的穿孔，直径1.2厘米（图一八五，6）。

化妆棒 2件。石质。

标本 M266:10，长5.3、最大直径1.2厘米（图一八五，7；彩版七五，4）。

标本 M266:1，长8.2、最大直径1.1厘米（图一八五，8；彩版七五，5）。

坠饰 1件。

标本 M266:4，石质，翠绿色。长2.7、厚0.2～0.95厘米（图一八五，9；彩版七五，6）。

骨器 1件。

标本 M266:5，骨，黄白色，表面有圆形小窝，有部分为小孔。长9.6、宽2.7厘米（图一八五，10；彩版七五，7）。

八一 M267

1. 封堆

圆丘状砂石土堆（图一八六），中部稍有凹陷。封堆底径8.50米。封堆距墓口高0.30米。

2. 墓室

椭圆形竖穴土坑墓（图一八六；彩版七六，1、2）。东部有短墓道，墓道长1.00、宽0.80米，距地面0.40米。墓口长2.10、宽1.44米，方向315°。

3. 人骨

单人一次葬，侧身屈肢。

4. 随葬品

单耳圆口釜 1件。

标本 M267:1，夹砂红陶，外施淡黄色陶衣，手制。尖圆唇，束颈，鼓腹，圜底，单耳。口沿外饰深褐色彩带纹，颈腹部饰菱格棋盘纹。高18.0、口径19.9厘米（图一八七，1；彩版七七，1～4）。

单耳深腹钵 1件。

标本 M267:2，夹砂红褐陶，淡黄色陶衣，手制。尖唇，敞口，直颈，球腹，圜底，单耳，素面。高9.2、口径12.5厘米（图一八七，2）。

砺石 1件。

标本 M267:4，细长条形，双面钻孔，孔径0.2～1厘米。长15.0、宽2.4、厚7.5厘米（图一八七，3；彩版七七，5）。

骨簪 1件。

标本 M267:3，锥形，有圆帽。长8.1、最大径1.6厘米（图一八七，4）。

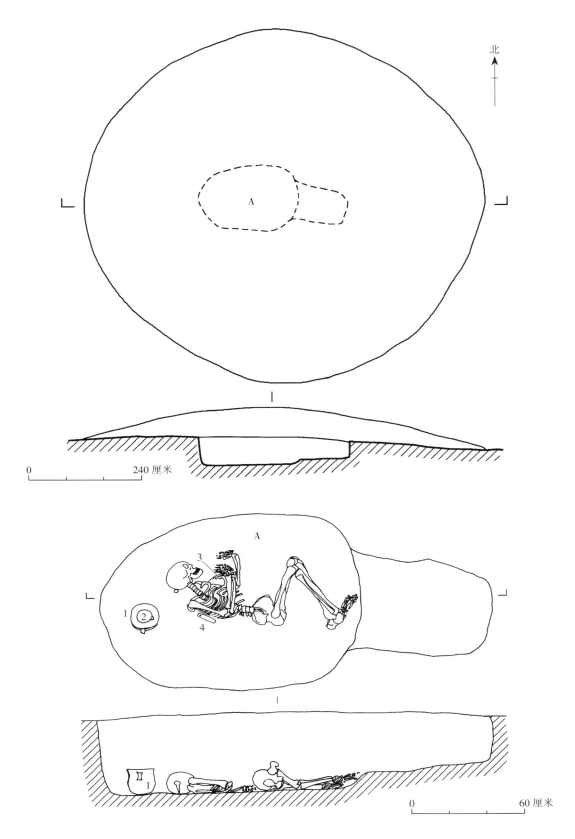

图一八六　M267 平、剖面图

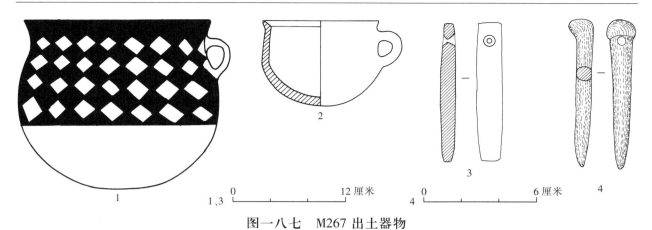

图一八七 M267 出土器物

1. 单耳圆口釜 M267：1 2. 单耳深腹钵 M267：2 3. 砺石 M267：4 4. 骨簪 M267：3

八二 M268

1. 封堆

圆丘状砂石土堆（图一八八）。封堆中部稍有凹陷，剖面为马鞍形。封堆底径 6.00 米。封堆距墓口高 0.16 米。

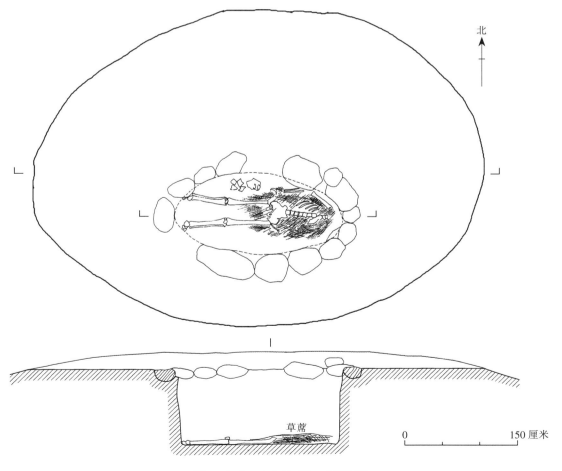

图一八八 M268 平、剖面图

2. 墓室

椭圆形竖穴土坑墓（图一八八）。墓口长 2.10、宽 1.60 米。墓底长 2.00、宽 1.60 米，距地面深 1.61 米，方向 90°。墓口边覆盖石围。墓主身上覆盖草席。

3. 人骨

仰身直肢，左手只剩两节趾骨，右手完整，无头，左脚不存，右脚向外撇。

4. 随葬品

北壁下发现夹砂红陶片。

八三　M269

1. 封堆

圆丘状砂石土堆（图一八九）。封堆底径 4.20 米。扰乱，堆顶有凹窝，封堆中部距地表高 0.32 米。

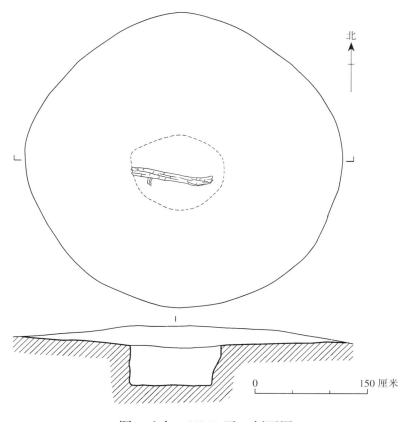

图一八九　M269 平、剖面图

2. 墓室

椭圆形竖穴土坑墓（图一九〇；彩版七八，1）。墓口长 1.20、宽 1.00、深 0.56 米。墓底长 1.10、宽 0.90 米。有棚木。方向 290°。

3. 人骨

2 人，儿童。骨架不全，侧身屈肢。

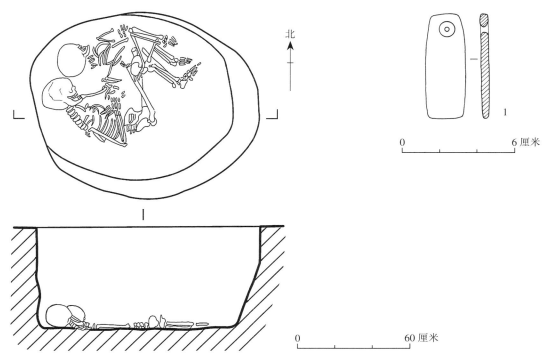

图一九〇　M269 墓室平、剖面图及出土器物
1. 砺石 M269：1

4. 随葬品

砺石　1件。

标本 M269：1，长方条形。长 5.6、宽 2.25、厚 0.4 厘米。有一个对钻小孔，直径 0.2～0.8 厘米（图一九〇，1）。

八四　M270

1. 封堆

圆丘状砂石土堆（图一九一）。封堆为戈壁砾石及土构成，直径约 6.00 米。顶中部有直径约 2.40、深 0.10 米的下凹，顶部距墓室口约 0.40 米。

2. 墓室

东西向的椭圆形竖穴土坑墓（图一九二；彩版七八，2），墓室东端有短墓道，墓室的形状为勺状，墓道为勺柄，形状近似方形，在西端有二层封石。墓口长 3.00、宽 1.80 米。墓底长 2.20、宽 1.20 米，距地面 1.30 米。方向 275°。墓口有棚木（彩版七九，1），棚木因年代久远已经断裂，斜插入墓室中。棚木下为纯净的黄土。上下两层骨架下均铺有草席。

3. 人骨

共有 a、b、c、d、e 五具。棚木上有 1 具人骨。墓葬中第二层骨架距墓室口约 1.00 米，共有 b、c、d 三具骨架，b 骨架位于墓室南侧，身首分离，但骨架未扰动。仰身屈肢葬，双手放置在腹部，左臂压在 c 骨架骨盆之上。c 骨架位于 b 骨架北侧，仰身屈肢向北。d 人骨位于 c 号脚端，

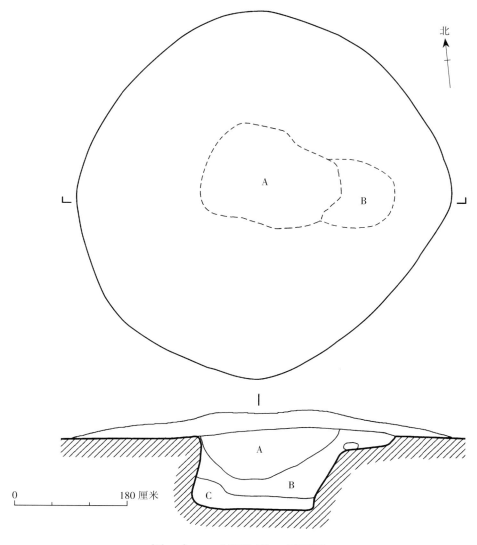

北

0 ————————— 180 厘米

图一九一　M270 平、剖面图

仅存头骨和几根肋骨，为二次葬骨架。

　　第三层 e 骨架距墓室口约 1.20 米，身体朝西，侧身向北屈肢，身首分离，头骨位于身体北侧，此骨架也应当是二次葬（彩版七九，2）。

　　4. 随葬品

　　在 e 骨架颈部有 2 根牛腿骨。

　　单耳带流釜　1 件。

　　标本 M270：2，泥质，夹少量细砂，红陶。尖圆唇，直领，鼓腹，宽短流，单耳，圈底。高 32.7、口径 18.2 厘米（图一九三，1）。

　　单耳深腹钵　1 件。

　　标本 M270：3，夹砂红褐陶，方唇，直口，圈底，单耳。高 6.5、口径 10.2 厘米（图一九三，2）。

　　单耳浅腹钵　2 件。

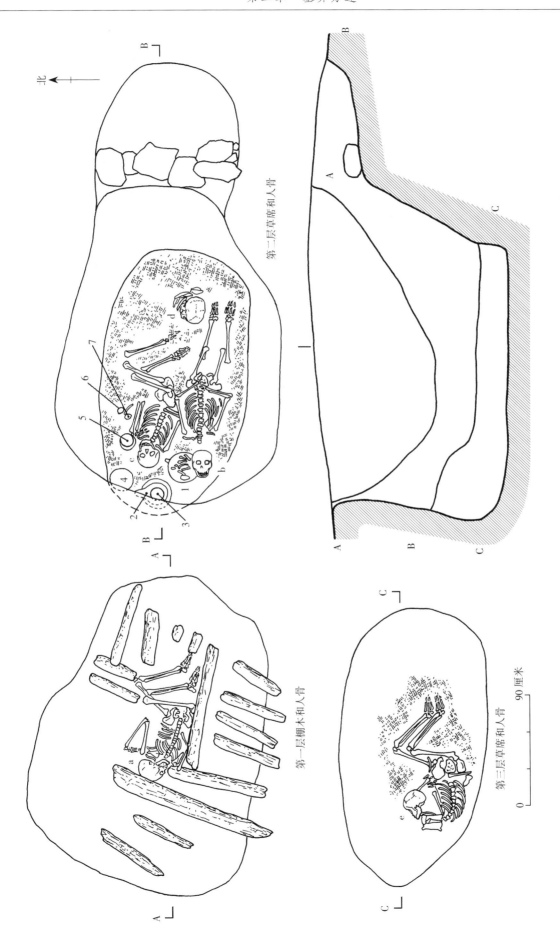

北

第二层草席和人骨

第一层棚木和人骨

第三层草席和人骨

0　　　　　　90厘米

图一九二　M270 墓室平、剖面图

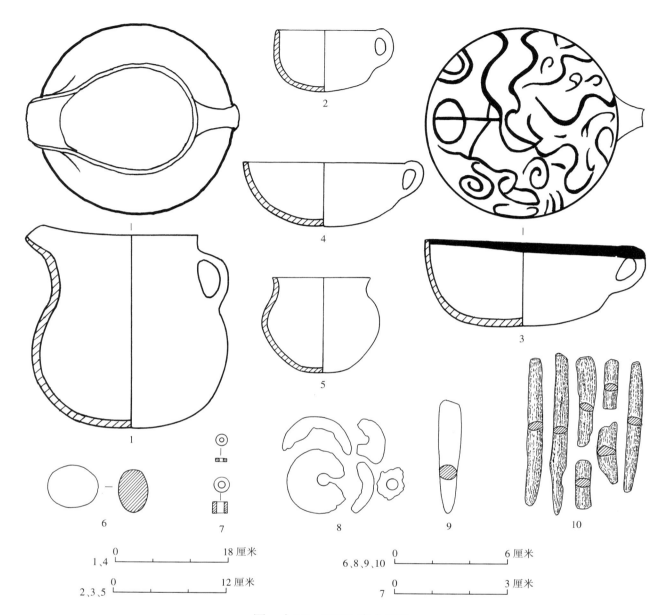

图一九三　M270 出土器物

1. 单耳带流釜 M270：2　2. 单耳深腹钵 M270：3　3. 单耳浅腹钵 M270：4　4. 单耳浅腹钵 M270：1　5. 无耳圆口钵 M270：5　6. 白石球 M270：7　7. 串珠 M270：9　8. 石纺轮 M270：6　9. 化妆棒 M270：8　10. 骨器 M270：10

标本 M270：4，泥质褐陶，外施浅黄色陶衣，手制。尖圆唇，直口，圜底，单耳。口沿内外饰宽 1 厘米深褐色带，钵内部饰各种曲线纹。高 8.5、口径 20.5、底径 9.5 厘米（图一九三，3；彩版八〇，1）。

标本 M270：1，夹砂红褐陶，方唇，侈口，圜底，单沿上耳。口径 25.4、高 10.4 厘米（图一九三，4；彩版八〇，2）。

无耳圆口钵　1 件。

标本 M270：5，夹砂红陶，外施淡黄色陶衣，手制。尖圆唇，直领，鼓腹，圜底，侈口。高 10.5、口径 11.0 厘米（图一九三，5；彩版八〇，3）。

白石球　1件。

标本M270:7，汉白玉，一面有涂红色颜料的痕迹。长径2.7、短径1.5厘米（图一九三，6；彩版八〇，4）。

串珠　1件。

标本M270:9，直径0.4、厚0.3厘米（图一九三，7）。

石纺轮　1件。

标本M270:6，已残破。直径3.8厘米（图一九三，8）。

化妆棒

标本M270:8，长6.1、最大直径1.2厘米（图一九三，9；彩版八〇，5）。

骨器　1件。可能是骨刀。

标本M270:10，长8.3、宽0.7厘米（图一九三，10；彩版八〇，6）。

八五　M271

1. 封堆

圆丘状砂石土堆（图一九四）。封堆中部稍有凹陷，剖面为马鞍形，底径为8.00米。封堆距墓口高0.40米。

2. 墓室

墓室为椭圆形竖穴土坑墓（图一九五），东壁为斜直线，墓口长3.20、宽2.00米，墓底长

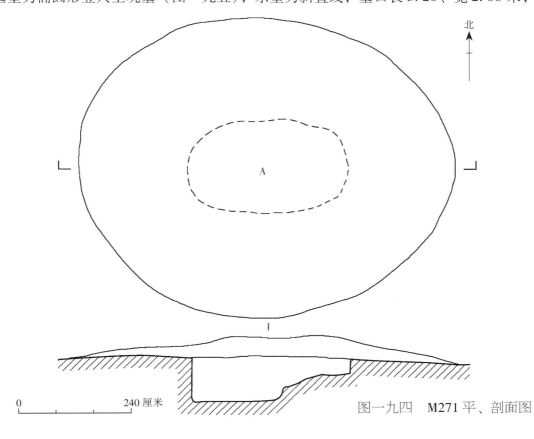

北

A

0　　　　　　240厘米

图一九四　M271平、剖面图

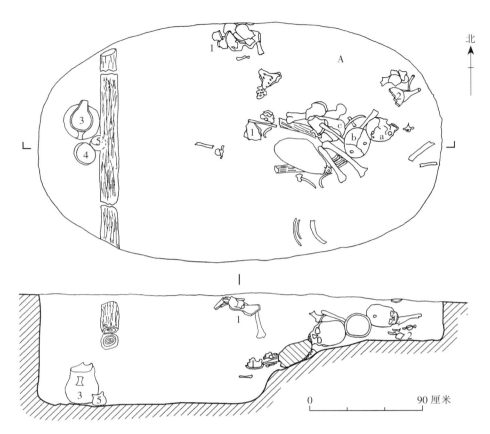

图一九五　M271 墓室平、剖面图

1.80、宽 2.00 米，墓底东高西低，东距地面 0.48
米，西距地面 0.90 米，方向 270°。墓底中部有大石
一块，残棚木两根，墓室西部有长 1.00 米的棚木
一根。

3. 人骨

人骨集中于墓室东部，属二次合葬，人骨摆放
凌乱。有 3 个头骨，其中有 2 个头骨上有钻孔（彩
版八一，1），孔径 1.0 厘米。

4. 随葬品

单耳带流釜　1件。

标本 M271：3，泥质红褐陶，手制。方唇，直
口，球腹，小平底，单耳。内外饰淡黄色陶衣。高
22.0～27.0、长径 23.3、短径 17.5 厘米（图一九
六；彩版八一，2）。

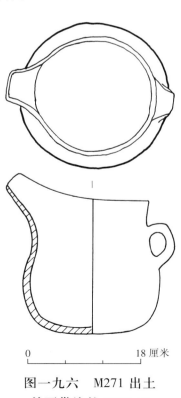

图一九六　M271 出土
单耳带流釜 M271：3

八六　M272

1. 封堆

圆丘状砂石土堆。封堆堆顶有凹窝。底径 5.20 米。封堆顶距墓口高 0.18 米。

2. 墓室

椭圆形竖穴土坑墓（彩版八二，1）。墓口长 1.24、宽 0.60 米。墓底长 1.24、宽 0.50 米，距地面深 0.86 米。填土为砾石，砂土。

3. 人骨

人架 2 具，儿童，头西，侧身屈肢。

4. 随葬品

铜针　1 件。

标本 M272：1，已残。长 2.5、直径 0.25 厘米。

八七　M273

1. 封堆

椭圆形圆丘状砂石土堆（图一九七）。封堆矮小，由少量小砾石及砂土堆积的，未经夯打。底径东西长 5.00、南北宽 4.40 米。墓口至封堆顶部高 0.20 米，与地面近平。

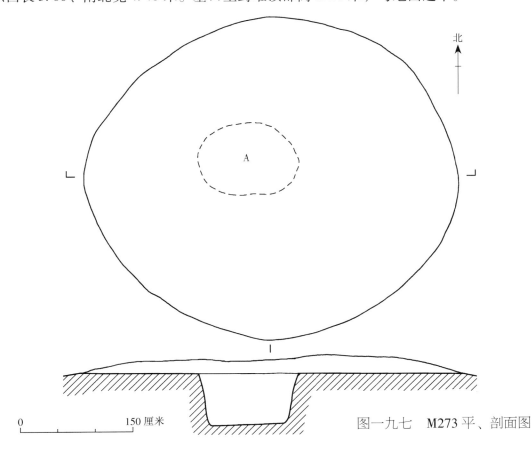

图一九七　M273 平、剖面图

2. 墓室

椭圆形竖穴土坑墓（图一九八；彩版八二，2）。墓口长1.35、宽0.95米。墓底长1.28、宽0.90米，墓底距墓口深0.53米。填土为小砾石及砂土混合花土。方向263°。

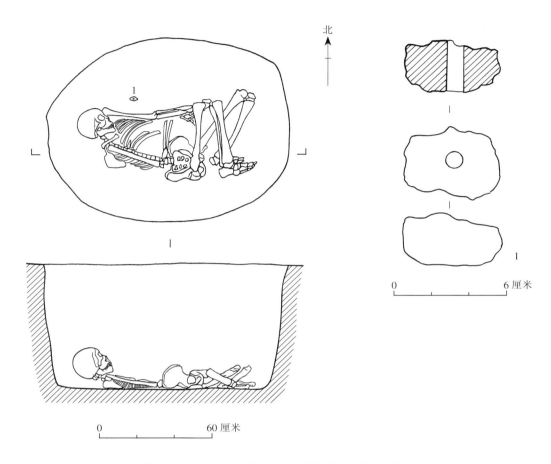

图一九八　M273墓室平、剖面图及出土器物
1. 铜串饰 M273：1

3. 人骨

人骨保存状况稍差，侧身屈肢葬，头向西，面向上。跗骨被移动，左趾骨散乱，采集头颅碎块及肢骨盆骨。该墓被扰乱。

4. 随葬品

铜串饰　1件。

标本M273：1，长2.5、宽1.9、高1.4、小孔直径0.4厘米（图一九八，1）。

八八　M274

1. 封堆

圆丘状砂石土堆（图一九九）。封堆底径5.50米。封堆顶距墓口高0.30米。

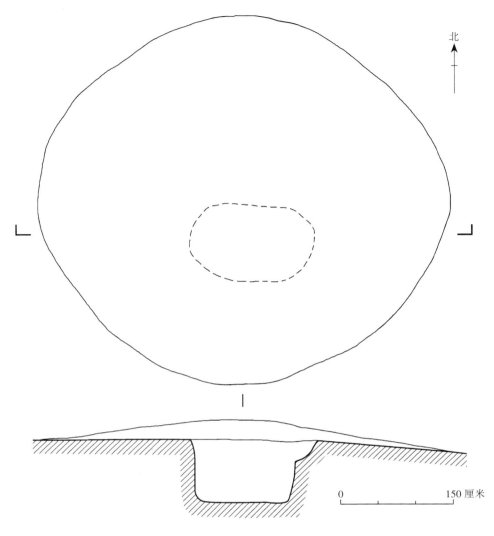

图一九九　M274 平、剖面图

2. 墓室

椭圆形竖穴土坑墓（图二〇〇）。墓口长 1.70、宽 1.00 米。墓底长 1.20、宽 0.70 米，距地面深 0.90，填土为砾石，砂土。方向 265°。墓口向下发现棚木一根。

3. 人骨

为二次合葬墓，上层骨架严重扭曲（彩版八三，1），头向西。下层骨架保存完好（彩版八三，2），头向西，侧身屈肢。

4. 随葬品

于墓底墓主头部北部发现陶壶。

陶壶　1 件。

标本 M274：1，夹砂红褐陶，手制。圆唇，敞口，束颈，鼓腹，小平底。高 10.7、口径 8.9 厘米（图二〇〇，1）。

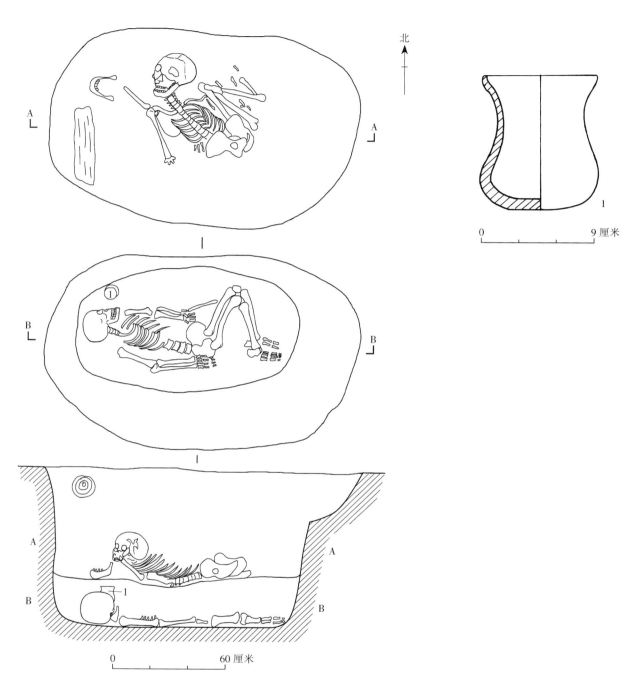

图二〇〇　M274 墓室平、剖面图及出土器物

1. 陶壶 M274∶1

八九　M276

1. 封堆

圆丘状砂石土堆（图二〇一）。封堆平面近于圆形，封堆矮小，底径为 6.20 米，墓口至封堆顶部高 0.40 米。

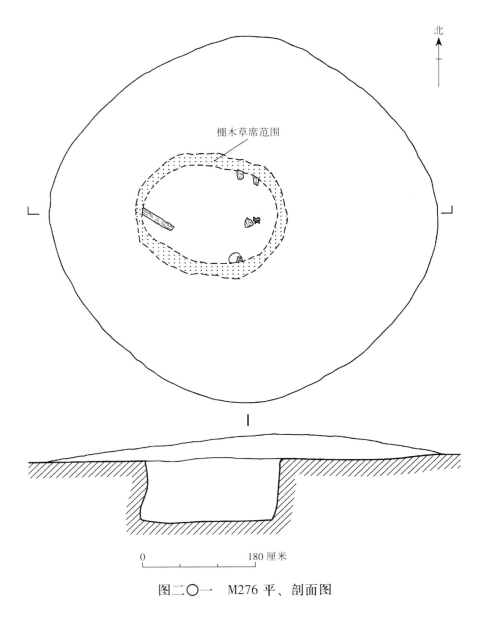

图二〇一　M276 平、剖面图

2. 墓室

椭圆形竖穴土坑墓（图二〇二），西部墓壁有小龛。墓口长 2.04、宽 1.56 米。墓底长 1.70、宽 1.10 米，墓底距墓口深 1.00 米。方向 278°。墓口见到少量棚木，有的棚木已塌陷。

3. 人骨

棚木上部有头颅碎块及少量肢骨。墓底 2 人，骨质酥松，头向西。北部人骨面朝南；南部人骨面朝北。均侧身屈肢葬，相向而卧。北部人骨性别女，南部男。在墓的西部放置羊骨一小堆。

4. 随葬品

单耳带流釜　1 件。

标本 M276∶1，高 23.5～29.5、口沿长径 24.0、短径 18.5 厘米（图二〇三，1；彩版

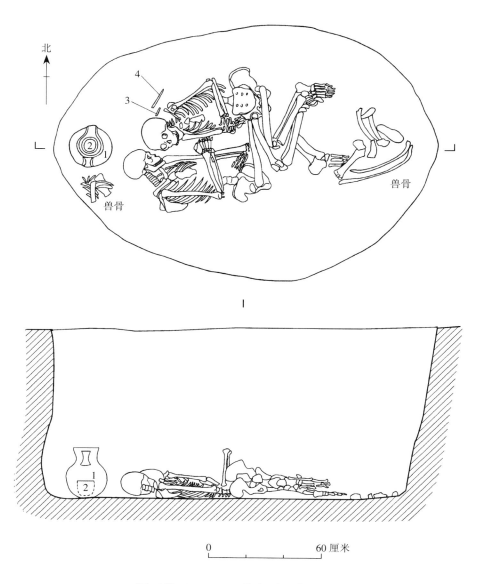

图二〇二   M276 墓室平、剖面图

八四，1）。

无耳圆口钵   1件。

标本 M276:2，夹砂红褐陶，外施淡黄色陶衣，手制。尖圆唇，直口，直腹，圜平底。高
5.5、口径9.8厘米（图二〇三，2；彩版八四，2）。

化妆棒   2件。

标本 M276:3，长5.4、最大直径0.9厘米（图二〇三，3；彩版八四，3）。

标本 M276:5，长6.1、最大直径1.8厘米（图二〇三，4；彩版八四，4）。

骨针   1件。

标本 M276:4，长13.0、宽1.0、厚0.4厘米（图二〇三，5；彩版八四，5）。

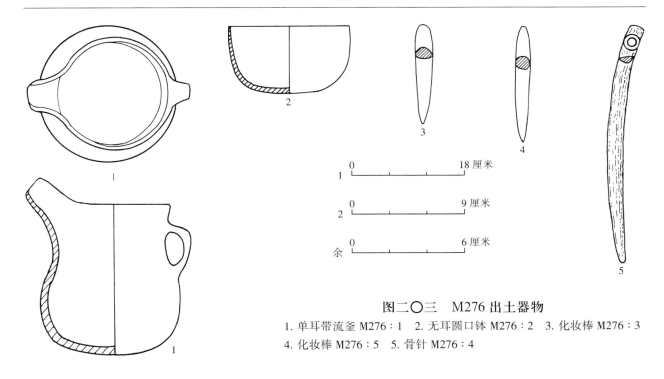

图二〇三 M276 出土器物

1. 单耳带流釜 M276：1 2. 无耳圆口钵 M276：2 3. 化妆棒 M276：3
4. 化妆棒 M276：5 5. 骨针 M276：4

九〇 M277

1. 封堆

圆丘状砂石土堆（图二〇四）。封堆平面近于圆形，封堆矮小。封堆底径 6.00 米。地面距封堆顶部高 0.30 米。

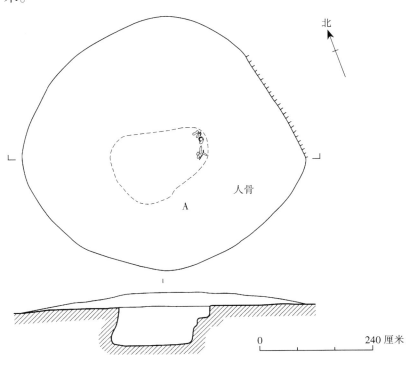

图二〇四 M277 平、剖面图

2. 墓室

瓢形竖穴土坑墓（图二〇五；彩版八五，1），西部墓壁往里延伸。墓口长2.25、宽1.58

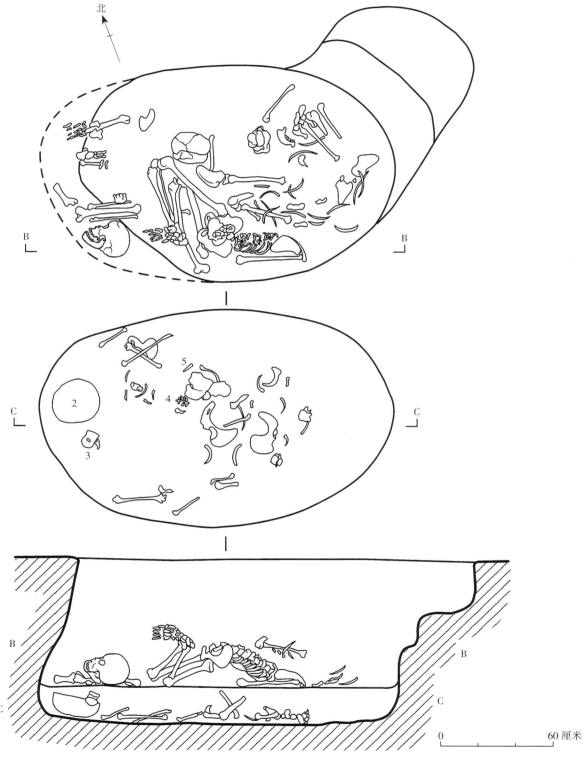

图二〇五　M277 墓室平、剖面图

米。墓底长 1.57、宽 1.27 米，墓口距地表深 0.83 米。方向 260°。

3. 人骨

墓室东部坑口下 0.30 米处见到少量脊骨、股骨等骨块。

上层 2 人，人骨杂乱无序，南部一具骨架，头颅、趾骨在西部，颈部、脊、肋骨朝东，2 根桡骨平放在西壁，盆骨及股骨头往上翘，整个身躯如同被支解似的。北部的一具骨架散乱墓坑四周，无法辨别方向（彩版八五，1）。

下层有散乱骨架，并有陶器（彩版八五，2）。

4. 随葬品

单耳浅腹钵 1 件。

标本 M277：2，泥质红褐陶，含少量砂。尖圆唇，侈口，鼓腹，圜底，单耳。高 11.0、口径 27.3 厘米（图二〇六，1；彩版八五，3）。

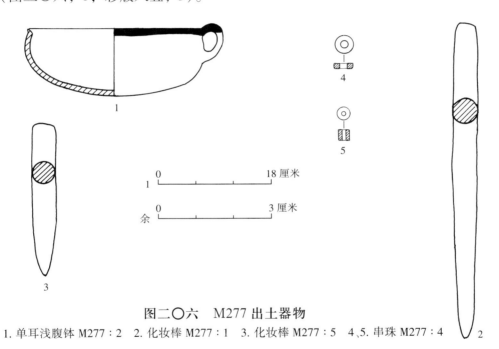

图二〇六 M277 出土器物

1. 单耳浅腹钵 M277：2 2. 化妆棒 M277：1 3. 化妆棒 M277：5 4、5. 串珠 M277：4

化妆棒 2 件。

标本 M277：1，细长棒形。长 8.5、最大直径 0.6 厘米（图二〇六，2；彩版八五，4）。

标本 M277：5，长 4.1、最大直径 0.7 厘米（图二〇六，3）。

串珠 1 件。

标本 M277：4，直径 0.5、厚 0.75 厘米（图二〇六，4、5）。

九一 M278

1. 封堆

椭圆形圆丘状砂石土堆（图二〇七）。封堆底部东西长 8.00、南北宽 5.40 米。地面至封顶高 0.50 米，在封堆中心两侧堆许多大石块，其余部位由砾石、砂土混合（彩版八六，1）。

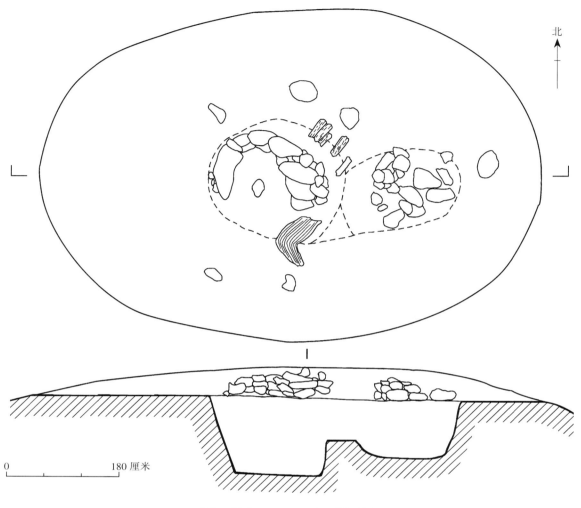

图二〇七　M278 平、剖面图

2. 墓室

该墓分前后两室，西部为前室，东部为后室（图二〇八）；墓室形状如同鞋垫形。前室墓口长 1.93、宽 1.92 米。墓底长 1.40、宽 1.44 米，墓底距地表 1.42 米。后室墓口长 2.10、宽 1.47 米。墓底长 2.00、宽 1.04 米，墓底距地表深 0.55～0.70（东高西低）。方向 270°。前室的东部棚木密集粗大，有的近于树根部位，有的棚木直径达 0.27 米，由于塌陷，有的棚木塌立于墓壁，有的已到墓底。

3. 人骨

前室 3 层，后室 2 层，计 5 人。在棚架上部存 2 具骨架，1 具在前室，另 1 具在后室，棚木下部前室仍有两层人骨。后室有 1 层人骨。

第一层：棚盖上部前室人数 1，人骨散乱，乱堆中可辨别有肱骨、肋骨、脊骨、盆骨等，近东部 2 根股骨相交。后室人数 1，仰身直肢，摆放清晰，但人架已朽蚀，头颅压碎，脊骨稍好，右肱骨及人骨腐朽。底部距地表深 0.30 米。

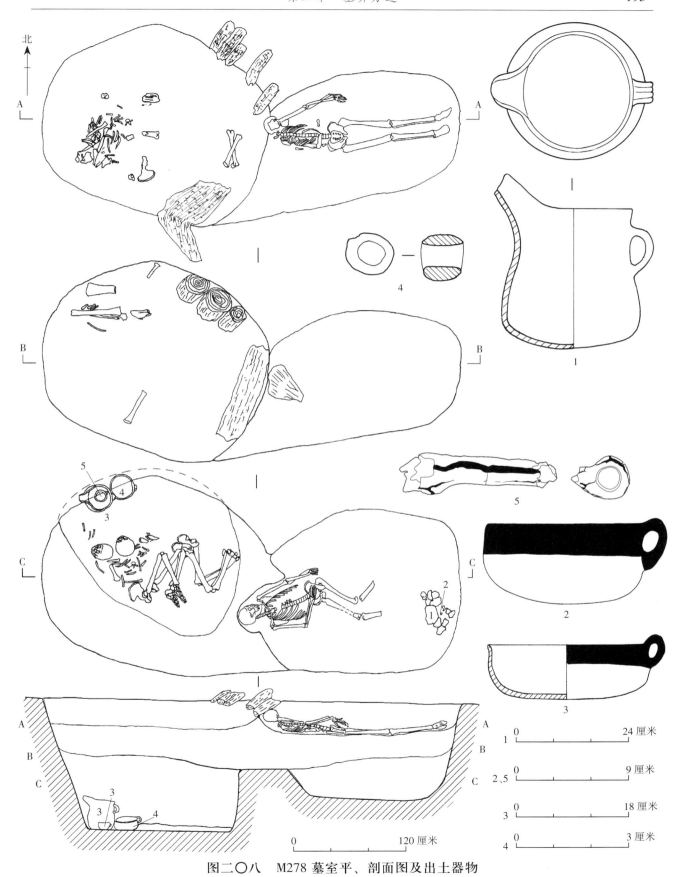

图二〇八　M278 墓室平、剖面图及出土器物

1. 单耳带流釜 M278：3　2. 单耳深腹钵 M278：5　3. 单耳浅腹体 M278：4　4. 铜环 M278：1　5. 铜马衔 M278：2

第二层：前室仅见散乱的肢骨、指骨少量，另有 1 根兽骨。以上的人骨可能从第一层经翻动后留下的。

第三层：前室人数 2 人，头均朝西，似侧身屈肢。下肢骨保存较好，未经扰动，屈肢明显，只是上肢骨、脊骨朽蚀，葬式不清。从少量肋骨观察，应是侧身。南部骨架为女性，面朝上，北部男性，面朝北。后室底部比前室墓底高，骨架紧挨棚盖下部。仰身屈肢，肱、腓骨残缺，头朝西，面朝北。

4. 随葬品

单耳带流釜　1 件。

标本 M278:3，夹砂红褐陶，外施淡黄色陶衣，手制。方唇，直口，鼓腹，圜底，高翘流，短窄。流下有 11 道刻槽纹，耳部也有 3 道。高 30.5～38.7、口沿长径 30.5、短径 25.2 厘米（图二〇七，1；彩版八六，2）。

单耳深腹钵　1 件。

标本 M278:5，泥质陶，淡黄色，含少量砂，手制。尖唇，侈口，鼓腹，圜底，单耳。口沿外饰褐色色带。高 6.5、口径 12.6 厘米（图二〇七，2；彩版八六，3）。

单耳浅腹钵　1 件。

标本 M278:4，夹砂红褐陶，手制。圆唇，侈口，平底，单耳。口沿外有宽 3.5 厘米深褐色色带，已磨灭不清。高 9.1、口径 24.7 厘米（图二〇七，3；彩版八六，4）。

铜环　1 件。

标本 M278:1，管状。长 1.0、直径 1.0 厘米（图二〇七，4）。

铜马衔　1 件。

标本 M278:2，残，可见环形衔首。残长 9.9 厘米（图二〇七，5；彩版八六，5）。

残铁器　1 件。

标本 M278:6，已断为若干段（彩版八六，6）。

九二　M279

1. 封堆

圆丘状砂石土堆（图二〇九）。封堆中部稍有凹陷，剖面为马鞍形。封堆底径 6.00 米。封堆距墓口高 0.26 米，封堆中墓口上有石堆。

2. 墓室

椭圆形竖穴土坑墓（彩版八七，1）。墓口长 3.20、宽 1.86 米。墓底长 3.00、宽 1.80 米，墓底东高西低，东距地面 1.00 米，西距地面 0.34 米，有头龛，进深 1.3 米。墓口有棚木和殉人。

3. 人骨

棚木上有人骨，摆放凌乱，人骨不全，墓底有人骨架 3 具，均侧身屈肢，头向西，相对而卧，a 号人骨上肢屈放于腹前。b 号人骨上肢屈放于腹前，左手放于 a 号人骨骨盆。c 号人骨无

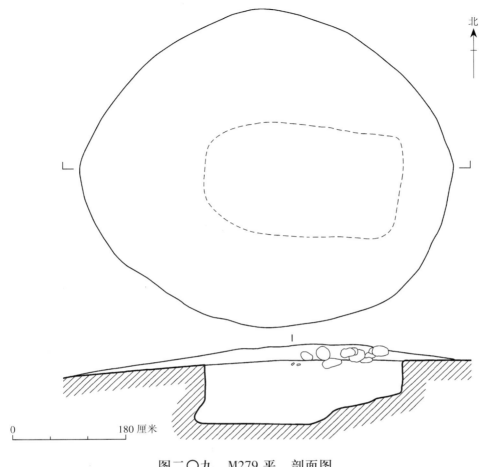

图二〇九 M279 平、剖面图

头，侧身屈肢，身体向南，叠压于 b 号人骨之上。保存不好（图二一〇；彩版八七，1）。

4. 随葬品

头龛出陶片若干，有灰陶片和红陶片若干。

九三 M280

1. 封堆

椭圆形圆丘状砂石土堆（图二一一）。封堆平面近似圆形，底径东西长 13.80、南北宽 12.10 米。堆顶距墓口高 0.50～0.60 米，东高西低，顶部有直径 5.00、深 0.30 米的凹陷。

2. 墓室

椭圆形竖穴土坑墓（图二一一）。墓室上长下短。在墓室东端有长方形短墓道，长 1.90、宽 1.60 米，到墓口深 1.10 米。墓口长 3.00、宽 1.90 米。墓底长 2.10、宽 1.90 米，距地面深 1.60 米。整个墓室东半部从口至底均为淤土，说明该墓早年被盗扰，在墓室填土中出一些人骨和兽骨（羊腿骨），在墓底西北角残留有一些人的上下肢骨。方向 270°。墓口南北两侧残留有封石，但无棚木。

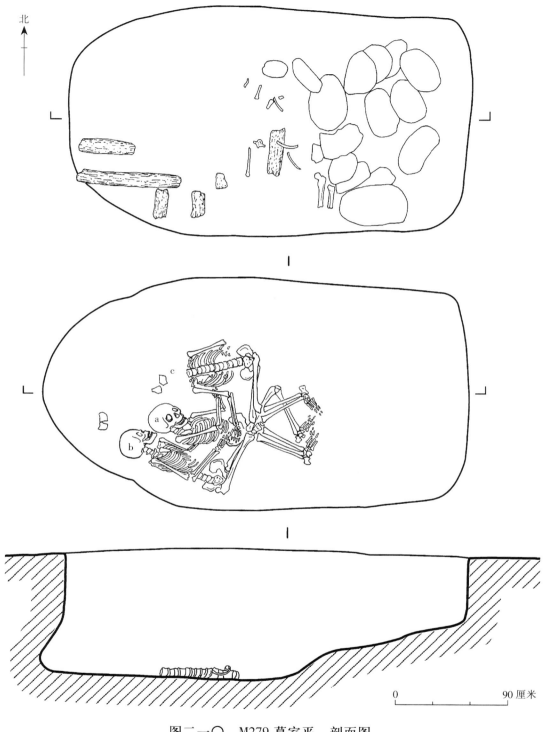

图二一〇　M279 墓室平、剖面图

3. 人骨

被扰乱，无法统计个体和性别、葬式。

4. 随葬品

仅有陶片、羊骨。

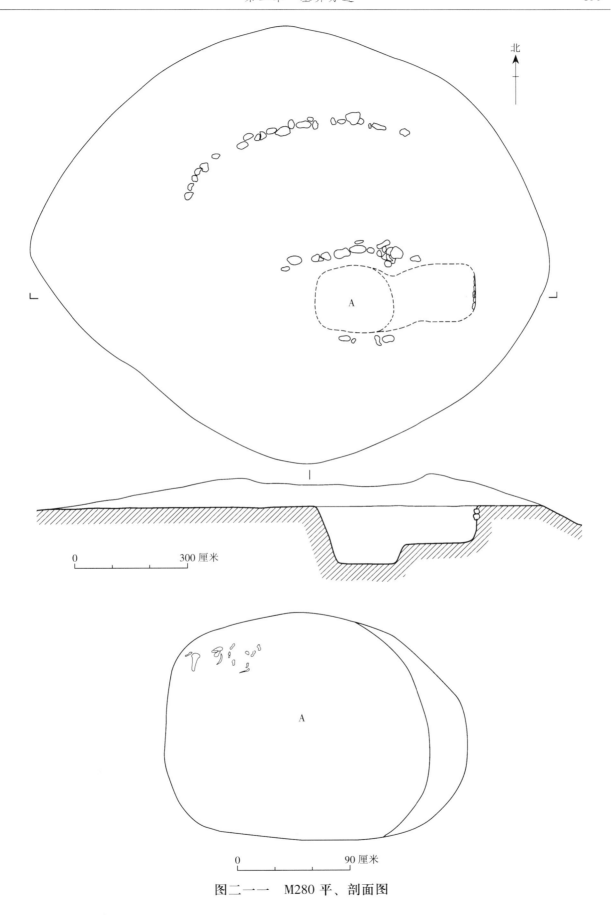

北

0 300 厘米

0 90 厘米

图二一一 M280 平、剖面图

九四　M281

1. 封锥

椭圆形丘状砂石土堆（图二一二）。底径东西长 7.85、南北宽 5.25 米。堆顶距墓口高 0.20～0.25 米。

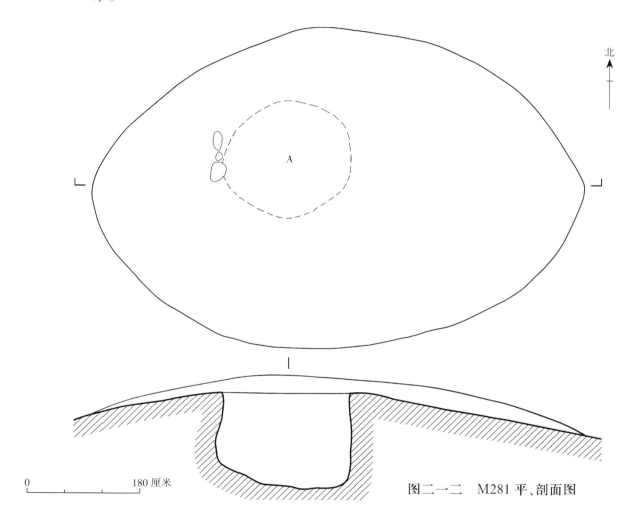

图二一二　M281 平、剖面图

2. 墓室

竖穴圆坑墓（图二一三）。袋状墓坑。直径 1.63、最深 1.28 米。方向 270°。

3. 人骨

墓底有 2 具人骨，头均朝西北，侧身屈肢，相向而卧。

4. 随葬品

单耳圆口釜　1 件。

标本 M281：2，夹砂红陶，外施淡黄色陶衣，手制。圆唇，侈口，束颈，鼓腹，中部微折。单耳，颈腹上部有深褐色彩。纹饰已经磨灭不清。高 17.2、口径 21.5 厘米（图二一三，1）。

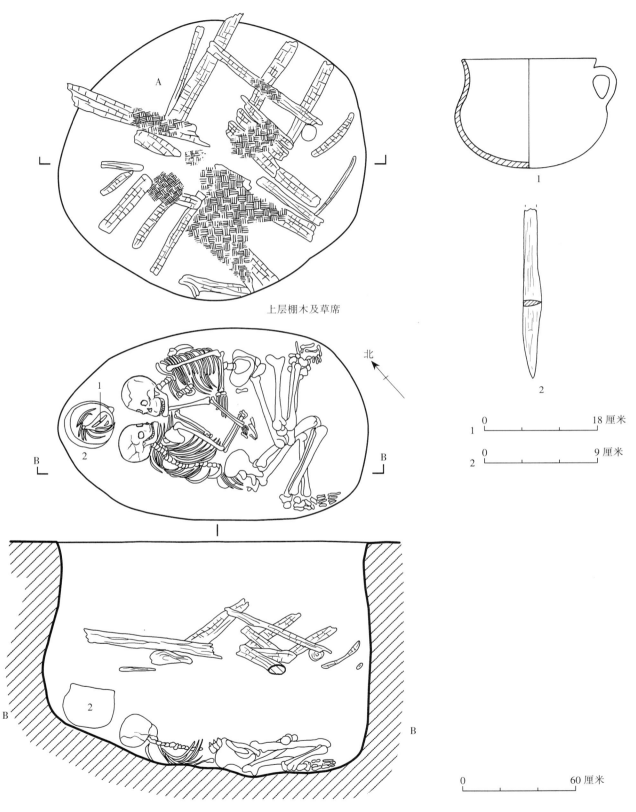

上层棚木及草席

北

0 ⊢——⊣ 18 厘米
1

0 ⊢——⊣ 9 厘米
2

0 ⊢——⊣ 60 厘米

图二一三 M281 墓室平、剖面图及出土器物
1. 单耳圆口釜 M281:2 2. 铜刀 M281:1

铜刀

1件。标本M281:1，残。长14.0、宽1.3厘米（图二一三，2）。

九五　M282

此墓已被严重盗扰，应当为封堆土坑墓。仅采集1件陶器。

单耳带流釜　1件。

标本M282:1，夹砂红褐陶，淡黄色陶衣，手制。方唇，束颈，鼓腹，圜底，单耳，沿上耳。口沿内外均饰褐色流带。口径16.2、高22.8厘米（图二一四）。

九六　M283

1. 封堆

圆丘状砂石土堆（图二一五）。封堆底径6.00米。封堆距地表高0.76米。

0 _____ 18厘米

图二一四　M282出土
单耳带流釜 M282:1

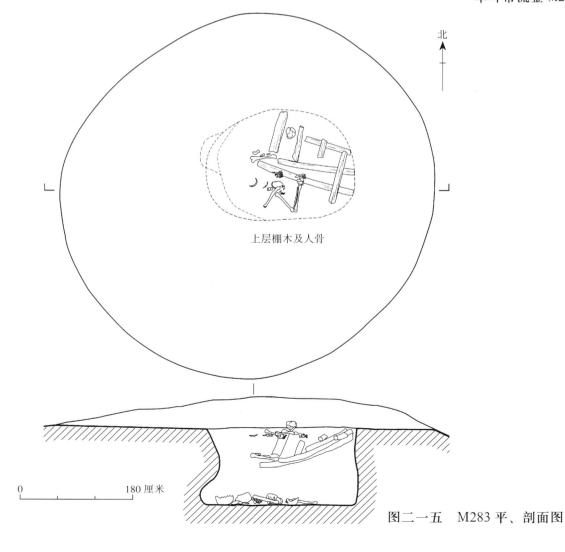

北 ↑

上层棚木及人骨

0 _____ 180厘米

图二一五　M283平、剖面图

2. 墓室

椭圆竖穴土坑墓（图二一六；彩版八七，2）。墓口长2.30、宽1.80米，底长2.10、深1.30米。西墓底西北角有头龛，进深0.26米，填土为砂土，方向260°。

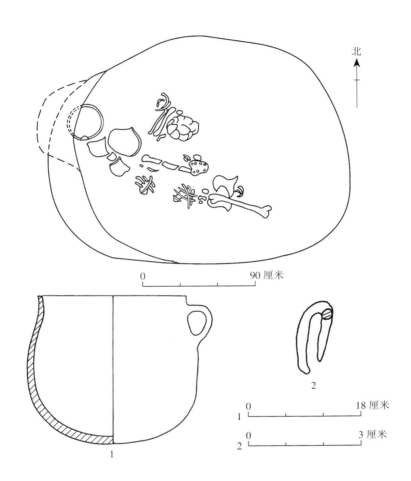

图二一六　M283墓室平、剖面图及出土器物
1. 单耳圆口釜M283：1　2. U形铜器M283：2

3. 人骨

墓口向下发现头骨1个，人的骨架，凌乱不全，再向下发现棚木，纵横相交。距墓口深1.20米处，为墓底人骨架，凌乱不全，西部发现陶片及陶器底部（彩版八七，2）。

4. 随葬品

单耳圆口釜　1件。

标本M283：1，夹砂红褐陶，外施淡黄色陶衣，手制，底粘一层粗砂。方唇，直口，鼓腹，圜底，单耳。高24.3、口径23.5厘米（图二一六，1）。

U形铜器　1件。

标本M283：2，长2.0、直径0.2厘米（图二一六，2）。

第二节　汉晋遗存

　　在墓地意外地发掘了一些和多岗墓地绝大多数墓葬不一样的遗迹，由于从地表看，除了一座石堆石围墓外，它们都有圆丘封堆，和其他墓一样，但发掘后，才知道是另一时代的遗迹。这些发现也非常重要，因此，专辟一节详细介绍。

一　M275

　　位于 II 号墓区东南，从地表看，此墓石围破坏了未发掘的两座圆丘封堆墓，这两座墓应和多岗墓地大多数墓一致。此墓地表为低矮封堆上的石围（图二一七），封堆底径 11.61 米，石围

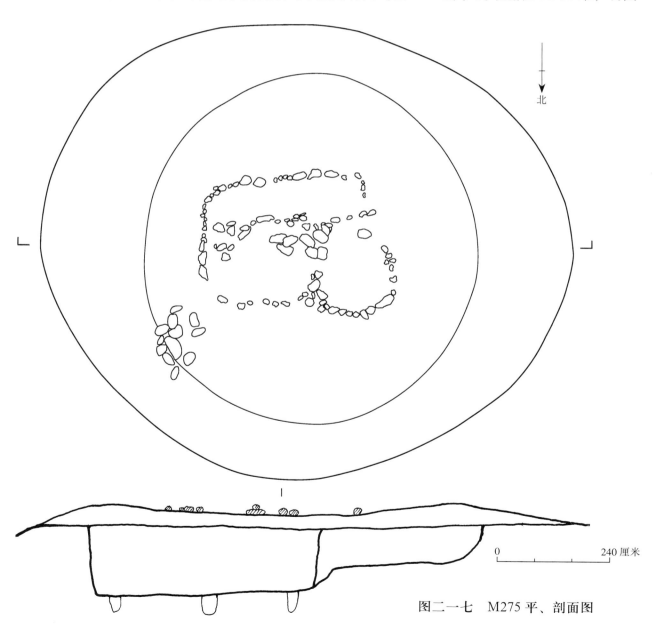

北

0　　　　　　　240 厘米

图二一七　M275 平、剖面图

整体上为长方形，长3.75、宽2.81米，又用石块分隔成三部分，北部为长方形，南部西侧为方形，东部为圆形，在大石围西南边，有一个小石围，中心稍向下凹陷。

1. 墓室

圆角方形竖穴土坑墓（图二一八；彩版八八，1、2），墓室方向267°。墓口南北长4.90、东西宽4.80米，四边略带弧形，西南边有墓道，长方形，长3.20、墓道西壁宽2.50、墓道口宽2.20米。墓壁稍向下斜，约下斜0.45米，墓室底部距墓口深东边1.57、西部1.52米，墓道呈斜阶梯状，靠墓室的一级距地面1.30、约0.80米宽，之后为1.25、1.04、0.98米上斜。墓道中部上层有砺石垒砌的石墙，墓室底部有柱洞七个，正中一个最大，深0.50、直径0.30米，十分规整（彩版八九，1）。其余柱洞由西南角开始按逆时针方向编号，A号柱洞直径0.22、深0.30米，B号直径0.28、深0.33米，C号为长椭圆形，长径0.50、短径0.38、深0.58米，D号直径0.20、深0.32米，E号直径0.21、深0.55米，F号直径0.20、深0.47米。柱洞内为朽木灰，中间大柱洞内还有人肋骨1根。

墓葬已被扰，但从填土看不出被扰的痕迹，石围下为直径5.00米的纯净青灰土，土质细腻纯净，这层土中间厚0.3米，边缘薄，呈锅底形，此层土去掉后，为绿洲上的灰土，土质纯净，基本无砂石，在墓室四角为五花黏土形成的土团，西部的五花土呈宽约0.30米的沟状延伸到一个小石围中。填土中层有两堆砺石，一堆在墓室东北（彩版八九，2），一堆在墓室东南（彩版八九，3）。

2. 人骨

散乱，可能有5人，基本分两层，深1.00米时为第一层，骨架集中于西北角，东北角，东壁，东南角。第二层在墓底，主要集中在中部偏南的地方，另外，墓道中有牛骨和羊骨。

3. 随葬品

发现有陶片，全为泥质灰陶，有残口沿，无法修复，发现于墓室和墓道填土中，有玛瑙圆珠1颗，铁器残件，八面玛瑙珠1个，铜饰1个，铁饰1件，长玛瑙珠2个，玛瑙珠1个，带红色物土块，铁片2片，铁锥1个。

此墓根据墓底所出铜印，另外有几小块漆皮，黑地红彩，为流云纹，因此，墓葬年代为汉代。

陶片　1件。

标本M275：1，泥质灰陶，耳部有三角形突起。残高9.0厘米（图二一八，1）。

金箔包铜饰　1件。

标本M275：14，直径1.1～1.5厘米（图二一八，3；彩版九〇，5）。

铜印　1件。

标本M275：2，铜铸，方形，瓦钮，钮靠一边。印文为汉篆字体，白文，四字二竖行排列，右上起顺读"田□私印"。长1.6、宽1.4、通高1.15厘米，印台高0.6厘米（图二一八，2；彩版九〇，7）。

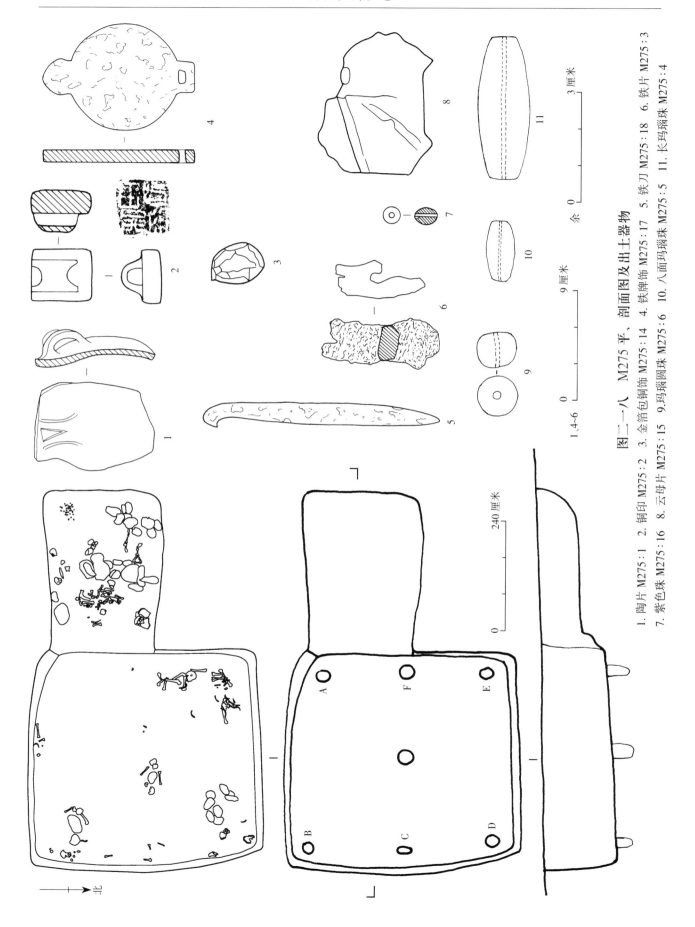

图二一八　M275 平、剖面图及出土器物

1. 陶片 M275：1　2. 铜印 M275：2　3. 金箔包铜饰 M275：14　4. 铁牌饰 M275：17　5. 铁刀 M275：18　6. 铁片 M275：3
7. 紫色珠 M275：16　8. 云母片 M275：15　9.玛瑙圆珠 M275：6　10. 八面玛瑙珠 M275：5　11. 长玛瑙珠 M275：4

铁片　1件。

标本 M275:3，残长 6.0 厘米（图二一八，6）。

铁牌饰　1件。

标本 M275:17，长径 13.0、直径 8.8 厘米（图二一八，4；彩版九〇，6）。

铁刀　1件。

标本 M275:18，长 19.6、宽 3.0 厘米（图二一八，5）。

铁锥　1件。

标本 M275:7，铁，锥形。长 3.6 厘米。

肉红石髓珠　3件。

标本 M275:4，玛瑙，红色，中间粗，两端略细。长 3.9、直径 0.8～1.5 厘米（图二一八，11，彩版九〇，3）。

标本 M275:5，玛瑙，红色。长 1.6 厘米（图二一八，10，彩版九〇，2）。

标本 M275:6，玛瑙，红色，扁圆珠。直径 1.05 厘米（图二一八，9，彩版九〇，1）。

紫色珠　1件。

标本 M275:16，紫色，有猫眼效果。长 0.6 厘米（图二一八，7；彩版九〇，4）。

云母片　5件。

标本 M275:15，云母（图二一八，8；彩版九〇，9）。

带红色颜料土块　2件。

标本 M275:8，一件长 4.5 厘米，另一件长 2 厘米（彩版九〇，8）。

二　M301

1. 封堆

平面为圆形，黑色砾石堆成（图二一九），底径 3.45、高 0.40 米，堆顶至墓口高 0.40 米。

2. 墓室

墓口用砾石在地面上砌出（图二一九）。墓口南北长 1.10、东西宽 1.00 米，高出地面 0.30 米。墓坑深 0.85 米。无人骨和随葬品。

三　M302

仅有封堆，近椭圆形。底长径 3.20、短径 2.80 米。封堆高 0.50 米。表面用大小不等的石块覆盖（图二二〇）。

四　M303

仅有封堆，近椭圆形。底长径 3.60、短径 3.20 米。封堆高 0.50 米。表面用大小不等的石块覆盖（图二二一）。

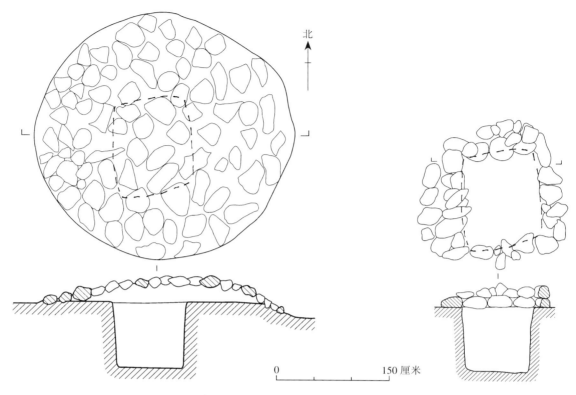

图二一九　M301 平、剖面图

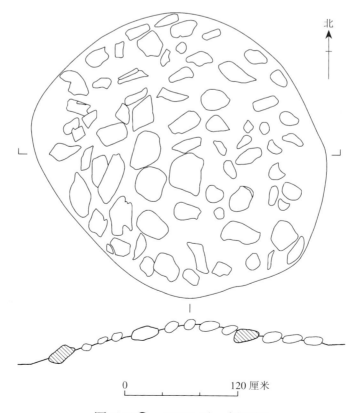

图二二〇　M302 平、剖面图

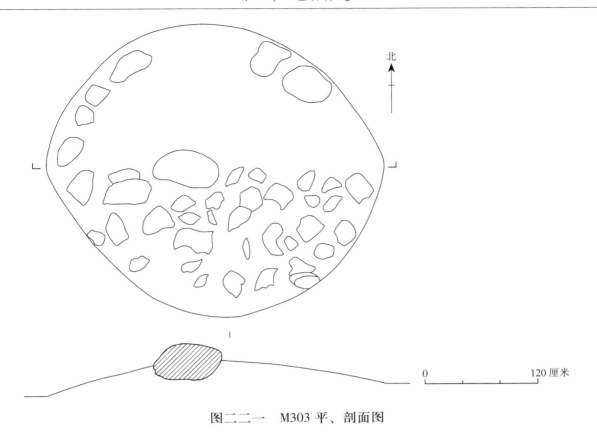

图二二一　M303 平、剖面图

五　M304

位于多岗墓地最东端，陡崖下为卡拉苏石窟，应当为佛塔基座。外表为圆丘土堆，露出砾石若干，揭露后，为内外两圈正方形石围，用大石堆砌，堆码 2～3 层，石围高度 0.30～0.45米，外圈不完整，东西边长 3.50、南北边长 4.50 米；内圈基本完整，东西边长 2.00、南北 2.10米（图二二二）。

六　M305

1. 封堆

位于多岗墓地最东端，位于 M304 的南部，陡崖下为卡拉苏石窟，应当为佛塔基座。外表为圆丘封堆，封堆下由内外石圈构成，均为四方形，用大石块堆砌而成（图二二三），不完整，外圈东西 5.90、南北 6.00 米，内圈直径 3.40 米，在内外圈之间的东部浅槽里，距地表 0.25～0.35 米，有一红褐陶盛骨瓮，卷沿小口鼓腹罐，内盛碎骨，经火烧灼。回廊周围土质，黄褐土渗杂小砾石，土质甚硬，

2. 随葬品

骨灰罐　1 件。

标本 M305:1，泥质红褐陶，夹少量砂。厚圆唇，侈口，束颈，圆肩，球腹，小平底，素面。高 19.2、口径 9.5 厘米（图二二三）。

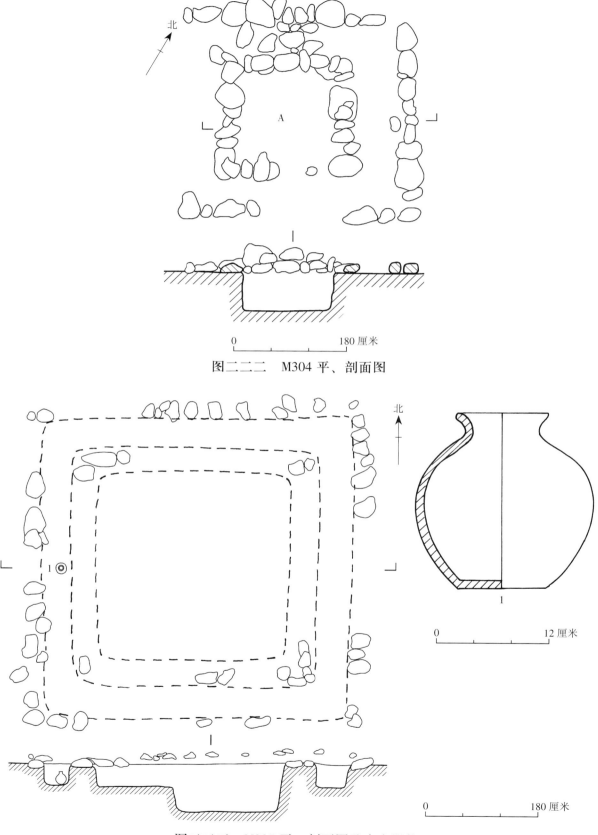

图二二二　M304 平、剖面图

图二二三　M305 平、剖面图及出土器物

1. 骨灰罐 M305:1

第三章　遗物

　　发掘墓葬中除很少的墓或者是被盗的墓外，基本上都有随葬器物。主要陶器一般置于墓室西端，就是骨架头部附近，但也有放于其他部位的，如脚部等，其他小件器物则一般放于墓主骨架之中，一般就在原来的位置，如发簪在头部，项珠在颈部，纺轮在手部等。骨架放置散乱的墓，随葬品一般摆放随意，分层埋葬的墓，主要的随葬品，如陶器，一般置于上层。在 I 区一些大墓封堆内的积石中还发现一些青铜马具。在少数墓的棚木之上和墓口边有少量有意打碎的陶器，只有几片，不能复原，这样的情况在墓室填土和墓底中也有发现，这应当是一种葬俗。随葬器物主要有陶、铜、铁、金、石、木、骨器等，陶器有炊煮器、盛食器和饮器等，铜器有日常生活用具、装饰品、马具、兵器和宗教用品等，铁器主要是生活用具，金器主要是装饰物，石器主要是日常生活用品和装饰物，木器保存下来的仅有纺轮，骨器主要是日常生活用品。

一　陶器

　　随葬品中陶器所占比例最大。全为实用器。在各种釜的器底和器表往往有烟炱，很多钵与耳相对的一边，有火灼的痕迹，很多陶器的陶衣和纹饰因长期使用而被磨失。陶器中有较多残破者，在这些器物的裂缝两侧和碎片的四周，往往分布有用于修复加固的成对的铜眼。

　　大多数陶器是夹砂红陶或红褐陶，火候不高，陶质不紧密，但也有烧制较好的；还有一部分夹砂灰陶，火候较高，质地坚硬。小型陶器夹细砂，大型陶器，如炊煮器皿，均夹粗砂，而且底部受热部分为夹多一些和颗粒大一些的粗砂。均为手制，基本为圜底器，一部分器形不太规整，多为素面，大部分带流釜和圆口釜的底部在制陶过程中粘敷一层和泥浆混合的粗大颗粒的石英砂。最具特征的是在少数器物颈肩部贴饰不封闭的 "⌒" 形凸棱胡须纹。大部分陶器表面施淡黄色或黄褐色陶衣，有一定数量的彩陶，深褐色彩，多数纹饰都绘于器物的口沿内外和颈腹部。主要的纹饰是多圈连续三角纹，此外，还有连续波折纹、实心和空心垂幛纹、菱形棋盘纹、"S" 形纹、竖条纹等。器形主要有带流釜、圆口釜、单耳罐、双耳罐、钵、壶等。

1. 带流釜

　　均为圜底。可修复的共 30 件。按耳朵的位置分为 A、B 两型，A 型釜的流和耳朵在一条直线上。B 型釜的流和耳朵相垂直。

　　A 型　根据带流釜所出墓的位置和器形。可分为七式。

　　A型Ⅰ式　4件。口外侈，流细长，上翘，窄吻，束颈明显，球腹，整体外型瘦劲。标本M201：1、M203：3、M216：1、M102：1。

　　标本M201：1，上腹和颈部有深褐色彩饰，已磨失不清，底部粘有一层薄粗砂。高25.5～31.5、长径23.0、短径18.1厘米。

　　标本M203：3，素面，底部敷一层粗砂。高29.9～35.7、长径25.0、短径20.0厘米。

　　标本M216：1，口沿内有2.0厘米宽深褐色彩，口沿外有5.5厘米彩饰，腹部也有一圈褐彩，中间用竖条纹相连，耳朵两边沿捏起，形成两道槽。底部敷一层粗砂。高34.7～28.5、长径23.2、短径18.0厘米（图二二四，1）。

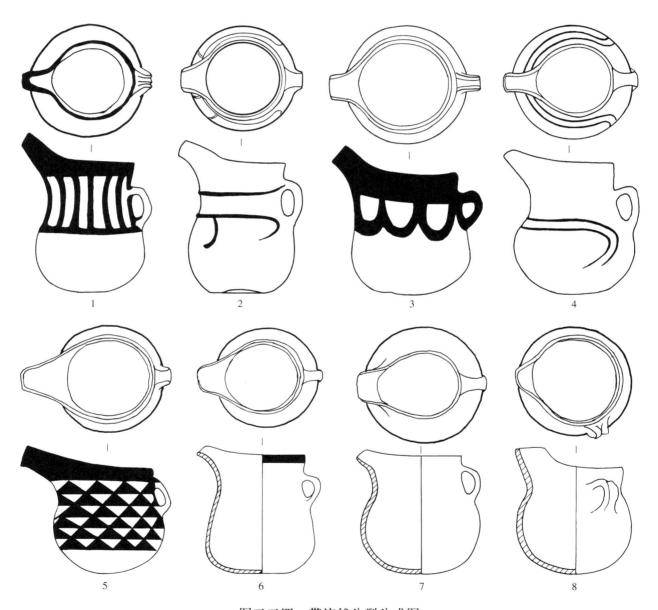

图二二四　带流釜分型分式图

1. A型Ⅰ式M216：1　2. A型Ⅱ式M260：1　3. A型Ⅲ式M257：1　4. A型Ⅳ式M114：1　5. A型Ⅴ式M251：2　6. A型Ⅵ式M213：1　7. A型Ⅶ式M270：2　8. B型M213：5

A 型 II 式　3 件。口微侈，流稍短，上翘，窄吻，束颈明显，鼓腹，底微平。标本 M260：1、M254：2、M108：1。

标本 M254：4，泥质灰陶，夹少量砂，素面。高 25.9～29.5、长径 25.0、短径 25.0 厘米。

标本 M260：1，底微凹，外施淡黄色陶衣，颈部有一周凸棱纹，颈腹部有半封闭"⌒"形凸棱胡须纹。高 23.0～26.5、长径 18.0、短径 14.0 厘米（图二二四，2）。

标本 M108：1，口沿内外饰宽褐色彩带，彩带下饰竖重环纹，颈腹随意饰半封闭双括号纹，颈腹交接处贴一条凸棱纹。高 28.7～31.1、长径 22.4、短径 16.5 厘米。

A 型 III 式　11 件。口微侈，流上翘，角度很大，流吻宽窄适中，流下微凸，流腹相接，无颈，腹微鼓，有的几乎成直壁，最大径靠下，有圜底和圜平底两种。标本 M205：1、M206：3、M208：1、M234：1、M246：1、M247：1、M250：7、M250：1、M255：1、M257：1、M262：1。

标本 M247：1，素面。高 24.9～31.0、长径 23.5、短径 19.0 厘米。

标本 M257：1，口沿外有一周深褐色彩。高 23.6～30.0、长径 24.6、短径 19.2 厘米（图二二四，3）。

标本 M206：3，外施淡黄色陶衣，口外侈，颈腹部有"⌒"形凸棱胡须纹。高 20.5～23.0、长径 21.6、短径 15.3 厘米。

标本 M250：7，泥质灰陶，素面。高 16.0～18.0、长径 13.2、短径 10.8 厘米。

标本 M250：1，口沿外饰深褐色垂三角纹，腹饰连续大折纹。高 46.0～40.0、长径 36.9、短径 29.5 厘米。

A 型 IV 式　4 件。口微侈或接近直口，长流上翘前突，窄吻，流到腹转折明显，束颈，领颈明显，球腹，稍扁，重心靠下，整个外型敦实。标本 M263：1、M255：4、M114：1、M108：5。

标本 M263：1，夹砂红陶，素面。高 30.3～37.0、长径 25.5、短径 18.5 厘米。

标本 M108：5，外施淡黄色陶衣，颈腹交接处有"⌒"形凸棱胡须纹。高 24.5～28.0、长径 23.5、短径 17.0 厘米。

标本 M114：1，泥质，底部夹少量砂，外施深褐色陶衣，肩部有两条平行的"⌒"形凸棱胡须纹。高 24.0～26.5、长径 20.0、短径 13.0 厘米（图二二四，4）。

标本 M255：4，口沿内外有深褐色彩饰，器表也有，但已磨蚀不清。高 22.5～19、长径 22.5、短径 15.7 厘米。

A 型 V 式　2 件。口微侈或近直口，长宽流，宽吻，上翘，比上一式稍平，流到腹转折明显，束颈，鼓腹，腹最大径稍靠下，重心靠下。标本 M206：4、M251：2。

标本 M206：4，夹砂褐陶。高 28.5～24.5、长径 25.5、短径 19.5 厘米。

标本 M251：2，口沿内外有深褐色彩，颈腹部有六圈连续三角纹。高 24.4～29.0、长径 38.4、短径 24.0 厘米（图二二四，5）。

A 型 VI 式　2 件。直口，短流，宽吻，微翘，流腹相接平缓，微束颈，垂腹，底微平。标本 M213：1、M278：3。

标本 M213：1，口沿外有宽 1.5 厘米的深褐彩。高 23.0～25.0、长径 20.5、短径 15.0 厘米

（图二二四，6）。

A 型 Ⅶ 式　2 件。直口，流平，宽短，直领，轻微束颈，轻微鼓腹，垂腹，重心靠下，底有些平。标本 M270：2、M271：3。

标本 M270：2，红陶。高 32.7、长径 28.0、短径 18.2 厘米（图二二四，7）。

标本 M271：3，高 22.0～27.0、长径 23.3、短径 17.5 厘米。

B 型　1 件。标本 M213：5，夹砂灰黑陶，朝天流，宽平短，直口，直领，束颈，鼓腹。高 15.0～17.9、长径 15.0、短径 12.5 厘米（图二二四，8）。

2. 圆口釜

均为圜底。可修复的共 30 件。按耳的形态分三型，A 型釜为单耳釜，B 型釜为双耳釜，C 型釜为鋬耳釜。

A 型　单耳釜。根据器形和所出墓的位置。可分五式。

A 型 Ⅰ 式　8 件。口微侈，短束颈，鼓腹。标本 M202：1、M210：1、M229：4、M108：10、M244：4、M247：2（图二二五，1）、M258：1、M267：1。

标本 M202：1，口沿外和颈腹部有深褐色彩，磨灭不清，底部粘一层粗砂。高 29.0、口径 30.4 厘米。

标本 M258：1，口沿内外饰深褐色彩带，腹部饰四周连续细长三角纹，底部粘一层粗砂。高 19.7、口径 20.5 厘米。

标本 M108：10，口沿内外饰宽深褐色彩，颈腹部饰四周连续三角纹，耳部饰一竖条纹，和三条斜线纹交叉。高 29.1、口径 31.0 厘米。

标本 M267：1，口沿外饰深褐色彩带，颈腹部饰菱格棋盘纹。高 18.0、口径 19.9 厘米。

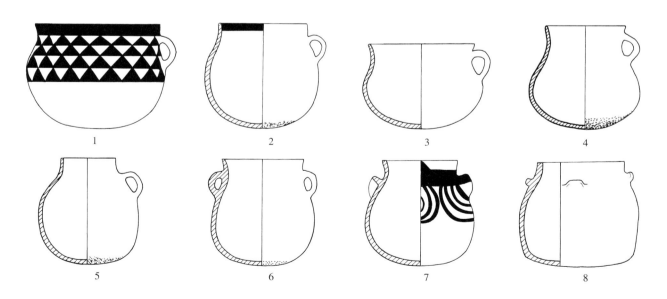

图二二五　圆口釜分型分式图

1. A 型 Ⅰ 式 M247：2　2. A 型 Ⅱ 式 M211：1　3. A 型 Ⅲ 式 M281：2　4. A 型 Ⅳ 式 M242：6　5. A 型 Ⅴ 式 M259：3　6. B 型 M241：2　7. C 型 Ⅰ 式 M242：1　8. C 型 Ⅱ 式 M109：1

A 型 II 式　5 件。直口，直领，鼓腹，外形瘦高。标本 M211：1、M220：3、M224：2、M235：3、M283：1。

标本 M211：1，口沿内有褐彩带，底部有一层粗砂。高 32.2、口径 26.5 厘米（图二二五，2）。

标本 M220：3，口沿内外有一周宽深褐色彩，上腹部有一周连续波环纹。高 16.8、口径 21.8 厘米。

标本 M235：3，口沿外，与耳直对的地方有附加堆纹，已残。高 19.0、口径 14.8 厘米。

A 型 III 式　3 件。口外侈，高领，束颈，鼓腹且最鼓处转折明显。标本 M243：1、M281：2。

标本 M243：1，素面。高 18.0、口径 22.2 厘米。

标本 M281：2，颈腹上部有深褐色彩。高 17.2、口径 21.5 厘米（图二二五，3）。

A 型 IV 式　1 件。侈口，高领，束颈，大鼓腹。标本 M242：6。

标本 M242：6，底部有一层粗砂。高 27.1、口径 20.1 厘米（图二二五，4）。

A 型 V 式　1 件。直口，小直领，小口，鼓腹。标本 M259：3。

标本 M259：3，底部有一层粗砂。高 23.7、口径 11.7 厘米（图二二五，5）。

B 型　双耳釜。1 件。标本 M241：2。

标本 M241：2，泥质灰陶，素面，方唇，微侈口，微束颈，鼓腹。高 23.0、口径 17.0 厘米（图二二五，6）。

C 型　錾耳釜。共 3 件。分二式。

C 型 I 式　2 件。肩颈处有两个半月型錾耳，高直领，鼓腹。

标本 M242：1，口沿内有宽 2.0 厘米的深褐彩，外有宽 6.6 厘米的彩，腹饰重环纹。高 26.7、口径 19.0 厘米（图二二五，7）。

标本 M101：1，素面。高 37.8、口径 22.6 厘米。

C 型 II 式　1 件。肩颈处有 5 个半月形錾耳，直口，底近平，垂腹。

标本 M109：1，制造粗糙。高 27.1、口径 21.6 厘米（图二二五，8）。

3. 单耳浅腹钵

共 16 件。尖圆唇，单耳，浅腹，圜底。分二式。

I 式　15 件。沿上耳。标本 M202：4、M204：1、M224：3、M270：4、M278：4、M213：4、M213：7、M210：2、M254：1、M270：1、M105：1、M227：4、M223：2、M277：2。

标本 M202：4，口沿内外有一周深褐色彩。高 9.2、口径 30.9 厘米。

标本 M204：1，素面。高 11.6、口径 34.0 厘米（图二二六，1）。

标本 M105：1，素面。高 11.5、口径 30.1 厘米。

标本 M224：3，高 11、口径 23.5 厘米。

标本 M270：4，口沿内外饰宽 1 厘米深褐色彩，钵内部饰"S"纹。

II 式　1 件。沿下耳。标本 M221：1。

标本 M221：1，素面。高 11.8、口径 25.3 厘米（图二二六，2）。

图二二六　单耳浅腹钵分型分式图
1. I 式 M204：1　2. II 式 M221：1

4. 单耳深腹钵

共 27 件。尖圆唇，微鼓腹，圜底，单耳。分二式。

I 式　21 件。沿上耳。标本 M201：2、M203：5、M101：5、M208：2、M210：3、M211：5、M213：2、M224：7、M226：3、M227：3、M244：5、M244：7、M242：7、M247：3、M251：7、M252：4、M258：2、M270：3、M262：2、M263：2、M254：3、M257：2、M260：2、M260：3、M250：2、M231：1。

标本 M201：2，高 7.4、口径 10.4 厘米。

标本 M203：5，高 8.2、口径 11.0 厘米（图二二七，1）。

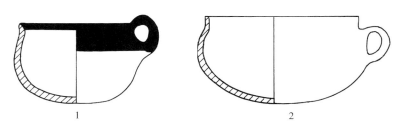

图二二七　单耳深腹钵分型分式图
1. I 式 M203：5　2. II 式 M221：2

标本 M247：3，腹部有双垂波纹。高 7.8、口径 11.8 厘米。

标本 M227：3，高 7.2、口径 13.3 厘米。

II 式　6 件。沿下耳。标本 M206：1、M235：1、M259：2、M221：2、M242：2、M246：2。

标本 M206：2，敛口。高 10.4、口径 15.2 厘米。

标本 M221：2，小直口。高 15.5、口径 26.6 厘米（图二二七，2）。

标本 M246：2，直口，直腹。

5. 无耳钵

共 14 件。分三型。

A 型　小侈口，微束颈，微鼓腹，圜底。分二式。

A 型 I 式　5 件。体型小，轻微束颈。标本 M207：3、M206：1、M226：4、M239：3。

标本 M206：1，高 9.2、口径 11.2 厘米（图二二八，1）。

A 型 II 式　1 件。侈口，束颈。标本 M222：1。

标本 M222：1，高 16.6、口径 16.1 厘米（图二二八，2）。

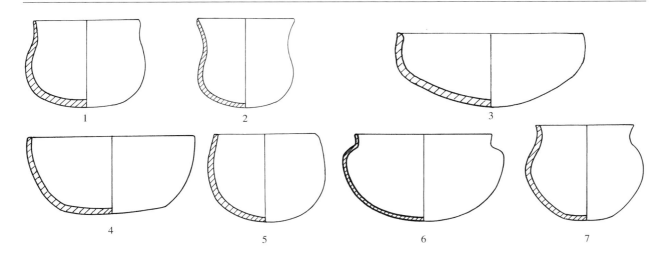

图二二八　无耳钵分型分式图
1. A 型 I 式 M206：1　2. A 型 II 式 M222：1　3. B 型 I 式 M101：4　4. B 型 II 式 M109：8　5. B 型 III 式 M229：3　6. C 型 I 式 M108：3　7. C 型 II 式 M270：5

B 型　直口或敛口，微鼓腹，圜底。分三式。

B 型 I 式　3 件。浅腹。标本 M101：4、M109：17、M235：2。

标本 M101：4，泥质灰黑陶。高 9.6、口径 26.0 厘米（图二二八，3）。

B 型 II 式　3 件。敛口，腹稍深，底微平。标本 M109：8、M253：3、M276：2。

标本 M109：8，高 12.6、口径 26.4 厘米（图二二八，4）。

B 型 III 式　1 件。敛口，深腹。标本 M229：3。

标本 M229：3，高 10.6、口径 12.0 厘米（图二二八，5）。

C 型　口小，斜肩，圜底。分二式。

C 型 I 式　2 件。小直口，小斜肩。标本 M108：3、M251：3。

标本 M108：3，泥质灰陶。高 9.2、口径 14.2 厘米（图二二八，6）。

C 型 II 式　1 件。小侈口，大斜肩，鼓腹。标本 M270：5。

标本 M270：5，高 10.5、口径 11.0 厘米（图二二八，7）。

6. 方钵

3 件。分二式。

I 式　1 件。单耳，方口，圜底。标本 M101：2。

标本 M101：2，夹砂褐陶，外施黑色陶衣。高 11.5、口长 25.0、口宽 19.5 厘米（图二二九，1）。

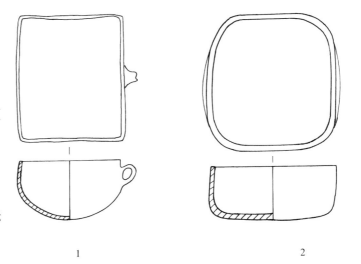

图二二九　方钵分型分式图
1. I 式 M101：2　2. II 式 M252：5

Ⅱ式　2件。无耳。标本 M252:5。

标本 M252:5，高 9.5、口宽 21.8、口长 25.2 厘米（图二二九，2）。

7. 小无耳杯

2件。分二式。

Ⅰ式　1件。束颈。标本 M231:2。

标本 M231:2，高 5.8、口径 9.6 厘米（图二三〇，1）。

Ⅱ式　1件。形体瘦高。标本 M241:3。

标本 M241:3，高 7.0、口径 6.5 厘米（图二三〇，2）。

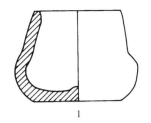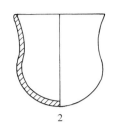

图二三〇　小无耳杯分型分式图
1. Ⅰ式 M231:2　2. Ⅱ式 M241:3

8. 单耳小罐

共 3 件。侈口，束颈，单耳，鼓腹，小平底。分二式。

Ⅰ式　2件。稍矮胖。标本 M229:1、M261:3。

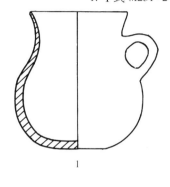

图二三一　单耳小罐分型分式图
1. Ⅰ式 M229:1　2. Ⅱ式 M242:3

标本 M229:1，泥质灰陶。高 14.0、口径 9.9 厘米（图二三一，1）。

Ⅱ式　1件。稍瘦高。标本 M242:3。

标本 M242:3，口沿内外饰深褐色彩。高 18.7、口径 12.5 厘米（图二三一，2）。

9. 陶壶

共 7 件。侈口，高领，鼓腹，小平底。分四式。

Ⅰ式　2件。轻微侈口，折肩。标本 M108:2、M213:2。

标本 M108:2，泥质红褐陶，有灰黑色陶皮。高 13.6、口径 8.0 厘米（图二三二，1）。

Ⅱ式　2件。大侈口，短领，束颈。标本 M226:2、M265:2。

标本 M226:2，高 15.0、口径 11.5 厘米（图二三二，2）。

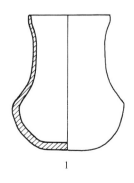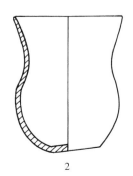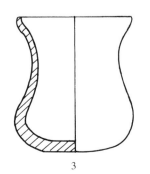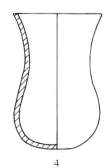

图二三二　陶壶分型分式图
1. Ⅰ式 M108:2　2. Ⅱ式 M226:2　3. Ⅲ式 M274:1　4. Ⅳ式 M228:2

标本 M265：2，高 13.4、口径 10.5 厘米。

III 式　2 件。侈口，束颈，垂腹。标本 M109：12、M274：1。

标本 M109：12，高 11.2、口径 8.1 厘米。

标本 M274：1，高 10.7、口径 8.9 厘米（图二三二，3）。

IV 式　1 件。侈口，长束颈，小鼓腹，瘦高。标本 M228：2。

标本 M228：2，泥质灰陶。高 16.3、口径 10.6 厘米（图二三二，4）。

10. 大深腹盆

1 件。

标本 M231：3，圆唇，敛口，深腹，圜底。高 21.0、口径 38.0 厘米。

11. 浅腹盆

1 件。

标本 M259：1，方唇，敞口，浅腹，斜收，圜底，口沿外下 3.5 厘米处有一圈凸棱纹，底部有火灼痕迹。高 11.5、口径 38.0 厘米。

12. 纺轮

共 5 件。用陶片磨成圆饼形。标本 M207：2、M215：1、M225：1、M247：4。

标本 M207：2，直径 3.5、厚 0.7 厘米。

标本 M225：1，直径 5.4、厚 0.6 厘米。

二　铜器

多数墓葬都有铜器出土，主要有铜刀、铜镞、铜针、铜锥、铜戒指面、铜耳环、铜簪、铜马衔、铜马镳、铜饰件等。

1. 铜刀

5 件。柄和刀身无明显分界，平背，弧刃。标本 M241：1、M244：2、M250：3、M281：1。

标本 M241：1，长 13.1、厚 0.5 厘米。

标本 M250：3，柄和刀身有一个不明显的栏。长 11.8 厘米。

2. 铜镞

1 件。三棱形，有鋬。标本 M231：4。

标本 M231：4，长 2.9、宽 1.1 厘米。

3. 铜簪

共 9 件。圆头，锥形。完整 6 件，标本 M266：2、M109：16、M108：7、M266：3、M249：2、M249：1。残断 3 件，标本 M241：5、M266：6、M109：18。

标本 M266：2，长 6.7 厘米。

标本 M108：7，长 6.5 厘米。

4. 铜耳环

1 对。为一段薄细铜条，上部弯成一圈，下部扭曲为螺旋状，最下部锤成水滴形片状。标本

M242∶8。

标本 M242∶8，长 11.4 厘米。

5. 铜针

5 件。完整 1 件，标本 M266∶8，残 4 件。分二式。

I 式　4 件。小针，有穿。标本 M249∶3、M272∶1、M221∶3、M255∶3。

标本 M249∶3，长 5.7、直径 0.25 厘米。

II 式　1 件。大长针，无穿。标本 M266∶8。

标本 M266∶8，长 10.3、直径 0.3 厘米。

6. 铜纺轮

1 件。轮形，外圈是扭曲为环形的扁铜条，中间是十字形轮辐和内环。

标本 M203∶1，直径 2.5、厚 1.0 厘米。

7. 铜马衔

1 件。中间两环相套，环略成马蹬形，外环 "n" 形，比较粗大。

标本 M107∶6，一个长 9.9 厘米。

8. 铜马镳

2 件，均残。三孔竹节形，弯曲。

标本 M107∶6，长 19.8、直径 1.0～1.6 厘米。

9. 铜节约

分四式。

I 式　3 件。圆环形。标本 M107∶3、M278∶1、M263∶5。

标本 M109∶15，高 0.9、直径 1.0、孔径 0.5 厘米。

II 式　1 件。上有一环，下接一圆帽。

标本 M107∶4，长 2.4、宽 1.6、小孔直径 0.7 厘米。

III 式　1 件。两头有一大一蘑菇状小帽，中间短柱相接。

IV 式　2 件。喇叭形。标本 M104∶3。

标本 M104∶3，高 1.1、最大直径 2.0、最小直径 0.6 厘米。

标本 M107∶5，高 2.7、大帽直径 2.1、小帽直径 1.0 厘米。

10. 銎柄角形器

1 件。短柱形柄，椭圆形銎孔，两个扁圆形角叉，每个角叉上有八个半封闭条状凸棱装饰。标本 M107∶1。

标本 M107∶1，长 23.4、柄长 2.0、銎长径 2.0、短径 0.9 厘米。

11. 铜牌

1 件。两头背向的羊组成牌子的主体部分，脚和身子围成一个梯形的孔，羊背上接一个近梯形有方孔的扣。

标本 M103：2，长6.6、宽5.2、厚0.8厘米。

12. 铜带钩

1件。"S"形。

标本 M251：1，长4.4、高2.6、直径0.6厘米。

13. 铜饰件

10件。形状不一。

标本 M109：3，逗号形。长2.5厘米。

标本 M227：2，不规则形。长1.7厘米。

标本 M231：7，残，管形。长0.9、直径0.9厘米。

标本 M222：2，长条形铜片扭成，有接缝。长1.3厘米。

标本 M249：4，残。长1.5厘米。

标本 M256：1，一个铜环，厚0.8、直径1.3厘米；一个铜管，长0.6、直径0.6厘米。

标本 M242：10，环形，一面有四个尖突，直径1.4厘米。

标本 M273：1，不规则形，中间有孔，长2.5、宽1.9厘米。

标本 M251：4，不规则形，长2.0厘米。

标本 M283：2，"U"形，长1.5厘米。

标本 M109：14，蝶形，中间有孔，长3.6、宽1.4～2.0厘米。

三　铁器

铁器均残，几乎看不出器形，有以下几件。

标本 M204：3，残，可能为铁锥。残长1.6厘米。

标本 M107：7，断为两件，其中一件有一残孔。一件残长6.2、宽2.8、厚1.0厘米。一件残长4.7厘米。

标本 M250：5，条形。残长3.6、直径0.7厘米。

标本 M231：6，可能为刀，可看出刀背和刃，断为6块。

标本 M103：1，器形难辨。长4.3、宽3.7厘米。

四　金器

1. 金耳环

1对。为细金条制成，留一半弯成一个环，另一半捶揲成水滴形金箔。

标本 M236：1，长4.8厘米。

五　石器

1. 化妆棒

21件。分二式。

Ⅰ式　20件。圆锥形，有长有短。标本 M109：11、M108：8、M108：12、M251：5、M254：4、M277：5、M276：3、M276：5、M270：8、M266：10、M203：2、M206：6、M207：1、M232：3、M247：5、M252：2、M255：2、M109：7、M266：1、M277：1。

标本 M109：7，长4.7、最大径0.9厘米。

标本 M266：1，长8.1、最大径1.0厘米。

标本 M277：1，长8.5、最大径0.6厘米。

Ⅱ式　1件。棒头有一圈刻槽。标本 M228：3。

标本 M228：3，长5.8、最大径1.0厘米。

2. 化妆眉墨

2件。不规则形，有使用痕迹。标本 M109：10、M266：7。

标本 M109：10，长2.0、宽2.0、厚2.0厘米。

3. 砺石

8件。按有无钻孔分 A、B 型。

A 型　有穿孔。

A 型Ⅰ式　2件。短长圆角梯形，不规整。标本 M108：11、M109：13。

标本 M108：11，单面钻孔。长8.0、最宽3.2、厚1.1厘米。

标本 M109：13，双面钻孔。长8.0、最宽3.4、厚0.9厘米。

A 型Ⅱ式　2件。圆角长方形。标本 M229：6、M269：1。

标本 M269：1，双面钻孔。长5.6、宽2.25、厚0.4厘米。

A 型Ⅲ式　2件。瘦长圆角梯形，制造精细。标本 M231：5、M242：5。

标本 M231：5，双面钻孔。长12.8、最宽3.4、厚1.2厘米。

A 型Ⅲ式　1件。长条方形。标本 M267：4。

标本 M267：4，长15.0、宽2.4、厚7.5厘米。

B 型　无钻孔。1件。标本 M228：4。

标本 M228：4，长方体。长7.6、宽2.7、高1.9厘米。

4. 石纺轮

12件。分为二式。

Ⅰ式　9件。圆饼形。标本 M202：3、M204：2、M206：5、M245：1、M263：3、M250：4、M266：9、M270：6、M257：3。

标本 M202：3，白砂石质，双面钻孔。直径2.2、孔径1.0、厚0.7厘米。

标本 M257：3，白砂石质，双面钻孔。直径3.8、孔径1.1、厚1.0厘米。

标本 M245：1，白砂石质，单面钻孔。直径3.7、厚0.6厘米。

Ⅱ式　3件。纵剖面为梯形。标本 M226：5、M235：5。

标本 M266：5，白砂石质。高2.3、下直径2.8、上直径2.0厘米。

标本 M235：5，直径4.1、高1.6厘米。

5. 坠饰

1 件。

标本 M266:4，翠绿色，有一穿孔，双面钻。长 2.7、厚 0.2～0.95 厘米。

6. 串珠

数量很多，记有如下几墓：

标本 M241:6，出 23 颗，一颗白石，22 颗绿石。

标本 M234:4，出 186 颗，绿石 44 颗，白石 142 颗。

标本 M209:1，出 97 颗白色石头。

标本 M213:8，出 25 颗绿石。

标本 M270:9，出 2 颗。

标本 M277:4，出 2 颗。

标本 M263:4，出 3 颗。

标本 M242:9，出 88 颗，77 颗绿石，11 颗白石头。

标本 M238:3，出 2 颗。

标本 M227:1，出 16 颗绿石。

标本 M109:4，出 1 颗玛瑙环。

标本 M260:4，出 79 颗。

标本 M256:1，出白石头 47 颗，玛瑙 3 颗。

标本 M251:6，出 1 颗玛瑙珠，2 颗白石。

标本 M215:2，出 1 颗玛瑙，15 颗绿石，36 颗白石。

标本 M250:6，出 9 颗琥珀，167 颗绿石。

标本 M252:1，出土 1 颗绿石，2 颗白石环。

以上串珠的形式很多，以下介绍各种尺寸和式样的串珠。

7. 绿石环

一般直径 0.3～0.7、厚 0.1～0.2 厘米。

标本 M215:2，直径 0.5、厚 0.1 厘米。

8. 白石环

直径 0.2～0.5、厚 0.1～0.9 厘米。

标本 M215:2，直径 0.4、厚 0.9 厘米。

标本 M252:1，石片状，中有小孔。直径 1.6、厚 0.3、孔径 0.1 厘米。

标本 M252:1，石片。直径 1.4、厚 0.3、孔径 0.1 厘米。

9. 玛瑙珠

直径 0.9～1、厚 0.4～0.5 厘米。

标本 M215:3，直径 1.0、厚 0.5 厘米。

10. 石球

1 个。实心球。

标本 M270：7，一面有涂红色颜料的痕迹，长径 2.7、短径 1.5 厘米。

11. 戒面

1 件。

标本 M229：7，有一个椭圆形青铜托，中间嵌入一个红色馒头形戒面。长 2.0、高 0.7 厘米。

12. 红色颜料

1 块。

标本 M221：7，0.5 厘米见方。

13. 琥珀或料珠

10 颗。圆珠形，中间有小孔。

标本 M250：6、M109：6。

标本 M250：6，直径 1.0、厚 0.55、孔径 0.1 厘米。

六　骨器

1. 骨纺轮

3 件。馒头形。标本 M234：3、M254：5、M246：3。

标本 M254：5，底径 4.0、高 2.2、孔径 0.5 厘米。

2. 骨管

2 件。标本 M242：4、M248：1。

标本 M242：4，残，细长。长 5.5、直径 0.4 厘米。

标本 M248：1，长 2.7、直径 1.25、孔径 0.7 厘米。

3. 骨条

1 件。标本 M224：6。

标本 M224：6，修整成细方条形，长 4.9、截面长 0.2 厘米。

4. 骨簪

4 件。分二式。

I 式　2 件。无孔。标本 M238：2、M247：7。

标本 M238：2，长 6.7、最宽 0.75 厘米。

II 式　2 件。有钻孔。标本 M267：3。

标本 M267：3，有圆帽，上有一钻孔。长 8.6 厘米。

5. 骨针

1 件。标本 M276：4。

标本 M276：4，扁长，略弯，有穿。长 6.5、最大径 0.3 厘米。

6. 骨片

1 件，断为 7 片。标本 M270：10。

标本 M270：10，扁片，一头粗，一头尖。

7. 蝶形饰

1 件。蝶形，中间有穿。标本 M247：6。

标本 M247：6，长 4.5、宽 1.2、孔径 0.6 厘米。

8. 骨器

1 件。标本 M266：5。

标本 M266：5，为大骨管上截下的长方形弧形的骨片，上有四排没有钻透的钻孔，每排三个。长 9.5、残宽 2.9、孔径 0.6 厘米。

9. 骨饰件

1 件。标本 M248：2。

标本 M248：2，长齿形。长 5.2 厘米。

七　木器

木纺轮

1 件。标本 M109：9。

标本 M109：9，圆锥体，中间木杆尚存。高 2.5、底径 3.9、孔径 0.4 厘米。

八　牙

兽牙坠饰

1 件。标本 M109：5。

标本 M109：5，中间穿孔。长 3.2、最大径 0.5 厘米。

九　贝

坠饰

1 件。标本 M109：2。

标本 M109：2，圆形，弧形，中间有一钻孔。直径 2.5、孔径 0.6 厘米。

第四章　墓葬分期

第一节　墓葬类型

在第二章已经对多岗墓地的墓葬形制和葬俗作过介绍，并有详尽的举例，而且，在墓葬总表中，也有介绍和分类，这里我们从分区分期的角度，对多岗墓地的类型作一些分析。

除 II 墓区的 M275 和 III 墓区外，多岗墓地的封堆除了有特大、大、中、小的区别外，结构和外型基本是一致的。多岗墓地的墓葬都有一个高出地表的圆丘形封堆，封堆平面有圆形或椭圆形，有的墓葬紧靠陡崖，所以有一边往往随陡崖的边沿变化，大部分的封堆顶部都有一个凹窝。单从封堆情况，可以看出各型墓葬在分布上有一定特点。封堆最大的 M103，直径 17.15、高 1.65 米。封堆底径 13 米以上的在多岗墓地就算是特大型墓，这样的墓葬多集中在 I 墓区南部，已发掘的有 M103、M107、M109、M110、M114，在 II 墓区，这样的墓只有一座，M280，而且位置在 II 墓区的南部。封堆底径 9～13 米的墓葬，是大型墓，这样的墓数量不多，I 墓区已发掘的有 M101、M104、M105、M106、M108，I 墓区除了一些中小型墓外，大墓比较集中，还有特大型墓，应是多岗墓地的大墓分布区。II 墓区已发掘的大型墓有 M201、M203、M206、M226、M229、M232。大量墓葬属于封堆底径 5～9 米的中型墓，多集中在 II 墓区北部南段，中南部。封堆底径小于 5 米的墓葬属于小型墓，这样的墓多是儿童墓，或妇女与儿童的合葬墓，北部不见这样的墓，一般穿插安排在墓地的中南部，已发掘的有 M212、M233、M234、M237、M240、M241、M243、M244、M248、M253、M257、M269。

封堆以下的墓葬特点比较复杂，从大的方面看，分为三类：椭圆形竖穴土坑墓为 A，带墓道的椭圆形竖穴土坑墓为 B，双室相连的竖穴土坑墓为 C。A 较多。带墓道的椭圆形竖穴土坑幕（B），记有 M101、M108、M109、M213、M224、M250、M257、M259、M267、M270、M277、M280，这样的墓一般规模稍大，随葬品较丰富，I 区除外，一般位于在每个墓葬段落（见后）的中心位置。双室相连的竖穴土坑墓（C），两座，M232、M278。此外有三个因素和三型墓随意配合，第一是附葬坑，没有为 I，有的为 II。这个因素主要集中在 I 墓区的大墓，II 墓区只有 M212 有附葬坑。第二是墓室西部有小龛，没有小龛者为 I，有小龛者为 II。有此因素的墓在 I 墓区只有 M101，在 II 墓区则比较普遍，共 19 座，A 型墓较多，B 型墓就 M267 一座。第三是墓口的情况，主要有四种情况，一是什么都没有，标为 I，这样的墓不多。二是有棚木，标为 II，这很普遍。三是有石围，标为 III，这稍比前者少一些。四是有棚木和石围，标为 IV，这样的墓一般规模稍大一些（见附表一）。

从葬式看，墓葬面貌也非常复杂。有一人葬、两人葬、三人及三人以上的墓葬。有一次葬、二次单层葬和二次多层葬，有的棚木之上还有人骨。骨架有完整的，也有部分完整的，还有非常凌乱的。葬式有侧身屈肢者、仰身屈肢和仰身直肢。

第二节　器物组合与演化

多岗墓地的随葬品并不复杂，随葬器物的材质有陶、铜、铁、金、骨、木、牙和贝等，陶器大部分为炊煮器和盛食器，还有一些陶纺轮，其他材质的器物多是工具、兵器、马具和装饰品等。男性一般随葬砺石、铜刀等，女性一般随葬纺轮、化妆棒和串珠等器物。有很少的墓一件随葬品都没有，如 M230、M233，有的 1～2 件，比较普遍的是 3～7 件，最多的有 17 件，如 M109，由于大墓一般被扰，随葬品被盗，所以原来应当比 17 件还要多。带流釜、圆口釜、深腹钵和浅腹钵是多岗墓地随葬陶器组合的核心，在早期，多是单耳带流釜和单耳深腹钵或单耳圆口釜和单耳浅腹钵相配，实际这一原则是贯穿始终的。之后，组合复杂一些，出现带流釜与单耳深腹、浅腹钵的组合，如 M260；慢慢又加入了壶，如 M213；出现少量同时随葬带流釜和圆口釜的墓，如 M247、M108；这些组合主要集中在 I 墓区南部和 II 墓区北部和中部。II 墓区中南部带流釜很少，罐形圆口釜成为主要的随葬品，无耳方钵、壶、小罐先后成为显著的随葬品。在 I 墓区最北部，如 M101，包括 M109，在 II 墓区南部和一些墓地单元结束的墓，如 M242、M241、M259、M268 等，带流釜消失，随葬了和其他墓葬差异很大的随葬品，如錾耳器、双耳圆口釜等。因此，从主要随葬品组合的变化，我们可以看到多岗墓地可以分为几大阶段。

第三节　墓葬分段

从和静县察吾呼沟的墓葬看，这一时期的古人在埋葬时，对墓地是有一定安排的，像察吾呼沟口四号墓地就是一个排列有序、结构严谨的墓地。通过发掘和整理，并借鉴已有的研究成果，我们认为多岗墓地也是一个排列有序的墓地，特别是 II 墓区非常明显，I 墓区由于发掘得少，并被盗严重，情况暂时不太清楚。

由于多岗墓地所在的山前戈壁台地，古人在这里埋葬之前，已经被雨水冲出很多沟壑，形成很多自然的小地理单元。从墓葬形制和随葬品可以看出，古人也利用这一特点，除了个别墓外，当时的人划分了各自的墓区，不同的人群葬在不同的岗梁上，而且埋葬的位置也顺死亡的先后顺序安排，因此，虽然多岗墓地几乎没有叠压和打破关系，也不像和静县察吾呼墓地那样，有避让、借用关系，但由于有以上原因，我们仍然可以对墓葬进行细致的分区分期。

由于 I 区墓地选择发掘的墓葬不系统，各自相距较远，而且多被盗掘，III 区墓葬也零散，而且和大多数墓葬类型差距太大，所以，我们首先着重分析几乎全面发掘的 II 区墓地，以此建立多岗墓地的分期标准，再以此为参照，分析 I、III 区墓葬。

II 区墓地集中了多岗墓地的墓葬。已发掘的墓葬有 77 座，它们有规律地分布在不同岗梁上，可以明显地看出，按其分布的特点，这些墓葬分为以下几个段落（见图二）。

M201～M203 一组，编为 1 组；

M204～M211 一组，编为 2 组；

M212～M219 一组，编为 3 组；

M220～M246 一组，编为 4 组；

M247～M253 一组，编为 5 组；

M254～259 一组，编为 6 组；

M260～M263 一组，编为 7 组；

M264～M267、M268 一组，编为 8 组；

M269～M274 一组，编为 9 组；

M276～M277 一组，编为 10 组。

第一组为 M201～M203，三座墓分布在 II 墓区的北端，其中 M201 和 M202 是紧紧相邻的两座墓，M203 和它们稍微有一段距离，但同属于 II 墓区西部呈链状分布墓葬的北段，可以作为一组进行分析。从墓葬形制看，这三座墓都是椭圆形竖穴土坑墓，M202 和 M203 墓室西部有小龛，墓口有棚木，随葬一人或两人，只有一层人骨，随葬的陶器为带流釜和钵，或圆口釜与钵，钵一般放在釜内，均为 I 式，器物组合简单但十分有代表性，几乎反映了多岗墓地随葬品核心组合的情况。

第二组为 M204～M211，是上一组墓葬的延续，中间隔了呈链状分布的未发掘的七座墓葬，这七座墓和上一组墓是分布在同一岗梁的一组墓，从这七座墓往南，这一链状墓地依地形分为平行的两支，即 M204～M211 和第五组 M247～M253。

M204～M211 这一组墓葬在墓葬形制和葬俗上和第 1 组相比有一些变化，在墓口周围开始放置石围，都不完整，如 M204、M205、M206、M208、M209，其中 M206 和 M208 既有石围又有棚木。另外就是出现分层埋葬的现象，少的两层，如 M204，多的三层，如 M209。也有和第一组墓葬相同的墓葬，如 M210 和 M211。从随葬品看，M204 发现铁器，带流釜发生了显著的变化，M205 随葬了 AIII 式，M206 随葬了 AIII、AIV，M208 随葬了 AIII 式，M206 随葬了 II 式单耳深腹钵，M211 随葬了 AII 式圆口釜。总的看，第 2 组墓葬在第 1 组的基础上发生了很大的变化。

第 5 组（M247～M253）在墓葬分布位置上同第 2 组平行，并且都是第 1 组的延续，这一组墓也发生了和第 2 组大致相同的变化。从墓葬形制看，墓口也出现了断续石围，如 M249、M250、M252 和 M253，其中 M250、M252 和 M253 既有棚木也有石围，分层埋葬，最多也是三层，如 M251，不同的是第 5 组墓 M250 东部出现了墓道，而且出现了棚木上葬人的现象，如 M248、M251。从随葬品看，M250 出现了铁刀，带流釜的变化和第 2 组大致相同。值的注意的是，第 5 组墓葬出现了一座规模较大的墓（M250），此墓的墓葬形制、随葬品的大小、种类和数量都反映出其规格的高级，应是这一组墓的中心。另外 M252 出现无耳方钵，随葬品和前面的墓不太一样。

第 2 组墓向南，墓葬分布顺地形的变化，分为平行的两支，靠西的为第 3 组，基本保持链状分布，而东部与之平行的第4组墓却呈片状分布，我们先分析第3组。

第3组为M212～219。这一组墓从墓葬形制看，有和第一组相同的墓，如M214、M217、M218，也有和第2组、第5组相同的特点，如M216、M219墓口有不完整的石围，M213西部有斜坡墓道。和上述各组不同的是，M212在主墓室南部有一个附葬坑，M219封堆中的西北边有一段石围。

葬式上看，和2、5组大致相同，M213墓底有一具木棍捆成的棺床，比较特殊。

从随葬品看，除M216随葬的带流釜型式较早外（AI），其余墓随葬的器物均是较晚形式，如M213随葬AV和B型单耳带流釜，而且出现了I式红陶壶。

第4组为M220～M246，集中在多岗墓地中部南段，是多岗墓地墓葬比较密集的部分。

从墓葬形制看，M224、M280为东部带墓道的B型墓，其中M280是II墓区唯一的特大型墓，墓口有石围，墓口之外，封堆内还有石围，属于B-I-I-III式墓。M232、M278是C型双室墓，最典型的是M278，而且墓口有石围，属C-I-I-IV式墓。其余的墓，规模不大，都为A型椭圆形竖穴土坑墓，除M233、M243、M244外，都有棚木，M223、M228、M241、M245的墓室西部有小龛，M225、M229、M230的墓口有石围，或墓口顶部有堆石，如M240、M231，比较复杂的如M235、M242，墓口既有石围又盖棚木，而且石围非常完整，有的棚木上还盖草席，如M231。

从葬式看，在这一组，多岗墓地所有的葬式都有，值的指出的是，第一，这一组墓葬中，分层埋葬的现象很普遍。第二，棚木之上葬人的墓增多，而且人数也增多，M220、M222、M229、M231葬一人，有的骨架不全，M227、M230、M234葬二人，也有骨架不全或只有头骨。第三，出现两座仰身直肢葬墓，M233和M243。

第4组墓葬的随葬品组合发生了很大的变化，带流器剧减，只在M234中发现一件AIII式带流釜，M278中发现一件AV式带流釜。带流釜消失的同时，圆口釜成为主要的随葬陶器，壶、罐先后兴起，从出土器物的情况和墓葬分布的特点，可以把第4组墓葬分为四部分：

M220、M224随葬AII式圆口釜和I式单耳浅腹钵，无带流釜，可视为一小组，与此相近的有M211、M212。

M222、M225～M228随葬陶壶，M229随葬II式砺石、单耳小罐、无耳圆口钵和AII式圆口釜，M278随葬AVI式带流釜，因此，M222以及M225～M240这一片墓，除了M234和晚的墓外，可视为一小组，壶和单耳小罐集中发现在这一群墓中，与之相近的有M213～M219、M261～M265、M106～M108、M270～M274。

到了这一墓群的南边、最密集的地方，出现了双耳圆口釜和錾耳圆口釜，最有代表性的是M242，随葬了一件AIV单耳圆口釜、CI錾耳圆口釜一件、II式单耳小罐一件，AIII式砺石，单耳浅腹钵也是沿下耳。M242随葬了双耳圆口釜，M243是仰身直肢葬，随葬AIII式束颈折腹圆口釜，M239也随葬的是AIII式单耳圆口釜，M221、M223、M235、M238随葬有錾耳，因此，这些墓可视为一组，与之相近的有M101、M109、M268、M259。

M244～M246从墓葬形制、葬式和随葬品组合与形式看，和M204～M210大致相同。

第 6 组墓为 M254 ～ M259，呈链状南北依次分布。其中 M254 靠北，其东西向的位置大致接在 M203 后面，应是 II 墓区东部链状墓葬随地形分支后西部的一支，由于其北部墓葬被盗或未发掘，所以此墓北部的情况不清，南部有六座墓被盗，造成一小段空白。

这一组墓北段的墓为简单的椭圆形竖穴土坑墓，从 M257 开始，复杂一些，墓口出现石围，如 M258，墓室东部有墓道，如 M257 和 M259。葬式上，M254 为男女单层葬，M255、M256 出现多层葬。M254 随葬的器物形制较早，如 AII 式带流釜，I 式单耳浅腹钵、深腹钵和化妆棒。M255 和 M257 随葬 AIII、AIV 带流釜。M258 和 M259 无带流器，以单耳圆口釜和深腹钵作为主要随葬品。其中，M259 的随葬品比较特殊，大浅腹盆和 AV 式单耳圆口釜和其他墓的随葬品有较大差异。

第 7 组墓为 M260 ～ M263，这四座墓属于另一链墓分支的北段，这一支墓应当是 II 墓区东部链状墓群分支的分支，M260 和 M263 稍微偏离墓链。均为 A 型椭圆形竖穴土坑墓，都有棚木，M261 有积石和小龛，而且分两层埋葬。从随葬品看，M260 随葬 AII 单耳带流釜、沿上单耳深腹、浅腹钵，时代较早，与之相近的是 M254。M263 以 AIV 式单耳带流釜和 I 式深腹钵为随葬品，和第 2 组的 M206、第 6 组的 M255 相近。M261 出现了方钵，和 M252 相近，因此稍晚一些。

第 8 组墓为 M264 ～ M268，这几座墓呈链状分布，实际和 M261、M262 同属于一链墓葬，由于相距较远，就分为两组。

M264 至 M267 是四座南北相连的墓，从墓葬形制看，M264 为简单的 A－I－I－I 式墓，M266 墓室西部有小龛，墓口有棚木，M267 有墓道和小龛。从葬式看，也有一个发展的趋势，M264 单人葬，M265 和 M266 为分层埋葬，M267 又为单人葬。这几座墓都没有带流釜，但有灰陶壶，如 M265，圆口釜和钵的组合还存在，如 M267，M266 葬式和随葬品比较特殊，我们在后面分析。

M268 是这一链墓葬的最南一座，和 M267 相隔五座墓，墓口有完整石围，但葬式发生了变化，为仰身直肢葬，骨架不全，随葬品仅是些夹粗砂红陶片。这和第 4 组中部的 M233、M243 两座墓是相近的。

第 9 组墓为 M269 ～ M274，这一组墓分布于 II 墓区东部一个较平缓的大岗梁上，从墓葬形制看，M270 属 B－I－I－II 式墓，有墓道，其余的墓都是简单的椭圆形竖穴土坑墓。M270、M274 分层埋葬，M271 的头骨上有钻孔。M269、M272 为儿童双人葬，一个随葬砺石，一个随葬铜针。M274 随葬 III 夹砂红陶壶，M270、M271 随葬 AVI 式带流釜，而且 M271 也随葬了陶壶。因此，综合看，这一组墓属于较晚阶段，大致和第 4 组墓中间随葬陶壶的一群墓相当。

第 10 组墓为 M276、M277。这两座墓分布于 II 墓区东部一个较平缓的大岗梁的最南端，墓葬形制分别为 A－I－II－II 和 B－I－I－I，双人单层葬，随葬品型制较早，M276 还出 AIII 式带流釜。大致和第 2、5 组墓相当。

第四节　墓地分区与墓葬分期

上面已经对多岗墓地的墓葬类型、随葬品组合和器形变化以及段落情况进行了分析，下面综合这些结果，对墓地进行分区分期（表一）。

第一期：包括 M201～M203、M216、M102、M236。典型墓葬为 M201、M202、M203。

这一期墓葬形制为 A 型椭圆形竖穴土坑墓，有的墓口有棚木，有的墓口除了棚木外，还有半圈石围，有的墓室西部有小龛；随葬多为一人或两人，两人一般为成年男女，个别墓有四人，均为一层骨架，除二次葬外，都是头西脚东，侧身屈肢葬；随葬品中陶器组合为单耳带流釜与单耳深腹钵或单耳圆口釜与单耳浅腹、深腹钵，均为 I 式。此外，还有 I 式化妆棒和 I 式纺轮。

第二期：分早晚两段。

早段：包括 M254、M260。全为典型墓葬。

这一段墓葬形制和葬式没有新的发展，但随葬品，特别是单耳带流釜发展为 AII 式，并且同时随葬深腹、浅腹钵，带流釜上出现突棱胡须纹。

晚段：包括 M204～M210、M244～M247、M251、M255～258、M276～M278、M234、M103～M105、M114、M280。典型墓葬 M206、M209、M247、M250、M263、M278。

这一期墓葬形制除了一些墓保持上一期特征外，墓口有断续石围的墓出现并增多，既有石围又有棚木的墓出现并增多，并多集中体现在规模稍大、随葬品较丰富的墓中，个别墓的东部出现短墓道（B 型）；棚木之上出现人架，分层埋葬现象出现，并有层数增多、人数增多的趋势，出现仰身屈肢、俯身屈肢葬，出现成人儿童合葬墓，出现了大墓，如 M114、M250，M114 封堆下有一圈石围；随葬陶器组合多了无耳圆口 AI、BII、CI 式钵。出现了带流釜、圆口釜和深腹钵三者的组合。单耳带流釜有 AIII、AIV 和 AV 式，以 AIII 式最为普遍，这一期是单耳带流釜兴盛期。单耳圆口釜为 AI 式，单耳深腹钵晚一阶段出现 II 式沿下耳。此外，有 I 式化妆棒和石纺轮，而且出现了小的铁器残块，彩陶最盛，釜上一般饰多圈连续实心三角纹。

第三期：分早晚两段。

早段：包括 M211、M212、M220、M222、M224、M108、M283。典型墓葬 M212、M220、M108。

这一段墓葬形制出现的新因素是在封堆下有葬儿童的附葬坑，最主要的变化是 AII 式单耳圆口釜出现并成为主要的随葬品，中小型墓中不见带流釜，出现了壶和小杯。大型墓 M108 既保持着二期晚段的特点，如 AII、AIV 式带流釜、AI 式单耳圆口釜和折肩灰陶钵，但又出现了壶，体现了过渡的特点。

晚段：包括 M213～M215、M217～M219、M225～M233、M236～M237、M240、M283、M252～M253、M261～M267、M270～M274、M106～M107、M110。典型墓葬 M213、M228、M229、M240、M252、M270、M271。

表一　典型墓葬分期表

期段	墓号	墓葬形制	随葬品
一 期	M201		
	M202		

续表一

期段	墓号	墓葬形制	随葬品
二	M254		
早	M260		

续表一

期段	墓号	墓葬形制	随葬品
二	M250		
晚	M244		

续表一

期段	墓号	墓葬形制	随葬品
三	M220		
早	M108		

续表一

期段	墓号	墓葬形制	随葬品
三	M213		
晚	M228		

续表一

期段	墓号	墓葬形制	随葬品
三晚	M267		
四期	M242		

续表一

期段	墓号	墓葬形制	随葬品
四期	M241		
	M109		

这一段墓葬形制和葬式保持此前的所有特征，而且出现了专门的儿童墓，一般是两个儿童一个小墓，出现头骨钻孔现象。单耳带流釜很少，有 AVI、AVII 式和 B 型，单耳圆口釜主要为 AII 式，数量也不多，二者不共存。壶和单耳小罐成为比较显著的随葬品，无耳方钵也出现在一些墓中，彩陶减少。

第四期：包括 M242、M241、M235、M238、M239、M243、M221、M223、M259、M268、M101、M109。典型墓葬 M242、M241、M239、M268、M101、M109。

这一期葬式和墓葬形制大致保持上一阶段特征，但出现了仰身直肢葬，分层埋葬的墓最多只有两层，不见单独的儿童墓葬，墓口石围一般非常完整，头龛少见。这一期随葬品发生很大变化，不见带流器，壶只在大墓中存在，单耳圆口釜为束颈鼓折腹的 AIII 式、小口鼓腹的 AIV、AV 式，出现双耳圆口釜，单耳小罐还有，但不多，最大的特征是鋬耳器很普遍，有鸡冠扳和凸圆鋬，灰陶器增多，基本为素面陶器。

以上分期的结果，是我们综合考虑的基础上得出的，墓葬完整、随葬品丰富的墓很明确，但有些被严重扰动或随葬品很少的墓，我们只能根据其位置确定它们的期段，因此，这一分期是初步的，对它进一步精确和精细的调整还有待更多考古发现和研究。

从结果可以大致复原墓地形成的历史。I、II 区墓葬基本是从北部开始，逐渐向南埋葬，大多数墓（特别是中期的墓）都遵循这一原则，而且随地形形成一些大致平行发展的分支，但在早期，有个别墓选择在墓地南部，如第一期的 M218、二期晚段的 M244 ～ M246 和 M276 ～ M277。在晚期，有些墓又分布在墓地中部，如 M221 和 M223，在 I 号墓区，M101 安排在墓区的最北边。在和静县属于察吾呼文化的第二、四号墓地，一般是从地势低的南部向北埋葬，几乎没有多岗墓地的这种现象，我们可以推测，在多岗墓地，墓地虽有一个总体原则，但在早期，可能尚未形成牢固的原则，所以，有些墓埋到了南部。到了晚期，可能这一原则有所松动，再加上文化面貌发生了大的变化，所以，墓地埋葬出现了一些随意性。另外，多层二次葬墓延续时间较长，可能会跨不同期段。

多岗墓地是库车、拜城继克孜尔墓地发掘后，经科学发掘的早期铁器时代的墓地。墓葬形制和随葬器物和克孜尔墓地非常相似，应属于同一文化遗存。据墓地已测定出的碳 14 的测年数据为公元前 1000 年至前 400 年左右（表二），从这些数据看，墓地时代范围为公元前 1 千纪前半期，有的可能晚至公元前 4 世纪。除了 M201、M236 的测年数据和型式分析的稍有差别外，其他数据和墓地反映的年代基本相符。M236 墓葬形制是早期的，出土文物就一对金耳环，因此可能属于无序埋葬的早期墓葬。综合考虑墓地分组、墓葬形制及随葬品和测年结果，可以把多岗墓地四期的年代大致推断如下。

第一期约为公元前 10 世纪。

第二期约为公元前 9 世纪。

第三期早段约为公元前 8 世纪。

第三期晚段约为公元前 7 世纪～前 6 世纪。

第四期约为公元前 5 世纪～前 4 世纪。

各期段的代表性墓葬如表二所示。

表二　多岗墓地部分墓葬年代测定表

墓　号	实验室编号	标本名称	物质	测定结果 距今（1950 年）/公元前	树轮校正年代 形制分期
99XBDM236	ZK – 3083	棺	木	2861 ± 47 /911 ± 47	BC985 ～ 844 三期晚段
99XBDM216	SP – 3053			2619 ± 24 /669 ± 24（^{14}C 半衰期 5568）	BC810 ～ 790 一期
99XBDM220	ZK – 3080	棺	木	2720 ± 50 /770 ± 50	BC824 ～ 795 三期早段
99XBDM108	ZK – 3085		木头	2625 ± 40 /675 ± 40	BC800 ～ 550 三期早段
99XBDM270	ZK – 3082		木头	2574 ± 39 /624 ± 39	BC790 ～ 520 三期晚段
99XBDM266	ZK – 3081		木头	2560 ± 38 /610 ± 38	BC770 ～ 520 三期晚段
99XBDM201	ZK – 3078	棺	木	2532 ± 55 /582 ± 55	BC765 ～ 408 一期
99XBDM101	ZK – 3084	棚木	木炭	2440 ± 41 /490 ± 41	BC520 ～ 390 四期
99XBDM215	ZK – 3079	棺木	木	2451 ± 50 /501 ± 50	BC482 ～ 393 三期晚段

^{14}C 半衰期 5739

第五章　多岗墓地人骨的研究

多岗墓地考古发掘了 100 座墓葬，收集人骨个体数达 200 个，人骨保存状况很好，骨骼材料全面，包括头骨、体骨和牙齿，为人群的种系研究、病理调查、母系遗存结构和食性分析等提供了标本保障。

一　多岗人骨的鉴定和种系分析

1. 性别和年龄

共鉴定了 194 个个体，其中，男性和疑似男性 75 个，女性和疑似女性 72 个，性别不明的 47 个，男女性别比例是 1.04∶1，性比平衡（见附表二）。从年龄组成看，未成年个体 26 个，成年个体 168 个，未成年比例为 13.4%，比较高，男性（用于计算的有 58 个个体）的平均死亡年龄约是 32.6 岁，女性（用于计算的有 63 个个体）平均死亡年龄约是 33.5 岁，男女死亡的平均年龄很接近，全部个体的平均死亡年龄约是 33 岁。详细的年龄分期参见表三。

表三　多岗人骨的性别、年龄统计

		男	女	性别不明	合　计	
未成年	婴儿期　0～2 岁			2	2	26
	幼儿期　3～6 岁			7	7	
	少年期　7～14 岁		3	9	12	
	只能判定为未成年			5	5	
成　年	青年期　15～23 岁	15	13	3	31	168
	壮年期　24～35 岁	24	19		43	
	中年期　36～55 岁	16	24	2	42	
	老年期　56 岁以上	3	4		7	
	只能判定为成年的	17	9	19	45	
	合计	75	72	47	194	
	全部个体数	194				
	男女性别比例	1.04∶1				
	未成年比例	13.4%				

注：年龄的分期依据朱泓主编的《体质人类学》，高等教育出版社，2004 年。

2. 头骨的形态特征

多岗人骨中有 12 个头骨保存比较完整，对这些头骨进行了观察和测量。具体的个体形态特征描述如下：

（1）M235A　男性，30～35 岁。主要形态特征是：长卵圆形颅形，前额较直，眉弓和眉间突度中等，长方形眼眶，眶口平面位置前倾，鼻根凹陷深，鼻梁凹凸形，鼻骨隆起高，鼻棘比较发达，犬齿窝比较深，颧骨不大；下颌的颏形为方形。测量特征反映出的颅面部形态是：长颅型—高颅型—狭颅型的头骨形态，狭面型，狭鼻型，中眶型，上面部水平突度中等，中面部水平突度很大，也就是说，面部的扁平度很小，面部比较向前突出。

（2）M235C　男性，55 岁左右。主要形态特征是：椭圆形颅形，前额略倾斜，眉弓和眉间突度均显著，长方形眼眶，眶口平面位置前倾，鼻根凹陷深，鼻梁凹凸形，鼻尖高耸，鼻骨隆起高，鼻棘发达，犬齿窝深，颧骨窄小；下颌的颏形为方形。测量特征反映出的颅面部形态是：长颅型—正颅型—狭颅型的头骨形态，阔面型，低眶型和趋狭鼻的中鼻型，上面部扁平，中面部水平向突出，面部矢向为平颌型，齿槽部位为突颌型。

（3）M242a　男性，45～50 岁。主要形态特征是：椭圆形颅形，眉弓突度中等，眉间突度弱，方形眼眶，眶口平面位置垂直，鼻根凹陷深，鼻梁直，鼻骨隆起高，鼻棘中等发达，犬齿窝深。测量特征反映的颅面部形态是：长颅型，高眶型，阔鼻型，中面部水平突度大。

（4）M242b　男，至少 55 岁。主要形态特征是：椭圆形颅形，眉弓和眉间突度均显著，方形眼眶，眶口平面位置前倾，鼻根凹陷深，鼻梁直，鼻骨隆起高，鼻棘发达，鼻尖高耸，犬齿窝深。测量特征反映出的颅面部形态是：长颅型—高颅型—狭颅型的头骨形态，趋近狭面的中面型，高眶型，阔鼻型，面部水平方向突度大，矢向上为平颌型，齿槽略突，为中颌型（彩版九一，1～3）。

（5）M242c　男性，30～35 岁。主要形态特征是：长卵圆形颅形，前额略倾斜，眉弓和眉间突度比较显著，长方形眼眶，眶口平面位置前倾，鼻根凹陷深，鼻梁凹凸形，鼻棘较发达，鼻骨隆起程度高，鼻尖高耸，犬齿窝中等发达。测量特征反映的颅面部形态是：中颅型—正颅型—中颅型的头骨形态，趋近中面得阔面型，中鼻型，中眶型，面部水平向突度大，矢向上为平颌型，齿槽略突，为中颌型。

（6）M253　男性，50～55 岁。主要形态特征是：椭圆形颅形，前额略倾斜，眉弓突度和眉间突度都很显著，斜方形眼眶，眶口平面位置前倾，鼻根凹陷深，鼻梁凹形，鼻棘发达，犬齿窝深，颧骨窄小；下颌的颏形呈方形，轻度摇椅式下颌。测量特征反映出的颅面部形态是：长颅型—正颅—狭颅型的头骨形态，趋近中面的阔面型，阔鼻型，低眶型，上面部水平突度小，中面部水平突度大，面部在矢向上属于中颌型，齿槽部位是突颌型。

（7）M255B　男性，40 岁左右。主要形态特征是：椭圆形颅形，前额比较直，眉弓和眉间突度中等，斜方形眼眶，眶口平面位置垂直，鼻根凹陷比较深，鼻梁凹凸形，鼻棘比较显著，犬齿窝深；下颌的颏形为方形，轻度摇椅式下颌。测量特征反映出的颅面部形态特点是：长颅型—正颅型—狭颅型的头骨形态，中面类型，阔鼻型，低眶型，中面部水平方向扁平度小，矢向上为中颌型，齿槽部位是突颌型。

（8）M213 五号 女性，35～40岁。主要形态特征是：椭圆形颅形，额坡度直，眉弓和眉间突度中等，斜方形眼眶，眶口平面位置前倾，鼻根凹陷程度不深，鼻梁凹形，鼻棘发育中等，鼻骨隆起不高，犬齿窝深。测量特征反映出的颅面部形态特点是：特长颅型—正颅型—狭颅型的头骨形态，中面类型，阔鼻型，低眶型，中面部水平方向突度小，矢向上为平颌型，齿槽部位为中颌型。另外，鼻骨的梨状孔上缘两侧发生过骨折。

（9）M229A 女性，30～35岁。头骨破损严重。主要形态特征是：椭圆形颅形，额坡度直，眉弓和眉间突度较弱，方形眼眶，眶口平面位置垂直，鼻根凹陷浅，鼻棘中等程度发达，犬齿窝中等深度；下颌颏形尖形。测量特征反映的颅面部形态特征是：阔鼻型，中眶型，中面部水平突度中等。另外，鼻骨发生过骨折。

（10）M255 女性，年龄至少在55岁以上。主要形态特征是：椭圆形颅形，额平度直，眉弓和眉间突度中等，长方形眼眶，眶口平面位置前倾，鼻根凹陷浅，鼻梁凹凸形，鼻棘发育中等，鼻骨隆起高，犬齿窝很深；下颌颏形为尖形，明显的摇椅式下颌。测量特征反映的颅面部形态特点是：长颅型—正颅型—狭颅型的头骨形态，阔鼻型，低眶型，面部水平方向突度大。

（11）M255A 女性，45～50岁。主要形态特征是：椭圆形颅形，额坡度直，眉弓和眉间突度中等，方形眼眶，眶口平面位置前倾，鼻根凹陷浅，鼻梁凹凸形，鼻棘较显著，鼻骨隆起程度较高，颧骨窄小，犬齿窝深；下颌颏形为方形。测量特征反映的颅面部形态特征是：长颅型—正颅型—狭颅型的头骨形态，中面型，面部水平发现突度不大，矢向上为中—突颌型，阔鼻型，低眶型，齿槽部位为明显的突颌型（彩版九一，4～6）。

（12）M277 女性，25岁左右。主要形态特征是：椭圆形颅形，前额坡度直，眉弓突度中等，眉间突度弱，II级，长方形眼眶，眶口平面位置前倾，鼻根凹陷浅，鼻梁凹凸形，鼻棘显著，鼻尖高耸，鼻骨隆起程度中等，颧骨窄小，犬齿窝发育程度中等；下颌的颏形为尖形。测量特征反映出的颅面部形态特点是：中颅型—低颅型—阔颅型的头骨形态，中面型，阔鼻型，低眶型，中面部水平方向突度大，矢向上为中颌型，齿槽部位为突颌型。

从以上个体的头骨特征看，男性群体和女性群体中的个体的主要颅面部形态特征表现比较一致。男性总的形态特征是：偏长的卵圆形或椭圆形颅形，眉弓和眉间突度都比较显著，方形或长方形的眼眶，眶口平面位置垂直，鼻根凹陷较深，鼻棘都较发达，鼻骨隆起程度较高，鼻尖明显高耸，颧骨窄小，犬齿窝深，面部扁平度小，低眶。这些形态特征和欧洲人种的普遍的形态特征比较吻合。与男性相比，女性的面部水平方向扁平度较大，但矢向上较男性突出，鼻根凹陷程度和鼻骨隆起程度都比男性弱，眉弓和眉间突度也比男性弱。但女性的颅面部形态依然表现出明显的欧洲人种特点，如鼻骨隆起程度较高，鼻尖上翘，鼻棘比较显著，犬齿窝深，颧骨窄小，低眶等。因此，从头骨的总体形态特征看，多岗人群应该属于欧洲人种类型（表四）。

表四 多岗人骨颅面部指数和角度特征类型

指数或角度	M235A 男	M235C 男	M242a 男	M242b 男	M242c 男	M253 男	M255B 男
颅指数	长颅型	长颅型	长颅型	长颅型	中颅型	长颅型	长颅型
颅长高指数	高颅型	正颅型	–	高颅型	正颅型	正颅型	正颅型
颅宽高指数	狭颅型	狭颅型		狭颅型	中颅型	中颅型 趋狭颅	狭颅型
垂直颅面指数	中等	大	–	中等	中等	小	中等
上面指数	狭上面型	阔上面型	–	中上面型（趋狭面）	阔上面型	中上面型	中上面型
全面指数	狭面型	阔面型				–	中面型
眶指数	中眶型	低眶型	高眶型	高眶型	中眶型	低眶型	低眶型
鼻指数	狭鼻型	中鼻型（趋狭鼻）	阔鼻型	阔鼻型	中鼻型	阔鼻型	特阔鼻型
鼻根指数	大	大	大	大	大	中等	中等
腭指数	–	中腭型	中腭型	–	阔腭型	–	阔腭型
面突度指数	正颌型	正颌型	–	正颌型	正颌型	中颌型	中颌型
总面角	–	中颌型	–	平颌型	平颌型	中颌型	中颌型
齿槽面角	–	突颌型		中颌型	中颌型	突颌型	突颌型
鼻颧角	中等	大	–	大	中等	很大	大
颧上颌角	很小	很小	小	小	很小	小	小
鼻骨角	中等	大	小	很大	很大	很小	小

指数或角度	M213 五号 女	M229A 女	M255 女	M255A 女	M277 女
颅指数	特长颅型	–	长颅型	长颅型	中颅型
颅长高指数	正颅型		正颅型	正颅型	低颅型
颅宽高指数	狭颅型		狭颅型	狭颅型	阔颅型
垂直颅面指数	小			大	大
上面指数	中上面型			中上面型	中上面型
全面指数					中面型
眶指数	低眶型	中眶型	低眶型	低眶型	低眶型
鼻指数	阔鼻型	阔鼻型	阔鼻型	阔鼻型	阔鼻型
鼻根指数	小	–	大	中等	中等
腭指数	阔腭型	中腭型			阔腭型
面突度指数	正颌型	–		突颌型	中颌型
总面角	平颌型			突颌型	中颌型
齿槽面角	中颌型			超突颌型	突颌型
鼻颧角	很大	大	大	很大	大
颧上颌角	大	中等	小	中等	小
鼻骨角	小	–	–	小	中等

3. 男女两性形态差异的 T 检验

选择了 23 项头骨的绝对测量值以及 20 项角度和指数值对男女两性的形态差异进行了统计分析，分析方法是独立样品 T 检验法，即对两样本均数差别的检验，使用 SPSS16.0 进行计算分析。

23 项绝对测量值的性别 T 检验结果如表五。所有的结果都是方差齐性下的检验结果，采纳双尾结果 Sig.（2 – tailed），95% 的置信区间。在 23 个项目中，性别差异有统计意义（即性别差异显著）的包括 6 个项目，分别是上面高，颧宽，颧骨宽，鼻骨最小高，鼻尖齿槽长和鼻高，原因是女性具有更低的面和更加窄小的颧骨。

表五　23 项绝对测量值的性别差异 T 检验

	F	Sig.	t	df	Sig.（2 – tailed）	Mean Difference	Std. Error Difference	95% Confidence Interval of the Difference	
								Lower	Upper
颅长	3.950	.078	.038	9	.970	.1393	3.6498	− 8.1172	8.3957
颅宽	1.428	.263	1.602	9	.144	3.1893	1.9906	− 1.3137	7.6923
颅高	.467	.514	1.583	8	.152	7.167	4.527	− 3.271	17.605
最小额宽	.246	.632	.316	9	.759	.4800	1.5170	− 2.9517	3.9117
额弦	.129	.728	.441	9	.670	1.0933	2.4810	− 4.5191	6.7057
顶弦	.003	.960	− .315	9	.760	− .9500	3.0133	− 7.7666	5.8666
枕弦	4.268	.069	.914	9	.385	1.673	1.831	− 2.469	5.816
颅周长	.147	.711	.190	8	.854	1.667	8.755	− 18.523	21.857
颅横弧	.311	.594	.572	7	.585	4.667	8.159	− 14.627	23.960
颅基底长	.466	.514	1.081	8	.311	3.4667	3.2069	− 3.9285	10.8618
面基底长	.195	.672	.397	7	.703	1.2833	3.2298	− 6.3539	8.9206
上面高 sd	2.407	.155	2.725	9	.023	6.311	2.316	1.072	11.550
颧宽	1.297	.292	3.529	7	.010	10.800	3.060	3.563	18.037
颧骨高 R	4.204	.067	1.986	10	.075	2.9800	1.5005	− .3633	6.3233
颧骨宽 R	1.157	.307	3.402	10	.007	5.0943	1.4974	1.7579	8.4307
鼻骨最小宽	1.904	.201	− .285	9	.782	− .2643	.9259	− 2.3588	1.8302
鼻骨最小高	19.122	.002	2.811	9	.020	1.3714	.4879	.2676	2.4752
鼻骨长	.713	.420	.838	9	.424	1.5500	1.8496	− 2.6340	5.7340
鼻尖齿槽长	1.713	.227	3.237	8	.012	6.6571	2.0569	1.9140	11.4003
鼻宽	1.312	.279	.487	10	.637	.529	1.086	− 1.892	2.949
鼻高	.069	.798	2.418	10	.036	4.2514	1.7586	.3330	8.1698
眶宽 R	5.994	.034	− 1.076	10	.307	− .911	.847	− 2.799	.976
眶高 R	.119	.738	.597	10	.564	.8371	1.4027	− 2.2882	3.9625

20 项角度和指数的性别 T 检验结果如表六。所有的结果都是方差齐性下的检验结果，采用双尾结果，95% 的置信区间。在这 20 个项目中，有性别显著性差异的是鼻尖角，颧上颌角，鼻根指数和鼻尖点指数 4 个项目，即女性的面部扁平度比男性大，鼻骨和鼻尖隆起没有男性明显。

表六　20 项角度和指数的性别差异 T 检验

	F	Sig.	t	df	Sig.(2 – tailed)	Mean Difference	Std. Error Difference	95% Confidence Interval of the Difference	
								Lower	Upper
额角	2.722	.143	– .844	7	.426	– 1.8333	2.1712	– 6.9675	3.3008
额倾角	5.257	.056	– 2.358	7	.051	– 7.250	3.075	– 14.521	.021
面角	5.057	.066	.975	6	.367	2.100	2.154	– 3.171	7.371
鼻面角	.195	.674	.381	6	.716	.5667	1.4867	– 3.0712	4.2046
齿槽面角	1.049	.345	.864	6	.421	5.7333	6.6357	– 10.5037	21.9703
鼻尖角	.159	.702	– 3.866	7	.006	– 10.167	2.630	– 16.386	– 3.948
颧上颌角	.051	.827	– 3.564	10	.005	– 9.0829	2.5483	– 14.7609	– 3.4048
鼻颧角	5.052	.051	– 1.214	9	.256	– 3.777	3.110	– 10.812	3.259
鼻骨角	3.813	.087	1.998	8	.081	8.2095	4.1095	– 1.2671	17.6861
颅指数	.513	.492	1.091	9	.304	1.6893	1.5488	– 1.8144	5.1930
颅长高指数	.077	.789	2.525	8	.036	4.1500	1.6434	.3603	7.9397
颅宽高指数	.405	.542	.865	8	.412	3.3250	3.8456	– 5.5430	12.1930
鼻指数	1.900	.198	– 1.238	10	.244	– 3.3829	2.7332	– 9.4728	2.7071
鼻根指数	.410	.538	3.173	9	.011	15.4036	4.8543	4.4223	26.3848
眶指数 R	1.409	.263	1.033	10	.326	3.8800	3.7543	– 4.4850	12.2450
垂直颅面指数	3.393	.108	.823	7	.438	1.7500	2.1259	– 3.2771	6.7771
上面指数	4.457	.073	.498	6	.634	1.2500	2.5113	– 4.6884	7.1884
中面指数	.741	.412	1.343	9	.212	5.6536	4.2098	– 3.8696	15.1768
面突度指数	.007	.938	– 1.189	7	.273	– 3.6000	3.0268	– 10.7572	3.5572
鼻尖点指数	1.217	.299	2.346	9	.044	8.7036	3.7095	.3120	17.0951

4. 不同考古分期的人骨形态差异的 T 检验

根据墓葬随葬品组合的变化，考古学者将多岗墓地划分为四个时期，每个时期又分为早段和晚段。表七是头骨测量样本的墓葬分区、墓型和时代分期的情况。对男性不同时期的人骨形态差异进行了检验，统计方法仍为独立样本 T 检验。男性中，三期晚段和二期晚段都只有 1 样本，所以，他们之间不进行比较。

表七 人骨测量样本的墓葬信息

	性 别	墓 区	墓 型	时 期
M235a	男	II 区	中型墓	四期
M235c	男	II 区	中型墓	四期
M242a	男	II 区	中型墓	四期
M242b	男	II 区	中型墓	四期
M242c	男	II 区	中型墓	四期
M253	男	II 区	小型墓	三期晚段
M255b	男	II 区	中型墓	二期晚段
M229a	女	II 区	大型墓	三期晚段
M213	女	II 区	中型墓	三期晚段
M255	女	II 区	中型墓	二期晚段
M255a	女	II 区	中型墓	二期晚段
M277	女	II 区	中型墓	二期晚段

共有40个头骨测量项目参与男性三期晚段（M253）与四期男性人骨的分析，这些项目是颅长、颅宽、颅高、最小额宽、颅周长、颅横弧、颅基底长、面基底长、上面高、颧宽、鼻尖高、颧骨高、颧骨宽、鼻骨最小宽、鼻骨最小高、鼻骨长、鼻尖齿槽长、鼻宽、鼻高、眶宽、眶高、颅粗壮度、额角、额倾角、面角、鼻面角、齿槽面角、鼻尖角、颧上颌角、鼻颧角、鼻骨角、颅指数、颅长高指数、颅宽高指数、鼻指数、鼻根指数、眶指数、垂直颅面指数、上面指数和面突度指数。有显著性差异的特征表现在鼻面角（Sig. 0.011）、鼻颧角（Sig. 0.032）以及鼻根指数（Sig. 0.03），其他项目均无显著性差异，在40个颅面部项目中，有三个特征出现显著性差异，可能与三期晚段只有1例头骨有关。总体来说，三期晚段到四期的男性人群在形态上是一致的（表八）。

表八 三期晚段和四期男性形态差异 T 检验

		t	df	Sig.(2 – tailed)	Std. Error Difference	95% Confidence Interval of the Difference	
						Lower	Upper
颅长	Equal variances assumed	− .380	4	.723	3.7385	− 11.7997	8.9597
颅宽	Equal variances assumed	− 1.016	4	.367	3.1887	− 12.0932	5.6132
颅高	Equal variances assumed	.418	3	.704	6.461	− 17.861	23.261
最小额宽	Equal variances assumed	.426	3	.699	2.2295	− 6.1454	8.0454
颅周长	Equal variances assumed	− .891	3	.439	10.383	− 42.294	23.794
颅横弧	Equal variances assumed	− .508	3	.647	13.784	− 50.867	36.867
颅基底长	Equal variances assumed	− .583	3	.601	5.1001	− 19.2059	13.2559
面基底长	Equal variances assumed	− 2.393	3	.096	3.5314	− 19.6885	2.7885

续表

		t	df	Sig. (2 – tailed)	Std. Error Difference	95% Confidence Interval of the Difference	
						Lower	Upper
上面高 sd	Equal variances assumed	.803	4	.467	5.054	− 9.971	18.091
颧宽	Equal variances assumed	− .093	3	.932	2.971	− 9.731	9.181
鼻尖高	Equal variances assumed	1.608	4	.183	2.0894	− 2.4411	9.1611
颧骨高 R	Equal variances assumed	− .371	4	.729	3.2302	− 10.1684	7.7684
颧骨宽 R	Equal variances assumed	.287	4	.789	3.6279	− 9.0326	11.1126
鼻骨最小宽	Equal variances assumed	− .782	4	.478	.9724	− 3.4599	1.9399
鼻骨最小高	Equal variances assumed	1.521	4	.203	.3286	− .4124	1.4124
鼻骨长	Equal variances assumed	.656	4	.548	3.5381	− 7.5034	12.1434
鼻尖齿槽长	Equal variances assumed	1.116	4	.327	3.8173	− 6.3385	14.8585
鼻宽	Equal variances assumed	− .364	4	.734	2.363	− 7.421	5.701
鼻高	Equal variances assumed	.810	4	.463	2.8896	− 5.6827	10.3627
眶宽 R	Equal variances assumed	− .124	4	.907	2.099	− 6.089	5.569
眶高 R	Equal variances assumed	1.266	4	.274	2.2267	− 3.3624	9.0024
颅粗壮度	Equal variances assumed	− .302	3	.782	2.8959	− 10.0912	8.3412
额角	Equal variances assumed	− .483	3	.662	3.8831	− 14.2326	10.4826
额倾角	Equal variances assumed	− .181	3	.868	3.457	− 11.628	10.378
面角	Equal variances assumed	2.500	2	.130	1.333	− 2.404	9.070
鼻面角	Equal variances assumed	9.500	2	.011	.3333	1.7324	4.6009
齿槽面角	Equal variances assumed	.940	2	.446	8.3333	− 28.0221	43.6888
鼻尖角	Equal variances assumed	− 1.582	3	.212	3.476	− 16.563	5.563
颧上颌角	Equal variances assumed	− 2.298	4	.083	3.8997	− 19.7873	1.8673
鼻颧角	Equal variances assumed	− 3.813	3	.032	3.888	− 27.200	− 2.450
鼻骨角	Equal variances assumed	2.296	4	.083	5.6090	− 2.6930	28.4530
颅指数	Equal variances assumed	− .420	4	.696	2.7611	− 8.8260	6.5060
颅长高指数	Equal variances assumed	.813	3	.476	2.7361	− 6.4826	10.9326
颅宽高指数	Equal variances assumed	.728	3	.520	6.5628	− 16.1106	25.6606
鼻指数	Equal variances assumed	− 1.079	4	.341	3.7076	− 14.2938	6.2938
鼻根指数	Equal variances assumed	3.315	4	.030	2.7870	1.5019	16.9781
眶指数 R	Equal variances assumed	.905	4	.416	8.4169	− 15.7491	30.9891
垂直颅面指数	Equal variances assumed	.930	3	.421	2.5274	− 5.6932	10.3932
上面指数	Equal variances assumed	.660	3	.557	5.4950	− 13.8625	21.1125
面突度指数	Equal variances assumed	− 1.821	3	.166	2.9515	− 14.7680	4.0180

　　二期晚段与四期的男性比较中（表九），有 33 项头骨测量特征参与了统计分析，包括线性测量项目和角度、颅指数（其他指数缺失）。T 检验结果是有显著性差异的特征包括颧宽（Sig. 0.036）、

表九　二期晚段与四期的男性形态差异 T 检验

		t	df	Sig. （2 - tailed）	Std. Error Difference	95% Confidence Interval of the Difference	
						Lower	Upper
颅长	Equal variances assumed	2.563	4	.062	3.7385	- .7997	19.9597
颅宽	Equal variances assumed	1.775	4	.151	3.1887	- 3.1932	14.5132
颅高	Equal variances assumed	1.563	3	.216	6.461	- 10.461	30.661
最小额宽	Equal variances assumed	2.669	3	.076	2.2295	- 1.1454	13.0454
颅周长	Equal variances assumed	2.384	3	.097	10.383	- 8.294	57.794
颅横弧	Equal variances assumed	.363	3	.741	13.784	- 38.867	48.867
颅基底长	Equal variances assumed	1.770	3	.175	5.1001	- 7.2059	25.2559
面基底长	Equal variances assumed	.184	3	.866	3.5314	- 10.5885	11.8885
上面高 sd	Equal variances assumed	.823	4	.457	5.054	- 9.871	18.191
颧宽	Equal variances assumed	3.643	3	.036	2.971	1.369	20.281
鼻尖高	Equal variances assumed	1.752	4	.155	2.0894	- 2.1411	9.4611
颧骨高 R	Equal variances assumed	1.238	4	.283	3.2302	- 4.9684	12.9684
颧骨宽 R	Equal variances assumed	.921	4	.409	3.6279	- 6.7326	13.4126
鼻骨最小宽	Equal variances assumed	- .987	4	.379	.9724	- 3.6599	1.7399
鼻骨最小高	Equal variances assumed	3.347	4	.029	.3286	.1876	2.0124
鼻骨长	Equal variances assumed	1.164	4	.309	3.5381	- 5.7034	13.9434
鼻尖齿槽长	Equal variances assumed	.723	4	.510	3.8173	- 7.8385	13.3585
鼻宽	Equal variances assumed	- 1.380	4	.240	2.363	- 9.821	3.301
鼻高	Equal variances assumed	2.021	4	.113	2.8896	- 2.1827	13.8627
眶宽 R	Equal variances assumed	1.162	4	.310	2.099	- 3.389	8.269
眶高 R	Equal variances assumed	2.075	4	.107	2.2267	- 1.5624	10.8024
颅粗壮度	Equal variances assumed	2.840	3	.066	2.8959	- .9912	17.4412
面粗壮度	Equal variances assumed	2.082	1	.285	2.8579	- 30.3629	42.2629
额角	Equal variances assumed	- 1.384	3	.260	3.8831	- 17.7326	6.9826
额倾角	Equal variances assumed	- .759	3	.503	3.457	- 13.628	8.378
面角	Equal variances assumed	2.125	2	.168	1.333	- 2.904	8.570
鼻面角	Equal variances assumed	9.500	2	.011	.3333	1.7324	4.6009
齿槽面角	Equal variances assumed	.820	2	.498	8.3333	- 29.0221	42.6888
鼻尖角	Equal variances assumed	1.007	3	.388	3.476	- 7.563	14.563
颧上颌角	Equal variances assumed	- 1.323	4	.256	3.8997	- 15.9873	5.6673
鼻颧角	Equal variances assumed	- 1.601	3	.208	3.888	- 18.600	6.150
鼻骨角	Equal variances assumed	1.244	4	.281	5.6090	- 8.5930	22.5530
颅指数	Equal variances assumed	- .275	4	.797	2.7611	- 8.4260	6.9060

鼻骨最小高（Sig. 0.029）和鼻面角（Sig. 0.011），其他项目特征均无显著性差异，因此，总体上看，二期晚段和四期的男性人群形态上比较一致。

女性能比较的只有二期晚段 1 例头骨（M277）和三期晚段 3 例头骨。共有 37 项测量特征参与分析。T 检验结果见表一〇，有显著性差异的特征只有颅高（Sig. 0.007），因此，女性的形态特征是很一致的。

表一〇　二期晚段和三期晚段女性形态差异 T 检验

		t	df	Sig. (2 – tailed)	Std. Error Difference	95% Confidence Interval of the Difference	
						Lower	Upper
颅长	Equal variances assumed	1. 483	2	. 276	7. 4389	− 20. 9738	43. 0405
颅宽	Equal variances assumed	− . 631	2	. 593	2. 9059	− 14. 3366	10. 6699
颅高	Equal variances assumed	12. 014	2	. 007	1. 387	10. 698	22. 635
最小额宽	Equal variances assumed	− 2. 312	3	. 104	1. 5572	− 8. 5558	1. 3558
颅周长	Equal variances assumed	1. 248	2	. 338	14. 422	− 44. 054	80. 054
颅横弧	Equal variances assumed	1. 219	1	. 437	15. 588	− 179. 070	217. 070
颅基底长	Equal variances assumed	2. 455	2	. 134	2. 9059	− 5. 3699	19. 6366
面基底长	Equal variances assumed	. 365	1	. 777	8. 4870	− 104. 7382	110. 9382
上面高 sd	Equal variances assumed	− . 011	2	. 992	3. 012	− 12. 992	12. 926
颧宽	Equal variances assumed	. 635	1	. 640	3. 464	− 41. 816	46. 216
鼻尖高	Equal variances assumed	− 1. 120	2	. 379	2. 4111	− 13. 0741	7. 6741
颧骨高 R	Equal variances assumed	1. 271	2	. 293	1. 9861	− 3. 7958	8. 8458
颧骨宽 R	Equal variances assumed	. 067	3	. 951	2. 2370	− 6. 9691	7. 2691
鼻骨最小宽	Equal variances assumed	− 1. 604	2	. 250	2. 1197	− 12. 5205	5. 7205
鼻骨最小高	Equal variances assumed	− 1. 000	2	. 423	1. 3333	− 7. 0702	4. 4035
鼻宽	Equal variances assumed	. 459	3	. 677	1. 634	− 4. 451	5. 951
鼻高	Equal variances assumed	. 622	3	. 578	3. 4551	− 8. 8456	13. 1456
眶宽 R	Equal variances assumed	. 762	3	. 502	. 558	− 1. 351	2. 201
眶高 R	Equal variances assumed	. 321	3	. 769	2. 8003	− 8. 0118	9. 8118
额角	Equal variances assumed	1. 443	1	. 386	1. 7321	− 19. 5078	24. 5078
额倾角	Equal variances assumed	. 981	1	. 506	8. 660	− 101. 539	118. 539
前囟角	Equal variances assumed	4. 426	1	. 141	1. 299	− 10. 756	22. 256
面角	Equal variances assumed	. 433	1	. 740	6. 928	− 85. 031	91. 031
鼻面角	Equal variances assumed	1. 347	1	. 407	2. 5981	− 29. 5117	36. 5117

续表

		t	df	Sig. （2－tailed）	Std. Error Difference	95% Confidence Interval of the Difference	
						Lower	Upper
齿槽面角	Equal variances assumed	－.057	1	.964	22.0836	－281.8494	279.3494
颧上颌角	Equal variances assumed	1.286	3	.289	4.0243	－7.6320	17.9820
鼻颧角	Equal variances assumed	.124	3	.909	2.613	－7.991	8.641
颅指数	Equal variances assumed	－3.591	2	.070	1.5875	－12.5302	1.1302
颅长高指数	Equal variances assumed	2.243	2	.154	2.3180	－4.7737	15.1737
颅宽高指数	Equal variances assumed	.524	2	.653	602.7012	－2277.4140	2909.0140
鼻指数	Equal variances assumed	－.263	3	.809	3.1323	－10.7935	9.1435
鼻根指数	Equal variances assumed	－.384	2	.738	12.7692	－59.8416	50.0416
眶指数 R	Equal variances assumed	.223	3	.838	6.2796	－18.5845	21.3845
垂直颅面指数	Equal variances assumed	－3.272	1	.189	2.3383	－37.3605	22.0605
上面指数	Equal variances assumed	－1.299	1	.418	1.3856	－19.4062	15.8062
面突度指数	Equal variances assumed	－.421	1	.747	7.0148	－92.0816	86.1816
鼻尖点指数	Equal variances assumed	－.471	2	.684	6.1579	－29.3954	23.5954

5. 不同规格墓葬出土的人骨形态差异 T 检验

　　男性测量个体中，M253 为小型墓，其他都是中型墓，这个比较结果应与三期晚段（M253）和四期男性的比较结果相同（统计结果同表八），即男性小型墓和中型墓的头骨形态没有差异。

　　女性测量个体中，1 例出自大型墓，其他都来自中型墓，有 27 个测量项目参与统计分析，分别是最小额宽、最大额宽、颅矢状弧、额弧、顶弧、枕弧、额弦、顶弦、枕弦、上面高、中面宽、中面高、两眶外缘宽、眶外缘间高、眶中宽、颧骨高、颧骨宽、鼻宽、鼻高、眶宽、眶高、颧上颌角、鼻颧角、鼻指数、眶指数和中面指数。所有项目中，仅最大额宽在中墓和大墓人骨之间有显著性差异，为 Sig. 0.017（表一一）。因此，出自大型墓和出自中型墓的女性人群在形态上是没有差异的。

6. 与三大人种的形态比较

　　上述头骨特征的描述和男女两性的形态差异比较结果显示，男性和女性个体的主要颅面部形态特征都比较一致，表现出明显的欧洲人种特点，如鼻骨隆起程度较高，鼻尖上翘，鼻棘显著，凹凸型鼻梁，犬齿窝深，颧骨窄小，中面部扁平度较小、低眶等。

　　这里将男性头骨与三大人种间变异范围重叠较小的测量项目进行比较来看多岗人骨与三大人种的形态关系（表一二）。

表一一　大型墓与中型墓中女性形态差异 T 检验

		t	df	Sig. (2 – tailed)	Std. Error Difference	95% Confidence Interval of the Difference	
						Lower	Upper
最小额宽	Equal variances assumed	– .503	2	.665	1.8559	– 8.9187	7.0521
最大额宽	Equal variances assumed	– 7.486	2	.017	.9262	– 10.9183	– 2.9484
颅矢状弧	Equal variances assumed	.571	2	.625	4.667	– 17.412	22.746
额弧	Equal variances assumed	– 1.525	2	.267	2.404	– 14.009	6.676
顶弧	Equal variances assumed	.320	2	.779	5.207	– 20.737	24.070
枕弧	Equal variances assumed	1.000	2	.423	1.333	– 4.404	7.070
额弦	Equal variances assumed	– .831	2	.494	2.3674	– 12.1526	8.2193
顶弦	Equal variances assumed	– .141	2	.901	4.2442	– 18.8614	17.6614
枕弦	Equal variances assumed	2.380	2	.140	.742	– 1.427	4.961
上面高 sd	Equal variances assumed	.837	1	.556	3.464	– 41.116	46.916
中面宽	Equal variances assumed	– 1.046	2	.405	4.8447	– 25.9117	15.7784
中面高	Equal variances assumed	– .486	2	.675	1.576	– 7.549	6.015
两眶外缘宽	Equal variances assumed	1.935	2	.193	1.447	– 3.425	9.025
眶外缘间高	Equal variances assumed	.495	2	.670	1.7525	– 6.6736	8.4069
眶中宽	Equal variances assumed	.762	2	.526	2.8868	– 10.2207	14.6207
颧骨高 R	Equal variances assumed	– .174	2	.878	2.4935	– 11.1622	10.2955
颧骨宽 R	Equal variances assumed	– 1.107	2	.384	2.2281	– 12.0534	7.1201
鼻宽	Equal variances assumed	2.223	2	.156	1.110	– 2.307	7.241
鼻高	Equal variances assumed	.362	2	.752	4.2337	– 16.6829	19.7496
眶宽 R	Equal variances assumed	.818	2	.499	.611	– 2.129	3.129
眶高 R	Equal variances assumed	2.299	2	.148	1.8559	– 3.7187	12.2521
颧上颌角	Equal variances assumed	.085	2	.940	5.0811	– 21.4290	22.2956
鼻颧角	Equal variances assumed	– .683	2	.565	2.976	– 14.839	10.772
鼻指数	Equal variances assumed	.999	2	.423	3.2359	– 10.6897	17.1563
眶指数 R	Equal variances assumed	2.112	2	.169	4.4202	– 9.6851	28.3517
中面指数	Equal variances assumed	1.972	1	.299	4.5899	– 49.2706	67.3706

　　鼻部特征是区分欧洲人种和蒙古人种很关键的特征，欧洲人种具有强烈隆起的鼻骨和上翘的鼻尖及狭鼻形，蒙古人种则普遍呈较为低平的鼻骨和浅平的鼻根凹陷，多岗头骨的鼻尖点指数和鼻根指数都在欧洲人种的范围内，鼻指数虽然略超出欧洲人种的范围，但实际上，鼻宽的绝对值并不大，只是鼻高的数值小而造成的，与蒙古人种和尼格罗人种的鼻子形态并不一样。在面部水平方向和矢状方向的扁平度的特征上，欧洲人种一般具有强烈突出的面部水平突度和矢向上的平颌型，多岗人骨的面高和面宽与欧洲人种的吻合，面部扁平度在欧洲人种的最大限

表一二 多岗人骨与三大人种的比较（男性）

	多岗人骨	三大人种		
		欧洲人种	蒙古人种	尼格罗人种
鼻指数 54∶55	51.5	43～49（小和中）	43～53（小和中）	51～60（中和大）
鼻尖点指数 SR∶O3	39.2	40～48（大）	30～39（中）	20～35（小和中）
鼻根指数 SS∶SC	47.4	46～53（大）	31～49（中和大）	20～45（小和中）
鼻颧角 77	145.3	132～145（小）	145～149（大）	140～142（中）
齿槽面角 74	75.9	82～86（大）	73～81（中）	61～72（小）
上面高 48sd	68.4	66～74（小和中）	70～80（中和大）	62～71（小和中）
颧宽 45	130.1	124～139（小和中）	131～145（中和大）	121～138（小和中）
眶高 52	31.6	33～34（中）	34～37（大）	30～34（小和中）
垂直颅面指数 48∶17	51.9	50～54（中）	52～60（中和大）	47～53（小和中）

上。在眼眶的特点上，欧洲人种比蒙古人种普遍具有低矮的眼眶和"闭锁形"的眼窝，多岗头骨的眶高很低，甚至低于欧洲人种的范围。虽然多岗人种的面部个别特征也落入尼格罗人种的范围，但其鼻面部的主要特点还是与尼格罗人种有很大的不同。所以总体上看，多岗头骨的一些重要特征还是与欧洲人种更加吻合，而不同于蒙古人种和尼格罗人种。

7. 与新疆地区其他古代人群的形态比较分析

新疆因与著名的"丝绸之路"密切相关而多年来一直成为人们关注的焦点，它的历史文化、民族、宗教、语言等都丰富多彩、独具特色，从种族人类学关系考察，新疆是东西方人种相互交错的地带，因此，从体质人类学的角度来研究这个地区古代人的种族特点，对追溯现代各民族的种族起源有重要的作用。

新疆地区的干燥气候使考古遗址的人骨能够比较完整的保存下来，随着这些年对新疆地区的考古发掘，积累并研究了很多新疆古墓地的人骨。这些人骨材料所处的时代大约在铜器时代晚期到公元以后几个世纪之内。在人种类型上，新疆地区可以说是东西方人种的接触和交汇地带，欧洲人种和蒙古人种，短颅类型和长颅类型，宽面和狭面等不同形态类型在这里彼此接触和互相影响。从目前研究的人骨材料看，新疆境内古代人群中存在东西方两个大人种的支系，他们在人种起源上具有不同的人种祖裔关系，欧洲人种类型大致分为古欧洲人种类型、地中海东支类型（长颅型），也称为印度—阿富汗类型和中亚两河类型（短颅型），也称为帕米尔—费尔干类型。

这里选择了已研究过的新疆地区的一些古墓地人骨作为对比资料（表一三、一四）。

（1）多岗人骨与新疆古代人群的聚类分析

聚类分析又叫集群分析，其原理是将样品或指标按性质上的相似和相近程度进行分类，把一些相似程度较大的指标或样品归为一类，把那些相互疏远的归为不同的类。

共有 22 项测量项目参加了分析，其中包括 14 项线性和角度测量值及 8 项颅面部指数，所有

表一三　新疆古代人群

地　点	时　代	形态特点
拜城克孜尔①	相当于西周至春秋时期	地中海东支类型
楼兰	距今 2000 年，东汉时期	地中海东支类型（印度—阿富汗类型）
洛浦山普拉	距今 2200 年，西汉时期	地中海东支类型（印度—阿富汗类型）
昭苏	公元前后几个世纪	帕米尔—费尔干类型（中亚两河类型）
石河子南山石堆②	相当于战国～西汉时期	与中亚两河类型最接近
孔雀河古墓沟	距今约 3800 年	古欧洲人类型
哈密焉布拉克 C 组	相当于西周～战国时期	古欧洲人类型
且末	相当于春秋～战国时期，C14 年代为 BC751～104	接近古欧洲人类型
察吾乎三号、四号墓地	四号墓地：距今 3000～2500 年 三号墓地：距今 1800 年	四号墓地：接近古欧洲人， 三号墓地：高加索人种和蒙古人种的混血
鄯善苏贝希③	相当于战国～西汉时期，	I 组为原始欧洲类型；II 组为地中海类型； III 组为中亚两河类型
阿拉沟	距今 2600～2100 年， 相当于春秋晚期到汉代	I 组地中海支系类型； II 组是 I 组和 III 组的过渡类型； III 组是原始欧洲人倾向或原始欧洲人向中亚两河类型过渡的性质
索墩布拉克④	距今 2500～2300 年	I 组为中亚两河类型； II 组与古欧洲人类型近似

表一四　多岗与新疆古代人群的测量数据

	颅长	颅宽	颅高	最小额宽	颧宽	上面高 sd	眶高	眶宽	鼻高	鼻宽	面角	鼻颧角
多岗	178.4	131.8	132.2	90.8	130.1	68.4	31.6	40.5	51.2	26.2	84.1	145.3
克孜尔	185.4	134.4	130.6	95.1	124.6	69.7	31.3	41.9	49.5	24.8	84	137.9
楼兰	193.8	138	145.3	94.5	134.4	79.7	35	41.7	56.2	25.5	92.5	132.3
山普拉	188.5	137.6	140.2	95.7	131.7	74.9	33.3	40.9	54.4	25	86.6	140.1
昭苏	179.9	150.5	135.1	98.7	139.2	73.4	33.7	44.7	55.2	27.2	87.3	140.8
石河子南山	178.3	144.9	137.7	96.7	137.5	73.7	32	42.9	53.2	24.9	86.4	145.4
古墓沟	184.3	138	137.5	93.1	136.2	68.7	31.4	43.3	50.9	26.2	85.9	141.1

---

① 陈靓等：《新疆拜城克孜尔墓地人骨的人种学研究》，《人类学学报》第 24 卷第 3 期，2005 年。

② 陈靓：《石河子南山墓地人骨的人种学研究》，《考古与文物》2002 年第 1 期。

③ 陈靓：《鄯善苏贝希青铜时代墓葬人骨的研究》，《青果集》，知识出版社，1998 年。

④ 陈靓：《新疆察布查尔县索墩布拉克墓地出土人头骨研究》，《考古》2003 年第 7 期。且末人骨为本文作者的研究，待刊。其他遗址人群见韩康信：《丝绸之路——古代种族研究》，新疆人民出版社，2009 年。

续表

	颅长	颅宽	颅高	最小额宽	颧宽	上面高 sd	眶高	眶宽	鼻高	鼻宽	面角	鼻颧角
焉布拉克 C 组	183.3	133.3	135.8	90.9	132.5	71.2	32.7	41.8	53.1	26	85.2	143.4
且末	182	136.2	135.9	91.7	129.1	70.8	31.5	41.7	52	25.4	84.3	143.1
察吾乎三号墓	180.5	138.7	142.1	94.2	134.2	74.7	34.5	43.5	54.1	25.9	91.4	139.2
察吾乎四号墓	183.4	136.5	135.8	94.2	131.1	70.7	31.8	42.2	51.3	24.8	90.2	142.3
苏贝希 I 组	186.5	136	137	100.7	137.8	64.7	29.9	43.6	49.6	26.4	87.7	140.3
苏贝希 II 组	183.2	132.1	133.6	93.3	128.9	71.1	31.8	41.9	48.9	24	82.9	136.9
苏贝希 III 组	172	138	125.7	98.5	128	71.9	30	40.5	53.4	21.8	86	141.5
阿拉沟 I 组	183.4	134	133.7	95.1	128.8	72.7	33.5	42.9	52.7	24.2	86	138.5
阿拉沟 II 组	187.9	144.3	137.5	95.6	132.6	72.6	34.4	42	53.2	25.4	86.9	143.4
阿拉沟 III 组	182.7	143.9	137.5	95.9	132.8	70.2	31.9	41.7	52.4	25.7	85.5	143.2
索墩布拉克 I 组	177.5	145	136.4	99.6	137.8	70.5	31.6	43.6	52.2	25.3	85.5	138
索墩布拉克 II 组	183.8	136.3	132.8	98.7	133.2	66.5	30.5	43.3	50.3	24.9	83.7	134

	鼻骨角	颧上颌角	颅指数	颅长高指数	颅宽高指数	上面指数	垂直颅面指数	眶指数	鼻指数	鼻根指数	
多岗	26.6	123.9	73.9	74.3	100.6	52.8	51.9	78	51.5	47.4	
克孜尔	31.7	127.3	72.5	67	95.2	56	53.5	74.6	50.1	41.4	
楼兰	28.5	131.8	71.1	74.9	105.4	59.5	55	83.8	45.2	64.4	
山普拉	29	129	73	74.4	102	56.9	53.5	81.5	46.1	50.9	
昭苏	28	134	83.8	75.2	89.8	52.7	54.3	82.1	49.4	54.7	
石河子南山	26	133.3	81.2	76.8	94.5	53.6	53.3	82.1	47.1	53	
古墓沟	29	127.8	75	74.5	99.7	50.6	50.3	76.6	51.5	43.7	
焉布拉克 C 组	27.6	132.5	72.7	74.1	101.9	53.8	52.5	78.1	48.7	45.9	
且末	20.1	132.2	74.9	74.9	100	54.4	52.5	75.6	48.9	39.6	
察吾乎三号墓	21.4	130	76.8	79.1	102.3	55.6	52.8	78.7	47.9	41.8	
察吾乎四号墓	25.3	130.5	74.4	74.2	99.9	54	51.9	75.3	48.7	47.4	
苏贝希 I 组	30.8	136	73	73.4	100.7	45.5	47.2	77	53.2	46.6	
苏贝希 II 组	28.8	127.5	72.1	73	101.9	52.4	53.2	75.9	48.7	43.6	
苏贝希 III 组	26	126.5	80.2	73.1	91.1	53.4	57.2	74.1	40.8	52.2	
阿拉沟 I 组	29.5	124.1	73.1	72.3	99.1	56.4	53.1	78.1	46.1	55.8	
阿拉沟 II 组	31	135.3	76.9	73.2	95.4	55.6	52.2	81.9	47.8	43	
阿拉沟 III 组	34.5	132.6	78.8	74	95.6	53.3	51.3	76.5	49.1	50.8	
索墩布拉克 I 组	25.2	129.1	81.8	77	94.1	51.2	51.8	72.5	48.8	47.2	
索墩布拉克 II 组	31	128.2	74.2	72.3	97.4	49.9	50.1	70.4	49.5	58.2	

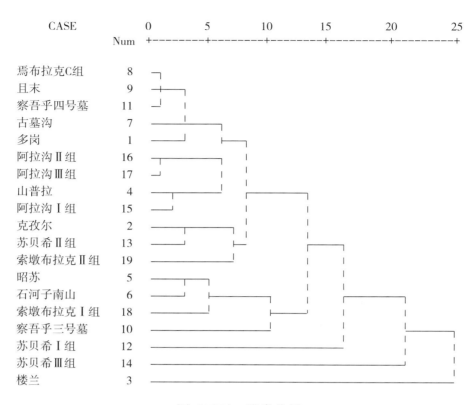

图二三三　　聚类分析

数据进行了标准化（Range 0−1），采用欧氏平方距离、以最近距离法进行聚类，聚类结果见图二三三。

聚类图显示，在 19 个组群中大致可以划分出三个类群，第一个类群包括焉布拉克 C 组、且末、察吾乎四号墓、古墓沟和多岗，这个组群中的人群更多地接近古欧洲类型。第二个类群包括阿拉沟三个组、山普拉组、克孜尔、苏贝希 II 组及索墩布拉克 II 组，这个组群更多地接近长颅型的地中海东支类型。第三个类群包括昭苏、石河子南山、索墩布拉克 I 组，这个组群的人群更多地接近短颅型的中亚两河类型。其余组群与这三个类群都在较远距离聚类。楼兰与所有组群的聚类距离最远。

（2）多岗人骨与新疆古代人群的因子分析

因子以主成分形成，是在不损失或少损失原来指标包含信息的情况下，减少分析指标个数形成的新指标，就称为主成分（PC），它是原指标的线性函数且二者是垂直关系，互不相关。某个主成分提供的信息量在总的信息量中所占的比例，被称为该主成分的贡献率。

共有 22 项测量项目参加了分析，其中包括 14 项线性和角度测量值及 8 项颅面部指数。前三个主成分的贡献率分别是 27.9%、20.7%、18.9%，累积贡献率为 67.6%，包含了大部分测量数据的信息。所有测量数据在前三个主成分的载荷矩阵见表一五。第一主成分（PC1）上的重要变量包括上面高、鼻高、眶高、眶指数、上面指数、面角和颅高，这些变量代表了头骨上面部、鼻部、眼眶的高度特征和面部矢向上的扁平度。第二主成分上（PC2）的重要变量有鼻宽、颧宽、垂直颅面指数、鼻指数、眶宽和颧上颌角，代表了头骨的鼻骨、面部宽度特征和中面部水平向的扁平度。第三主成分（PC3）上的重要载荷变量包括颅指数、颅宽高指数、颅宽、最小额宽和颅长，代表了头骨的头型、额部和头骨的宽度特征。三个主成分上的重要变量基本不重合。从以下三个因子分析图中较全面分析所有组群的形态距离的亲疏关系。

表一五　所有变量在前三个主成分上的载荷

变量	PC1	PC2	PC3	变量	PC1	PC2	PC3
上面高 SD	.945	−.266	$2.441E-02$	颅指数	$7.797E-02$	$8.751E-02$	.930
鼻高	.898	$-5.726E-02$	.296	颅宽高指数	.243	.165	−.872
眶高	.879	$9.916E-02$	−.155	颅宽	.348	.346	.794
眶指数	.794	.196	$-5.572E-02$	最小额宽	−.155	.197	.727
上面指数	.744	−.499	−.255	颅长	.349	.325	−.607
面角	.728	.256	$7.146E-05$	鼻颧角	−.131	$6.367E-02$	.139
颅高	.704	.577	−.267	鼻骨角	−.240	$9.573E-02$	$-2.643E-02$
鼻宽	.140	.849	−.142	鼻根指数	.396	−.113	.281
颧宽	.240	.786	.463	颅长高指数	.489	.387	.263
垂直颅面指数	.517	−.761	.244				
鼻指数	−.497	.737	−.298				
眶宽	$-2.861E-02$	.674	.405				
颧上颌角	.268	.634	.223				

　　图二三四是 PC1 和 PC2 形成的二维因子图。从图中人群的分布看，与多岗人群距离上比较靠近的组群有苏贝希 II 组（13）、克孜尔（2）、且末（9），距离上较疏远的组群包括苏贝希 III 组（14）、楼兰（3）、察吾乎三号墓。克孜尔是拜城县的另一个遗址，多岗与克孜尔人群的形态差别主要表现在多岗人群的上面高、颧宽、鼻高、鼻宽、眶高、眶宽等数值较高，但总体上还是比较接近的。与楼兰的主要差别是多岗人群鼻、面、眶的高度特征都小，与苏贝希 III 组的差别主要是多岗鼻、面、眶的宽度特征都大。

　　图二三五是 PC1 和 PC3 形成的二维因子图。从图中的人群分布看，与多岗人群距离上相对接近的组群包括苏贝希 II（13）、克孜尔（2）、古墓沟（7）、且末（9）、焉布拉克 C 组（8），与他们的主要差别表现在颅型上，即多岗人群的颅指数、颅宽高指数、颅宽、颅长等的尺寸小。与多岗组群距离较远的是昭苏（5）和楼兰（3）、苏贝希 III（14）、索墩布拉克 I（18）和石河子南山（6）。与昭苏的主要差异在颅型，即昭苏组在颅指数、颅宽高指数、颅宽和颅长的数据上处于最大位置。多岗与楼兰组的差别主要在鼻面部特征上，即楼兰组具有最大的面高、鼻高、眶高。

　　图二三六是三个主成分形成的三维因子图。图中组群的分布显示了多岗组与克孜尔（2）、苏贝希 II（13）、焉布拉克 C 组（8）、且末（9）、察吾乎四号墓（11）组群相对距离比较近，

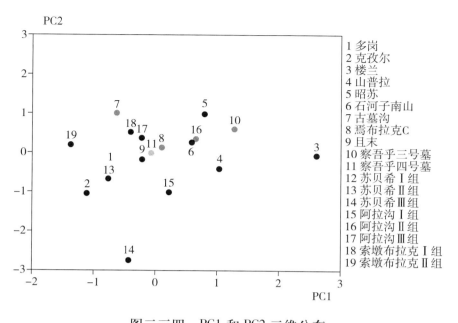

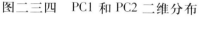

图二三四　PC1 和 PC2 二维分布

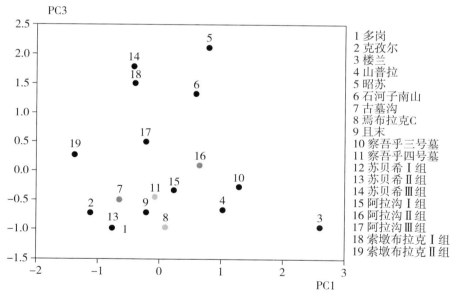

图二三五　PC1 和 PC3 二维分布

这一类组群在图中正好介于古墓沟（7）、索墩布拉克Ⅱ（19）代表的古欧洲人类型和山普拉（4）、阿拉沟Ⅰ（15）组代表的地中海东支类型之间的位置。

（3）新疆境内古代人群种族成分的讨论

从目前新疆境内的古人类学材料看，存在东西方两个大人种支系成分。孔雀河下游古墓沟墓地的时代如果准确的话，那么这个墓地的人类学材料就是新疆境内最早的属于铜器时代的材料，他们的出现说明，至少在铜器时代末期，具有原始欧洲人种形态的人群已经分布在罗布泊地区，这样的人群在铜器时代早期或中期就出现在南西伯利亚、阿尔泰地区、哈萨克斯坦、中

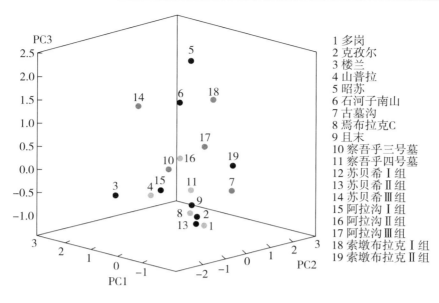

图二三六　三维主成分分布

亚甚至伏尔加河下游地区，他们在形态上与诺的克即北欧类型有许多相似之处①。

　　新疆境内的古人类学材料大部分集中在相当于中原地区的春秋战国时期，有的可以早到西周，如哈密焉布拉克墓地和拜城克孜尔墓地。从本文对新疆境内的古代人群的种系分析看，时代稍早点的大部分人群都与原始欧洲人种类型接近，如果有的遗址年代可推迟到汉代的话，像洛浦山普拉、鄯善苏贝希、阿拉沟、昭苏、石河子南山及楼兰等，那么这些遗址的古人类学材料的种族成分就比较复杂化了，反映出人群交融、碰撞更加频繁和强烈，出现了长颅狭面的地中海东支类型和短颅的中亚两河类型，有的还出现了蒙古人种类型。因此看来，具有地中海东支类型特点的种族成分在新疆境内的出现时间要晚于原始欧洲人种类型，大约发生在汉代。如果追溯地中海东支类型成分进入新疆地区的轨迹的话，就应该考察邻近新疆的中亚地区古人类成分。中亚的新石器时代人类学材料有四个地区，即沿阿莱南部地带、土库曼南部地区、塔吉克斯坦西部和哈萨克斯坦东部地区。哈萨克斯坦东部出土的 2 具头骨是具有克罗马农人特点的原始欧洲人种类型。上述其他地点的头骨拥有极狭的面，与地中海新石器时代头骨存在很多共同点。因此，从地理上分析，新疆境内的这些长颅地中海东支类型应该是通过中亚的古代地中海人种成分越过帕米尔高原、沿塔里木盆地的南缘向东进入罗布泊地区而带来的②。

　　中亚两河类型的起源和形成，目前还不是很清楚。有的苏联人类学家认为中亚两河类型是有长颅的地中海人种短颅化形成，但后来的很多研究证明，中亚两河类型与具有原始形态的安德罗诺沃欧洲人种类型的关系更为密切，受地中海类型的影响不大。但阿拉沟的材料表明，新疆境内天山地区的古代中亚两河类型具有明显的地中海人种混血，而苏联境内中亚地区，特别

①　韩康信：《丝绸之路——古代种族研究》，新疆人民出版社，2009 年。
②　韩康信：《丝绸之路——古代种族研究》，新疆人民出版社，2009 年。

是哈萨克斯坦的中亚两河类型是以安德罗诺沃变种（公元前 2000～前 1000 年的原始形态的欧洲人种）为基础的、兼有某些轻度蒙古人种的混杂。新疆境内出现的中亚两河类型多集中在新疆的中北部地区，如昭苏、索墩布拉克、石河子南山、苏贝希和阿拉沟遗址，从地理位置看，中亚两河类型成分最早还是来自中亚、更可能是哈萨克斯坦地区，他们的出现时间也应该晚于原始欧洲人种类型，这种类型在进入新疆地区后的演化过程中有不同人种（蒙古人种）及欧洲人种的不同类型（地中海类型）的混杂，形成过程比较复杂。

新疆境内的古人类学材料已经证实新疆的古代人群中存在蒙古人种成分，从地理上看，进入新疆的蒙古人种成分可能来源于相邻的蒙古国、甘肃、青海和西藏等地方（彩版九二，1）。这些蒙古人种具有不太一致的体质类型，如阿拉沟墓葬发现有与大陆蒙古人种近似的头骨（如现代的布里亚特人或蒙古人），同时也有趋近东亚蒙古人种体质类型和可能是混杂类型的头骨，这种形态上的多元化，可能反映了他们的不同来源[1]。哈密焉布拉克墓葬中的蒙古人种与现代西藏东部颅骨类型很接近[2]。时代稍晚的楼兰和昭苏两个墓地中都有少量的蒙古人种头骨或有蒙古人种的混合形态，由于其数量不多，对他们可能的起源也难以判断[3]。复旦大学现代人类学研究中心的一名学生曾对且末的人骨进行了线粒体 DNA 分析，结果证明了有蒙古人种成分的混杂（形态学的研究没有明显的蒙古人种成分）。因此，新疆境内的古代人群从距今大约 2700 多年前就存在欧洲人种和蒙古人种的混杂或混合现象。

根据以上对新疆境内古代人群种族成分的综合分析，再回头来看多岗人群的种族类型，一方面，虽然形态学的研究显示多岗人群具有比较一致的欧洲人种的大致特点，但是否在一定程度上存在蒙古人种的混血，应该进一步进行古 DNA 的分析才能更加明确。另一方面，关于多岗人群的种族成分，我认为其种族成分的基础是原始欧洲人种，但相比时代较早的古墓沟人群的形态还是有些差别，产生这种差异的原因，一方面可能是人群随着时代而进化形成的，另一方面，也存在不同种族成分交融和混杂而导致的影响。

根据英国学者 T. A. 乔伊斯在 20 世纪初对新疆南部现代民族的人类学调查结果看，新疆境内古代人群具有的欧洲人种的短颅型的中亚两河类型和长颅型的地中海东支类型在新疆地区的现代民族中依然存在，如中亚两河类型在塔吉克族、巴楚人、和田、于田及塔克拉玛干沙漠南部邻近地的维吾尔族中表现最为明显。不过，像古墓沟墓地代表的具有原始形态的欧洲人种类型没有在乔伊斯的调查资料中反映，这或许暗示该形态类型在后来人群的不断融合和进化的过程中逐渐弱化而被其他类型取代[4]。当然，乔伊斯的调查资料仅限于南疆地区，而缺乏北疆的现代人类学资料。现代新疆境内各民族体质形态类型的形成具有复杂的种族人类学背景，要完全厘清他们的起源和演化趋势，还需要做大量的调查研究。

———————————

[1]　韩康信：《阿拉沟古代丛葬墓人骨研究》，《丝绸之路——古代种族研究》，新疆人民出版社，2009 年。

[2]　韩康信：《焉布拉克古墓人骨种系研究》，《丝绸之路——古代种族研究》，新疆人民出版社，2009 年。

[3]　韩康信：《楼兰城郊古墓人骨人类学特征》、《昭苏土墩墓人骨研究》，《丝绸之路——古代种族研究》，新疆人民出版社，2009 年。

[4]　韩康信：《丝绸之路——古代种族研究》，新疆人民出版社，2009 年。

二　多岗人群的古病理研究

研究考古遗址出土人骨的病理现象是古病理史研究的重要内容，是探索某些现代疾病的起源和发展的重要资料，它能够追溯某些现代疾病在历史上的流传和分布规律。有些疾病还能够反映出环境、生活方式以及社会发展水平等对人的影响。从骨骼病理变化中可以获得同地理区域和不同时代阶段的人类健康状态的模式和演变过程，从而获取古代人群的生活方式、食物构成、疾病状况、生存压力、经济模式、行为特点、社会组织结构等多方面信息，尽可能全面恢复古代社会的原貌。

饮食和经济形态与人类疾病有密切关系，人类从采集狩猎经济形态转型到农业社会后，生活形式发生很大改变，人们趋向定居式生活，人口密度迅速膨胀，环境恶化，食物种类单一等都导致人类健康状况下降，容易感染疾病。为此，有人就提出了"伴随农业化程度的加强，人群健康趋于退化"的观点[1]。

骨骼对环境是比较敏感的，如饮食、疾病和机械压力都能在骨骼上留下去不掉的印记，所以，骨骼能显示环境与人一生的行为之间的相互作用的情况，也能够提供饮食、健康和生活方式的信息。很多生物的和病理的现象都能在骨骼上看到，包括寿命、身份、骨骼的形状和尺寸（可能暗示骨骼的强度和力量）、缺铁性贫血、感染性疾病、退行性关节病和龋齿等。

1. 龋齿的调查

龋齿病是在全新世以来的考古遗址出土的人类牙齿上常见的一种牙齿疾病，其出现率和表现方式在不同时期和区域出土的人类牙齿有很大差别，造成这种差异的原因与导致龋齿的致病因素有关。现已证实，导致龋齿有 3 个重要因素：细菌、饮食、宿主。细菌通过菌斑的形式附着于牙齿表面，某些致龋菌如变形性链球菌等产酸，酸性环境利于龋齿的发生。食物的种类、性质、精细程度、摄食方式和频率都与龋齿的发生有关，食物黏性越大、加工越精细，在口腔中的滞留性就越强，越利于龋齿的发生。宿主的因素包括唾液、牙齿以及全身的健康状况等[2]。由于食物中的糖类（包括淀粉）在以农业为主要经济形态的人群食物中的比例要高于采集—狩猎人群，食物的加工水平也会更加精细化，这些差异会造成不同经济形态类型人群的患龋率的不同。有人对全球范围龋齿与经济类型的关系进行了调查，采集—狩猎人群龋齿发生率在 0 ～ 5.3%（平均 1.72%），混合经济人群为 0.44% ～ 10.3%（平均 4.37%），农业人群为 2.1% ～ 26.9%（平均 8.56%）（图二三七）。这个调查结果显示出农业人群的龋齿水平最高，其主要原因还是因为农业社会的人群更多依赖种植产品，从而摄入大量的高淀粉和高糖食物而使龋齿的发生率增加[3]。对包括北美、南美、非洲、欧洲和亚洲的大量研究表明，农业人群的龋齿率都高

---

[1]　Pechenkina, *et al.* "Diet and health changes at the end of the Chinese Neolithic: the Yangshao/Longshan transition in Shaanxi province". *American Journal of Physical Anthropology*, 2002, 117（1）: 15 – 36.

[2]　转引何嘉宁：《中国北方古代人群龋齿及与经济类型的关系》，《人类学学报》第 23 卷增刊，2004 年。

[3]　Turner CG. "Dental anthropological indications of agriculture among Jomon people of central Japan". *American Journal of Physical anthropology*, 1979, 51: 619 – 636.

于采集狩猎人群。当然，也有一些例外，比如现代德黑兰的从事采集—狩猎的人群更多地消费水果、坚果，这些食物也富含碳水化合物，并且有粘性的口感，他们的龋齿率也比较高[1]。在现代人群中，糖的消费数量和牙齿的龋蚀有很强的正相关关系[2]。

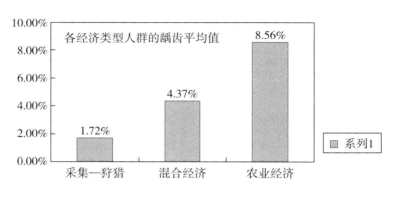

图二三七　龋齿率和经济类型

此外，在农业社会，女性的龋齿率也比男性高[3]。对此有两种解释：一是男女饮食上可能有差别，二是男女牙齿生理结构有差别，在消费同样的食物时，女性的牙齿更容易产生龋蚀[4]。

龋齿和牙齿磨耗的关系是比较复杂的。有些研究发现具有较低牙齿磨耗的人群拥有比较高的龋齿率[5]，但也有正相关的例子，即有些人群的牙齿磨耗和龋蚀都较严重[6]。

（1）人群的龋齿率

本文中龋齿的判别是以牙体硬组织的各种大小龋洞及明确的表面龋蚀为准。对不能明确判断的或怀疑可能受埋藏影响的牙齿损坏，均不计入。

多岗的人骨材料中，共有580枚牙齿接受龋齿观察，其中有32枚龋齿，龋齿率为5.5%，比较接近混合经济人群的平均龋齿率（彩版九二，2～4）。其中，观察的男性牙齿总数为298枚，龋齿有18枚，龋齿率约为6%。女性的牙齿总数为271枚，龋齿有13枚，龋齿率为4.8%，男女两性的龋齿率差异不大（图二三八）。另外，2～11岁年龄组的观察个体不能判断出年龄，因此，缺少男女性的对比。数据资料见表一六。

① Hartnady, P. and Rose, J. *Abnormal tooth-loss patterns among Archaic-period Anthropology*. M. Kelley and C. Larsen. New York, Wiley-Liss: 267 – 278.

② Newbrun, E. "Sugar and dental caries: a review of human studies". *Science*, 1982. 217 (4558): 418 – 423.

③ Lukacs, J. "Dental paleopathology and agricultural intensification in South Asia: new evidence from Bronze Age Harappa." *American Journal of Physical Anthropology*, 1992, 87 (2): 133 – 50.

④ Larsen, C. "Biological changes in human populations with Agriculture". *Annual Review of Anthropology*, 1995, 24: 185 – 23.

⑤ Powell, M. "The analysis of dental wear and caries for dietary reconstruction". *The Analysis of prehistoric Diets*, 1985, 307 – 38.

⑥ Hartnady, P. and Rose, J. "Abnormal tooth – loss patterns among Archaic – period inhabitants of the lower Pecos region, Texas". *Advances in dental Anthropology*, 1991, 267 – 278.

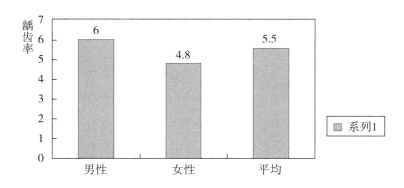

图二三八　多岗人群龋齿率的性别比较

表一六　多岗人群的龋齿观察数据

年龄组岁	男性牙齿数目	男性龋齿数目	男性龋齿率	女性牙齿数目	女性龋齿数目	女性龋齿率	全部牙齿数目	全部龋齿数目	全部龋齿率
2～11							11	1	9.1%
12～15	47	0	0%	34	0	0%	81	0	0%
16～19	13	0	0%	38	1	2.6%	51	1	1.97%
20～24	33	2	6.1%	12	2	16.7%	45	4	8.9%
25～29	52	5	9.6%	41	3	7.3%	93	8	8.6%
30～34	29	1	3.5%	46	1	2.2%	75	2	2.7%
35～39	26	3	11.5%	60	0	0%	86	3	3.5%
40～44	43	3	7%	2	0	0%	45	3	6.7%
45～49	33	3	9.1%	17	3	17.6%	50	6	12%
50～55	19	0	0%	10	1	10%	29	1	3.4%
55+	3	1	33.3%	11	2	18.2%	14	3	21.4%

（2）龋齿的年龄分布和龋齿率的性别分布

图二三九是多岗人群龋齿发生的年龄分布。最高龋齿率的出现年龄在55岁以上，平均为21.4%，其中，男性33.3%，女性18.2%，男性这么高的出现率与观察数目太少（仅3枚）有较大的关系，也就是说，这个比例可能高出实际情况。龋齿率最低的在16～19岁年龄组，平均为1.97%，这个结果也符合常理，刚刚结束乳齿到恒齿的更换期，牙齿使用的时间还比较短。在20～24岁、45～49岁、50～55岁年龄组，女性的龋齿率高于男性，而在30～34岁、35～39岁年龄组，男性的龋齿率高于女性，25～29年龄组，两性的龋齿率差别不大。

从性别上看，全部男性的龋齿数目有298枚，龋齿率为6%，全部女性的龋齿数目为271枚，龋齿率为4.8%，两者之间没有明显差异。全部个体的龋齿率为5%。数据资料见表一七。

（3）不同文化分期的人群龋齿差异

按照考古文化分期，多岗人群被分为四个文化期。从四个文化分期的牙齿资料看，第三期人群的龋齿率2.9%远低于其他三个时期人群的龋齿率，他们之间有明显的差异。第一、第

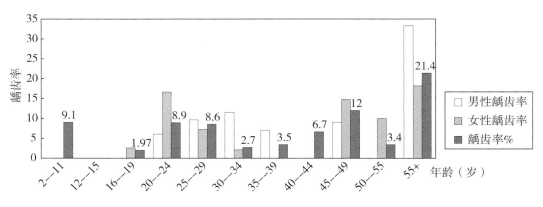

图二三九　龋齿的年龄分布

表一七　龋齿的性别和年龄分布

年龄组（岁）	男性牙齿总数	男性龋齿	男性龋齿率%	女性牙齿总数	女性龋齿	女性龋齿率%	牙齿总数	龋齿数目	龋齿率%
2～11	0	0	0	0	0	0	11	1	9.1
12～15	47	0	0	34	0	0	81	0	0
16～19	13	0	0	38	1	2.6	51	1	1.97
20～24	33	2	6.1	12	2	16.7	45	4	8.9
25～29	52	5	9.6	41	3	7.3	93	8	8.6
30～34	29	1	3.5	46	1	2.2	75	2	2.7
35～39	26	3	11.5	60	0	0	86	3	3.5
40～44	43	3	7	2	0	0	45	3	6.7
45～49	33	3	9.1	17	3	17.6	50	6	12
50～55	19	0	0	10	1	10	29	1	3.4
55 +	3	1	33.3	11	2	18.2	14	3	21.4
全部	298	18	6	271	13	4.8	580	32	5.5

　　二和第四期的龋齿率基本没有太大的差别，保持在6%～7.5%之间（表一八，图二四〇）。对第三期如此低的龋齿率，我们分析一下可能的影响因素。第三期的牙齿观察总数达到244枚，因此，不存在小样本造成的偶然性误差。年龄是对龋齿有影响的一个重要因素，一般规律是年龄越大，龋齿出现也越多。第一期只有两个个体，平均年龄41.3岁，第二期的平均年龄31.1岁，第三期的平均年龄28.4岁，第四期的平均年龄35岁，第三期的平均年龄最小，这可能是龋齿率低发的一个原因。另外，从上面对龋齿与年龄的关系分析看（图二三九），16～19岁年龄组（龋齿率1.97%）和30～34岁年龄组（龋齿率2.7%）是龋齿率较低的两个年龄段。而16～19岁个体和30～34岁个体都主要集中在第三期人群中，在8个16～19岁的个体中，6个属于第三文化期的，7个30～34岁个体中，有4个属于第三期的。可见，第三期人群龋齿率低与这一文化时期人群的年龄分布有很大关系。

表一八　不同文化分期的人群的龋齿表现

文化分期	牙齿总数	龋齿数	龋齿率%
第一期	16	1	6.3
第二期	194	14	7.2
第三期	244	7	2.9
第四期	106	8	7.5

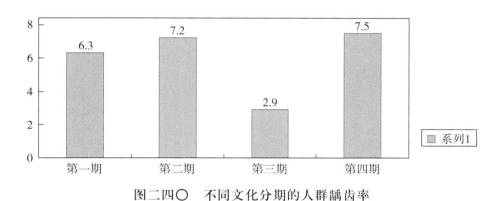

图二四〇　不同文化分期的人群龋齿率

（4）不同墓葬规格的人群的龋齿差异

多岗墓葬基本都是圆丘封堆竖穴墓，有大、中、小三类，封堆直径9米以上为大型墓，封堆直径5～9米为中型墓，5米以下为小型墓，个别封堆达到14米左右的为特大型墓。这些出自不同墓葬规格的人群牙齿龋齿表现呈现在表一九和图二四一中。小墓多为儿童墓，骨骼保存很不好，所以收集到的骨骼很少。其他三种类型墓葬的人骨龋齿率没有太大差别。

表一九　不同墓葬规格的人群龋齿数据

	牙齿数目	龋齿数目	龋齿率%
特大墓	25	1	4
大墓	55	3	5.5
中墓	463	25	5.4
小墓	17	0	0

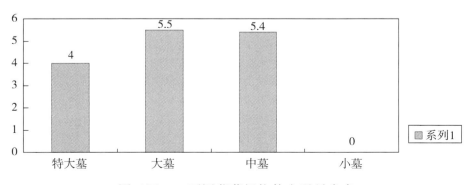

图二四一　不同墓葬规格的人群龋齿率

2. 筛状眶和多孔骨肥厚的调查

筛状眶（Cribra orbitalia）是一种出现在眼眶顶壁的密集状小孔，是由于骨髓腔的扩大和皮层体积减小的结果。这样的小孔出现在头骨的枕骨、额骨和顶骨上，称为多孔骨肥厚（Porotic hyperostosis）。

筛状眶和多孔骨肥厚是否具有相同的病原学，目前还存在不同的认识，如欧洲人骨资料的调查反映出筛状眶比多孔骨肥厚出现更频繁，在英国的考古材料中，头骨上的多孔骨肥厚症状很少见，而筛状眶更为普遍，为此一些欧洲学者认为这两种损伤不一定有必然的联系，可能有不同的病原学[1]。但北美的人骨调查显示出筛状眶和多孔骨肥厚具有关联性，即眼眶不出现的话，头骨上一般也不会出现，而且眼眶和头骨损伤在 X 光片上很相似，表示这两种情况可能有相同的病原因素，而筛状眶比头骨上的多孔骨肥厚出现频繁可能意味着头骨的损伤表示贫血程度更严重[2]。中国仅有的调查资料显示情况比较复杂，有时仅出现在眼眶，有时仅出现在头骨，有时两者同时出现。由于材料有限，目前还不能得出明确结果，有待以后有更多资料的积累[3]。

引起筛状眶和多孔骨肥厚的原因有以下一些观点：

首先与缺铁性贫血有密切的关系。

有研究指出，很多地区的农业社会人群表现出较高比例的筛状眶或多孔骨肥厚症[4]。这主要是因为从采集狩猎经济向农业转型过程中，人群的饮食更多地以谷物代替了动物蛋白而容易导致缺铁性贫血，其原因有四个方面：（1）肉类比谷物包含更丰富的铁；（2）肉类中的铁比谷物中的铁更容易被吸收。肉类中铁的亚铁状态无需在胃里加工就可直接吸收，而植物中的非亚铁形式的铁很难被利用；（3）肉类中的一些成分能够促进铁的利用；（4）很多重要的谷物如大米、小米和玉米中都含有铁吸收的有效抑制剂，如植酸。此外，如感染性疾病、寄生虫感染、疟疾、腹泻等病都会引起不同程度的贫血从而导致筛状眶或多孔骨肥厚的出现。除以上因素外，结核、慢性真菌感染和骨膜炎等也会导致贫血，在骨骼上表现为筛状眶或多孔骨肥厚[5]。因为这些容易引起贫血的因素都比较集中出现在密集的农业社会的定居地区，因此，这种病理现象被认为与农业社会有密切的关系。一方面，农业社会人群的饮食发生了很大的变化，另一方面，农业社会的人口密度的增加和相对定居的生活方式容易导致各种疾病的增加，尤其是感染性疾病的增加，而后者容易引起人体出现贫血。

---

① F. Facchini, E. Rastelli and P. Brasili. , "Cribra orbitalia and cribra cranni in Roman Skeletal Remains from the Ravenna Area and Rimini". *International Journal of Osteoarchaeology*. 2004. 14：126 – 136.

② P. Stuart-Macadam, "Porotic Hyperostosis：Relationship between Orbital and Vault lesions". *American Journal of Physical Anthropology*. 1989. 80：187 – 193.

③ 张君：《从筛状眶和多孔骨肥厚考察中国古代人骨上的贫血现象》,《考古》2009 年第 10 期。

④ Garn, S. , "The iron-deficiency Anemias and their Skeletal Manifestations", *Diet, Demography, and disease：Changes perspectives on Anemia*, pp. 33 – 61, New York, 1992.

⑤ Zucker, S. , Anemia of Chronic Disease, Hematology and Oncology, pp. 27 – 28, M. A. Lichtman, New York, 1980.

其次与坏血病或维生素 B12 族的缺乏有关

直到 20 世纪 90 年代末，坏血病的诊断一般基于长骨上有新骨的形成。不过，Ortner and Ericksen 在 1997 年仔细研究了坏血病的骨变化，找到了更多出现在头骨上的损伤变化，尤其显著地表现在蝶骨大翼两侧和相邻的骨组织，也能出现在眼眶。不过，Ortner 仍然强调，头骨上这些作为坏血病鉴定的变化还不能作为特定的病症，最近的研究也集中在坏血病的组织学变化，需要考虑病理样本显微镜下的截面特征，以区别坏血病和贫血。

坏血病是古病理稀有者，可能因为在考古样本中没有认出或误诊。在古病理上的证据包括骨的出血反应的鉴定、牙周病、牙齿生前缺失、出血到关节以及长骨上的"坏血线"都是作为坏血病最突出的指标。

中国学者近几年也开始关注这种骨骼病理现象在中国古代人骨上的出现情况。已经报道的人骨资料包括山东广饶新石器时代居民、新疆鄯善洋海青铜时代居民、内蒙古兴隆洼新石器时代居民、安徽尉迟寺新石器时代居民及汉长安城墙角发现的两个个体。

针对中国古代人群的筛状眶或多孔骨肥厚病理现象在不同地区、不同气候环境以及不同时代上的变化，目前还没有进行深入广泛的考察。目前的中国病理资料显示，山东广饶新石器时代居民和新疆洋海青铜时代居民的该病理出现率都比现代华北和云南居民高，这个结果可能在一定程度上反映出，古代居民的饮食和生活环境相比现代居民差，更容易诱发贫血病，从而造成筛状眶或多孔骨肥厚发生率较高[1]。

（1）多岗人群的筛状眶和多孔骨肥厚的发生率仅观察筛状眶一个特征的话，18 个男性个体中只有 1 例出现，出现率为 5.6%，女性出现率为 4.2%，还有 4 个观察个体性别不明，其中 1 例出现，出现率为 25%（彩版九二，5）。全部个体的筛状眶出现率为 6.5%（表二〇和图二四二）。仅观察多孔骨肥厚（彩版九二，6）一个特征的话，在 20 个可观察男性样本中，有 3 例出现，出现率为 15%，女性和性别不明的个体中没有出现，全部个体的多孔骨肥厚出现率为 6.8%。如果把两个特征一起观察的话，即出现其中一个就算出现，两个特征都不能观察的个体不计入观察总数中。这种情况下，男性出现率为 19%，女性为 4.2%，不明性别的个体出现率为 25%，全部个体的出现率为 12.2%。不明性别个体的病理特征出现率高与观察样本例数太少有关。根据表二〇的统计结果，男女性在筛状眶的出现率上差异不大，多孔骨肥厚主要表现在男性个体上，可能说明男性的头骨比眼眶更容易受到损伤，也可能是偶然现象，需要今后有更多的观察样本进行深入研究。如果把两个特征看做一类病理特征，则男性的出现率（19%）比女性（4.2%）高得多，这或许说明男女性确实存在身体状况上的差异，如饮食的不同或男性更易感染能引起贫血的各类疾病，疟疾、腹泻或寄生虫感染等。筛状眶和多孔骨肥厚的单项特征出现率接近（6.5% 和 6.8%），没有大的差异。另外，从本文的观察材料看，没有 1 例个体的筛状眶和多孔骨肥厚两个特征同一个个体上同时出现。

---

① 张君：《从筛状眶和多孔骨肥厚考察中国古代人骨上的贫血现象》，《考古》2009 年第 10 期。

表二〇　筛状眶和多孔骨肥厚的出现情况

	筛状眶	多孔骨肥厚	筛状眶或多孔骨肥厚
观察男性总数	18	20	21
男性出现数目	1	3	4
男性出现率	5.6%	15%	19%
观察女性总数	24	21	24
女性出现数目	1	0	1
女性出现率	4.2%	0	4.2%
不明性别总数	4	3	4
不明性别出现数目	1	0	1
不明性别出现率	25%	0	25%
观察个体总数	46	44	49
出现数目	3	3	6
出现率	6.5%	6.8%	12.2%

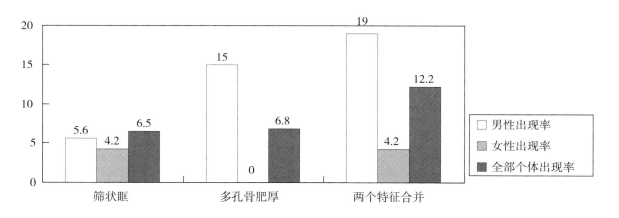

图二四二　筛状眶和多孔骨肥厚的表现

　　（2）筛状眶和多孔骨肥厚在不同年龄的表现从表二一的观察记录看，筛状眶主要集中出现在较年轻的个体，未成年和青年期，其他年龄段都没有出现；多孔骨肥厚在青年期、壮年期和中年期都有表现；两项特征合并看，除了老年个体没有出现，可能与观察样本数仅3例太少有关外，其他年龄时期都有出现，而且也是在未成年和青年期出现较高，这个统计结果可能说明，年轻个体对环境的反应更加敏感，他们的骨骼也更容易受到由疾病带来的损伤。这个结论是否适合其他人群，还需要今后对大量人骨进行观察统计后来验证。筛状眶和多孔骨肥厚在不同年龄时期的对比呈现在图二四三中。

表二一　筛状眶和多孔骨肥厚的年龄分布

年龄（岁）	筛状眶			多孔骨肥厚			两项特征合并		
	观察个体数目	出现个体数目	出现率%	观察个体数目	出现个体数目	出现率	观察个体数目	出现个体数目	出现率
未成年≤14	5	1	20	5	0	0	5	1	20
青年期15～23	8	1	12.5	9	1	11.1	10	2	20
壮年期24～35	12	0	0	11	1	9.1	12	1	8.3
中年期36～55	15	0	0	14	1	7.1	15	1	6.7
老年期＞56	3	0	0	3	0	0	3	0	0

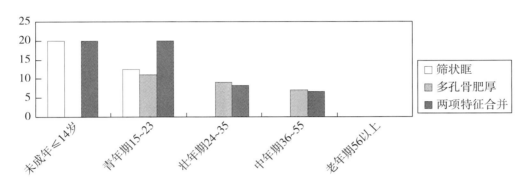

图二四三　筛状眶和多孔骨肥厚的年龄对比

（3）筛状眶和多孔骨肥厚在不同文化时期的人群的表现（见表二二）

表二二　筛状眶和多孔骨肥厚在不同考古文化期的人群的表现

年龄（岁）	筛状眶			多孔骨肥厚			两项特征合并		
	观察个体数目	出现个体数目	出现率%	观察个体数目	出现个体数目	出现率	观察个体数目	出现个体数目	出现率
第一期	3	0	0	3	1	33.3	4	1	25
第二期	15	1	6.7	14	1	7.1	15	2	13.3
第三期	16	2	12.5	16	0	0	16	2	12.5
第四期	9	0	0	9	1	11.1	9	1	11.1

　　观察样本大多数是第二期和第三期的。筛状眶在第三期表现高于第二期，但数目上仅多一例，所以，这两期的出现率应该没有太大差异；多孔骨肥厚与筛状眶的表现相反，在第三期没有，在第一期较高，但与第一期观察例数太少造成的偶然误差有关，两项特征在各个考古文化期的不同表现，目前还难以确定原因，由于观察样本数目不算多，所以，这种差异带有较多的偶然性。从两项特征合并观察结果看，每个考古文化期都有一定的分布，不存在太大的差异（表二三，图二四四）。这个结果可能说明，从考古文化第一期到第四期，多岗人群生活的环境背景，包括饮食结构可能没有太大差异，饮食结构是否不同会在后面的食性分析中进一步研究。

表二三　　筛状眶和多孔骨肥厚在不同墓葬规格的人群表现

年龄（岁）	筛状眶			多孔骨肥厚			两项特征合并		
	观察个体数目	出现个体数目	出现率%	观察个体数目	出现个体数目	出现率	观察个体数目	出现个体数目	出现率
特大墓和大墓	7	1	14.3	5	0	0	7	1	14.3
中墓	34	2	5.9	35	3	8.6	37	5	13.5
小墓	2	0	0	2	0	0	2	0	0

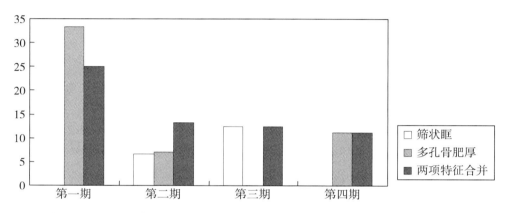

图二四四　　筛状眶和多孔骨肥厚在不同考古文化分期人群的出现率

（4）筛状眶和多孔骨肥厚在不同墓葬规格的人群的表现

从表二三的数据看出，筛状眶和多孔骨肥厚在不同人群的表现的差别在于，筛状眶在大型墓的人群出现率高（14.3%），而多孔骨肥厚在中型墓的人群中出现率高（8.6%），但大型墓和小墓的观察样本太少，上述差异更可能是样本数量少造成的。把两项特征合并观察，他们在大型墓和中墓的人群出现率没有太大差异（图二四五），小墓人群没有病理特征出现，主要还是因为观察样本过少有直接关系。由此推测，不同墓葬规格的多岗人群可能具有相似的饮食结构和营养状况以及相近的生活环境。饮食结构是否不同会在后面的食性分析中进一步研究。

3. 退行性关节病的调查

退行性关节病（DJD）也称为骨关节炎，特征是关节周围的骨和软骨出现损伤，主要是由于持续的、重复的、机械的身体活动引起的[1]。因此，对它出现的位置、方式、严重程度以及是否存在性别年龄和等级上的差别等分析能够提供关于人群生活方式和劳动习惯。有一些微弱的证据显示，相比前农业人群，农业人群的退行性关节病有增加的趋势。但实际上，采集狩猎人群也有高重复度的活动，也很容易引起退行性关节病。研究结果显示退行性关节病与采集狩猎经

---

① Larsen，C. "Biological changes in human population with agriculture". *Annual Review of Anthropology* 24：185 – 213，1995.

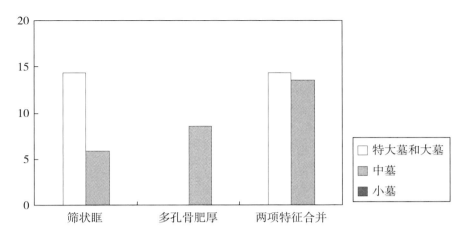

图二四五　筛状眶和多孔骨肥厚在不同墓葬规格人群的出现率

济或农业经济的相关性不明确，有的研究显示采集人群出现率高[1]，而也有研究指出农业人群出现率高[2]。由此看，相比退行性关节病的发生率，对它出现部位和性别年龄结构的分析似乎更加有意义。另外，年龄也是一个影响因素，年龄大的人群会有较高的出现率。

一项对北美史前妇女骨性关节炎的调查发现，她们的肘关节部位多见退行性关节病的发生，推测是由于她们在加工谷物、把谷物碾压成面粉时需要胳膊重复地运动而造成的[3]。中国的古人类材料，对兴隆洼、贾湖、史家三个新石器时代遗址的人群分别进行了退行性关节病的调查，从这个方面进一步讨论三个遗址的经济类型差异以及对人群身体的影响。结果显示，（1）该病理现象在兴隆洼女性膝部出现较多，被认为与女性跪着加工坚果类食物的活动有关。（2）该病理现象在中年以上男性的腿骨出现率较高，推测兴隆洼男性在狩猎过程中长距离的走路会使腿受到更多的压力。（3）该病理现象在贾湖人群的男女性上下肢出现都比较多，推测这与贾湖遗址的稻作文化需要挖土耕作、灌溉水渠等活动有关[4]。

关节表面的退行性关节病的特征变化包括：唇边状（lipping）、多孔状（porosity）和象牙化（eburnation）。观察和记录方法根据《Standards》中的方法（表二四），对每一个成年人头后骨骼的关节都进行了观察：脊椎、肩膀、肘部、腕部、手部、膝盖、踝和脚。某个关节位置只要有一个部位出现病理特征，就视为这个关节部位有病。例如，假如膝盖骨出现边缘骨赘，那么膝这个部位就被记录为有病征存在。

（1）退行性关节病的出现率

共观察了53个个体的头后骨骼（彩版九三，1～6），其中包括男性21个，女性28个，不明性

①　Bridges，P. "Degenerative joint disease in hunter-gatherers and agriculturalists from the southeastern United States". *American Journal of Physical Anthropology*，1991，85（4）：379 – 91.

②　Bridges，P. S. "Prehistoric arthritis in the Americas". *Annual Review of Anthropology*，1992，21：61 – 91.

③　Miller，R. "Lateral epicondylitis in a prehistoric central Arizona Indian population from Nuvakwewtaqa". *In Health and Disease in the Prehistoric Southwest*. C. Merbs and R. Miller. Tempe，Arizona State University，1985，391 – 400.

④　Barbara Li Smith. *Diet，Health，and Lifestyle in Neolithic North China*. A thesis.

表二四　退行性关节病的骨骼鉴定

脊椎	颈椎，胸椎，腰椎，骶骨
肩	肱骨头（肱骨近端）左和右 肩胛窝（左和右）
肘	肱骨下端（左和右） 尺骨上端（左和右） 桡骨上端（左和右）
腕	尺骨下端（左和右） 桡骨下端（左和右） 腕骨（左和右） 掌骨上端（左和右）
手	掌骨下端（左和右） 指骨近端和远端（左和右）
膝	髌骨（左和右） 股骨下端（左和右） 胫骨上端（左和右）
踝	胫骨下端（左和右） 跗骨（左和右） 跖骨上端（左和右）
足	跖骨下端（左和右） 趾骨上端和下端（左和右）

别的 4 个。

　　全部个体中，仅 2 例没有观察到任何病理现象，退行性关节病的个体出现率为 96.2%，非常高。男性个体出现率为 90.5%，女性为 100%（图二四六）。

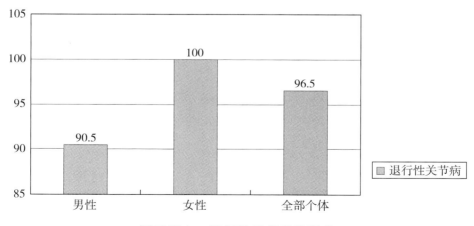

图二四六　退行性关节病出现率

　　从对退行性关节病的鉴定结果看，绝大多数的关节病都不严重，基本记录上都是"初现"，只有两三个个体在某些部位的退行性关节病表现为"中度"或"重度"。

（2）退行性关节病的年龄分布

表二五和图二四七是退行性关节病在不同年龄阶段的表现。有7个个体只能判断为成年，未在表中和图中显示。观察个体中只有1例壮年期的个体没有出现退行性关节病现象，每一个年龄阶段的退行性关节病的表现基本一致，没有太大差异。换句话说，虽然退行性关节病和年龄有密切关系，但多岗人群的退行性关节病和年龄没有表现出关联性，在每个年龄段都有较高的出现率。

表二五　退行性关节病的年龄分布

年龄组（岁）	观察个体数	有病理现象	出现率%
15～23（青年期）	8	8	100
24～35（壮年期）	17	16	94.1
36～55（中年期）	20	20	100
≥56（老年期）	1	1	100

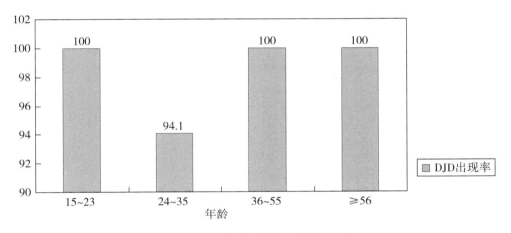

图二四七　退行性关节病的年龄分布

（3）退行性关节病在身体不同部位的表现

从表二六对退行性关节病的统计看，男性出现率排在前三位的是足、膝和踝部位，但足部只有两个观察个体，所以其出现率100%可能会有偏差；女性排在前三位的是踝、膝、肘、腕。总体上看，退行性关节病在上肢的肘、腕部和下肢的膝、踝部出现率较高。但男女性的侧重部位不同，男性出现率最低的部位是肩部，女性出现率最低的部位是手和脊椎部位。从图二四八看，退行性关节病在男女性表现差异大的部位是脊椎、手和足部，这三个部位都是男性明显高于女性。另外，男女性的病征在上下肢的表现也不同，上肢的肩、肘、腕部位都是女性略高于男性，下肢的膝盖和足都是男性高于女性，这种差异有可能暗示男女性有不同的分工。多岗是以游牧文化为主，并有一定程度的种植农业。男性在长期的放牧过程中，行走时间长、行走距离远，这样下肢受到的压力会多一些，因此，退行性关节病会在下肢出现多。而女性可能更多地从事家务劳动以及少量的种植劳动，会更多地使用上肢，因此，上肢出现退行性关节病的情况就多一些。男性在脊椎和足部更容易出现关节病，可能也与他们身体的重量大有关。

表二六　退行性关节病在身体不同部位的表现

部位	男性 观察个体	男性 出现个体	男性 出现率%	女性 观察个体	女性 出现个体	女性 出现率%
脊椎	9	6	66.7	18	5	27.8
肩	15	7	46.7	19	14	73.7
肘	17	13	76.5	24	20	83.3
腕	17	13	76.5	23	20	87.0
手	5	3	60.0	6	1	16.7
膝	19	18	94.7	24	20	83.3
踝	14	11	78.6	20	18	90.0
足	2	2	100	6	2	33.3

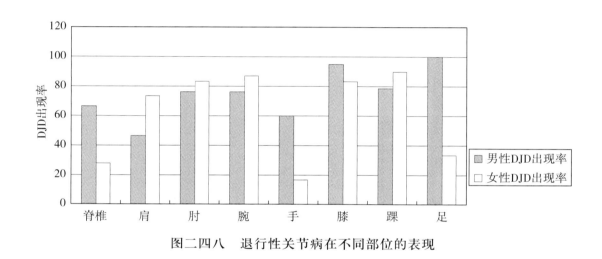

图二四八　退行性关节病在不同部位的表现

（4）退行性关节病在不同墓葬规格人群中的表现

如表二七所显示的，观察的个体在不同规格墓葬的人群中分布不太均匀，绝大部分个体都出自中型墓，大型墓和小型墓的个体很少，全部都有退行性关节病的表现，中型墓有 2 个个体没有病征的表现，出现率为 95.5%，总体上看，在三种不同墓葬规格的人群中，退行性关节病的出现率都很高，他们之间没有太大差异（图二四九）。

表二七　退行性关节病在不同墓葬规格的人群中的表现

人群墓葬规格	观察个体数	出现 DJD 个体数	出现率%
大型墓	6	6	100
中型墓	44	42	95.5
小型墓	2	2	100

（5）退行性关节病在不同文化期的人群中的表现

如表二八所显示的，对退行性关节病的观察人群多数分布在第三期和第二期，第一期和第

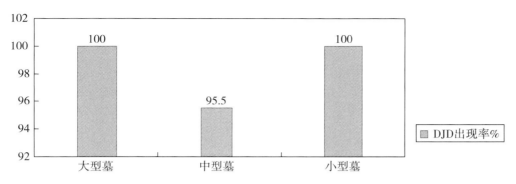

图二四九　退行性关节病在不同规格墓葬人群的出现率

四期的个体数都不多。这四个文化期的人群的退行性关节病出现率都很高，最低是的第四期为85.7％，但实际上，也仅有 1 例未表现，因此说，退行性关节病在不同文化期的人群中的出现率都很高，没有太大的差异（图二五〇）。这个结果可能说明，从第一期到第四期整个时代，多岗人群的生活劳动方式没有出现太大的变更。

表二八　退行性关节病在不同文化期的人群中的表现

人群文化分期	观察个体数	出现 DJD 个体数	出现率%
第一期	6	6	100
第二期	15	14	93.3
第三期	25	25	100
第四期	7	6	85.7

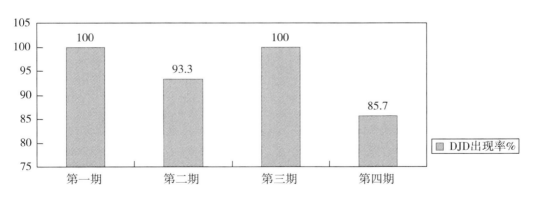

图二五〇　退行性关节病在不同文化期的人群出现率

三　多岗墓地出土人骨线粒体 DNA 初步分析

本节采用古 DNA 的研究手段，提取、扩增和分析人类线粒体 DNA（Mitochondrial DNA，mtDNA）的高可变Ⅰ区（Hypervariable Region，HVR－Ⅰ），尝试利用其 DNA 序列的变异来"再现"多岗墓地人群的母系遗传结构，更好地认识当时在该地区人群交流的历史。

在人骨骨骼形态学研究的基础上，对其中保存相对较好的人骨样本进行了采集，所采集的样本具体信息详见表二九。

表二九　本文所用多岗墓地样本的基本情况

♂：Male　♀：Female

实验编号	墓葬编号	性别	年龄	取样部位	墓葬情况
HXC1	M201－4	♂	20±	tooth	Ⅱ区中墓，第一期
HXC3	M229A	♀	30～35	tooth	Ⅱ区中墓，第三期晚段
HXC5	M242c	♂	30～35	tooth	Ⅱ区中墓，第四期
HXC13	M242a	♂	45～50	tooth	Ⅱ区中墓，第四期
HXC17	M255	♀	＞55	tooth	Ⅱ区中墓，第二期晚段
HXC19	M109	♂	25±	tooth	Ⅰ区特大墓，第四期
HXC20	M251－4	♀	20～24	tooth	Ⅱ区中墓，第二期晚段
HXC21	M101	♂	17～18	tooth	Ⅰ区中墓，第四期
HXC23	M108d	？	Adult	bone	Ⅰ区大墓，第三期早段
HXC24	M109b	♀	18～22	tooth	Ⅰ区特大墓，第四期

1. 实验工作

古 DNA 研究所采用的 PCR 技术具有高度敏感性，而古 DNA 本身含量极低，使得古 DNA 研究极易受到污染。实验中需严格按照 Cooper 和 Poinar[1]、Poinar[2]、杨东亚[3]等提出的古 DNA 操作规范进行。基于此，本文的古 DNA 研究是在中国社会科学院考古研究所专门的古 DNA 实验室进行的。该实验区域完全独立于其他现代分子生物学实验区域，从未进行过现代生物的 DNA 提取实验，并有正压的空气过滤系统，紫外（254nm）照射。在实验空间的设计上，将实验室分隔成几个不同的专用区域。每次 DNA 提取与 PCR 扩增都要设置提取空白与 PCR 空白，用来判断是否存在系统性的外源污染。实验中所有样本都至少提取 2 次以上，并保证每次提取产物的结果相同。此外，实验室所有人员及与样本密切接触人员的线粒体 DNA 高可变Ⅰ区的序列需进行测序，并与古代样本序列进行比对，以排除现代人污染的可能。

对于骨骼样本，取 1cm×1cm 见方的小块，用钻头打磨骨骼表面，特别是截面要仔细打磨，重复 3 次，以去除骨骼表面尘垢及附着在骨骼表面的现代 DNA 污染。骨骼样本和牙齿样本均使用次氯酸钠溶液（有效氯 6%）浸泡 10 分钟，紫外照射 2 小时，每小时翻面，用化学处理和紫外照射的方法进一步去除残留在样本表面的现代 DNA 污染。待晾干后放入液氮冷冻研磨机

---

① Cooper Alan, Poinar Hendrik N. "Ancient DNA, do it right or not？". *Science*, 2000, 289 (5482)：1139.

② Poinar H N. Criteria for authenticity in ancient DNA work. In：Jobling Mark A, Hurles Matthew, Tyler-Smith Chris eds. *Human Evolutionary Genetics：origins*, *peoples & disease*. New York：Taylor and Francis Group. 2004. 115－116.

③ 杨东亚：《古代 DNA 研究中污染的控制和识别》，《人类学学报》2003，22（2）：163－173.

FREEZER/MILL 6770（SPEX，美国）打磨成粉，−20℃保存备用。

古 DNA 提取的方法使用离心硅柱提取法[①]。取 0.5～2g 骨粉或牙粉放入 15mL 离心管中，加入 3mL 的裂解液（0.5M EDTA，0.5% SDS，0.4mg/mL 蛋白酶 K），52℃孵育过夜，使用 Amicon® Ultra−4 离心超滤管将裂解液浓缩至 100μL，按照 QIAquick 试剂盒进行 DNA 的纯化和回收，洗脱得到约 100μL DNA 提取液，置于−20℃贮存，用于 PCR 扩增。

考虑到古 DNA 含量低、高度降解、广泛损伤的特点，本文选择了两对套叠引物来扩增古代人的线粒体 DNA 高可变 Ⅰ 区的 DNA 片段（16017～16409，包括引物长度），引物序列见表三○[②]。

表三○　PCR 扩增引物

引物	引物序列（5'−3'）	产物大小	Tm（℃）
L16017	TTCTCTGTTCTTTCATGGGGA	235 bp	52
H16251	GGAGTTGCAGTTGATGTGTGA		
L16201	CAAGCAAGTACAGCAATCAAC	209 bp	55
H16409	AGGATGGTGGTCAAGGGA		

线粒体 DNA 高可变 Ⅰ 区的 PCR 反应体系为 30μL，包括 4～5μL 的 DNA 提取液、1～3U AmpliTaq Gold™（Applied Biosystems）、50mM KCl、2.5mM $MgCl_2$、0.2mM dNTP Mix、1.0mg/mL BSA 和 0.3μM 引物。PCR 扩增程序如下：95℃ 12 分钟，随后是 94℃变性 30 秒、52～55℃退火 30 秒、72℃延伸 40 秒共 60 个循环，最后 72℃延伸 10 分钟。扩增产物用 2% 琼脂糖凝胶进行电泳检测，PCR 阳性产物送到测序公司（Invitrogen）直接测序，正反引物双向测序以排除测序所带来的误差。

PCR 产物所得到的序列使用 Chromas Pro 软件进行读取，通过 Clustal X2 软件进行序列比对，并使用 BioEdit 进行编辑，这是进行 DNA 分析的前提和必要条件[③]。

2. 实验结果

（1）DNA 高可变 Ⅰ 区序列变异情况及单倍型类群归属

目前共获得了 10 例多岗墓地个体的线粒体 DNA 高可变 Ⅰ 区 16038～16391 的 354bp 序列（去除两端引物），通过与剑桥标准序列（Cambridge reference sequence，CRS)[④] 相比对，共检测出变异位点 21 个，其中转换 19 个，颠换 2 个即 16183 A→C，16318 A→T，没有插入与缺失，结

① Yang Dongya Y, Eng Barry, Waye John S. "Technical Note: Improved DNA extraction from ancient bones using silica-based spin columns". *American Journal of Physical Anthropology*, 1998, 105（4）: 539−543.

② Li Chunxiang, Li Hongjie, Cui Yinqiu, *et al.* "Evidence that a West-East admixed population lived in the Tarim Basin as early as the early Bronze Age". *BMC Biology*, 2010, 8: 15.

③ Simmons Mark P. "Independence of alignment and tree search". *Molecular Phylogenetics and Evolution*, 2004, 31（3）: 874−879.

④ Anderson S, Bankier A T, Barrell B G, *et al.* "Sequence and organization of the human mitochondrial genome". *Nature*, 1981, 290: 457−465.

果见表三一。这 10 个序列属于 10 个不同的单倍型，显示出较高的遗传多态性。根据 Torroni[①]、Kivisild[②·③]、Kong[④] 和 Tanaka[⑤] 等人的研究，依据 HVR－I 序列变异情况，本文对这 10 个样本的单倍型类群的归属进行了初步的判断，结果见表三一，由于缺少线粒体 DNA 编码区 SNP 分型的数据，本文的单倍型类群的归属可能会有不精确之处，但这些 DNA 的初步分型结果有助于我们进行多岗墓地样本的古 DNA 分析。

表三一　新疆多岗墓地样本 mtDNA 高可变 I 区序列情况与单倍型类群归属

样本编号	多态位点																					单倍型类群
	16129	16183	16189	16193	16223	16227	16256	16260	16262	16270	16278	16290	16298	16309	16311	16318	16319	16327	16354	16356	16362	
CRS	G	A	T	C	C	A	C	C	C	C	C	C	T	A	T	A	G	C	C	T	T	
HXC1	.	.	.	.	.	.	.	.	.	.	.	.	G	.	T	.	.	.	.	.	.	U
HXC3	A	.	.	.	.	.	.	.	.	.	.	.	.	.	.	.	.	.	.	.	.	H
HXC5	.	.	T	T	.	.	.	.	.	.	.	.	C	.	.	.	.	T	.	.	.	C
HXC13	.	C	C	.	.	.	.	.	.	.	.	.	.	.	.	.	.	.	.	C	.	H/U
HXC17	.	.	.	.	.	T	.	T	.	.	.	.	.	.	.	.	.	.	.	.	.	U
HXC19	.	.	.	.	.	.	.	.	.	.	.	.	.	.	.	.	.	.	.	C	.	U
HXC20	.	.	.	.	T	.	.	.	.	.	.	T	.	.	C	.	A	.	.	.	C	A4
HXC21	.	.	.	.	.	.	.	T	.	.	.	.	.	.	.	.	.	.	.	.	.	HV
HXC23	A	.	.	T	G	.	.	T	.	.	.	T	.	.	.	.	.	.	.	.	C	G2a
HXC24	.	.	.	.	.	.	.	.	.	.	.	.	.	.	.	.	.	T	.	.	.	H

（2）共享序列分布情况

　　将多岗古代人群的线粒体 DNA 高可变 I 区序列在 GenBank（http://www.ncbi.nlm.nih.gov）上寻找共享序列，虽然这种比较方法有欠严谨，但它能提供一个迅速全面的比较方法，了解某

① Torroni A, Richards M, Macaulay V, Forster P, Villems R, Norby S, Savontaus ML, Huoponen K, Scozzari R, Bandelt HJ. "MtDNA haplogroups and frequency patterns in Europe". *Am J Hum Genet*, 2000, 66: 1173 – 1177.

② Kivisild T, Bamshad MJ, Kaldma K, Metspalu M, Metspalu E, Reidla M, Laos S, Parik J, Watkins WS, Dixon ME, Papiha SS, Mastana SS, Mir MR, Ferak V, Villems R. "Deep common ancestry of Indian and western-Eurasian mitochondrial DNA lineages". *Curr Biol*, 1999, 9: 1331 – 1334.

③ Kivisild T, Tolk H V, Parik J, *et al.* "The emerging limbs and twigs of the East Asian mtDNA tree". *Mol Biol Evol*, 2002, 19 (10): 1737 – 1751.

④ Kong Q P, Yao Y G, Liu M, *et al.* "Mitochondrial DNA sequence polymorphisms of five ethnic population from northern China". *Human Genetics*, 2003, 113 (5): 391 – 405.

⑤ Tanaka M, Cabrera V M, Gonzalez A M, *et al.* "Mitochondrial genome variation in Eastern Asia and the peopling of Japan". *Genome Research*, 2004, 14 (10A): 1832 – 1850.

个特定序列在全世界分布的情况。结果见表三二，除 HXC5 与 HXC23 只找到与其相差一个碱基的共享序列外，其余都找到与之完全匹配的共享序列。这些共享序列主要分布于欧亚大陆，还包括一些古代样本。其中，HXC1、HXC3、HXC13、HXC17、HXC19、HXC21、HXC24 等样本的共享序列多分布于欧亚大陆西部，而 HXC5、HXC20、HXC23 等样本的共享序列多分布于欧亚大陆东部。

表三二　　新疆多岗墓地样本在世界各国、各地区和各人群中的共享序列分布

样本编号及其单倍型类群	共享序列分布
HXC1（U）	伊朗、丹麦、印度、意大利、伊拉克、俄罗斯、乌兹别克斯坦、巴基斯坦、希腊、法国留尼汪岛、巴尔干、青藏高原
HXC3（H）	西班牙、丹麦、芬兰、伊朗、意大利、非洲南部
HXC5*（C）	中国、韩国、中国台湾、印度、丹麦、美国、缅甸、乌克兰、秘鲁、泰国、老挝、青藏高原、俄罗斯尤卡吉尔人、俄罗斯雅库特人、俄罗斯乌德盖人、俄罗斯埃文人、俄罗斯鄂温克人
HXC13（H/U）	芬兰、丹麦、意大利、乌克兰、西班牙、斯洛伐克、捷克共和国
HXC17（U）	美国、芬兰、西班牙、丹麦、伊朗、德国、意大利、英格兰、瑞典、摩洛哥、非洲南部
HXC19（U）	西班牙、丹麦、意大利、伊朗、德国、美国、波兰、俄罗斯、科威特、格鲁吉亚、比利时、苏格兰、斯洛伐克、非洲南部、青藏高原、高加索地区和亚洲西部
HXC20（A4）	中国、韩国、尼泊尔、墨西哥、巴拿马、青藏高原
HXC21（HV）	中国、伊朗、俄罗斯、意大利、科威特、乌兹别克斯坦、西班牙、阿尔及利亚、冰岛、英国、青藏高原
HXC23*（G2a）	中国、俄罗斯、乌兹别克斯坦、乌德穆尔特人
HXC24（H）	意大利、芬兰、西班牙、丹麦、德国、波兰、巴西、摩洛哥、乌克兰、立陶宛、美国、乌兹别克斯坦、青藏高原

注：＊代表与样本序列有 1 个碱基的差异。

3. 讨论

过去二三十年对人类线粒体 DNA 的研究已经为我们提供了人类线粒体 DNA 单倍型类群在人类地理文化群体的基本分布图。越来越多地研究显示人类线粒体 DNA 单倍型类群中最古老的单倍型类群应是 L，L 只有在非洲人中观察到，其中 L3 中的两个分支 M 和 N 构成了非洲以外人群的线粒体 DNA 变异模式。单倍型类群 M 主要分布在东非（M1）、南亚（M2 ～ M6）、大洋洲（M12/Q）、欧亚大陆东部（C、D、G、M7、M8、M9 等），单倍型类群 N 则主要分布在欧亚大陆西部（HV、I、TJ、UK 等）、欧亚大陆东部（A、B、R9、N9）、大洋洲（P）[1]。中亚地区地处

---

[1] Cavalli-Sforza L L, Feldman M W. "The application of molecular genetic approaches to the study of human evolution". *Nat Genet*, 2003, 33：266 – 275.

欧亚大陆东、西部的交界，东、西部欧亚大陆人群的特异性单倍型类群在此均有分布，且分布频率相当[1]·[2]·[3]。

在本文研究的多岗古代人群中，HXC1、HXC3、HXC13、HXC17、HXC19、HXC21、HXC24等属于 HV、U 等单倍型类群，为欧亚大陆西部特有单倍型类群；而 HXC5、HXC20、HXC23 这三个单倍型分别属于单倍型类群 C、A4、G2a，均为欧亚大陆东部特有单倍型类群，并在东亚人群中有广泛分布。如果 HV 和 U 能够代表西部的欧洲人群，而 C、A4 和 G2a 能代表东部的亚洲人群的话，本文结果则强烈地暗示着多岗古代人群应该属于欧洲人群（欧罗巴人种）与亚洲人群（蒙古人种）的混合类型。这似乎与该墓地人骨的种系研究认为"多岗人群具有比较一致的欧洲人种的大致特点"、"种族成分的基础是原始欧洲人种"有所不同。

但如果进一步分析人类骨骼形态研究和线粒体 DNA 研究的特点，我们不难发现，人类骨骼形态分析受复杂的数量遗传学规律的影响，而线粒体 DNA 则遵循简单的母系遗传规律。它们给出的是人类遗传历史的不同方面。传统人体测量的体质特征研究，反映的应该是研究对象群体和其他群体的总体相似或相异性，人骨的研究是多岗墓地人群的大多数或绝大多数在当时或更早时期来自欧洲人群（欧罗巴人种），这应和其他考古学证据是一致的，也能够被线粒体 DNA 证据所支持（因 10 个个体中有 7 个携带有来自欧亚大陆西部的母系遗传特征）。而线粒体 DNA 母系遗传方式，又可以保存一个群体当时或更早时期的外来母系遗传的记录。例如，在多岗墓地的这 10 个个体中，有 3 个携带有来自欧亚大陆东部的母系遗传特征。由于本文研究样本量太小，可能存在"非随机取样"的偏差，无法进行群体遗传学的分析，但我们可以推测，这三个来自欧亚大陆东部的单倍型类群应该是很早就进入多岗人群（或者就是多岗人群的祖先群体），这是因为在对整个多岗墓地各个时期的人骨形态分析中没有大量的特殊形态个体的出现。

HXC5 和 HXC13 来自合葬墓 M242，同一合葬墓的个体之间线粒体 DNA 不同，说明他们之间没有母系亲缘关系，因两者皆为男性，在没有 Y 染色体数据情况下，我们无法进一步判断他们是父子、同父异母的兄弟或其他关系。HXC5 显示出的欧亚大陆东部单倍型类群，也说明他本人不应是第一代"母系"移民，而他和属于欧亚大陆西部单倍型类群的 HXC13 合葬，推测他和他代表的单倍型类群也许早已融入本土的多岗人群中了。HXC19 和 HXC24 来自合葬墓 M109，同样具有不同的线粒体 DNA 序列，性别不同但年龄相近，目前也无法简单地确定两者的关系。

4. 结论

本研究系小样本的尝试研究，但结果令人满意，表明 DNA 在多岗墓地的人骨中保存较好，

[1] Comas D, Plaza S, Wells R S, et al. "Admixture, migrations, and dispersals in Central Asia: evidence from maternal DNA lineages". *Eur J Hum Genet*, 2004, 12 (6): 495 – 504.

[2] Quintana-Murci L, Chaix R, Wells S, et al. "Where West meets East: The complex mtDNA landscape of the Southwest and Central Asian corridor". *Am J Hum Genet*, 2004, 74: 827 – 845.

[3] Derbeneva O A, Starikovskaia E B, Volodko N V, et al. "Mitochondrial DNA variation in Kets and Nganasans and the early peoples of Northern Eurasia". *Genetika*, 2002, 38: 1554 – 1560.

而线粒体 DNA 变异很大、遗传多样性高，为下一步扩大样本研究的可行性提供了保障。

在实验中我们采用了各种必要措施来防止现代 DNA 的污染，实验结果表明所获得的古 DNA 数据应是真正的古代 DNA，并未受到现代 DNA 的系统污染。虽然我们不能绝对地排除"零星"和"随机"的污染[1]，但是希望这些无法彻底排除的"零星"污染没能影响我们对整体数据的分析。

虽然本文样本数量较少，不能代表多岗墓地古代人群的全部，但人骨的形态和线粒体 DNA 单倍型类群的分析已经强烈地暗示了在多岗墓地人群中，虽然表现出明显的欧洲人种的体质特征，但线粒体 DNA 所揭示的母系遗传结构则表明其中也含有来自欧亚大陆东部的线粒体 DNA 单倍型类群。因此我们可以推测，虽然结果显示来自欧亚大陆西部的人群在线粒体 DNA 单倍型类群数量上占据了优势，其体质形态更像欧洲人种，但是来自欧亚大陆东部的人群（或个体）在多岗时期更早以前就和来自欧亚大陆西部的人群发生了混合。

为了深入探讨多岗古代人群内部以及与其他人群之间的关系，仍需要有更多材料的发现与新技术的运用，特别是 Y 染色体分析研究的引入，必将为多岗古代人群的遗传结构、源流等提供更多、更新的线索。

四　多岗墓地出土人骨的碳氮稳定同位素分析

拜城多岗墓地是新疆西部发现的墓葬数量较多的墓葬群之一，墓葬情况复杂，葬俗葬式多样，是早期铁器时代难得的研究资料。本文对于采集到的该墓地 41 具人骨进行碳氮稳定同位素分析，探讨多岗居民的饮食状况；并结合墓葬类型、随葬品种类，男女性别以及考古学分期等对不同墓葬条件人们的食物差别进行考察，为该区域早期铁器时代居民的饮食结构研究提供依据。

分析结果显示，多岗居民 $\delta^{15}N$ 平均值为 12.56‰，表明食物中有较多的肉类；而 $\delta^{13}C$ 分析平均值为 -14.77‰，相应植物类食物中 C_4 类植物为 40% 左右。

1. 引言

新疆居民过去的饮食结构，一直为考古界、史学界等所关注。但由于新疆气候条件复杂，人员流动性大，加之历史上又为多民族聚居区，给这一问题的探讨带来困难。20 世纪陆续开展的考古工作，特别是 20 世纪 70 年代开始大量遗迹遗物的发现为食物研究工作的开展创造了条件。比如 1979 年在孔雀河古墓沟墓地发现了随葬的小麦，[2] 1979 年在和硕新塔拉遗址出土了石磨盘，石镰等农具还有彩陶及麦、粟等。[3] 后又在哈密五堡出土麦草，糜饼，[4] 这使我们对于晚

① Yang D Y and K Watt. "Contamination controls when preparing archaeological remains for ancient DNA analysis." *Journal of Archaeological Science*, 2005, 32: 331－336.
② 新疆社会科学院考古研究所：《孔雀河古墓沟发掘及其初步研究》，《新疆文物考古新收获（1979～1989）》，92～102 页。
③ a. 新疆文物考古研究所：《和硕新塔拉遗址发掘简报》，《考古》1988 年第 5 期。b. 王炳华：《新疆地区青铜时代考古文化试析》，《新疆社会科学》1985 年第 4 期。
④ 新疆文物考古研究所：《哈密五堡墓地 151、152 号墓葬》，《新疆文物》1992 年第 3 期。

期青铜时代以及早期铁器时代新疆人的食物有了一定的了解。但更为具体的情况，比如其主食怎样，食肉的情况又如何，则由于发现的遗存数量有限，难以推测。

20 世纪 80 年代在我国开始出现的人骨碳同位素分析研究，有助于对于上述问题的探讨。[1] 该方法通过人骨中碳稳定同位素的比值（$\delta^{13}C$）来探讨先民食物中的小米类和稻或麦类的食用情况。依据植物最初生成时不同光合作用途径的划分，小米类，即粟或黍，也被称为 C_4 类植物，和稻或麦类，也被称为 C_3 类植物，这两类植物的 $\delta^{13}C$ 比值范围不同，当人类长期食用某一类植物时，人骨中就会有对应的 $\delta^{13}C$ 比值，据此分析可以了解人们的食物状况。

21 世纪初在国内开展的人骨氮稳定同位素的分析，为古人食物中肉类食物多少的探讨提供了方法。[2] 人骨中氮稳定同位素的比值（$\delta^{15}N$）反映的是食肉或鱼的多少，蛋白的摄入情况，$\delta^{15}N$ 值越高，则表明食肉或鱼的程度越高，营养级越高。由植物－食草动物－食肉动物，食物链每高一级，$\delta^{15}N$ 值增加约 3‰～5‰。$\delta^{13}C$ 和 $\delta^{15}N$ 分析相结合，可以区分出样品出自一般旱作农业区、牧区，还是河海边。因而，人骨碳氮稳定同位素分析，目前已成为古人类食物研究的主要方法。人骨碳氮稳定同位素分析通过与遗址考古背景相结合不仅使许多年代久远遗址的先民食物状况公诸于世，而且也在研究方法上弥补了以往仅是靠遗迹遗物对人们食用的食物进行推论的传统研究之不足，来自食用者本身的直接信息，使得研究结果更为清晰而具体。

本节拟通过应用人骨碳氮稳定同位素分析方法结合墓葬背景等考古发掘信息，对于新疆拜城多岗墓地出土人骨进行分析，以探讨该墓地先民的食物状况，并结合进行不同墓葬背景条件下人们食物之间的差别，为考古学关于新疆早期铁器时代人类饮食研究，以及相关研究提供依据。

2. 材料、方法与结果

分析样品为新疆多岗墓地位出土人骨 41 具，样品预处理按照骨样品制备程序[3]进行胶原提取——明胶制备，经冷冻干燥后进行质谱分析。样品预处理和明胶制备由中国社会科学院考古研究所碳十四实验室完成，质谱分析由中国农业科学院质谱分析实验室完成。所用仪器为 Thermo Finnigan 公司的 DELTA – plus，碳、氮测量所用标准物质分别为 USGS – 24 和 IAEA – N1.

分析结果见表三三。由表一中的数据结果，除了 2 个样品数据有偏离，其余 39 个样品的 C/N 均处于 2.9～3.6 以内，表明骨样品骨胶原提取可满足测试要求，测试结果有效。

---

① 蔡莲珍、仇士华：《碳十三测定和古代食谱研究》，《考古》1984 年第 10 期。

② 张雪莲、王金霞、冼自强、仇士华：《古人类食物结构研究》，《考古》2003 年第 2 期。

③ a. DeNiro M. J. and Epstein S.，"Influence of diet on the distributionof carbon isotopic in animals"．*Geochimica et Cosmochimica Acta*，1978，Vol. 42，495 – 506. b. 蔡莲珍、仇士华：《碳十三测定和古代食谱研究》，《考古》1984 年第 10 期，81～90 页。c. P. Iacumin，"Stable Carbon and Nitrogen Isotopes as Dietary Indicators of Ancient Nubian Populations（Northern Sudan）"．*Journal of Archaeological Science*，1998，Vol. 25：293 – 301. d. Judith C. Sealy，Nikolaas J. Vander Merwe，etc，"Nitrogen isotopic ecology in southern Africa：Implications for environmental and dietary tracing"．*Geochimica et Cosmochimica Acta*，1987，Vol. 51，2707 – 2717.

表三三　新疆拜城多岗墓地出土人骨碳氮稳定同位素分析结果

编号	实验室编号	墓葬	δ¹³C（‰）	C₄类植物百分比百（%）	δ¹⁵N（‰）	C/N	性别	年龄	身份
1	SP3036	M101	-15.01	38	12.25	3.16	男?	35左右	
2	SP 3037	M107	-15.02	38	12.95	3.20	?	成年	
3	SP 3038	M108a	-14.88	39	12.48	3.20	男	35～40	
4	SP 3039	M108d	-14.16	45	12.50	3.22	?	成年	
5	SP 3040	M109b	-14.35	43	11.24	3.20	女	18～22	
6	SP 3041	M109	-14.27	44	13.10	3.21	男	25左右	
7	SP 3042	M201－4	-13.78	48	12.01	3.20	男	20左右	
8	SP 3043	M201－5	-13.85	47	11.85	3.17	女	50左右	
9	SP 3044	M206	-13.80	48	12.43	3.27	男	成年	
10	SP 3045	M209－①	-14.03	46	13.13	3.18	女	18～20	
11	SP 3046	M209－②	-13.75	48	13.13	3.16	男	40～45	
12	SP 3047	M212	-19.30	5	11.61	4.08	男	成年	
13	SP 3048	M212－B	-15.04	38	12.15	3.18	?	未成年	附葬
14	SP 3049	M213A	-15.68	33	11.86	3.16	男	20左右	
15	SP 3050	M213B	-14.94	39	12.11	3.16	女	25～30	
16	SP 3051	M213第二层	-15.10	38	12.37	3.21	女	16～18	
17	SP 3052	M213第三层	-13.50	50	12.78	3.18	女	16～20	
18	SP 3053	M216－2	-14.39	43	12.18	3.18	男	16～17	
19	SP 3054	M220A	-12.86	55	12.55	3.18	男	老年	殉葬
20	SP 3057	M221A	-14.52	42	12.85	3.17	女?	25～30	
21	SP 3059	M221C	-14.33	44	12.00	3.19	女	30～35	
22	SP 3060	M221D	-13.50	50	13.13	3.21	男	45～50	
23	SP 3061	M221E	-13.64	49	13.15	3.20	男	20～25	
24	SP 3062	M227A－1棚木上	-14.01	46	12.35	3.18	女	30左右	殉人?
25	SP 3063	M227A－2	-15.08	38	12.08	3.18	女	14～15	墓主
26	SP 3064	M227A－3	-17.14	22	12.38	3.20	?	3岁左右	墓主
27	SP 3065	M229	-19.09	7	12.03	4.54	女	30～35	
28	SP 3066	M229a	-16.16	30	12.21	3.20	女	30～35	
29	SP 3067	M229B	-13.66	49	12.51	3.21	男	30左右	
30	SP 3068	M229a1	-14.05	46	12.40	3.20	女	老年	
31	SP 3070	M235A	-12.32	59	11.23	3.20	男	30～35	

续表

编号	实验室编号	墓葬	δ¹³C (‰)	C₄类植物百分比百 (%)	δ¹⁵N (‰)	C/N	性别	年龄	身份
32	SP 3071	M235B	-14.35	43	12.69	3.17	男	50左右	
33	SP 3072	M248A	-13.53	50	12.94	3.23	女	成年	
34	SP 3073	M253	-14.24	44	13.74	3.21	男	45左右	
35	SP 3074	M254南	-15.42	35	12.79	3.21	男	30左右	
36	SP 3075	M254北	-15.27	36	12.85	3.21	女	50左右	
37	SP 3077	M266A	-15.81	32	13.62	3.56	女?	35～40	墓主
38	SP 3078	M266B	-14.04	46	13.34	3.19	男	成年	殉人
39	SP 3080	M277-1	-16.44	27	12.96	3.18	男	45左右	
40	SP 3082	M277-3	-15.92	31	14.00	3.17	?	4～5	
41	SP 3083	M277-4	-15.39	35	12.88	3.18	?	13～14	

3. 分析讨论

本文所分析的样品涉及 M101、M107、M108、M109、M201、M206、M209、M212、M213、M216、M220、M221、M227、M229、M235、M248、M253、M254、M266、M277 共 20 座墓葬，其背景情况见附表一、附表二。

（1）多岗居民饮食状况的考察

δ¹³C 分析基本可以反映人们的植物类食物情况，这里先看一下其分析结果。39 具人骨的 δ¹³C 平均值为 -14.77‰，换算成 C₄类植物百分比[1]为 40.23%。表明人们食物中 C₄类植物比例大致在 40% 左右，而相应的 C₃类植物约占 50% 以上。同周边地区出土遗物相比较，可知 C₄类植物应为粟或黍，而 C₃类植物应属麦类。δ¹⁵N 分析显示，所分析的人骨个体分析平均值为 12.56‰，表明人们的食物中肉类食物所占比例相对较高（见图二五一）。

多岗墓地人们的饮食状况，首先应该同当地的气候环境因素相关。拜城多岗地处天山南麓塔里木盆地北缘，为沙漠周缘的块块小绿洲地带，具有一定的牧养环境和种植条件。[2] 而且考古调查以及发掘工作显示，在晚期青铜时代及早期铁器时代，拜城及其周边有群巴克墓地，克孜尔墓地，哈拉墩遗址，喀拉玉尔衮遗址，以及察吾呼沟墓地等；稍晚期，在库车、新和，[3] 并沿

---

[1] 蔡莲珍、仇士华：《碳十三测定和古代食谱研究》，《考古》1984 年第 10 期。

[2] a. 吕恩国、常喜恩、王炳华：《新疆青铜时代考古文化浅论》，《苏秉琦与当代中国考古学》，科学出版社，2001年，172～193 页。b. 郭物：《新疆史前晚期社会的考古学研究》，上海古籍出版社，2012 年，160、442～444、473页。

[3] 阿克苏地区文管所：《新和县文物普查资料》，《新疆文物》1987 年第 1 期。

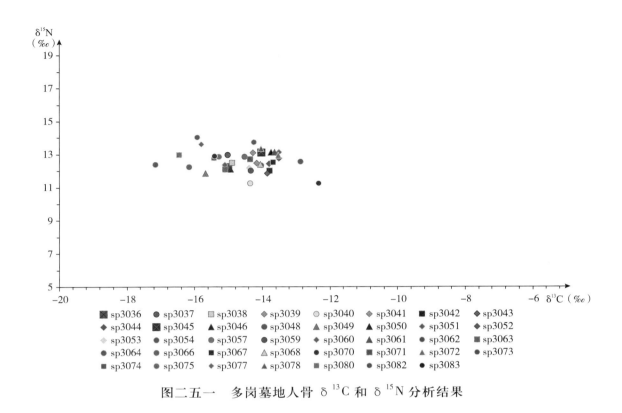

图二五一　多岗墓地人骨 $\delta^{13}C$ 和 $\delta^{15}N$ 分析结果

轮台—焉耆一带汉—唐前后的遗址、古城更是不胜枚举。[①] 且据关于汉~唐文献资料的记载，也可以看到如早在公元前已出现的轮台、乌垒，以及汉唐时期的焉耆等诸国。这些均反映了公元前后较长一个时期中这一带可能的生存条件及自然环境状况。

再结合看一下多岗墓地出土器物的情况。随葬物中主要的器物为带流杯，带流釜，圆口釜，深、浅腹钵，化妆棒，料珠，铜针、铜刀、铜饰件等小件器物，砺石，个别的还发现了铜马衔等；随葬牛、羊骨也较多见，其中有两座墓葬中发现了随葬的粮食。由出土器物的种类、器形等，再加之牛、羊等骨骼来看，游牧的特征比较明显，由此显示该墓地先民畜牧业的成分所占比例较大。从随葬器物来看，典型的农具并不是太多见，但是有个别墓葬有随葬粮食的，所以，生业活动中有可能也会有农耕的成分。关于这一点，还可结合与之基本属于同一种文化类型的群巴克墓地、克孜尔墓地出土情况进行比较。

群巴克墓地位于多岗东面的轮台县，1985～1987 年间共发掘墓葬56 座。[②] 出土器物有陶器、铜器、石器、骨器、还有铁器等。其中包括陶制带流罐、单、双耳罐，单耳钵、杯，纺轮；铜制

① a. 自治区博物馆文物队、轮台县文教局：《轮台县文物调查》，《新疆文物》1991 年第 2 期。b. 新疆维吾尔自治区博物馆：《博格达沁古城调查》，《文物》1982 年第 4 期。
② 中国社会科学院考古研究所新疆队、新疆巴音郭楞蒙古自治州文管所：《轮台县群巴克墓葬第二、三次发掘简报》，《考古》1991 年第 8 期。

刀、戈、镞，纺轮；铁制刀、镰；骨制镞、纺轮等。而且还发现石磨盘以及小麦粒。[1] 克孜尔墓地位于拜城县克孜尔乡克孜尔吐尔，分布于克孜尔水库西岸戈壁的台地上，约200余座，1990～1992年期间发掘160座。[2] 出土器物中陶器较多，有有带流釜、罐、钵、壶、盆等。还出土有铜器，如，刀、斧、锥等，石器如砺石、化妆棒、石镰等。

由这两个墓地出土遗物来看，其中既有典型的牧人所用生活器物，也有农业用生产工具，因而推测此处的先民应该是兼营牧业和农业的，由这一点看，多岗墓地先民或许也应有一定比例的农耕生产活动。

关于新疆地区居民的食物研究，除了已发现的动植物遗存外，也有一些墓地人骨进行过碳氮稳定同位素的分析，可以与多岗墓地人骨分析结果进行一下比较。比如哈密的焉布拉克墓地人骨的分析。[3] 焉布拉克墓地属周代，位于哈密市西北约60千米的三堡乡西北，1986年进行发掘，共发掘墓葬76座，出土器物有陶器、铜器、石器、骨器、木器、铁器、金器以及毛织品等。[4] 据发掘者依据出土器物以及其附近周边墓地出土小米饼和青稞穗壳等的分析，认为该墓地先民农牧兼营。而通过对于该墓地出土人骨的碳氮稳定同位素分析，发现其 $\delta^{13}C$ 平均值为 $-14‰$ 上下，也即 C_4 类植物为40%左右，相应的 C_3 类植物超过50%。比照周边出土的植物遗存，其 C_4 类植物和 C_3 类植物分别应为小米类和青稞等麦类。人骨 $\delta^{15}N$ 分析显示，其平均值为13.8‰左右，表明其食物中肉类食物的比例较高。另一案例，地处东天山北麓的巴里坤地区的东黑沟遗址，是一处典型的具游牧文化特征的大型聚落遗址。该遗址出土人骨的碳氮稳定同位素分析结果显示，其 $\delta^{15}N$ 分析值集中于 $12‰ \sim 13‰$ 上下，表明当地居民食物中的肉类食物的比例也较高。[5] 而 $\delta^{13}C$ 基本处于 $-18‰$ 上下，表明 C_3 类植物类植物为70%以上。依据周边遗址出土农作物的情况推测，居民食物中植物类食物为麦类的比例较高。另外，据考古学研究，畜牧业特征比较明显的属于四坝文化的甘肃玉门火烧沟遗址[6]，人骨分析也显示了其食物中 C_3 类植物和 C_4 类植物均占有较明显的比例，C_4 类植物比例略高于50%，相应 C_3 类植物为40%多，表明粟和麦类均为火烧沟人的主要植物类食物。而与肉类食物相关的 $\delta^{15}N$ 分析值为12‰上下，表明食物中肉类较多。[7]

上述几处墓地中人骨分析结果显示，畜牧业特征较明显的区域，人们肉类食物食用均较多，

① 中国社会科学院考古研究所新疆队、新疆巴音郭楞蒙古自治州文管所：《轮台群巴克古墓葬第一次发掘简报》，《考古》1987年第11期。

② a. 新疆文物考古研究所：《拜城克孜尔水库墓地第一次发掘简报》，《新疆文物》1999年第3、4期。b. 张平：《从克孜尔遗址和墓葬看龟兹青铜时代的文化》，《新疆文物》1999年第2期，59～65页。

③ 张雪莲、王金霞、冼自强、仇士华：《古人类食物结构研究》，《考古》2003年第2期。

④ 新疆维吾尔自治区文化厅文物处、新疆大学历史系文博干部专修班：《哈密焉不拉克墓地发掘报告》，《考古学报》1989年第3期。

⑤ 凌雪、王建新、陈靓、马健、任萌、习通源：《新疆巴里坤东黑沟遗址出土人骨的碳氮同位素分析》，《人类学学报》2013年第2期。

⑥ 李水城：《四坝文化研究》，苏秉琦主编，《考古学文化论集》，文物出版社，1992年，80～121页。

⑦ 张雪莲：《碳十三和氮十五分析与古人类食物结构研究及其新进展》，《考古》2006年第7期。

其 δ^{15}N 分析值也明显较高。在植物类食物的食用上，不仅食用 C$_4$ 类植物，而 C$_3$ 类植物也有明显比例的情况也比较多见，这些均同中原地区，黄河流域等以 C$_4$ 类植物为主食的区域形成明显对照。[1]

（2）依据墓葬背景条件的比较

由于该墓地墓葬虽然在其上有封堆，下为土坑竖穴的部分大致一致，但其余结构方面仍存在多样性，葬俗、葬式也有不同，发掘者认为这有可能源于不同的文化传统，或受不同文化因素的影响，希望能通过人骨稳定同位素的食物分析，尝试进行探讨。

在结构或葬式等方面的不同与差别，本应作为多因素来处理，但考虑到所分析的墓葬数量有限，人骨个体数有限，且有些墓葬由于被扰，本身随葬品等情况也比较模糊，此处仅能选取少数条件进行简略分析。

①有无石围或积石以及有无棚木

对于 20 座墓葬中其墓葬条件有无石围或积石的以及有无棚木的进行了比较，其结果见表三四。

表三四　有无石围或积石以及有无棚木墓葬人骨 δ^{13}C、δ^{15}N 分析结果的比较

分期/类型/分析结果平均值（个体数）	有无石围或积石				有无棚木			
	有石围或积石		无石围或积石		有棚木		无棚木	
	δ^{15}N (‰)	δ^{13}C (‰)	δ^{15}N (‰)	δ^{13}C (‰)	δ^{15}N (‰)	δ^{13}C (‰)	δ^{15}N (‰)	δ^{13}C (‰)
一期	12.18 (1)	−14.39 (1)	11.93 (2)	−13.82 (2)	12.01 (3)	−14.01 (3)		
二期早			12.82 (2)	−15.35 (2)	12.82 (2)	−15.35 (2)		
二期晚	12.90 (3)	−13.86 (3)	12.93 (3)	−15.12 (3)	12.69 (2)	−13.67 (2)	13.03 (4)	−14.90 (4)
三期早	12.49 (2)	−14.52 (2)			12.49 (2)	−14.52 (2)		
三期晚	12.72 (4)	−14.53 (4)	12.54 (7)	−15.02 (7)	12.60 (11)	−14.84 (11)		
四期	12.10 (5)	−14.06 (5)	12.78 (4)	−14.00 (4)	12.40 (9)	−14.03 (9)		

[1]　张雪莲、王金霞、冼自强、仇士华：《古人类食物结构研究》，《考古》2003 年第 2 期。

有无石围或积石

即在封堆下墓口处砌一圈石围，或在墓口附近积有石块。通过比较发现，有石围的墓葬较少，且具有石围和具有积石墓葬分析结果差别不大，此处将具有石围和具有积石的条件一同考虑。所分析的墓葬中有石围或积石的墓葬有9座，M101（1）、108（2）、109（2）、206（1）、209（2）、216（1）、229（3）、235（2）、253（1），共15个个体。由于墓葬数量有限，且墓葬类型的比较没有发现明显的差别（见表四），因此这里的比较不再考虑类型。无石围或积石的墓葬有9座，M107（1）、201（2）、213（4）、221（4）、227（1）、248（1）、254（2）、266（1）、277（2）。共18个个体。将不同条件墓葬个体按分期分别计算其平均值（所分析墓葬中有个别殉人及未成年者均未列入比较，除后面年龄因素的比较外，其余同。）列入表三四。

有无棚木

即在封堆下墓顶部是否搭棚木。分析的墓葬中有棚木的墓葬有16座，M101（1）、107（1）、108（2）、109（2）、201（2）、206（1）、213（4）、216（1）、221（4）、227（1）、229（3）、235（2）、248（1）、253（1）、254（2）、266（1）。共29个个体。

无棚木的有2座。M209（2）、277（2），共4个个体。按分期分别计算其平均值列入表三四。

由表三四，先看一下不同条件各自随分期的变化情况。有石围或积石，其$\delta^{15}N$分析从一期到四期，分期之间最大差别者为二期晚和四期，前者高于后者0.8‰，而其$\delta^{13}C$分析从一期到四期，分期之间最大差别者为二期晚和三期晚，其绝对值前者低于后者0.67‰。无石围或积石，$\delta^{15}N$分析，分期之间最大差别者为一期和二期晚，前者低于后者1.0‰；$\delta^{13}C$分析，最大差别者为一期和二期早，其绝对值前者低于后者1.53‰。两者相比，无石围或积石随分期的变化略大于有石围或积石。同一分期中两种条件的比较可以看出，相差相对较明显者为二期晚的$\delta^{13}C$分析值，无石围或积石$\delta^{13}C$绝对值高于有石围或积石1.26‰。

再看有无棚木的情况。有棚木，$\delta^{15}N$分析，分期之间最大差别者为一期和二期早，前者低于后者0.81‰；$\delta^{13}C$分析，分期之间最大差别者为二期早和二期晚，其绝对值前者低于后者1.68‰。

有无棚木可比较的仅是在二期晚，差别相对明显的是$\delta^{13}C$，无棚木$\delta^{13}C$绝对值高于有棚木1.23‰。

②不同墓葬类型之间的比较

墓葬中大型墓（包括特大型墓葬）有7座，为M107（1）、M109（2）、M101（1）、M108（2）、M201（2）、M206（1）、M229（3），共12个个体。

中型墓8座，M209（2）、M213（4）、M216（1）、M221（4）、M227（1）、M235（2）、M254（2）、M277（2），共18个个体。

小型墓2座，M248（1）、M253（1），共2个个体。

将不同类型墓葬个体按照分期分别计算其平均值列入表三五。

表三五　不同墓葬类型人骨 δ^{13}C、δ^{15}N 分析结果的比较

分期/类型/分析结果平均值（个体数）	墓葬类型					
	大（特大型）型墓		中型墓		小型墓	
	δ^{15}N(‰)	δ^{13}C(‰)	δ^{15}N(‰)	δ^{13}C(‰)	δ^{15}N(‰)	δ^{13}C(‰)
一期	11.93(2)	-13.82(2)	12.18(1)	-14.39(1)		
二期早			12.82(2)	-15.35(2)		
二期晚	12.43(1)	-13.80(1)	13.03(4)	-14.90(4)	12.94(1)	-13.53(1)
三期早	12.49(2)	-14.52(2)				
三期晚	12.52(4)	-14.72(4)	12.24(5)	-14.86(5)	13.74(1)	-14.24(1)
四期	12.20(3)	-14.54(3)	12.51(6)	-13.78(6)		

由表四，先看一下不同类型墓葬各自从一期到四期的变化情况。大型墓葬各分期之间最大差别者，δ^{15}N 分析为一期和三期晚，前者低于后者 0.59‰；δ^{13}C 分析，分期之间最大差别者为二期晚和三期晚，其绝对值前者低于后者 0.92‰。中型墓葬各分期之间最大差别者，δ^{15}N 分析为一期和二期晚，前者低于后者 0.85‰；δ^{13}C 分析，最大差别者为二期早和四期，其绝对值前者高于后者 1.57‰。小型墓葬二期晚和三期晚的差值，δ^{15}N 分析前者低于后者 0.80‰；δ^{13}C 分析其绝对值前者低于后者 0.71‰。

同一分期中差别相对较明显的为二期晚的中型墓葬，其 δ^{13}C 分析值分别高于大型墓 1.1‰ 和小型墓葬近 1.4‰，以及三期晚小型墓葬，其 δ^{15}N 分析值分别高于大型墓 1.2‰ 和中型墓葬近 1.5‰。

③男女性别之间的比较

所分析的 20 座墓葬中能分辨出的男性和女性个体分别为 16 和 14 个。男性的墓葬分布为 M216（1），M201（1），M254（1），M209（1），M206（1），M277（1），M108（1），M 253（1），M229（1），M213（1），M235（2），M109（1），M221（2），M101（1）。女性的墓葬分布为 M201（1），M254（1），M209（1），M248（1），M229（2），M213（3），M227（1），M266（1），M109（1），M221（2）。

将男女个体按分期分别计算其平均值列入表三六。

表三六　男女性别之间人骨 $\delta^{13}C$、$\delta^{15}N$ 分析结果的比较

分期/性别/分析结果平均值（个体数）	男女性别			
	男		女	
	$\delta^{15}N$（‰）	$\delta^{13}C$（‰）	$\delta^{15}N$（‰）	$\delta^{13}C$（‰）
一期	12.10（2）	−14.09（2）	11.85（1）	−13.85（1）
二期早	12.79（1）	−15.42（1）	12.85（1）	−15.27（1）
二期晚	12.84（3）	−14.66（3）	13.04（2）	−13.78（2）
三期早	12.48（1）	−14.88（1）		
三期晚	12.70（3）	−14.53（3）	12.51（7）	−14.95（7）
四期	12.59（6）	−13.85（6）	12.03（3）	−14.4（3）

由表五，先看一下男性和女性各自由早到晚随时间的变化。男性分期之间最大差别者 $\delta^{15}N$ 分析为一期和二期晚，前者低于后者 0.74‰；$\delta^{13}C$ 分析最大差别者为二期早和四期，其绝对值前者高于后者 1.57‰。女性分期之间 $\delta^{15}N$ 分析最大差别者为一期和二期晚，前者低于后者 1.19‰；$\delta^{13}C$ 分析最大差别者为二期早和二期晚，其绝对值前者高于后者 1.49‰。男女之间的差别，相对较为明显者为二期晚，$\delta^{13}C$ 分析值男性绝对值较之女性高 0.88‰。

④不同分区之间的比较

Ⅰ号区有 4 座墓葬，M101（1），M107（1），M108（2），M109（2），共 6 个个体。

Ⅱ号区有 14 座墓葬，M201（2），M216（1），M254（2），M206（1），M209（2），M277（2），M227（1），M229（3），M253（1），M266（1），M213（4），M221（4），M235（2），M248（1），共 27 个个体。

将不同分区的墓葬按照分期分别计算其平均值列入表三七。

由表六，Ⅰ号区分期之间最大差值 $\delta^{15}N$ 为 0.75‰，$\delta^{13}C$ 为 0.5‰。Ⅱ号区分期之间最大差值 $\delta^{15}N$ 为 0.90‰，$\delta^{13}C$ 为 1.61‰。两区之间差别较大者，$\delta^{15}N$ 分析，在三期晚Ⅰ号区高于Ⅱ号区 0.38‰；$\delta^{13}C$ 分析，在四期其绝对值Ⅰ号区高于Ⅱ号区 0.8‰。

另外，这里还做了只考虑分期，不考虑其他因素的比较。这样的比较显示，二期和三期其分析值绝对值略高于一期和四期。$\delta^{15}N$ 最大差别者为一期和二期晚，前者低于后者 0.91‰；$\delta^{13}C$ 分析最大差别者为一期和二期早，其绝对值前者低于后者 1.34‰。

表三七　不同分区墓葬人骨 δ^{13}C、δ^{15}N 分析结果的比较

分期/分区/分析结果平均值（个体数）	分区（不考虑方向）			
	Ⅰ号区		Ⅱ号区	
	δ^{15}N（‰）	δ^{13}C（‰）	δ^{15}N（‰）	δ^{13}C（‰）
一期			12.01（3）	-14.01（3）
二期早			12.82（2）	-15.35（2）
二期晚			12.91（5）	-14.68（5）
三期早	12.49（2）	-14.52（2）		
三期晚	12.95（1）	-15.02（1）	12.57（10）	-14.82（10）
四期	12.2（3）	-14.54（3）	12.57（7）	-13.74（7）

由上述不同条件下的比较可见，由于有的比较值来自的样本数量有限，因而其中虽有些相对稍明显的差别，如分期之间 δ^{15}N 分析一期略低，二期略高，δ^{13}C 分析其绝对值也呈一期略低，二期略高的趋势。当然，其中不应排除个体差异因素，但同样也不能排除由于可能的文化、环境适应策略等的差异所导致的差别。然而其结论性的认识仍难以得出，有待于今后积累资料作进一步的分析。

⑤墓向及葬式的筛选比较

在该墓地中，墓葬的朝向大致有西向、西北向、东向等。经过观察发现，大致为西向的占多数。墓葬中的葬俗葬式主要有头西仰身直肢，头东仰身直肢，头西侧身屈肢，头东侧身屈肢等。通过考察发现，头西，侧身屈肢的占多数。而且发现，墓葬大致西向同时葬式为头西，侧身屈肢的在所发掘墓葬中占墓葬朝向和葬式均清楚墓葬的50%以上。为此，将墓葬西向同时葬式为头西，侧身屈肢的作为筛选条件筛选出同类的墓葬，然后再附加上分期条件，对有无石围、棚木、规格大小、男女性别、分区等进行不同条件下 δ^{13}C、δ^{15}N 分析值的考察。经过筛选后的结果同先前的相比似略有差别，但不甚明显，这有可能同个体数相对较少而影响了统计效果有关。为此，将筛选后的墓葬仅按照分期作大致考察。

筛选出的墓葬13座，为M216（1），M254（2），M206（1），M277（2），M248（1），M108

（2）、M107（1）、M213（4）、M229（3）、M253（1）、M101（1）、M109（2）、M221（4），共
25个个体，占可讨论个体的76%。

将筛选出的个体平均值与未经筛选个体平均值一同列入表三八作比较。

表三八　不同墓向及葬式筛选前后墓葬人骨 δ¹³C、δ¹⁵N 分析结果的比较

分期/筛选前后/分析结果平均值（个体数）	筛选前后			
	筛选前		筛选后	
	$\delta^{15}N$（‰）	$\delta^{13}C$（‰）	$\delta^{15}N$（‰）	$\delta^{13}C$（‰）
一期	12.01（3）	-14.01（3）	12.18（1）	-14.39（1）
二期早	12.82（2）	-15.35（2）	12.82（2）	-15.35（2）
二期晚	12.91（6）	-14.49（6）	12.80（4）	-14.79（4）
三期早	12.49（2）	-14.52（2）	12.49（2）	-14.52（2）
三期晚	12.60（11）	-14.84（11）	12.55（9）	-14.71（9）
四期	12.40（9）	-14.03（9）	12.53（7）	-14.23（7）

由表三八，筛选前，分期之间其最大差别者 δ¹⁵N 分析为一期和二期晚，前者低于后者
0.9‰；δ¹³C 分析为一期和二期早，其绝对值前者低于后者1.34‰。筛选后，分期之间其最大差
别者 δ¹⁵N 分析为一期和二期早，前者低于后者0.64‰；δ¹³C 分析为二期早和四期，其绝对值前
者高于后者1.12‰。筛选之后的差值略小于筛选之前。

将表三八中筛选前和筛选后的结果分别做相关性考察进行比较，见图二五二和图二五三。
得到图2中数据之间的相关系数为0.706，图二五三中数据之间的相关系数为0.726。两者比较
显示，后者的相关性略高于前者。

两者比较可以看出，经过墓向和葬式条件筛选的，其相关性稍好一些，表明这一因素对于
分析数值的有序程度具有一定的影响。当然较清晰的结论也应来自更多样本的分析。

⑥不同年龄个体之间的比较

按照年龄组考察其 δ¹³C、δ¹⁵N 分析结果。为了使分析结果直观、易比较，这里将 δ¹³C 分析
值转换为 C₄ 类植物百分比平均值列入表三九中，并作入图二五四。

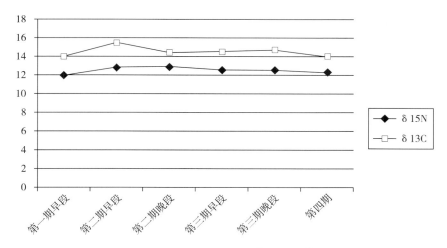

图二五二　墓向和葬式筛选之前不同分期墓葬人骨 δ¹³C、δ¹⁵N 分析结果（相关系数为 0.706）

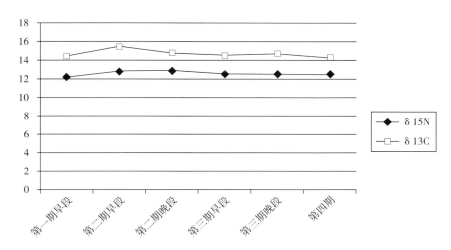

图二五三　墓向和葬式筛选后不同分期墓葬人骨 δ¹³C、δ¹⁵N 分析结果（相关系数为 0.726）

表三九　不同年龄组人骨 $\delta^{15}N$ 分析值、C_4 类植物百分比平均值的比较

年龄组（个体数）	$\delta^{15}N$ 平均值（‰）	C_4 类植物% 平均值（/10）
未成年组（1）	12.15	3.8
老年组（1）	12.40	4.6
成年组（4）	12.71	4.5
50 岁组（3）	12.46	4.2
40～50 岁组（4）	13.24	4.2
35～40 岁组（2）	13.05	3.6
35 岁组（1）	12.25	3.8
30～35 岁组（3）	11.81	4.4
30 岁组（2）	12.65	4.2

续表

年龄组（个体数）	δ¹⁵N 平均值（‰）	C₄类植物% 平均值（/10）
25～30 岁组（2）	12.48	4.1
25 岁组（1）	13.10	4.4
20～25 岁组（1）	13.15	4.9
20 岁组（2）	11.94	4.1
18～22 岁组（1）	11.24	4.3
18～20 岁组（1）	13.13	4.6
16～20 岁组（1）	12.78	5.0
16～18 岁组（1）	12.37	3.8
16～17 岁组（1）	12.18	4.3
14～15 岁组（1）	12.08	3.8
13～14 岁组（1）	12.88	3.5
4～5 岁组（1）	14.00	3.1
3 岁组（1）	12.38	2.2

比较结果见图二五四。

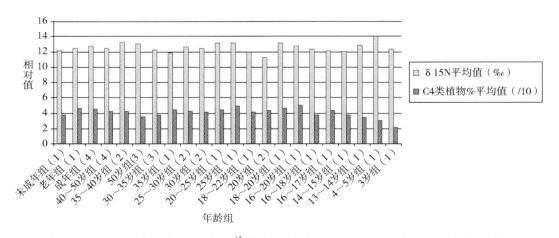

图二五四　不同年龄组人骨 δ¹⁵N 分析结果、C₄类植物百分比平均值的比较

由于每一年龄组的个体数有限，这里的分析仅是大致的。由图 4，随年龄组的变化无论是 δ¹⁵N 分析值还是 C₄类植物百分比平均值似存在几个起伏。δ¹⁵N 分析值的几个高点大致是在 4～5 岁，20 岁左右，25 岁左右，40～50 岁左右，以及成年组。C₄类植物百分比平均值的几个高点则大致在 20 岁左右，25 岁左右，以及老年组。

就 δ¹⁵N 分析结果与 C₄类植物百分比平均值之间的相关性而言，似在 20 岁组之后的较大年龄组一侧其正相关趋势较之之前的较小年龄一侧明显。

4. 几点初步认识

（1）多岗人的饮食特点

由图 1 可以看出，多岗人的 $\delta^{15}N$ 分析值普遍较高，表明食物中肉类的比例应该较高，而这也同墓葬中多有羊骨、牛骨等随葬的情况相吻合。这样的随葬习俗，不仅是多岗墓地，在新疆地区青铜时代、铁器时代等的许多墓葬中都有发现，具有一定的区域特征，也在一定程度上反映了这一区域中人们的食物特点。除此之外，较高的 $\delta^{15}N$ 值或许还同食用乳制品有关。据研究，欧亚草原在大约公元前 15 ～ 13 世纪的青铜文化晚期人们就食用乳制品，并认为肉乳结合的食物结构使得食物来源较之单食用肉类更加稳定。[①] 这是因为乳制品较之鲜奶容易保存，易于长期食用。而在新疆偏东部孔雀河下游的小河墓地[②]，距今 3600 年的奶酪食品目前也已得到证明。[③]

多岗人的 $\delta^{15}N$ 分析值一般集中在 12‰～ 14‰ 之间，依据食物链级差一般为 3‰～ 5‰ 的情况看[④]，若按照食草动物的 $\delta^{15}N$ 分析值大致为 5‰～ 7‰ 左右来考虑的话[⑤]，多岗人的 $\delta^{15}N$ 分析值与食草动物 $\delta^{15}N$ 分析值之间的差别明显高于一个级差，由此推断多岗人肉类食物中不仅有食草类动物，可能还会有一定比例的食肉类动物，这应该同一定的狩猎活动相对应。从位于塔里木盆地南缘的且末扎滚鲁克二号墓地，以及民丰尼雅遗址发现的木弓、木箭等可以看出这一带居民生产中，存在一定的狩猎、射猎活动。另外，小河墓地出土遗骸脚上的猞猁皮制的皮靴，头上插有水禽羽毛的毡帽，也表明了此处的游牧民族狩猎、射猎活动的经常性、普遍性。[⑥] 并显示出猎物中除了食肉的兽，可能还会有鸟类。鸟类食用小昆虫，若人类食用鸟类，会对人类的营养级有一定的提升作用。

多岗人的植物类食物，由表一中的分析数据及多岗周边的植物类遗存看，其中有 40% 的 C_4 类植物，这主要应来自人们食用了粟或黍，而 60% 左右的 C_3 类植物则应为两种食用方式的综合结果。参照其 $\delta^{15}N$ 分析结果，相比较中原的旱作农业区域，畜牧业区域所分析人骨个体中植物

---

① a. 杨建华：《辛塔什塔：欧亚草原早期城市化过程的终结》，《边疆考古研究》第 5 辑，科学出版社，2006 年，216 ～225 页。b. 郭物：《新疆史前晚期社会的考古学研究》，上海古籍出版社，2012 年，445 页。

② 新疆文物考古研究所：《2002 年小河墓地考古调查与发掘报告》，《新疆文物》2003 年第 2 期，8 ～ 64 页。

③ Yang Yimin, Anna Shevchenko, Andrea Knaust, Idelisi Abuduresule, Li Wenying, Hu Xingjun, Wang Changsui, Andrej Shevchenko, "Proteomics evidence for kefir dairy in Early Bronze Age China". *Journal of Archaeological Science*, 2014, Vol. 45: 178 –186.

④ Hedges R, Reynard L. "Nitrogen isotopes and the trophic level of humans in archaeology". *Journal of Archaeological Science*, 2007, Vol. 34: 1240 – 1251.

⑤ a. 张雪莲：《碳十三和氮十五分析与古人类食物结构研究及其新进展》，《考古》2006 年第 7 期。b. 张雪莲、王金霞、冼自强、仇士华：《古人类食物结构研究》，《考古》2003 年第 2 期。

⑥ a. 新疆博物馆考古部、巴音郭楞蒙古自治州文物管理所、且末县文物管理所：《且末扎洪鲁克 2 号墓地发掘简报》，《新疆文物》2002 年第 1、2 期，1 ～ 21 页。b. 张弛：《尼雅 95MNIM8 随葬弓矢研究——兼论汉代丧葬礼仪对古代尼雅的影响》，《新疆文物》2013 年第 2 期，123 ～ 128 页。c. 新疆文物考古研究所：《新疆民丰县尼雅遗址 95MNI 号墓地 M8 发掘简报》，《文物》2000 年第 1 期，14 页。d. 肖小勇、郑渤秋：《新疆洛浦县山普拉古墓地的新发掘》，《西域研究》2000 年第 1 期，44 页。

类食物，不仅应来自食用者的直接食用，还有所食用肉类食物的食物链作用，特别是其中 C_3 类植物组分。由于自然植被中 C_3 类植物的比例较高，牧草中 C_3 类植物应占多数，这使得畜类食物中有较高比例的 C_3 类植物，因而会对人体 $\delta^{13}C$ 值产生作用。至于 C_3 类植物中农作物的种类，早在公元前 1000 多年，在河西走廊的东灰山[①]，新疆的哈密等遗址发现的农作物中就有小麦，青稞等，而人骨分析的青铜文化的甘肃玉门火烧沟、卡约文化的青海大通上孙家等遗址人们的食物中 C_3 类植物已有 50% 以上的比例。[②] 按照麦类西来的说法，在多岗墓地所处时段中，这些应该同粟或黍一样成为当时人们的主要粮食种类。

对于新疆比较典型的游牧民族食物的研究中，比较关注的是人们食物中的植物类食物的比例情况，这也涉及到是否有农耕存在的可能。通过考古学对于墓葬出土遗物的观察，认为一些区域中发现了石镰，石磨盘[③]，以及器物中的平底器类型[④]等，这意味着有可能的农耕；而体质人类学家也在多处墓葬人骨的研究中观察到一般被认为是同食用较多的碳水化合物相关的龋齿的发生也比较明显[⑤]；而且由于发现的许多墓地均规模较大，且排列有序等[⑥]，显示出明显的定居特征，由此推测有可能的农耕的存在。本文通过对于食用者的直接分析，显示植物类食物中 40% 左右的粟或黍，以及部分青稞、小麦应该来自直接食用，而且其植物种类比例的大致固定，这样的结果可以有利于与龋齿类症状的发生相对应（据体质人类学家对于多岗墓地出土人骨的检测，龋齿的发生率为 5%），并对农业是否存在的问题也有一定的参照性。

（2）与墓葬背景条件比较相关的问题

①关于墓葬有无石围以及棚木等条件的比较

通过对于墓葬中有石围和无石围，有棚木和无棚木的比较发现，有和无两者之间的 $\delta^{13}C$、$\delta^{15}N$ 分析值并没有太大差别，似乎表明尽管在此处有可能存在不同文化因素，或受到不同文化的影响，但在食物的获取或利用上，更多地是受当地资源环境的制约。当然，在趋同的总趋势下，细微差别的存在也不可否认。比如对于其中墓葬的朝向和葬式条件的筛选的比较结果可以

① 甘肃省文物考古研究所、吉林大学北方考古研究室：《民乐东灰山考古》，科学出版社，1998 年。

② a. 张雪莲：《碳十三和氮十五分析与古人类食物结构研究及其新进展》，《考古》2006 年第 7 期。b. 张雪莲、王金霞、冼自强、仇士华：《古人类食物结构研究》，《考古》2003 年第 2 期。

③ a. 新疆文物考古研究所：《和硕新塔拉遗址发掘简报》，《考古》1988 年第 5 期。b. 新疆维吾尔自治区博物馆：《洛浦县山普拉古墓发掘报告》，《新疆文物》1989 年第 2 期。c. 新疆文物考古研究所：《拜城克孜尔水库墓地第一次发掘简报》，《新疆文物》1999 年第 3、4 期。d. 中国社会科学院考古所新疆队、新疆巴音郭楞蒙古自治州文管所：《轮台群巴克古墓葬第一次发掘简报》，《考古》1987 年第 11 期。

④ a. 郭物：《新疆史前晚期社会的考古学研究》，上海古籍出版社，2012 年，447 页。b. 新疆文物考古研究所、和静县博物馆：《和静县察吾呼沟一号墓地》，《新疆文物》1992 年第 4 期。

⑤ a. 陈靓：《鄯善苏贝希墓葬人骨研究》，《新疆文物》1998 年第 4 期。b. 陈靓：《新疆尉犁县营盘墓地古人骨的研究》，《边疆考古研究第一辑》，科学出版社，2002 年，322～341 页。c. 陈靓：《索墩布拉克墓地人骨的人类学特征》，《新疆文物》2000 年第 1、2 期，87～97 页。

⑥ a. 陈戈：《新疆察吾乎沟口文化略论》，《考古与文物》1993 年 5 期。b. 新疆文物考古研究所周金玲、刘学堂：《察吾乎文化的物质生活之探讨》，《新疆文物》1995 年第 3 期。

发现，这种墓葬的大致的西向和墓葬中头西，侧身屈肢葬式所代表的文化因素有可能在其食物特征上也有一定体现。

由于样本数量有限，不同墓葬条件的考察还有待于今后更多样本的积累与分析。

②关于墓葬大、中、小型条件的比较

通过对于大（包括特大）、中、小型墓葬的比较发现，虽然墓葬封堆的大小明显不同，但墓主人在其 $\delta^{13}C$、$\delta^{15}N$ 分析值上差别不明显，这意味着在其大致的植物类食物和食肉状况上没有发现明显的差别。而在表四中显示的似乎小型墓葬 $\delta^{15}N$ 值有略高的趋势，应该是与个体数有限有关，因而其他各种墓葬条件没有再附加上进行比较。追溯表二中的小型墓葬可以发现，其中 M253 其墓葬中人骨头南向，同其他大多数墓葬中的大致西向有差别，有可能会导致食物上的略微的差别。

按照考古学研究，大中小型墓葬显示的是不同的等级，多岗墓地不同等级墓葬人群之间食物差别不太明显，这一点同中原一带明显不同。

先前分析过的比如商末～周初的前掌大墓地①，人骨个体的 $\delta^{15}N$ 分析值从较低的7‰左右到接近12‰。再如殷墟墓葬中人骨 $\delta^{15}N$ 分析值②，最低的也只有6‰左右。再比如，庙底沟文化时期的西坡墓地③，人骨个体之间 $\delta^{15}N$ 分析值也是从较低的7‰左右到较高的12‰左右。这些遗址或墓地人骨 $\delta^{15}N$ 分析值之间的差值大约在5‰左右。而在多岗墓地，人骨 $\delta^{15}N$ 分析值从高于11‰～14‰左右，主要是集中在12‰～13‰附近。实际这一现象不仅出现在多岗，在所分析的新疆地区的其他遗址中，比如巴里坤的东黑沟遗址，其人骨分析值处于12.3‰～14.3‰之间；巴里坤的黑沟梁墓地，其人骨分析值处于12.6‰～13.5‰之间④，差别均比较小。还有，比如昆仑山麓的和田流水墓地，也有同类现象。由此看来，两者之间这样的差别显示的似乎是比较典型的牧区同一般旱作农业区之间的不同的区域特点。

在中原一带，一般较大型墓葬、随葬品数量较多、品质较优的，被认为属于较高等级的人群，其 $\delta^{15}N$ 分析值一般较之墓葬相对较小、随葬品较少且品质较低劣的人群的分析值高。这种人群 $\delta^{15}N$ 分析值同墓葬等级之间的大致对应与比较，已逐渐在社会阶层分析中发挥作用。而多岗墓地不同类型墓葬人群的 $\delta^{15}N$ 分析值的趋同，表明大致的食肉程度没有明显差别，因而通过食物所体现的阶层差别也就不像中原一带那么明显。这同墓葬中随葬品的情况也比较吻合，尽管不同规格的墓葬随葬品在其数量和质量上存在一定的差别，比如大型墓 M101，虽被扰动仍发现有深腹钵、带扳耳的釜等5件器物；特大型墓 M109，也已被扰，但仍发现玛瑙、海贝、铜环等各种项饰，以及陶壶、钵、釜、木纺轮等器物10余件。其中不仅有石器，

① 张雪莲、仇士华、钟建、梁中合：《山东滕州市前掌大墓地出土人骨的碳氮稳定同位素分析》，《考古》2012年第9期。
② 张雪莲、王金霞、冼自强、仇士华：《古人类食物结构研究》，《考古》2003年第2期。
③ 中国社会科学院考古研究所，河南省文物考古研究所：《灵宝西坡墓地》，文物出版社，2010年，200页。
④ 张全超、常喜恩、刘国瑞：《新疆巴里坤县黑沟梁墓地出土人骨的食性分析》，《西域研究》2009年第3期，45～49页。

陶器、骨器，还有小件铜器等，而小墓有的只有零星小陶罐，有的甚至没有任何器物。但这种差别还是难以同中原一带不同层次人群随葬品的较大差别相比较。当然，这其中也存在各自区域、不同文化丧葬理念上的差别。因为有些学者认为，墓葬中随葬的主要仅为墓主人随身所用之物。[①] 实际这一问题目前也是一重要的关注点，人骨食物方面的分析，也可以为此研究提供一定的参照。

③关于墓葬分区的比较

依据发掘者对于多岗墓地分区的考察，发现在所分出的Ⅰ区和Ⅱ区中，规格较高的墓葬在Ⅰ区占多数。由其分析结果比较可见，虽居于不同的区域，但两个区域中的分析结果没有明显差别，表明居于不同区域的人群之间，其食物上的差别不明显。由于处于Ⅰ区的基本均为较大型墓葬，Ⅱ区则中小型墓葬多，这实际同前面不同规格墓葬的比较是类似的。

尽管分区间在食物上的差别不甚明显，但通过分期比较可以看出，墓区的使用并非是按照其早晚来排序的，而是可能在相同的时段中两处墓区均在使用。这似乎意味着虽然由人骨 δ^{13}C、δ^{15}N 分析角度上并未看出不同规格的墓葬存在明显食物上的差别，但实际的阶层、等级依然存在，各自形成自己的群体圈。他们生前处于不同的阶层，死后也分处各自的墓地，这似乎也同有学者提出的高等级人群、平民等的看法相对应。[②]

④关于男女性别之间的比较

据研究，青铜时代晚期、早期铁器时代欧亚草原社会生活中已有一定的社会分工，一般男性从事放牧，女性则从事纺织等手工业生产。[③] 由察吾乎沟墓葬的考察可以看出，马具、环首刀等多出于男性身边，纺轮则多发现于女性身旁。[④] 而在多岗，由其随葬品的状况，也显示出这一特点。且化妆棒、串珠、眉黛等这类女性用品同纺轮共出的现象比较普遍，显示了女性的专用特征，如大型墓 M109、M206，中型墓 M254，M266 等。尽管存在一定的社会分工，但通过人骨 δ^{13}C、δ^{15}N 所显示的饮食状况上却没有发现明显的差别。这也在一定层面上反映了此时这一区域中男女之间在食物享用上并不是同劳动分工相关联的。

⑤关于墓向和葬式筛选前后的比较

由表三八以及图二五二、图二五三显示的结果，表明经过墓向和葬式筛选后墓葬人骨个体随分期其 δ^{13}C 和 δ^{15}N 的关系更为有序，由此显示人们的食物状况很可能还是受到了不同文化因素的影响，只不过其影响程度较小。

⑥关于各年龄组之间的比较

其中较为明显的是其中的一例幼童个体。该幼童出自 M277，年龄 4～5 岁，由其分析结果，δ^{15}N 分析值为 14‰，明显高于同墓葬中成人的分析值（12.96‰），也是该墓地所分析个体中数

①　陈戈：《新疆察吾乎沟口文化略论》，《考古与文物》1993 年第 5 期，42～50 页。

②　a. 郭物：《新疆史前晚期社会的考古学研究》，上海古籍出版社，2012 年，441～442 页。b. 杨建华：《欧亚草原史前考古 30 年》，《中国考古学会第十一次年会论文集（2008）》，文物出版社，2010 年，233～238 页。

③　新疆文物考古研究所周金玲、刘学堂：《察吾乎文化的物质生活之探索》，《新疆文物》1995 年第 3 期，61～69 页。

④　新疆文物考古研究所周金玲、刘学堂：《察吾乎文化的物质生活之探索》，《新疆文物》1995 年第 3 期，61～69 页。

值最高者。据先前对于幼童所做的分析显示，其 δ^{15}N 分析值一般高于同葬的成年人，这应该同哺乳喂养有关。但考虑到该墓葬中的幼童年龄 4～5 岁，因而也可能由于受到专门的照顾而食用了较多的食肉类动物肉食所致。

（3）其他相关问题

①关于墓地中殉人

多岗墓地有的墓葬中在其墓室上面所搭盖的棚木上发现有人骨，实际这种现象在其他墓地也有发现。据考古学分析，棚木上的人骨应该为随葬殉人的遗骸。[①] 多岗墓地所分析的墓葬中比如 M220，M227，M266 属此列。M220 中为一老年男性，M227 中为一 30 岁左右女性，M266 中为一男性成年人。前两者的葬式没有清楚的描述，最后一位"双手上举，交于颌下"。这些殉人是些什么人，他们又来自哪里，值得探究。

先看一下三个人骨个体的分析结果，M220 中的（SP3054）：δ^{13}C，- 12.86‰（C$_4$ 类植物55%），δ^{15}N，12.55‰；M227 中的（SP3062）：δ^{13}C，- 14.01‰（C$_4$ 类植物 46%），δ^{15}N，12.35‰。M266 中的（SP3078）：δ^{13}C，- 14.04‰（C$_4$ 类植物 46%），δ^{15}N，13.34‰。将三者的 δ^{15}N 分析值同墓地人骨分析值相比发现，前两者均接近墓地人骨平均值 12.56‰，而最后一位高于平均值。M227 和 M266 中除了殉人外，还分析了墓主人。M227 中，一位（SP3063）δ^{15}N 分析值为 12.08‰，另一位（SP3064）分析值为 12.38‰。该墓殉人与之相比，并不比其墓主人的分析值低。M266 中的墓主人（SP3077）分析值为 13.62‰，该墓殉人的与之相比，也不存在明显差别。由此初步推断，殉人的食肉程度并不低，因而其生活状况并不比其主人差。当然，由前面的讨论可知，一般旱作农业区同牧区之间食物特征明显不同，所以墓主人同其殉人之间的差别也难免会受到这种区域特征的影响，不能完全以中原地区的模式来考虑，但主人同其殉人之间可能的差别也不能完全排除。由分析结果的比较可以发现，似乎这里的殉人同中原地区墓葬中所发现的殉人的概念之间有一定的差别，比如前掌大墓地墓主人同其殉人之间的关系，殷墟墓葬墓主人同其殉人的关系等，普遍的情况是墓主人较之其殉人的食肉程度明显较高。与之相比，这里的殉人感觉更类似于殷墟墓葬中所发现的牲人。因为据文献研究，殉人往往是服侍于其主人左右的侍从，护卫等。墓主人过世时，这些人有许多是自愿从死的。而牲人则往往是下等的奴隶或战俘，在墓主人下葬时临时被抓来杀戮进行祭祀的。[②] 其中下等奴隶的食物状况一般明显较差，而战俘则不尽然。由此推测这里的殉人实际可能为牲人，有可能是争斗中的被俘者。这里还可以再结合其 δ^{13}C 的分析，M220 中的（SP3054）δ^{13}C 为 - 12.86‰，也即其食物中 C$_4$ 类植物约占 55%，与所分析墓葬人骨个体平均值为 - 14.77‰，也即食物中 C$_4$ 类植物百分比约为 40.23% 相比，明显高于该墓地人骨个体近 15%。M227 中的殉人（SP3062）的 δ^{13}C 为 - 14.01‰，C$_4$ 类植物百分比约为 46%，比之人骨个体平均值略高，只有接近 6%，但她同该墓葬中墓主人食物中植物类食物的百分比较高者（SP3063，C$_4$ 类植物百分比约为 38%）相比，也

① 新疆文物考古研究所：《且末县扎洪鲁克古墓葬 1989 年清理简报》，《新疆文物》1992 年第 2 期。
② 黄展岳：《古代人殉人牲通论》，文物出版社，2004 年。

存在一定的差别。M266 中，殉人比之墓主人 C_4 类植物百分高出 14%。这些均有理由认为，棚木上的人来自于同属于具有牧区特征的其他区域的可能性较大。

②关于墓地中的二次葬

由分析结果看，尽管多岗墓地人骨 $\delta^{13}C$、$\delta^{15}N$ 分析值基本分布在一个相对较窄的范围内，但若在更精细的标度上分析则可发现，其中有些墓葬中人骨个体之间分析值比较相近，比如大型墓葬 M201 中的两个个体，SP3042 和 SP3043，两者之间的分析值前者为 $\delta^{13}C$，-13.78‰（C_4 类植物 48%），$\delta^{15}N$，12.01‰；后者为 $\delta^{13}C$，-13.85‰（C_4 类植物 47%），$\delta^{15}N$，11.85‰。再如中型墓 M209 中的两个个体，SP3045 和 SP3046，前者为 $\delta^{13}C$，-14.03‰（C_4 类植物 46%），$\delta^{15}N$，13.13‰；后者为 $\delta^{13}C$，-13.75‰（C_4 类植物 48%），$\delta^{15}N$，13.13‰。而有些墓葬中则个体间相差明显大一些，比如中型墓 M213 中的第三层同前面两层的三个个体人骨在 $\delta^{13}C$ 比值上差别较明显，前三者的 C_4 类植物比例为 33%～39%，而第三层个体的 C_4 类植物比例为 50%。这其中不应排除个体差异因素，但是否还有可能存在其他因素呢，可尝试结合考古学因素作些探讨。

据考古发掘者，多岗墓地一些墓葬中有二次葬的现象，被埋葬的人骨有些骨骼零散、有些则甚至还有部分缺失。而这一现象在新疆的许多墓葬中多有发现。据考古学研究，这是游牧迁徙到另外地方去世的人，再被搬回到此墓地进行埋葬而常见的现象。[①] 这在一些有多人埋葬的墓葬清理过程中，可以比较清楚地了解这种二次葬的过程。[②] 这样的墓葬一般是多人二次合葬墓，骨架是分先后不同时期葬入的。

游牧民族的生活是逐水草而居，为了保护畜群，维持草料供应，牧民需带着畜群"按照不同的时间赶往不同的季节草场"。[③] 由于迁徙所到之处，其食物环境有可能同最初所居之地有差别。而迁徙到不同季节草场的游牧人之间，由于经历了不同的食物环境，其体内相应的同位素的比值也就有可能随之而发生不同程度的变化。由此导致虽居于同一墓穴中，但其一次葬和二次葬的人骨个体之间其 $\delta^{13}C$、$\delta^{15}N$ 分析值可能会有些差别。所以墓葬中那些一、二次葬个体之间较明显的差别有可能也同这一因素相关。

③关于多岗墓地的年代

饮食状况的讨论是基于一定时空框架条件下的。由前述，据考古学研究，多岗墓地大部分墓葬考古学文化面貌与轮台群巴克、拜城克孜尔墓地相类似，属早期铁器时代。[④] 关于其绝对年代，当年群巴克墓地测定的碳十四数据有 14 个，具体见表四〇。

① a. 陈戈：《新疆察吾乎沟口文化略论》，《考古与文物》1993 年第 5 期。b. 新疆文物考古研究所周金玲、刘学堂：《察吾乎文化的物质生活之探讨》，《新疆文物》1995 年第 3 期。c. 郭物：《新疆史前晚期社会的考古学研究》，上海古籍出版社，2012 年，441～442 页。

② 新疆文物考古研究所、和静县文化馆：《和静县察吾乎沟西一座被破坏墓葬的清理》，《新疆文物》1994 年第 1 期。

③ 陈戈：《新疆察吾乎沟口文化略论》，《考古与文物》1993 年第 5 期。

④ 郭物：《新疆史前晚期社会的考古学研究》，上海古籍出版社，2012 年，162 页。

表四〇　轮台群巴克墓地碳十四年代数据

实验室编号	原编号	样品物质	碳十四年代（1950，5568，BP）	树轮校正年代（16）	文献出处
ZK-2113	ⅠM1	木头	2500±70	BC792～432	放射性碳素测定年代报告（一四），《考古》1987年第7期
ZK-2114	ⅠM2	木头	2727±100	BC990～810	放射性碳素测定年代报告（一四），《考古》1987年第7期
ZK-2115	ⅠM3	木头	2600±90	BC831～603	放射性碳素测定年代报告（一四），《考古》1987年第7期
ZK-2116	ⅠM3	木头	2620±75	BC832～665	放射性碳素测定年代报告（一五），《考古》1988年第7期
ZK-2117	ⅠM4	木头	2420±80	BC764～400	放射性碳素测定年代报告（一五），《考古》1988年第7期
ZK-2143	ⅠM9	木头	2190±80	BC387～124	放射性碳素测定年代报告（一八），《考古》1991年第7期
ZK-2144	ⅠM10	木头	2480±95	BC793～408	放射性碳素测定年代报告（一八），《考古》1991年第7期
ZK-2145	ⅠM27	木头	2550±80	BC804～452	放射性碳素测定年代报告（一八），《考古》1991年第7期
ZK-2146	ⅠM34A	木头	2380±75	BC754～393	放射性碳素测定年代报告（一八），《考古》1991年第7期
ZK-2288	ⅡM4	木头	2570±80	BC813～593	放射性碳素测定年代报告（一七），《考古》1990年第7期
ZK-2289	ⅡM7	木头	2600±75	BC829～662	放射性碳素测定年代报告（一七），《考古》1990年第7期
ZK-2290	ⅡM10	木头	2440±75	BC767～404	放射性碳素测定年代报告（一七），《考古》1990年第7期
ZK-2291	ⅡM12	木头	2530±75	BC799～447	放射性碳素测定年代报告（一七），《考古》1990年第7期
ZK-2292	ⅡM18	木头	2230±90	BC397～174	放射性碳素测定年代报告（一八），《考古》1991年第7期

　　由数据表四〇可见，所得到年代基本处于公元前900～400多年的范围。由此，多岗墓地墓葬年代也应处于此范围。在对多岗墓地出土人骨进行碳氮稳定同位素分析的同时，也通过碳十四分析测定了其中个别人骨的年代，目前得到一个数据，可以与之比较。所测定的样品实验室编号为SP-3053（M216-2），碳十四年代为2619±24BP，校正年代为16，810BC（68.2%）

790BC；26，825BC（95.4%）775BC。[①] 将此数据与群巴克墓葬测年数据比较可以看出，该年代处于群巴克墓葬年代范围之内；且由其分期可知，多岗墓地考古学文化共分为四期，所测墓葬（M216）属于其中的第一期，而其年代也处于群巴克年代范围中较早部分，可见与考古学研究的结论是比较吻合的。

另外，关于群巴克墓地年代，有学者认为因在其他墓地所发现的多人葬墓葬多见于汉代以后，而群巴克墓地也有这种多人葬墓葬，因此应对群巴克墓地所测得的年代持谨慎态度。[②] 而此次多岗墓地测年所取样品恰是来自一座多人墓葬，该墓葬共葬有4具人骨，所测定的是标号为第2号人骨。因而，多岗人骨测定的年代对于多人葬墓葬的年代研究也具有一定的参考意义。而且，人骨测年比之木头标本更可以避免偏老的可能。

5. 结语

同先前所分析的中原等地仰韶文化以来到商周前后一些遗址先民的饮食状况相比，早期铁器时期的多岗墓地人们的食物明显不同，其食肉程度明显较高；植物类食物中粟或黍的比例相对较低，麦类的比例相对较高。而且，人们所食的植物类食物中，间接食用的比例应高于中原地区。这种明显的差别是同两个区域间气候环境、资源条件，以及不同群体之间文化背景等的差别相互关联。

不同的自然和社会环境，导致了人们一定的生计模式，形成了特定的食物背景。所以，反过来，通过人们的食物探讨，不仅可以了解其饮食，还有助于生存条件，生存方式的研究。

考古信息的发掘是这一研究的必要条件，充分的考古学信息有利于数据结果的分析与解读。

① 该数据由中国社会科学院考古研究所科技研究室中心碳十四实验室完成样品的前处理，由西安加速器质谱中心测定。

② 肖小勇：《西域史前晚期墓葬类型研究》，《西域研究》2013年第1期，50～60页。

第六章　多岗墓地出土铜器、石器研究

一　出土铜器检测分析报告

新疆多岗墓地检测的两件铜器，均很小，而且碎裂。其中一件编号为 M107：1 的器物，器类不明，碎裂成两小块，一块呈半环状，另一块为长圆柱状，并在下部黏附有一块短柱状铜块，均已矿化，表面呈绿色，外层皲裂，断面均为暗红色（彩版九四，1）。另一件为 M266 出土的铜簪，碎裂为数块，碎块表面呈现绿色，均已矿化皲裂（彩版九四，2）。

本文对 M107：1 半环部分、M107：1 铜块部分以及 M266 铜簪碎块分别进行了取样，取样待观察面均为器物的横断面。将所取样品用粗金相砂纸磨平待观察的断面后用酚醛树脂镶嵌，然后将镶好的样品经砂纸打磨、抛光机抛光，在金相显微镜下观察其显微组织并拍摄金相照片。一般情况下，铜器样品在进行金相观察前需使用浓度为 3% 的三氯化铁盐酸乙醇溶液对观察面进行浸蚀，以使得其金相组织显现，但本次分析的三件样品均锈蚀严重，不适宜再进行浸蚀处理。金相组织观察后，对样品表面进行喷碳处理，使之导电，置入扫描电子显微镜中观察其显微组织形貌，并利用与扫描电镜相配置的 X 射线能谱仪对样品的基体和夹杂物等进行微区化学成分分析。现将金相组织观察和扫描电镜能谱分析结果详述如下。

1. 金相组织观察结果

采用莱卡（Leica）DM4000M 金相显微镜对三件样品逐一进行了观察，发现三件样品均已完全矿化，金属基体已不可见。

（1）M107：1 半环部分

样品已完全锈蚀，样品中部可见一些黑色的锈蚀孔洞（彩版九四，3）。残存锈蚀基体依稀可辨呈树枝状偏析，晶间可见有较多细小的岛屿状灰黑色锈蚀，应是（α+δ）共析体锈蚀残留，未见铅和夹杂物，推测该器物应为锡青铜铸造而成（彩版九四，4）。

（2）M107：1 铜块部分

样品已完全锈蚀，锈蚀基体枝晶偏析明显，是典型的铸造组织；枝晶较细长，表明该器物在铸造过程冷却速度较快，枝晶未充分发育（彩版九四，5）。可见较多灰绿色夹杂物在枝晶间隙分布，未见铅（彩版九四，6）。

（3）M266 铜簪

样品锈蚀严重（彩版九四，7），高倍视场下可见少量未锈蚀的 α 固溶体，没有明显偏析，未见铅及夹杂物，应为红铜铸造组织（彩版九四，8）。

2. 扫描电镜能谱成分分析结果

采用 FEI 公司 QUANTA 650 型扫描电镜（SEM）及其配置的牛津公司 Inca Feature X 射线能谱仪（EDS）对样品进行显微组织形貌观察和微区化学成分分析。能谱分析采用无标样定量成分测定的方法。考虑到微区成分跟器物的实际化学成分之间因偏析会有一定的误差，通常会对同一样品一般选择 2 个（或以上）不同的区域进行测量，而后取其平均值作为该样品成分分析的结果，但本文中样品因为完全锈蚀，测试结果仅能定性，不具有定量的意义，故不再计算其平均值。扫描电镜观察和成分测定的技术条件是：激发电压 20KeV，测量时间在 50 秒以上。分析结果详见表四一。

表四一　新疆多岗墓地出土铜器 SEM－EDS 成分分析结果

器物名称及编号	分析区域		元素成分（Wt%）					材质判断
			Cu	Sn	O	Cl	As	
M107：1 铜环部分		区域 1	70.7	7.8	18.5	3.0		Cu－Sn
		区域 2	71.4	8.1	18.3	2.2		
M107：1 铜块部分		区域 1	60.2	15.9	22.1	0.4	1.4	Cu－Sn（As）
		区域 2	60.9	15.5	22.3		1.3	
M266 铜簪		区域 1	86.5		11.9	1.6		Cu
		区域 2	87.2		11.7	1.1		

由于样品均已完全锈蚀，因此检测结果中都含有较高的氧、氯成分，虽无法确知器物的合金成分配比，但根据检测出的金属物种类仍可对器物的合金类型进行初步判断。检测结果显示，M107：1 铜环部分为铜锡二元合金，金相显微观察及扫描电镜显微形貌观察均未见有夹杂物存

在；而 M107∶1 铜块部分的元素成分中除了铜、锡之外，还含有少量的砷与微量的铁，另外还夹杂有较多硫化物及少量银颗粒（彩版九四，9、10）。由此看来，这两部分似乎并不属于同一件器物。M266 铜簪是一件纯铜制品，未见有夹杂物存在。

3. 结语

此次分析的三件多岗墓地出土铜器均为铸造而成。其中，M266 铜簪是纯铜制品。原器物编号为 M107∶1 的铜器两部分成分不太一致，形状为半环的部分为较为纯净的锡青铜，形状为铜块的部分则是含砷的锡青铜，同时后者还含有较多的硫化物夹杂以及银颗粒，而这些可能来自于矿料的夹杂物均未见于半环部分的显微结构中。可见，这两部分器物使用的矿料是有区别的，因此似乎可以认为这两个部分并非来自同一件器物。总体来看，编号为 M107∶1 的两部分器物均将锡作为主要的合金元素进行了有意识的合金化，半环部分铜器使用的矿料较为纯净，或经过了精炼；而铜块部分使用了含砷含硫的矿料，在冶炼时有少量的砷参与了合金化过程，而硫和银则以夹杂物的形态存在于铜合金中。

综上所述，编号为 M107∶1 的两部分器物的合金成分虽有不同，但均以锡为主要合金元素进行了有意识的合金配制；而 M266 铜簪为纯铜制品。古代铜器因器物类型和功用的不同，在合金配比上会有不同的选择；另外，不同地区不同人群因冶金技术水平、传统以及矿料来源的差异，也会产生不同的合金配置体系。此次分析的三件器物在合金成分上的不同，究竟是因器物类型的不同而有意选择不同的合金类型，还是存在着合金配置体系上的差异，还需结合考古学的研究进行更加深入的探讨。

二　多岗墓地出土石制品分析举例

多岗墓地出土了不少石制品，其中常见女性化妆用具和佩饰。此次我们仅对 M266 出土的 3 件石制品和 M242 出土的 3 件串珠做了初步观察、扫描电子显微镜（以下简称 SEM）和红外光谱（以下简称 FTIR）分析，情况如下。

1. 化妆用具

标本 M266∶7 和 M266∶1 为眉墨和眉笔，是配套使用的画眉用具，两件器物均有明显的加工痕迹和使用痕迹。

（1）M266∶7 眉墨

肉眼观察

黑色石墨，隐晶质，条痕灰黑色，质量 5.97 克。形状不规则，表面破损，三维最大尺寸分别是 23.51、18.18、19.57 毫米。

顶端有一单向钻成的小孔，孔口不是正圆，孔径为 4.13～3.19 毫米，孔外缘稍经扩孔（彩版九五，1）。眉墨顶端可能曾以兽皮或纺织品包裹并穿绳绑缚，由于此类软物质的长期摩擦，使其表面呈现出近似抛光后的蜡状光泽，推测该器物在埋藏之前已经过一段时间的使用。

孔下方的破损面上可以观察到一组解理。一般而言，沿着石墨的解理方向硬度很低，仅莫氏硬度 1～2，但垂直于解理面方向可达莫氏硬度 3～5。

眉墨的 3 个面上可观察到多组明显的磨痕，其中 2 个面均垂直于解理面，为多个小磨面形成的凸面（彩版九五，2、3），1 个面深入解理面与之斜交，为多个小磨面形成的凹面（彩版九五，4），后者表明眉墨在使用过程中与其发生摩擦的器物具有圆柱（或锥）状面。这 3 个或凸或凹的磨面说明这些磨痕并非加工痕，而是使用痕。眉墨的使用者在长期使用过程中，避开石墨的解理面，一方面可减少石墨在使用中沿着解理面大块裂开，另一方面消耗硬度较高的面，可以减少眉粉的浪费，并有效延长眉墨使用寿命。

SEM 观察

分别对眉墨表面的使用痕和孔的内壁（复制了微痕的硅胶印模）进行了 SEM 观察。

a. 眉墨表面的使用痕

使用过程中造成的磨痕在 SEM 下并非如肉眼所见那般平直，具有不连续、不平坦的特点（彩版九五，5），说明使用过程中与眉墨发生摩擦的物质硬度稍高，其硬度稍高或相当于石墨在垂直解理面方向上的硬度。

b. 孔的内壁

孔的形态不是规整的圆锥或圆柱状（彩版九五，6），说明钻孔和扩孔时都是以手持钻头的方式直接进行加工。可能因为石墨的硬度太低，钻孔并不难，因此对钻孔工具和技术要求不高。

孔壁的上部，从一端孔口到另一端，呈现出凹弧形的、类似抛光形成的光滑表面，应该是长期穿绳造成的使用痕（彩版九五，7、8）。

（2）M266∶2 眉笔

肉眼观察

褐色细粒砂岩制成，通体打磨成较规整的圆柱状，尾端磨圆，笔头一端被磨成圆钝的锥状且在使用中被染成黑色，质量为 16.62 克（彩版九五，9）。眉笔的长度 81.59 毫米，中部直径 10.87 毫米，适合女性手持使用；笔头尺寸约 2.69 毫米，适合画眉。

SEM 观察

这件器物表面打磨规整，SEM 下观察其显微结构，可见砂粒呈胶结状，含孔洞（彩版九五，10）。

（3）工艺性能

古籍中关于女子眉妆的记载和描述颇多，《楚辞·大招》中"粉白黛黑，施芳泽只"提到女子画眉的石黛，便是以石墨为眉墨，置于黛砚上研磨，加水调和，再描画眉毛。

多岗墓地出土的眉墨和眉笔，使用方式与文献记载中不太一样。首先，未见黛砚一同出土，且眉墨上遗留的开磨面或凹或凸，都不是平面；其次，眉笔笔头一端正好可放入眉墨上一处由小磨面组成的凹处（彩版九六，1）。此外，石墨的粉末可以画眉，同样会污手，所以石墨制成的眉墨需要钻孔穿绳系住包裹物，而细粒砂岩制成的眉笔可以直接手持使用。因此，多岗墓地出土的眉墨和眉笔是配套使用的画眉工具，即先以眉笔笔端在眉墨上轻轻摩擦出眉粉，再用眉笔描眉。

2. 饰品

此次观察的饰品包括 M266 出土的标本 M266：4 坠饰和 M242 出土的 3 件小串珠。

（1）M266：4 坠饰

肉眼观察

由绿色～白色微斜长石制成，此类微斜长石又称天河石，具有近于正交的完全解理。整体观察坠饰表面呈玻璃光泽，某些方向可以观察到由于光在薄层结构中的干涉和内反射作用产生的光彩效应（彩版九六，2、3）。质量达 5.692 克，形制接近椭圆形，最长达 27.45 毫米，厚14.06 毫米，宽度约 4.72～9.74 毫米。坠饰表面打磨光滑，顶端的小孔是对向钻成。

SEM 观察

a. 坠饰表面的磨痕

SEM 下观察发现，光滑的磨面上呈现出平行排列的沟槽状微痕（彩版九六，4）。天河石的莫氏硬度为 6.0～6.5，当时的青铜工具或莫氏硬度低于 6.5 的石质工具无法用来直接加工该矿物材料，推测加工工具的材料可能是常见的石英岩或石英含量高的其他岩石。

b. 孔的内壁

孔的形态呈相对的两个圆锥状，较规整（彩版九六，5），是由硬度较高的石质钻头在不添加解玉砂的情况下，以完全圆周运动钻成，推测使用了带轴承机械的复合钻孔工具。

孔口约 6.43 毫米，两孔相交处约 1.61 毫米（彩版九六，6）。在两孔相交处的上端出现穿绳使用造成的光滑表面（彩版九六，7）

（2）M242 小串珠

肉眼观察

多岗墓地出土了数十件小串珠（彩版九六，8），表面附着有其他物质，多呈黄绿色、灰绿色、灰蓝色或灰黑色，目前串珠表面的附着物质是人为的涂层亦或因埋藏环境导致，尚不明确。此次仅观察了 3 件串珠，相关数据见表四一。

表四一　M242 出土 3 件串珠的肉眼观察和测量

试验编号	外径（毫米）	内径（毫米）	厚度（毫米）	质量（克）	颜色
M242：1	5.67～5.92	1.90～2.47	1.67	0.06	灰绿
M242：2	5.62～5.88	1.99～2.08	1.37	0.06	黄绿
M242：3	4.46～4.59	1.46～1.55	1.18	0.03	黄绿

3 件串珠的厚度均不到 2 毫米，外径和内径不均匀，非正圆。因表面存在附着物，无法直接观察到加工痕迹。考虑出土串珠的数量和大小相对均匀，推测采用了连续生产的开片技术。

SEM 观察

观察尺寸最大的串珠 M242：9，可见其外圆和中孔均未采取复合工具进行钻孔，应是手持小型工具研磨而成（彩版九六，9）。

　　此外，我们对 3 件串珠进行了红外光谱（FTIR）分析，均表现为二氧化硅的特征峰（图二五五），应属于石英岩类矿物。

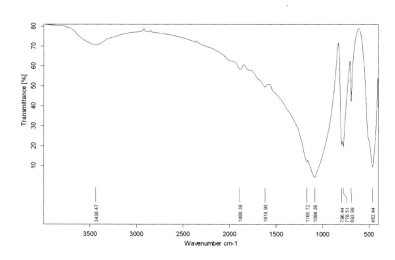

图二五五　　串珠 M242 : 9FTIR 谱图

3. 小结

　　本次观察的 6 件石制品是发掘者在多岗墓地出土的众多石制品中选择的具有典型性和代表性的器物，经过初步考察，获得以下几点认识。

　　第一，关于石制品的原料来源

　　6 件石制品的材质包括石墨、细粒砂岩、石英岩、天河石。石墨在新疆青河县、奇台县等地有矿产分布。天河石在新疆的产地包括阿尔泰将军山、托里县及哈密等地。石英岩、细粒砂岩在各地广泛分布，新疆亦不例外。如果进一步开展细致的地球化学分析，或许可证明多岗墓地的石制品原料是否源自新疆境内。

　　第二，关于石制品的工艺

　　6 件石制品的工艺技术较简单，以打磨为主。钻孔技术表现相对复杂，不仅存在手持工具进行不完全圆周运动的钻孔方式，还存在复合旋转工具进行完全圆周运动的钻孔方式。小串珠的开片可能采用了连续生产技术。

　　第三，关于画眉用具

　　多岗墓地出土的画眉用具包括眉墨和眉笔，使用起来非常便捷，不需要蘸水，与文献记载中稍有不同。

第七章 结语

阿克苏地区地区早期遗存的发现始于 20 世纪 30 年代。[1] 50 年代曾调查并发掘过阿克苏东遗址[2]、喀拉玉尔衮遗址[3]和库车的哈拉墩遗址[4]。80 年代以来，考古工作者在古代库车、拜城地区进行了一些调查和发掘工作，取得了丰硕的成果。随着龟兹地区文物普查的深入，在库车河、渭干河流域曾发现丰富的青铜铁器时代文化遗存，其中主要有库车的玛扎甫塘墓地、拜城的克孜尔遗址和南戈壁墓地等。[5] 新疆自治区博物馆发掘了柯坪色日克托格腊克墓地的一座墓。新疆维吾尔自治区博物馆、阿克苏地区文管所和温宿县文化馆调查和发掘了包孜东墓葬群。[6] 90 年代，新疆社会科学院考古研究所为配合克孜尔水库建设工程，发掘了克孜尔墓地 160 座墓葬。[7] 1999 年，由于被盗严重，中国社会科学院考古研究所抢救性发掘了拜城县多岗墓地 100 座墓。为配合拜城县石油公路及库车—拜城—玉尔衮高等级公路的建设，2013 年 4 ～ 6 月，新疆文物考古研究所派遣工作人员对拜城多岗墓地进行了考古发掘。共发掘墓葬 210 座，出土遗物 530 余件（组）。

20 世纪 90 年代初在拜城盆地南部经过 4 次发掘的的克孜尔墓地是一处重要墓地。克孜尔遗址和墓地位于拜城盆地东南隅的克孜尔乡境，拜城县城东约 47.5 千米。1989 年阿克苏地区文物普查时发现。遗址和墓葬分布于吐尔村东部的克孜尔河西岸的台地上。台地北高南低，地表散布灰色小砾石，生长着骆驼刺、梭梭和麻黄等荒漠植物。墓地南北长约 2 千米。源于天山冰川的克孜尔河及木扎特河在此融汇东流，经克孜尔佛教石窟后，穿越雀尔塔格山谷流入库车、新和、沙雅三县绿洲。为配合克孜尔水库建设工程，1990 ～ 1992 年的三年中做了四次抢救性的发掘。

墓葬分布范围广而稀疏，地表为圆形封土堆，多数封堆中间有凹坑，下为圆角长方形竖穴土坑。以多人多层合葬为主，葬式多侧身屈肢，头向西北。有些大墓在主室外还附葬儿童坑。

陶器较多，铜、石、骨器较少。主要的器物组合为圆口釜、带流釜、盆、钵、勺、碗等。陶器中以带流釜、圆口釜最多，不见带流杯，还有罐、钵、杯等，整个陶器群个体都较大，而且

---

① 德日进、杨钟健：《中国西部及蒙古新疆几个新石器（或旧石器）之发现》，《中国地质学会志》1932 年第 12 卷。
② 王永焱：《西北史前文化遗址概况》，《文物参考资料》第二卷第 10 期，1995 年。
③ 新疆维吾尔自治区民族研究所考古组：《阿克苏县喀拉玉尔衮等古代遗址》，《学术简讯》第 1 期，1965 年 11 月 15 日。新疆社会科学院考古研究所编：《新疆考古三十年》，新疆人民出版社，1983 年，39 页。
④ 黄文弼：《新疆考古发掘报告》，文物出版社，1983 年。
⑤ 新疆阿克苏文物普查队：《阿克苏地区文物普查报告》，《新疆文物》1995 年第 4 期。
⑥ 新疆博物馆、阿克苏文管所、温宿文化馆：《温宿县包孜东墓葬群的调查和发掘》，《新疆文物》1986 年第 2 期。
⑦ 新疆文物考古研究所：《新疆拜城县克孜尔吐墓地第一次发掘》，《考古》2002 年第 6 期。

几乎全是圜底器，但不同一般的圜底，而是平中见微凸。这种圜底器在陶胎成型干燥后再在器底蘸稀泥滚粗砂，焙烧后附着在器底。使用时受热面加大，极大提高了热效率，具有鲜明的个性。彩陶丰富，通体彩绘，彩色为红色或紫红色，纹饰主要装饰在器物上腹及颈部，有宽条的带状纹、多组分层重叠的正三角纹、水波纹（折线纹）、网格纹等。克孜尔墓葬出土铜器数量不多，目前整理的 130 座墓葬中共出土大小铜器 40 件，不足出土文物总量的 1/10。其种类主要有刀、锥、颈饰、耳环、纺轮、扣饰等简单的生活和装饰等小件用品。

综上所述，克孜尔出土的铜器数量少，器形简单，多为日用的小工具和饰物。铜器测定表明为红铜制品。这说明铜器的使用并不普遍，石器仍是主要的社会生产和生活用具。墓葬中普遍有羊等牲畜随葬，说明牧业的存在。关于克孜尔墓地的绝对年代，曾采集了一些墓葬中的朽木标本做了年代测定，初步测出五座墓葬的五个数据，其时间范围大约在公元前 1000 ～前 600 年左右，相当于西周至春秋时期。

墓葬区与居住区之间有明显的分界，墓葬皆集中分布于遗址的南北两端，西临河床。遗址在中部，地表可见居住遗址和炼铜遗址。遗址散露着破碎的陶器、石磨盘、石斧、石锤、残锅、炼渣、灰炭堆积，以及矿料堆积等与冶炼活动有关的文化遗物。遗址内的陶器质地和器形与墓葬所出相一致。①

多岗墓葬和遗址的详细情况已经在报告中介绍了。多岗墓地发掘的 100 座墓中，M275 是汉代石围墓，Ⅲ区墓时代较晚，个别为附属于佛教石窟寺的塔基。其余墓葬为圆丘封堆竖穴墓，属于同一文化的墓葬。

类似于多岗和克孜尔墓地的文化遗物，实际在 20 世纪 50 年代的库车县哈拉墩就已经有发现，而且是非常少见的遗址。

哈拉墩位于库车县老城东郊约 3 千米，乌恰河东面平原上，在皮朗古城内。遗址东距皮朗村约 300 米，北距百材艾力克村约 100 米，南 240 米抵乌库公路。哈拉墩是一座用土坯垒砌、形状不甚规则的土墩。土墩南北长 25、东西宽 15、高出地表 3.2 米。土墩下有厚约 2 米的灰层，灰层分布范围南北 85、东西 110 米，总面积当在 9350 平方米以上。

1958 年，黄文弼先生对该遗址进行了小规模的发掘，共开十七个探方，分西、北两区。西区距哈拉墩西面 20 米，开三个探方（T1、3、5）。北区距哈拉墩北面约 30 米，开十四个探方（T2、4、6 ～ 15，其中 T13 分 a、b、c 三个探方）。第三类彩陶片较多，是哈拉墩下层遗存的主体部分，粗红陶片中含砂子，面涂一层朱红陶衣，或面隆起旋纹，或三角纹，或刻环圈纹。彩绘有的在器口部分，有的是器壁，共同点是在粗砂红陶上涂一层白粉面，用紫色笔涂画简单纹饰，或作三角纹、有作平行条纹，很少涡纹或方格文。② 除了地层，还发现了灰坑和柱洞，说明哈拉墩下面地层曾是一个居址。他认为："综上所述，北区文化堆积可分为两期：一为新石器时代晚期，即北区第三、四层堆积（埋缸回填土部分除外）；二为唐文化层，即北区一、二层堆

---

① 张平：《从克孜尔遗址和墓葬看龟兹青铜时代文化》，《新疆文物》1999 年第 2 期。

② 黄文弼：《新疆考古发掘报告》，文物出版社，1983 年，图版柒 4、6 ～ 11。

积。本文将新石器时代晚期简称为哈拉墩前期文化；将唐文化层简称为哈拉墩晚期文化。"① 所谓哈拉墩前期文化的彩陶遗存与多岗墓地、拜城克孜尔水库墓地相同。

最为重要的是 20 世纪 80 年代群巴克墓地的发掘。墓地位于新疆维吾尔自治区轮台县西北约 18 千米的群巴克乡，发现三片墓地，它们均在乡政府西北约 3～4 千米处，相互距离约 1～2 千米。墓葬都挖掘于面积不大的小戈壁滩上。1985～1987 年，中国社会科学院考古研究所新疆队与新疆巴音郭楞蒙古自治州文管所先后三次对其中的两片墓地进行了发掘。Ⅰ 号墓地有 43 座，1985 年（第一次）发掘了 4 座，1986 年（第二次）发掘了 26 座，1987 年（第三次）发掘了剩余的 13 座，同时又发掘了 Ⅱ 号墓地中的 13 座。三次发掘均已发表简报。②

群巴克墓地墓葬疏密不匀地分布在长条形戈壁台地边缘，墓葬地表为面积较大而低平的圆封土堆，封堆下为圆角方形和椭圆形竖穴土坑。有单室和多室，个别大墓设短墓道，墓室中心和四周立木桩，墓口棚盖圆木。个别墓葬没有地面之下的墓室，而是在地面之上直接用木桩栽立成墓室。有的墓葬保存焚烧遗迹。以多人二次合葬为主，最多一墓埋葬 42 人。也有很少的单人一次葬，仰身或侧身屈肢，头向西北。主墓室周围有儿童附葬墓，儿童单人或多人，一次葬、二次葬都有。主墓室周围的边缘往往有马头、蹄坑，还见少数埋骆驼头和整马、狗的殉葬坑。随葬品中有陶、铜、铁、石、木、骨器和毛织品。陶器最多，以带流釜和彩陶带流罐最具特色。带流杯很少。彩陶纹样简单粗劣，在黄白色陶衣上绘黑色或红色彩纹，花纹往往仅饰于器物一个侧面的上半部分，常见的有连续内填平行斜线的正倒三角、平行线纹、网状纹和条纹。Ⅰ号墓地已测有五个碳十四年代数据，为距今 2905＋130～2535＋90 年，亦即公元前 955～前 585 年（半衰期 5730 年，均经树轮校正，下同）；Ⅱ 号墓地测有四个碳十四年代数据，为距今 2760＋25～2560＋125 年，亦即公元前 810～前 610 年。这样，群巴克 Ⅰ 号墓地和 Ⅱ 号墓地的绝对年代约为公元前 950～前 600 年，这与和静察吾呼沟口 Ⅰ 号墓地的绝对年代约公元前 990～前 625 年是相同的。也就是说，它们是同时期的，并无先后早晚之分。

哈拉墩下层文化遗存、群巴克墓地、克孜尔墓地和多岗墓地无论是墓葬形制还是出土器物都显示属于同一类文化，如果按考古学文化命名的原则，由于哈拉墩发现时间早，又是遗址，今后还可以作进一步发掘，所以应当如黄文弼所建议，称为"哈拉墩前期文化"，或者更符合中国考古规范，称为"哈拉墩下层文化"。哈拉墩在新疆是一个较为常见的名称，意思是黑色的土堆或土台，一般就是形容包含大量灰土的古代台状堆积遗迹，因此，很容易让人产生误解，另外哈拉墩当年发掘主要是为了揭示唐代皮郎城的文化层，史前遗迹属于偶然碰到，而且材料少而有限，最重要的是，哈拉墩下层文化中至少包含了两个时期三类不同的文化遗存。因此，还是建议学界以发掘时间较早、材料丰富、具有代表性的群巴克墓地来命名类似遗存，称为"群巴克文化"。

---

① 黄文弼：《新疆考古发掘报告（1957～1958）》，文物出版社，1983 年，9、101 页。
② 中国社会科学院考古研究所新疆队、新疆巴音郭楞蒙古自治州文管所：《新疆轮台群巴克古墓葬第一次发掘简报》，《考古》1987 年第 11 期。中国社会科学院考古研究所新疆队、新疆巴音郭楞蒙古自治州文管所：《新疆轮台群巴克古墓葬第二、三次发掘简报》，《考古》1991 年第 8 期。

　　克孜尔墓地缺乏整体感，没有明显的规划，墓葬之间也缺少关系，所以很难进行分期研究。多岗墓地墓葬布局有一定规律，发展序列完整。多岗墓地和克孜尔墓地在墓形、葬俗、出土文物器物组合及彩陶纹样等基本文化要素与察吾呼墓地均存在较大差别，相同的只是屈肢葬和带流嘴陶器，而且带流器无论从尺寸、质量、器型和纹饰等方面都有很大不同。克孜尔墓地、多岗墓地和群巴克墓地都流行屈肢葬和带流釜，有的墓葬形制也相同，有墓地火祭现象，群巴克墓地出土的带流陶器在器形上和克孜尔、多岗墓地出土的很接近，其他诸如单耳钵、铜刀、化妆棒、纺轮、耳环等都相同。因此，以群巴克墓地、克孜尔墓地和多岗墓地为代表的考古学遗存属于群巴克文化，分布地域主要是轮台、库尔勒、库车、拜城地区。晚期可能向西发展到温宿地区，向南可能和克里雅河流域等地区有联系。

　　克孜尔墓地、多岗墓地和群巴克墓地二者也有明显的不同之处，比如群巴克墓地墓葬中木构建筑比较显著，墓葬火祭比较盛行。金器、玻璃器和铁器比较多。这些特点在克孜尔墓地和多岗墓地中较少见。有学者把克孜尔墓地发现的遗存命名为"克孜尔水库类型"。[1] 由于现在材料还不太充分，特别是轮台地区只发掘了同一地区的两个墓地，将来如果发掘了其他的墓葬，如果差异的确很大，而且贯穿始终，可以考虑在群巴克文化中划分出不同的类型。

　　群巴克文化是新疆早期铁器时代文化中一个非常有特点的文化。有学者把这种文化的主要特征进行过概括。[2] 群巴克文化的带流釜和带流杯均直口或敛口、流嘴上挺；单耳壶、细高的双耳罐；厚重的陶纺轮；石化妆棒的尾部都有穿孔和凹槽；有较多的大型铜器；普遍发现铁器并见料珠。多岗墓地早期的墓葬和东面的群巴克墓地比较接近，个别陶器和铜器和更东的察吾呼文化有一定关系。

　　除了以上规模较大的发现外，还有一些零星而重要的发现。温宿县包孜东墓地位于天山南麓丘陵地带。1985 年清理的 M41 为石堆土坑墓，丛葬，骨架散乱，随葬带流器。这座墓从葬俗和随葬品都体现了东部文化向这一地区的渗透，是群巴克文化向西发展的结果。此墓地发现的鹿石则显示来自北疆的影响。[3]

　　1995 年 11 月，考古工作者在库尔勒市上户乡清理了土葬墓 2 座，火葬墓 1 座。[4] 时代可能为公元前 6 ～前 2 世纪。库尔勒市从地理位置看，非常接近焉耆盆地，但墓葬出土的随葬品却和群巴克墓地相似，说明这个地区此时主要受群巴克墓地为代表的人群的影响。可以作为这个文化类型晚期在东部的界限。

　　M101、M214 填土中出土戳凹窝的陶片对于探讨群巴克文化的来源，或者说早一阶段的文化非常重要，可能和"尼雅北类型"，或是"新塔拉文化"等青铜时代的考古学文化有一定

①　新疆文物考古研究所：《拜城克孜尔水库墓地第一次发掘》，《新疆文物》1999 年第 3、4 期。新疆文物考古研究所：《新疆拜城克孜尔吐尔墓地第一次发掘》，《考古》2002 年第 6 期。

②　中国社会科学院考古研究所新疆队、新疆巴音郭楞蒙古自治州文管所：《新疆轮台群巴克古墓葬第二、三次发掘简报》，《考古》1991 年第 8 期。

③　新疆博物馆、阿克苏文管所、温宿文化馆：《温宿县包孜东墓葬群的调查和发掘》，《新疆文物》1986 年第 2 期。

④　何德修（巴音郭楞蒙古自治州文物保护管理所）：《新疆库尔勒市上户乡古墓葬》，《文物》1999 年第 2 期。

关系。

根据调查和发掘的情况分析，阿克苏地区温宿以西天山南麓地区早期铁器时代主要分布的是石堆墓，石围墓不多，大部分的石围墓也是附属于石堆墓。从出土器物看，这个地区的文化的确和群巴克文化有一定的关系。其中托什罕河流域石堆无墓室墓葬比较有自身特点。[①]

总之，群巴克文化是公元前10～前9世纪至公元前3世纪分布于库尔勒至温宿县的青铜时代末期早期铁器时代的考古学文化。根据迄今发现，群巴克文化的特点可以总结为以下几点。

1. 这个文化的人群主要生活在西天山中部南麓山前坡地、绿洲地带甚至塔里木盆地腹地的河流地带。

2. 这个文化形成的时间大约为公元前9世纪，一开始主要生活在轮台至拜城天山南麓山前地带，之后扩张到库车等绿洲地带。晚期这个文化渐渐向东扩散到库尔勒、向西到温宿、向南可能到圆沙古城所在的塔里木盆地腹地。迄今发现的遗存主要集中为公元前5世纪以前，公元前4至前3世纪的发现较少。

3. 迄今发现了这个文化的墓葬、聚落、原始城市遗址和冶炼遗址等。

4. 有专门的墓地，有的墓葬有布局安排，有的较为随意，总的说没有特别严谨的墓葬布局设计。

5. 墓葬地表均有砂土堆作为封堆，封堆下沿墓口边缘有的有石围，有完整的，也有局部的。墓口上方也有堆石的，大型的墓葬封堆下有的有内外两圈石围，主墓室周围有儿童小墓和埋葬马头、牛头、骆驼头或整马、整狗的殉葬坑。

6. 有的墓葬没有墓坑，直接在地面，一般为房屋式的，迄今主要发现于轮台群巴克墓地。一般为随意挖开的椭圆形竖穴土坑墓，中晚期在墓室的东侧多出现短浅墓道，可能和二次或者多次入葬有关。

7. 有的墓口有棚木，有的棚木比较完整，有的不全。棚木一般南北向，南北横搭在东西向的墓口上方，个别墓葬也有上下纵横排列的棚木。有的棚木上覆盖草蓆。苇席用芨芨草编织，目前附近仍生长这种草。有的棚木上会放置完整或者残缺的人骨架。有的棚木在入葬过程中曾经焚烧。

8. 早期流行单人或双人一次葬，稍晚流行单人二次葬、多人二次集体合葬，墓室内因此分为多层埋葬。骨架有完整的，更多是杂乱、多人混杂、甚至残缺的骨架。有人头骨穿孔、变形和涂朱的现象。

9. 一般都随葬有陶、铜、铁、木、石、骨器。彩陶与铜、铁器共存。铜器主要是铜刀，较多陶、木、石和骨质的纺轮，多随葬染为绿色的石英岩以及白石串珠、细粒砂岩磨制化妆棒和石墨质的眉墨石。少量墓葬有铜质的马衔、马镳、节约等马具，另有铜箭镞、铜纺轮以及金耳环等。根据形制和金属分析研究，有的青铜马具可能从周边地区输入，大量简单的铜器可能是当地生产的红铜制品。早期没有发现铁器，稍晚出现少量的铁质装饰品，中晚期铁器较多，主

---

① 张平：《阿克苏地区天山南麓石堆墓和石围墓的调查》，《新疆文物》2007年第3期。

要有铁刀、铁镰、铁剑、铁链等。多岗墓地检测的一件铁器从显微组织上没有发现块炼铁所有的复相夹杂物，可能是生铁体系的东西。

10. 陶器以单耳带流釜最有代表性，其他典型器物有双耳釜、单耳罐、双耳罐、单耳杯、单耳钵、壶等。早期以单耳带流釜、双耳釜、单耳浅腹钵、单耳深腹钵为组合，中晚期灰黑陶的双耳罐和壶渐多。炊煮器均夹砂，大型炊煮器底部敷施粗石英砂，增强受热效能和耐热度。陶器制作不精细，纹饰绘制也较随意。

11. 彩陶不发达，基本上是在黄白色陶衣上绘红褐色或黑色彩绘，一般在陶器口沿内外绘条带状色带。花纹母题主要有三角形，有的内填平行斜线。个别还有雷纹、网格纹、棋格纹、竖条纹、波折纹、菱形纹等。

12. 遗址迄今发现可以确定为群巴克文化的聚落遗址有哈拉墩遗址、克孜尔遗址。多岗城址和圆沙古城可能也属于群巴克文化。

13. 考古发现和食性分析的结果可以印证，群巴克文化的人群以牧业为主，主要饲养牛、马和羊，以羊、牛为主。可能出现了山地游牧经济，夏天有人驱使畜群到海拔较高的山地放牧，山前有永久的居址。存在原始农业，可能种植麦和黍类农作物。从库车县阿艾乡提克买克冶炼遗址的发现看，群巴克文化有自己的冶炼业，特别是在晚期，规模较大。[1]

14. 拜城县克孜尔墓地的居民的种系特征归属于欧洲人种的一支——地中海类型。[2]多岗墓地的分析结果显示，多岗头骨的一些重要特征还是与欧洲人种更加吻合，而不同于蒙古人种和尼格罗人种。其种族成分的基础是原始欧洲人种，但相比时代较早的古墓沟人群的形态还是有些差别，产生这种差异的原因，一方面可能是人群随着时代而进化形成的，另一方面，也存在不同种族成分交融和混杂而导致的影响。对多岗墓地部分人骨基因的分析结果显示，这些人群属于混合基因，既有西方人种的基因，也有东方人群的基因。

15. 群巴克文化人群早期社会尚未分化，可能还是以家庭为基本单位的部落。稍后，家族的凝聚力加强，社会出现了等级和财富的分化，一些人，可能是部落首领，他们的权重加大。从考古发现看，墓葬规模出现分化，并开始筑城，形成堡垒式的小城。从随葬品也可以看出，比如 M107 发现了类似权杖头的青铜器。发现的马具和哈萨克斯坦塔斯穆拉文化的非常相似，可能是舶来品，铜器分析的结果也显示这些铜器成分为纯净的锡青铜。反映了高等级的人可以同较远地区的人群进行贸易和交换。

多岗墓地汉代墓葬的发现是非常重要的收获，类似形制的墓葬在古代龟兹地区已经发现了若干处，方形半地穴房屋式的墓葬看来是这个地区汉代主要的墓葬形式。这种墓葬形制可能是在当地发展起来的，其中也受到其他地区文化的影响。2013 年新疆文物考古研究所在多岗墓地发掘出 2 座类似墓葬。迄今发现这种墓葬较早的例子是群巴克Ⅰ号墓地 M3，时代约为公元前5～

---

① 李肖：《古代龟兹地区矿冶遗址的考察和研究》，《新疆文物》2003 年第 3、4 期。新疆文物考古研究所：《库车县库俄铁路沿线考古发掘简报》，《新疆文物》2012 年第 1 期。

② 陈靓、汪洋：《新疆拜城克孜尔墓地人骨的人种学研究》，《人类学报》2005 年 24 卷 3 号，188～197 页。

前 4 世纪。① 1995 年 11 月，考古工作者在库尔勒市上户乡清理了的 M3 是带墓道甲字形土坑竖穴墓也是这样的例子。② M3 的时代可能为公元前 6 ～前 4 世纪，这说明较早时期就出现了这种半地穴式的墓葬。半地穴式棚架墓最早出现在且末地区的扎滚鲁克文化中，塔里木盆地其他地区出现类似的墓葬可能受到这个文化的影响。

多岗墓地所在的土岗东侧断崖下有佛教石窟，因此在这里发掘出塔基是顺理成章的事，只不过这些塔基最初被误认为是墓葬。塔基下出土盛满烧骨的陶罐，应当是当地僧人的舍利罐。

---

① 郭物：《新疆史前晚期社会的考古学研究》（国家社会哲学科学成果文库），上海古籍出版社，2012 年，149 页。
② 何德修（巴音郭楞蒙古自治州文物保护管理所）：《新疆库尔勒市上户乡古墓葬》，《文物》1999 年第 2 期。

附表一　多冈墓地墓葬登记表

（单位：米）

墓号	方向（度）	封堆结构或（直径或长径×短径＋高）	墓坑尺寸（直径或口长×口宽－深 底长×底宽）	墓坑结构	葬具	葬式	性别年龄	随葬器物	墓葬类型*	分期	备注
101	268	10.56 × 9.32＋1.1	3.28×2.48－2.1 3.4×2.3	椭圆形竖穴土坑墓，东部有斜坡墓道，西部有小龛，有火烧痕迹。	无	剩下不足1具人骨，头西面向上。		I深腹钵，CI双錾耳釜，I单耳方形钵，陶片，I浅腹钵。随葬品放于西部小龛处，墓道中有牛骨。	B－I－II－II	四	扰。封堆西部有一方形石围。
102	276	8.00 × 6.4＋0.5	1.86－1	近圆形竖穴土坑墓。	无	骨架2具，散乱不全。	可能为青年男女。	2个陶器流嘴，修复一个，AI小型带流杯。	A－I－I－I	一	扰。封堆顶有凹窝。
103	240	17.15＋1.65	3.59×2－1.43 3.1×1.55	椭圆形竖穴土坑墓，有棚木，墓口一圈断续石围。	无	人骨1具，零星散乱。		铜牌饰1件，铁器残块若干。	A－I－I－IV	二晚	扰。堆顶有大凹窝，封堆内，墓口平面上有一圈断续石围，外围还有一圈石围。
104	270	11.45＋1	2.38 ×1.96－1.34 2.24×1.87	椭圆形竖穴土坑墓。	无	人架1具。散乱不全。	不清。	夹砂红褐陶束颈钵，三角纹陶片，铜节约2件。	A－I－I－I	二晚	扰。
105	257	9.4＋0.8	2.2×1.5－0.96 2.04×1.38	椭圆形竖穴土坑墓。封堆内，墓室北边有小附葬坑。	无	骨架散乱不全。附葬坑内有骨架一具，骨不全。	不清。附葬坑中为婴儿。	I单耳浅腹钵。	A－II－I－I	二晚	扰。
106	265	9.4＋0.8	3.46×1.86－1.02 2.6×1.5	椭圆形竖穴土坑墓。墓口周围有石围，东南有附葬坑。	无	只剩胸骨。附葬坑有小孩骨架一具。	不清。	单耳器陶片，深腹钵陶片，泥质灰陶壶2个，修复1个。	A－II－I－III	三晚	扰。堆顶有凹窝。

* 坑形－附葬坑－龛－棚木和石围。椭圆形竖穴土坑墓为A，带墓道的椭圆形竖穴土坑墓为B，双室相连的椭圆形竖穴土坑墓为C。没有附葬坑的竖穴土坑墓为I，有附葬坑者为II。没有龛者为I，有龛者为II。墓口什么都没有者为I，有棚木为II，有石围标为III，有棚木和石围为IV。

续附表一

墓号	方向（度）	封堆结构或（直径或长径×短径＋高）	墓坑尺寸（直径或口长×口宽－深／底长×底宽）	墓坑结构	葬具	葬式	性别年龄	随葬器物	墓葬类型	分期	备注
107	268	13.3＋0.75	3.2×1.8－1.29 2.75×1.52	椭圆形竖穴土坑墓，有棚木痕迹。	无	墓底有零星散乱人骨。	不清	角形管鎏铜器、马镳2，均残，节约44完整，30个残。	A－I－I－II	三晚	扰。堆顶有回窝。
108	263	11 × 8 ＋1.3	4.8×东2.4西1.3－1.3 4.8×东1.7西1.3	圆角方形，东有深长墓道，墓口有零星积石，填土中有棚木。	在c号人骨下有草席。	墓室中有a、b、c、d四具人骨，头西，侧身屈肢。填土中有e号人骨，封堆东侧内有零星人骨。	a为男性，股骨略有弯曲；b无头，为成年男性；c成年男性；d成年女性；e为生育过的中年女性。	AI带流釜，I壶，CI无耳直沿钵，AIV带流釜，AI单耳圆口釜，I砺石，浅腹钵，I铜镳，牛肖胛骨，I化妆棒2。	B－I－I－IV	三早	扰。堆顶有回窝，封堆内部西部有一堆积石。
109	260	14 × 9.8 ＋1	3×2－1.5 3×1.6 墓道0.6×0.6－0.5	椭圆形竖穴土坑墓，东部有短墓道，墓口有一圈石围，顶部有棚木。东部有一堆积石。下压A号人。封堆内南部有一个附葬坑，为B号。	a号人骨盖有草席。	墓室有c、d、e三具骨架，头西，向北侧身屈肢。	c为成年男性；d为成年女性；e为成年男性。	项饰（包括玛瑙环、海贝、兽牙、铜环），III灰陶壶，铜饰，I砺石，BI无耳浅腹钵2，I单耳深腹钵残片，I化妆锤2，化妆棒2，CII鍪耳圆口釜，BII无耳钵，CII鍪耳圆口釜，铜镳2，小铜环2，料珠，木纺轮。	B－II－I－IV	四	扰。堆顶有回窝，封堆内缘有一周断续石围。

续附表一

墓号	方向（度）	封堆结构或（直径或长径×短径+高）	墓坑尺寸（直径或口长×口宽×深/底长×底宽）	墓坑结构	葬具	葬式	性别年龄	随葬器物	墓葬类型	分期	备注
110	267	15 × 8.2 +0.3	2.8×1.6-1.5 / 2.2×1.4	椭圆形竖穴土坑墓，顶部有棚木。封堆内东南部有两个附葬坑，坑口有积石，南部的有棚木。	无	骨架一具，散乱不全，可能是屈肢葬。附葬坑中各有一具小骨架，头西面北，侧身屈肢。	墓中人骨为成年男性。附葬坑中为婴儿。	I单耳深腹钵，料珠。	A-II-I-IV	三晚	扰。堆顶有回窝。
111		7.2+0.4	直径 1.5，深 0.65	圆坑。	无	墓底有散乱人架一具。	儿童	三角纹陶片一片，铜管。	A-I-I-I		扰。堆顶回窝。
112	276	8+1	1.9×1.5-0.9 / 1.5×1.2	椭圆形竖穴土坑墓。	无	骨架少而乱。	不清	四块陶片，有连续三角纹，金箔，圆锥体形铜管。	A-I-I-I		扰。堆顶回窝。
113	266	8+0.6	1.86×1.3-1 / 1.2×1	椭圆形竖穴土坑墓，墓口周围有断续石围。	无	残留个别肢骨.	不清	无	A-I-I-III		扰。堆顶有窝，封堆内有一个个小石围。
114	76	15+1.2	3.34×2.25-1 / 2.82×1.32	椭圆形竖穴土坑墓，墓口放纵（上）横（下）棚木，上盖草席，墓口有一圈断续石围。	无	棚木上有3具骨架，散乱不全，10具任墓中，多存头骨，散乱不全，东部和北部各有一个头，头顶部涂朱。	待。	AIV带流釜，铜饰2。	A-I-I-IV	二晚	扰。堆顶有回窝，封堆下有一圈石围。
201	108	10.2 ×6.3 +0.4	2.1×1.4-0.94	椭圆形竖穴土坑墓，有棚木。	无	可能2人，呈斜坡状摆放于墓室西部，骨架分离。	待	AI带流釜，I单耳黑陶深腹钵。	A-I-I-II	一	未扰。

续附表一

墓号	方向（度）	封堆结构（直径或长径×短径+高）	墓坑尺寸（直径或口长×口宽－深/底长×底宽）	墓坑结构	葬具	葬式	性别年龄	随葬器物	墓葬类型	分期	备注
202	250	8×7+0.5	1.9×1.48－1	椭圆形竖穴土坑墓，西部有小龛。	无	2人，身首分离，头西，侧身屈肢。		AI单耳圆口釜、I深腹和浅腹钵、I石纺轮。	A－I－II－I	一	未扰。
203	270	9.8+0.76	2×1.14－1.06 / 2.3×1.2	椭圆形竖穴土坑墓，西部有小龛，有棚木。	墓主身上盖草席，身下垫椭圆形木质尸床。	1人，头西面上，侧身屈肢。	女性。	AI单耳带流釜、I化妆棒、I深腹钵、青铜纺轮、朱砂粉。	A－I－II－II	一	未扰。堆顶有回窝。
204	270	5.6+0.34	2.10×1.35－0.8 / 1.59×1.3	椭圆形竖穴土坑墓，墓口有堆石。	无	两层，第一层1具，头向西，侧身屈肢；第二层1具，散乱，侧身屈肢。	第二层为女性。	I单耳浅腹陶钵、I石纺轮、铁件。	A－I－I－III	二晚	扰。
205	275	6.50×5.5+0.3	1.6×1－0.9	椭圆形竖穴墓坑，墓口东边有石围，西壁下有小龛。	无	人架一具，分两层，散乱不全。	不清	AII单耳带流釜。	A－I－II－III	二晚	扰。堆顶有回窝。
206	258	9.1+0.99	1.72×1.1－0.78 / 1.6×1.03	椭圆形竖穴土坑，墓口东部有少量石块和少量棚木。	无	二次葬。两层骨架，上层一人，头向西北，仰身屈肢；下层一人，头向西，侧身屈肢。	上层男性，下层女性。	上层：II单耳深腹钵、AI无耳钵、AIII带流釜、AIV带流釜；下层：I石纺轮、I化妆棒。	A－I－I－IIII	二晚	未扰。封堆顶部无凹窝。

续附表一

墓号	方向（度）	封堆结构或（直径或长径×短径＋高）	墓坑尺寸（直径或口长×口宽－深 底长×底宽）	墓坑结构	葬具	葬式	性别年龄	随葬器物	墓葬类型	分期	备注
207	290	6＋0.3	1.44×1.08 – 0.42 1.43×0.93	椭圆形竖穴土坑，西部有小龛。	无	2具人骨，头向西，侧身屈肢，北侧存少量头骨、脊骨、肋骨、股骨、胫骨、腓骨保存好；南侧除头骨外，保存好。	北侧女性，南侧男性。	无耳钵、I化妆棒、陶纺轮。	A–I–II–I	二晚	未扰。
208	256	4.6×7.5＋0.35	1.5×1–0.8 1.7×1	椭圆形竖穴墓坑，墓口周围有断续石围，有南北向棚木，西端有小龛。	无	2具，朽乱不清。可看出一具头头东，向北屈肢。	不清	AIII带流釜、I单耳深腹钵、钵置于釜中、釜置于小龛中。	A–I–II–IV	二晚	未扰。
209	270	8×7.6＋1.1	1.93×1.4–1.7 1.95×1.1	椭圆形竖穴土坑墓，墓室顶部东边有少数积石。	无	三层骨架，A第一层，头东南，仰身屈肢；b第二层，散乱；c，d第三层，c骨架上部杂乱无序，可看出是仰身屈肢，d堆积在一起。		串珠97颗	A–I–I–III	二晚	扰。
210	272	7.8×7＋1.4	1.8×1.08–1.4 1.8×0.92	椭圆形竖穴土坑墓。	无	人骨一具，头骨反放于一个陶罐上，下颌骨已分离，肢骨不全，散乱。		陶罐口沿、AI单耳圆口釜、I深腹钵、I浅腹钵。	A–I–I–I	二晚	未扰。堆顶有回窝。

续附表一

墓号	方向（度）	封堆结构或（直径或长径×短径＋高）	墓坑尺寸（直径或口长×口宽－深 底长×底宽）	墓坑结构	葬具	葬式	性别年龄	随葬器物	墓葬类型	分期	备注
211	250	6.9＋0.48	2.44×1.5－1.1 2.2×1.2	椭圆形竖穴土坑墓，西部有小龛，墓口有棚木。	可能有木质棺床。	人架一具，仰身屈肢葬，双手放于小腹上，头身分离。		陶片，墓口和墓室中都有，AⅢ圆口釜，A单耳深腹钵，罐和钵中有粮食。	A－Ⅰ－Ⅱ	三早	未扰。堆顶有凹窝。
212	281	4.2×5.9＋0.8	2.1×1.2－0.6 1.8×1.2	椭圆形竖穴土坑墓，主墓室南部有一附葬坑。	无	二次合葬墓。主墓室骨殖散乱，大致可看出有二或三人。附葬坑有两具儿童骨架，头西，侧身屈肢。	不清。	AⅡ单耳圆口釜，由于酥坏成粉状，未取。	A－Ⅱ－Ⅰ－Ⅰ	三早	未扰。
213	85	6.8×8.9＋1.12	3.9×1.8－1.50 2.3×1.02	椭圆形竖穴土坑墓，西部有小斜坡墓道。	墓口有棚木，东部棚木上盖草皮，墓底置棺床，棺木铺草席。	棚木东北部放两根肢骨，朽蚀成粉末状。三层骨殖，第一层8具，二层1具，三层1具。		AV单耳带流釜，I单耳浅腹钵，I红陶壶，I单耳深腹钵，B单耳带流釜，I单耳浅腹钵，串珠共25颗。	A－Ⅰ－Ⅱ	三晚	扰乱。封堆顶部有凹窝。
214	270	7.2×8.1＋0.6	2.9×1.55－1.7 2.9×1.54	长椭圆形竖穴土坑墓。	无	骨架一具，不全。	不清	圆口釜，已残坏。	A－Ⅰ－Ⅰ	三晚	扰。堆顶凹窝。
215	265	6.5＋0.6	1.8×1.3－0.7	椭圆形竖穴墓坑，墓口有棚木，仅存两端。	骨架下有草席。	人架一具，头骨右侧破损，头西，向北侧身屈肢。	成年女性。	陶纺轮，项珠54颗（白石珠36颗，绿石15颗）。	A－Ⅰ－Ⅱ	三晚	未扰。

续附表一

墓号	方向（度）	封堆结构或（直径或长径×短径＋高）	墓坑尺寸（直径或口长×深口宽×深底长×底宽）	墓坑结构	葬具	葬式	性别年龄	随葬器物	墓葬类型	分期	备注
216	273	6.6＋0.6	1.54×1－0.7 1.42×0.92	椭圆形竖穴土坑墓，墓口有半圈石围，有棚木。	无	四具人骨，少量骨骼不存，侧身屈肢。		AI单耳带流盆，小黑皮陶钵残片。	A－I－I－IV	一	未扰。
217	275	8×6＋0.3	2.1×1.3－1 2.3×1.3	椭圆形竖穴墓，西部有小龛。	无	人骨散乱，无头骨，脚东，屈肢。	不清	夹砂红褐陶片。	A－I－II－I	三晚	堆顶有凹窝。
218	276	7.3＋0.26	1.5×1.2－0.6	椭圆形竖穴土坑墓。	无	人架一具，零散不完整，下肢屈。	不清	一块饰三角纹陶片。	A－I－I－I	三晚	扰。
219	68	5.4＋0.4	2.66×1.5－0.8	圆角方形竖穴墓，墓口东侧堆有两堆砾石。	无	三个人架，散乱无序，集中放在墓室西半部。	不清	无。	A－I－I－III	三晚	扰。封堆顶有凹窝，封堆中的北边有一段石围。
220	270	5.8＋0.4	2×1.8－1.06 1.6×1.8	椭圆形竖穴土坑墓，有棚木。	南部人骨身下有一层的纯净的黄砂。	棚木上有人股骨和头骨一个，底层有骨架两具，头南，头东西两侧身屈肢，南部人骨头身分离。		红陶小杯，I单耳浅腹陶钵，AII圆口彩陶釜，内有羊骨。	A－I－I－II	三早	未扰。堆顶有凹窝。
221	270	5.2＋0.34	1.9×1.04－1.7	椭圆形竖穴土坑墓，近圆形，墓口有棚木。	b人骨下有细草编的席子。	人架五具，两层，仰身屈肢，a身屈肢，c头东西，微侧身，d头盆向上，d头北，侧身屈肢，e仰身屈肢。		II单耳浅腹红褐陶钵，II单耳深腹灰陶钵，无耳钵3个，两个有图，一个无法修复。填土中有一红色颜料鸡冠短柱耳。	A－I－I－II	四	未扰。堆顶有凹窝。

续附表一

墓号	方向（度）	封堆结构（直径或长径×短径×高）	墓坑尺寸（直径或口长×口宽×深-底长×底宽）	墓坑结构	葬具	葬式	性别年龄	随葬器物	墓葬类型	分期	备注
222	310	7 × 5.96 +0.34	1.63×1.3-1.2 1.9×1.0	椭圆形竖穴土坑，口大底小。墓口有棚木，保存多见横向，纵向一根。	无	棚木上有股骨、肋骨等。底部2具人骨。南部人骨面向南，侧身屈肢；北部人骨面向北，上身腐朽，下身屈肢。	南部人骨为男性，北部为女性。	II无耳束颈罐等，铜管饰。西壁有一块羊肩胛骨。	A-I-I-II	三早	未扰
223	270	6.9+0.6	1.9×1.4-0.6 2.3×1.4	椭圆形竖穴土坑墓，西部有小龛，有棚木。	无	六具人骨，骨架不全。	不清。	墓口西北角有一陶罐，II武整耳器口沿。I灰陶浅腹钵，内有羊骨。	A-I-II-II	四	未扰，堆顶有凹陷。
224	245	7+0.6	1.9×1.7-1.1 墓道1×1.1-0.5	椭圆形竖穴土坑墓，东部有短浅墓道，有棚木。	无	三层人架，第一层散乱不全、第二层2人，北部一人侧身屈肢，头西面南，头向北部一人俯上身，无头，第三层2人，北部一人头西面南，侧身屈肢，南部一人仰身屈肢，无头。		陶片，I单耳浅腹钵，I深腹钵，AII单耳圆口釜，骨条。	B-I-I-II	三早	未扰。
225	270	6.84+0.4	1.8×1.4-1 1.7×1	椭圆形竖穴土坑墓，墓口有石围，石围中部有大石头。		散乱不全。		陶纺轮，羊骨。	A-I-I-III	三晚	扰，堆顶有凹陷。

续附表一

墓号	方向（度）	封堆结构（直径或长径×短径＋高）	墓坑尺寸（直径或口长×深 口宽×底宽 底长×底宽）	墓坑结构	葬具	葬式	性别年龄	随葬器物	墓葬类型	分期	备注
226	248	9.1+0.6	2.4×1.74－1.2	椭圆形竖穴土坑墓，有棚木。	无	两层人架，第一层2具，侧身屈肢，相向而卧，头骨俯上身，北部人骨俯上身，南部人骨不存。下层人骨2具，侧身屈肢，相对而卧，头西，肢骨不全。	一男一女一层。	II陶壶、陶纺轮、无耳杯，II石纺轮，彩陶片，夹砂黑陶片，I深腹钵。	A－I－I－II	三晚	未扰。
227	271	7+0.94	2.8×2.1－1.2 2.4×2.1	椭圆形竖穴土坑墓，有棚木。		棚木上有2人骨架散乱不全，底层有人架两具，头西，侧身屈肢，成人身旁有婴儿。	底层为一成年女性和一婴儿。	串珠16颗（绿石6颗，白石10颗），残铜饰，I深腹钵。	A－I－I－II	三晚	未扰。堆顶有凹窝。
228	282	7.4+0.26	2×1.32－0.97 1.68×1	椭圆形竖穴土坑墓，西部有小龛，有棚木。	无	人架三具，上层散碎，下有两具，头西，西南侧身屈肢。	下层为一男一女。	IV磨光黑陶壶，II化妆棒，B砺石，有带流金陶片。	A－I－II－II	三晚	扰。
229	263	9+0.5	2×1.5－1.1 1.9×1.5	椭圆形竖穴土坑墓，有棚木，棚木上盖草席，墓口东部有积石。	无	人架三层，棚木上有一人；第三层人骨2具，一具侧身屈肢，另一具散乱不全，第三层三具，头东，骨架不全。		I单耳小罐，AII单耳圆口盆，BIII无耳钵，II砺石，戒面。	A－I－I－IV	三晚	未扰。
230	282	7+0.3	1.8×1.2－1.1	椭圆形竖穴土坑，墓口北边有一些砺石，有棚木。	无	棚木上有2个头骨，人架一具，墓底有散乱。	不清。	无。	A－I－I－IV	三晚	未扰。封堆顶部有凹窝。

续附表一

墓号	方向（度）	封堆结构或（直径或长径×短径+高）	墓坑尺寸（直径或口长×深 口宽×底长×底宽）	墓坑结构	葬具	葬式	性别年龄	随葬器物	墓葬类型	分期	备注
231	88	8.4+0.4	2.8×2-1.2 2.3×1.96	椭圆形竖穴土坑墓，墓口中部有一堆封石，堆石周围有棚木，棚木上盖有草席。	无	三层，一具在棚木上，无头，头东，侧身屈肢；二层两个头骨；三层三具，不全，侧身屈肢。	不清	小无耳杯，大深腹盆，I浅腹钵，铜管，铜镞，III砺石，铁刀，动物肢骨和肋骨。	A－I－I－IV	三晚	未扰。
232	292	9.4+0.2	2.2×1.4-1.3 1.98×1.12	椭圆形竖穴土坑墓，有棚木，与主墓相接，南部有一小个浅坑。	无	两层，小浅坑中一具，侧身屈肢；墓室中三具，两具侧身屈肢，一具散乱不全。	不清	残陶片，串珠，I化妆棒，铜渣。	C－I－I－II	三晚	扰。
233	255	4+0.37	1.9×1.43-0.57 1.7×1.08	椭圆形竖穴土坑墓。	无	人架1具，头西面北，仰身直肢。	男	无	A－I－I－I	三晚	未扰。封堆表面有础石。
234	275	4.4+0.22	1.86×1.7-0.94 1.5×0.94	椭圆形竖穴土坑墓，有棚木。	人骨底有草席	棚木上两具，墓室中四具，均侧身屈肢。	紧靠墓室南壁者为一女性，余为小孩。	AIII带流盆，I单耳浅腹钵，I骨纺轮，串珠186颗（绿石44颗，白石142颗），铜饰件（有铁锈）。	A－I－I－II	三晚	未扰。
235	330	5.3+0.3	1.5×1-0.7 1.5×1.2	椭圆形竖穴土坑墓，墓口有石围，石围中间是棚木。	无	两层，上层人骨脊椎扭曲，头骨上有钻孔，下层人骨上身平躺，下肢分离。		II单耳深腹钵，BI无耳钵，AIII单耳圆口金，錾耳器陶片，II石纺轮，粮食，羊骨。	A－I－I－IV	四	未扰。

续附表一

墓号	方向（度）	封堆结构（直径或长径×短径+高）	墓坑尺寸（直径或口长×口宽-深 底长×底宽）	墓坑结构	葬具	葬式	性别年龄	随葬器物	墓葬类型	分期	备注
236	250	6.6+0.46	1.7×1.16-0.8	椭圆形竖穴土坑墓，有棚木。	底层人架垫草席。	人架2层，一层一人，身首分离，侧身屈肢，二层侧身屈肢，骨架不全。		金耳环，木纺轮，已朽。	A-I-I-II	三晚	未扰
237	270	8.6+0.6	2.64×1.44-1.24 2.0×1.44	方圆形竖穴土坑墓，有棚木。	无	零碎骨头若干。	不清	无。	A-I-I-II	三晚	扰。顶有堆凹窝。
238	291	5.8+0.13	2.16×1.48-0.9 1.8×1.46	椭圆形竖穴土坑墓，有棚木，墓室西壁有一块大石。	无	人架一具，身首分离，侧身屈肢。	女性	骨簪，串珠，残碎红陶片，銎耳器残片。	A-I-II-II	四	扰。
239	40	7.8+0.34	1.64×1.06-1.24 1.7×1.06	椭圆形竖穴土坑墓，墓口有纵横交错的棚木，棚木上覆盖草席。	人骨下垫草席。	人骨2具，西部为俯上身，屈下肢；东部为侧身屈肢。	一男一女。	无耳杯，羊肩胛骨。	A-I-I-II	四	未扰。顶有堆凹窝。
240	260	4.45+0.54	1.06×0.98-0.48	椭圆形竖穴土坑，口大底小，墓口表面堆几块大石头。	无	3具人骨，1个头向东，2个头向西，散乱无序。	婴儿	无	A-I-I-III	三晚	扰乱。
241	295	4.8+0.36	1.6×1.5-0.9	椭圆形竖穴土坑墓，西部有小龛，有棚木。	无	2人，头西面北，侧身屈肢。	一男一女。	B双耳圆口釜，小无耳杯，铜刀，铜簪，串珠23颗（绿石22颗，白石一颗）。	A-I-II-II	四	未扰。

续附表一

墓号	方向（度）	封堆结构或（直径或长径×短径+高）	墓坑尺寸（直径或口长×口宽底长×底宽深-深）	墓坑结构	葬具	葬式	性别年龄	随葬器物	墓葬类型	分期	备注
242	320	7 × 5.2 +0.3	1.7×1.4-1.1 1.8×1.4	椭圆形竖穴土坑，口小底大。墓口周围有一圈封石，石下有棚木。	无	两层人骨架，及2个头骨，上层5具：a头西面北，侧身屈肢；b头西面下，仰身屈肢；c、d只是身骨；下层2具：f头西面上，仰身面上；g头西面上，仰身屈肢。	a、b为成年男性；e为婴儿；f为成年男性；g为成年女性。	CI鋬耳圆口盆，I单耳深腹钵，II单耳深腹钵，AIV单耳圆口盆，骨管，铜耳坠2，铜饰件，串珠88颗（绿石77颗，白石11颗）III砺石，G号盆骨南部出一件牛肩胛骨。	A-I-I-IIII	四	未扰。
243	310	4.3 × 3.9 +0.2	1.45×0.7-0.7	椭圆形竖穴土坑。	无	人架一具，仰身直肢，下肢双脚合并，身骨异常，上肢骨凌乱。	男性。	AIII单耳圆口盆。	A-I-I-I	四	未扰。
244	320	7+0.6	1.8×1.24-1	椭圆形竖穴土坑墓。	无	1人，侧身屈肢，头西面北，在腿骨处，还有另外一人的下肢骨两根。	成年男性。	AI单耳圆口盆，I单耳深腹钵2，铜刀，铜条。	A-I-I-I	二晚	未扰。堆顶有回窝。
245	300	6.8+0.66	1.97×1.3-0.94 1.48×0.85	椭圆形竖穴土坑墓，有棚木，西部有小宽。	无	人架1具，无头，侧身屈肢。	女性。	石纺轮，单耳盆残片。	A-I-II-II	二晚	西部被扰。
246	270	5.52+0.73	2.14×1.4-1.03 1.87×1.22	椭圆形竖穴土坑墓，有棚木。	无	一具人架，头向西，侧身屈肢葬。	女性。	III带流盆，II单耳深腹钵，骨纺轮。	A-I-I-II	二晚	未扰。

续附表一

墓号	方向（度）	封堆结构或（直径或长径×短径＋高）	墓坑尺寸（直径或口长×口宽－深 底长×底宽）	墓坑结构	葬具	葬式	性别年龄	随葬器物	墓葬类型	分期	备注
247	270	7.6＋0.6	2.2×1.5－0.9 1.56×0.84	椭圆形竖穴土坑墓。	无	人架两具，上层无头，侧身屈肢；下层，西面北，头西，侧身屈肢。	两具都为女性。	AIII单耳带流彩陶釜，AI单耳圆口釜，I单耳深腹钵，陶纺轮，I化妆棒，骨饰件，骨管。	A－I－I－I	二晚	未扰。堆顶有回窝。
248	280	2.2＋0.3	1.8×1.4－0.8 1.16×1	椭圆形竖穴土坑墓，应有棚木。	无	人架三具，第一具在棚木上，无头，侧身屈肢；墓底两具，一大一小，头西，侧身屈肢。	墓底大骨架为女性，小骨架为婴儿。	骨饰件，包括两节骨管、II穿孔骨饰。	A－I－I－II	二晚	未扰。
249	262	6＋0.34	1.8×1－0.7	椭圆形竖穴土坑墓，墓口上部有一堆砾石，墓室内也有。	无	墓室中部有一具骨架，头向西，俯身葬，脚北侧小骨架，头缺，头西，侧身屈肢。	中为成年女性，小骨架为婴儿。	铜簪2，I铜针，残铜管。	A－I－I－III	二晚	未扰。
250	280	8.1×6.8＋0.35	2.8×1.5－0.8 1.95×1.1	椭圆形竖穴土坑墓，墓室顶部有石块，石块下有棚木，棚木上盖有草席，东部有方圆形墓道。	草席，铺在b、c人骨上。	a人骨在墓口，已腐朽；b、c人在墓底，面对面侧身屈肢。	墓底两具人骨一男一女。	AIII单耳带流彩陶釜，AIII灰陶单耳带流釜，I单耳深腹钵，I石纺轮，铜刀，铁饰件，化妆棒，串珠176颗（绿石167颗，琥珀9颗）羊骨。	C－I－I－IV	二晚	未扰。堆顶有回窝。
251	255	7.6×6.6＋0.6	1.3×1.4－1.25 1.65×1	椭圆形竖穴土坑墓，有棚木。	无	三层，棚木上有骨架，骨架散乱不全。		I单耳深腹钵，CI无耳红褐流彩陶釜，AV单耳带流釜，残铜饰件，铜带钩，串珠3颗（玛瑙1颗，白石2颗）。	A－I－I－II	二晚	扰。堆顶有回窝。

续附表一

墓号	方向（度）	封堆结构（直径或长径×短径＋高）	墓坑尺寸（直径或口长×口宽－深 底长×底宽）	墓坑结构	葬具	葬式	性别年龄	随葬器物	墓葬类型	分期	备注
252	250	6.2＋0.3	1.9×1.4－0.8 1.5×1.25	椭圆形竖穴土坑墓，墓口南边有砾石，下有棚木。	墓主垫有草席。	骨架散乱放置成一堆。	成年女性。	I单耳深腹钵，II方口钵，I化妆棒，串饰一组3件。	A－I－I－IV	三晚	堆顶有扰。堆顶回窝。
253	180	4＋0.6	1.8×1.5－0.6 1.5×1.5	椭圆形竖穴墓，南部有一个台坎，墓口堆有石块，石块下有棚木。	无	2具，一具在墓室上部，散乱不全。下层头南脚北，面向东，仰身屈肢。		BII无耳钵。	A－I－I－IV	三晚	扰。
254	282	8×7＋0.34	1.83×1.4－1.35 1.88×1.35	椭圆形竖穴土坑墓，有棚木。	无	人架2具，头两面北，侧身屈肢。	a为男性，b为女性。	I单耳深腹钵，AI单耳带流釜，I单耳浅腹钵，骨纺轮。	A－I－I－II	二早	未扰。
255	285	6.6＋0.44	1.4×0.92－0.64 1.14×0.92	椭圆形竖穴土坑墓。	无	三层，一层一人，头西面南，侧身屈肢，二层一人，散乱不全，三层两人，一人仰身屈肢，一人仰身屈肢，相向而叠压，骨架不全。		AIII单耳带流釜，AIV单耳带流釜，I单耳浅腹钵，I化妆棒，I铜针。	A－I－I－I	三晚	未扰。
256	270	6.8＋0.8	2.2×1.2－0.7 2×0.8	椭圆形竖穴土坑墓。	无	两层人架，第一层散乱；第二层人骨两具，上层骨架头身远离，下层仰身屈肢，散乱不全。		串珠（包括白石47颗，玛瑙3颗，铜环2个）。	A－I－I－I	二晚	未扰。

续附表一

墓号	方向（度）	封堆结构或（直径或长径×短径＋高）	墓坑尺寸（直径或口长×深 口宽－深 底长×底宽）	墓坑结构	葬具	葬式	性别年龄	随葬器物	墓葬类型	分期	备注
257	282	4.2 × 3.6 + 0.3	1.8 – 1 墓道 1.1 × 1 – 0.4	椭圆形竖穴土坑墓，东部有圆角长方形短墓道。	无	一具，头西面北，仰身屈肢，双手置于腹部。	成年女性。	AIII 单耳带流釜，I 深腹钵，I 石纺轮。	B－I－I－I	二晚	未扰
258	295	6.6 × 4.96 + 0.55	1.9 ×1.1－0.79 1.8 ×0.95	椭圆形竖穴土坑墓，墓口有石围。	无	人架 1 具，头西南，侧身屈肢，身首分离。	女性。	AI 单耳园口彩陶釜，I 单耳深腹钵。	A－I－I－III	二晚	未扰
259	270	5.4 + 0.2	2.43 ×1.3 - 0.7 2.4 ×1.08	竖穴土坑墓，东有短墓道，有棚木。	无	人架三具，a、b 两具仰身屈肢，c 一具侧身屈肢。	a 男性。b 女性。c 为儿童。	浅腹盆，AV 单耳深腹釜，II 单耳深腹钵。盆内有羊骨。	B－I－I－II	四	未扰
260	300	5.2 + 0.28	2.07 × 1.45 – 0.74 1.83 ×1.28	椭圆形竖穴土坑墓，有棚木、棚木上盖有草席草帘。	墓主可能用草席包裹。	人架 2 具，头西，a 面向北，b 面向南，侧身屈肢，骨架乱。	a 为女性，b 为男性。	AIII 单耳带流釜，I 单耳浅腹钵，I 单耳深腹钵，串珠 79 颗（白石 78 颗，绿石 1 颗）。	A－I－I－II	二早	扰。
261	272	6 + 0.5	2.1 ×1.4 - 0.8	椭圆形竖穴土坑墓，墓口有积石和草泥，西部有小龛。	无	人架两层，上层散乱不全，下层 2 人，一大一小，小的在北，但骨架有分离。	下层小骨架为儿童，大骨架为成人。	方钵，I 单耳小陶罐。	A－I－II－IV	三晚	未扰
262	283	7.4 + 0.5	1.6 ×1.2－0.84	椭圆形竖穴土坑墓，西部有小龛，有棚木。	无	2 人，头西，北部人架无头，向北侧身屈肢。	一男一女。	AIII 单耳带流釜，I 单耳深腹钵。	A－I－II－II	三晚	扰，堆顶有回窝。

续附表一

墓号	方向(度)	封堆结构或（直径或长径×短径+高）	墓坑尺寸（直径或口长×口宽-深底长×底宽）	墓坑结构	葬具	葬式	性别年龄	随葬器物	墓葬类型	分期	备注
263	275	8.9×8+0.5	2.1×1.75-0.98 1.92×1.05	近椭圆形竖穴土坑墓，有棚木。	无	人架2具，头西，相向侧身屈肢。	a为男性，b为女性。	AIV单耳带流釜，I单耳深腹钵，I石纺轮，串珠，I铜节约。	A-I-I-II	三晚	未扰。封堆内东部有一石围。
264	330	5.6+0.38	1.75×1.36-0.6 1.5×1.36	椭圆形竖穴土坑墓。	无	单人葬，头向西北，侧身屈肢，头骨保存不好。		陶片。	A-I-I-I	三晚	未扰。
265	275	6.5+0.4	1.94×1.25-0.9 1.8×1.25	椭圆形竖穴土坑墓。	可能有棺床。	人骨两层，上层仰身直肢，骨盆以上不全，下层4具，头西，侧身屈肢。		II灰陶壶，单耳深腹钵。	A-I-I-I	三晚	未扰。堆顶有凹窝。
266	268	8.4+0.72	2.61×1.68-1.16 2.19×1.2	椭圆形竖穴土坑墓，西部有小龛，有棚木。	上层人骨覆盖草席，骨盆下有植物垫子，下层人骨垫有席。	为二次合葬墓，有两人和其他一些零星人骨，下层人骨头身分离，头东，头西，侧身屈肢；上层人骨在棚木之上，双手上举，交于颌下。		陶片，I圆头骨簪3，绿玉坠饰，II骨饰，卜骨，II眉墨石，铜针，I纺轮，I化妆棒2。	A-I-II	三晚	未扰，堆顶有凹窝。
267	315	8.5+0.3	2.1×1.44-0.6 墓道1×0.8-0.4	椭圆形竖穴土坑墓，东部有短墓道，西部有小龛。	无	人骨一具，头西，侧身屈肢。	男性。	AI菱格棋盘纹圆口釜，II骨簪，III砺石，II深腹钵。	B-I-II-I	三晚	未扰。堆顶有凹窝。

续附表一

墓号	方向（度）	封堆结构或（直径或长径×短径+高）	墓坑尺寸（直径或口长×口宽－深底长×底宽）	墓坑结构	葬具	葬式	性别年龄	随葬器物	墓葬类型	分期	备注
268	90	6+0.16	2.1×1.6-1.61 2×1.6	椭圆形竖穴土坑墓，墓口有石围。	墓主身上覆盖草席。	人架一具，仰身直肢，无头，左脚骨等。	男性。	夹砂红陶片。	A－I－I－III	四	未扰。顶有堆回窝。
269	290	4.2+0.32	1.2×1-0.56 1.1×0.9	椭圆形竖穴土坑墓，有棚木。	无	2人，骨架不全，侧身屈肢。	儿童	II砺石。	A－I－I－II		未扰。
270	275	6+0.4	3×1.8-1.3 2.2×1.2 墓道1×1-0.2	椭圆形竖穴土坑墓，有短墓道，墓道西部有一道小石墙，有棚木。	上下骨架下均有草席垫。	棚木上有一具骨架仰身直肢，墓室中两层骨架，第一层3具，第二层1具。		I单耳浅腹钵2，AV带流釜，I单耳深腹钵，CII无耳圆口钵，骨刀，带红颜料的白石，串珠，I石纺轮，I化妆棒，牛腿骨。	B－I－I－II	三晚	未扰。顶有堆回窝。
271	90	8+0.4	3.2×2-0.9 1.8×2	椭圆形竖穴土坑墓，由东向西呈斜坡状，有棚木，墓中部有大石一块。	无	人骨集中于墓室东部，散乱不全，有3个头骨，两个头骨上有钻孔。		AV带流釜，陶片（残碎），红陶壶（残碎），灰陶深腹钵（残碎）。	A－I－I－II	三晚	未扰。顶有堆回窝。
272	270	5.2+0.18	1.24×0.6-0.86 1.24×0.5	椭圆形竖穴土坑墓。	无	人架两具，头西，侧身屈肢。	儿童	II铜针。	A－I－I－I	三晚	未扰。顶有堆回窝。
273	263	5×4.4+0.2	1.35×0.95-0.53 1.28×0.9	椭圆形竖穴土坑墓。	无	人架一具，头西，面上，侧身屈肢。		小铜饰。	A－I－I－I	三晚	扰。

续附表一

墓号	方向（度）	封堆结构（直径或长径×短径+高）	墓坑尺寸（直径或口长×口宽×深 底长×底宽）	墓坑结构	葬具	葬式	性别年龄	随葬器物	墓葬类型	分期	备注
274	265	5.5+0.3	1.7×1-0.9 1.2×0.7	椭圆形竖穴土坑墓，有棚木。	无	两层，上层一具，头西；下层侧身屈曲，头西。		III夹砂红陶壶。	A-I-I-II	三晚	未扰。
275	267	11.61+0.8	4.8×4.9-1.57	方形半地穴式房屋式土坑墓，东北角有墓道。	无	散乱，可能有五人，基本分二层，第一层骨架集中于西北角，东北角、东壁、东南角，第二层在墓底，主要集中在中部偏南的地方，另外，墓道中有牛骨和羊骨。		陶片1件。铜印1件。铁器1件。铁牌饰1件。金箔包铜1件。肉红石髓珠3件。紫色珠1件。铁锥1件。带红色颜料土块2件。云母片5件。		汉	扰
276	278	6.2+0.4	2.04×1.56-1 1.7×1.1	椭圆形竖穴土坑墓，西部有小龛，墓口有棚木。	无	人架2具，头西，侧身屈肢。	a为男性，b为女性。	AIII带流金口杯，I化妆棒2，骨针。羊骨。BII无耳圆，大骨。	A-I-II-II	二晚	未扰。
277	260	6+0.3	2.25×1.58-0.83 1.57×1.27	椭圆形竖穴土坑墓，东端有墓道，有两台阶。	无	人架2具，一具俯身屈肢，但身首分离。	不清。	I化妆棒2，单耳钵。I单耳浅腹钵，串珠。	B-I-I-I	二晚	扰。
278	270	8×5.4+0.5	前室1.93×1.92-1.42 1.4×1.44 后室2.1×1.47-0.7 2×1.04	前后两室，西为前室，东为后室，各为椭圆形竖穴土坑墓，口有石圈，有棚木。	无	人架5具，前室2层，后室2层，前室有侧身屈肢，仰身直肢葬。		陶罐残片，铜环（1节约），AII带流钵，I单耳浅腹钵，I单耳深腹钵，兽骨。	C-I-I-IV	二晚	西部前室被扰。前详。

续附表一

墓号	方向(度)	封堆结构(直径或长径×短径+高)	墓坑尺寸(直径或口长×口宽-深底长×底宽)	墓坑结构	葬具	葬式	性别年龄	随葬器物	墓葬类型	分期	备注
279	270	6+0.26	3.2×1.86-1 3×1.8	椭圆形竖穴土坑墓，墓口上封堆中有积石一堆，西部有小龛，有棚木。		棚木上有人骨，散乱不全，墓底有3具人骨，头朝西，侧身屈肢		陶片若干。	A-I-II-IV		未扰。堆顶有回窝。
280	270	13.8×12.1+0.6	3×1.9-1.6 2.1×1.9 墓道1.9×1.6-1.1	椭圆形竖穴土坑墓，东端有长方形短墓道，墓口两边有石围。	无	扰乱，零星散乱。	不清。	陶片，羊骨。	B-I-I-III	二晚	扰。堆顶有回窝，墓口北侧多残留有半圈石围。
281	270	7.855.25+0.25	1.63-1.28	圆形竖穴土坑墓。袋状墓坑。墓口有部分石围。顶部有棚木和草席，草席覆盖于棚木之上。	无	两具人骨，头朝西北，侧身屈肢，相向而卧。		头部西侧有单耳圆口釜，釜内有铜刀和羊骨。	A-I-I-IV		未扰。
282								单耳带流釜			已扰。
283	260	6+0.76	2.3×1.8-1.3	椭圆形竖穴土坑墓，西北部有小龛，有棚木。	无	两层，棚木上一具，散乱不全；墓底一具，散乱不全。		AII单耳圆口釜，"U"铜件。	A-I-II-II	三早	未扰。
301		2.5+0.4	1.1×1-0.9	方坑，坑口有石围。	无	无		无	D-I-I-III		扰。封堆为黑色砺石堆成。

续附表一

墓号	方向（度）	封堆结构（直径或长径×短径×高）	墓坑尺寸（直径或口长×口宽－深底长×底宽）	墓坑结构	葬具	葬式	性别年龄	随葬器物	墓葬类型	分期	备注
302		3.2 × 2.8 +0.5									仅有封堆，近椭圆形。表面用大小不等的石块覆盖
303		3.6 × 3.2 +0.5									仅有封堆，近椭圆形。表面用大小不等的石块覆盖
304		石围外圈3.5 × 4.5 内圈 2 ×2.1	无	无	无	无					为塔基。
305		石围外圈5.9 ×6 内圈 3.4	无	无	无	无	无	红褐陶罐一个，内盛碎骨。		晋唐	为塔基。

附表二　多岗人骨鉴定表

墓　号	性别	年龄（岁）	骨　骼	墓葬规模	分　期
M101	男	17～18	残骨，有牛骨	Ⅰ区大墓	第四期
M101	男？	35 左右	头骨片，颌骨片	Ⅰ区大墓	第四期
M102a	不明	11、12	颌骨（有牙齿）		第一期
M106	不明	成年	趾骨	Ⅰ区大墓	第三期晚段
M107	不明	成年	胫骨，趾骨	Ⅰ区特大墓	第三期晚段
M108a	男	35～40	髋，肢骨，有牛骨	Ⅰ区大墓	第三期早段
M108d	不明	成年	肢骨	Ⅰ区大墓	第三期早段
M109c	不明	45 左右	牙齿	Ⅰ区特大墓	第四期
M109d	女	18～22	下颌		
M109a	不明	3、4	牙齿		
M109b	不明	20～25	牙齿		
M109e	男	25 左右	下颌		
M114①	不明	成年	头骨片 1 块	Ⅰ区特大墓	第二期晚段
M114②	不明	未成年	头骨片		
M114③	女	35～40	头骨片		
M114④	男	45～50	头骨片		
M114⑤	女	15～17	下颌		
M114⑥	男	45～50	骨盆		
M114⑦	不明	成年	髋骨		
M114⑧	男	30～35	下颌，残髋，骶骨		
M114⑨	男	成年	头骨片		
M114⑩	女？	成年	残髋，肢骨		
M114⑪	女	35～40	碎骨		
M114⑫	男	成年			
M114⑬	男	成年	残髋，		
M114⑭	女	40～45	下颌，骶		
M114⑮	男？	25 左右	颌骨，肢骨		
M114⑯	女？	成年	头骨片，下颌		
M201a	男	20 左右	肢骨，髋	Ⅱ区大墓	第一期
M201b	女	50 左右	头骨片，肢骨，髋		
M202b	男	20 左右	头骨片，肢骨，髋	Ⅱ区中墓	第一期
M202a	女	55 左右	头骨片，肢骨，髋		
M203	女	50～55	骨骼碎片	Ⅱ区大墓	第一期

续附表二

墓　号	性别	年龄（岁）	骨　骼	墓葬规模	分　期
M206	男	成年	骨盆，肢骨残段	Ⅱ区大墓	第二期晚段
M207b	男	成年	肢骨、体骨残块	Ⅱ区中墓	第二期晚段
M207a	女	成年	肢骨、体骨残块		
M207c	不明	13～14	肢骨、体骨残块		
M209①	女	18～20	头骨，肢骨，骨盆	Ⅱ区中型墓	第二期晚段
M209②	男	40～45	下颌，残体骨		
M210	不明	35～40	头骨片	Ⅱ区中墓	第二期晚段
M211	女?	25 左右	头骨，肢骨，体骨	Ⅱ区中墓	第三期早段
M212a	男?	成年	牙，肢骨	Ⅱ区小墓	第三期早段
M212b	不明		椎骨		
M213	女	50 左右	髋骨，肢骨	Ⅱ区中墓	第三期晚段
M213	女	55～60	头骨、肢骨		
M213	女	35～40	头骨、肢骨		
M213	女	12、13	头骨，肢骨		
M213	不明		肢骨		
M213a	男	20 左右	肢骨，髋		
M213b	女	25～30	肢骨，髋		
M213	女	16～18	下颌，肩胛骨，髋		
M213	女	16～20	下颌，肩胛骨，髋		
M215	女	15～16	头骨，肢骨，体骨	Ⅱ区中墓	第三期晚段
M216a	女	45 左右	头骨片，肢骨。髋	Ⅱ区中墓	第一期
M216d	女	30～35	头骨，肢骨，髋		
M216c	不明	成年	肢骨，椎骨		
	不明		头骨片，髋		
M216b	男	16～17	头骨，肢骨，髋		
M220a	男		头骨片，下颌	Ⅱ区中型墓	第三期早段
M220b	女	45 左右	头骨片，肢骨，髋		
M220c	女	55 左右	头骨片，肢骨，髋		
M221a	女?	25～30	骨盆，肢骨	Ⅱ区中墓	第四期
M221b	女	35～40	髋，肢，体骨		
M221c	女	30～35	肢骨，髋，头骨片		
M221d	男	45～50	肢骨，髋，头骨片		
M221e	男	20～25	头骨片，骨盆，肢骨		

续附表二

墓　号	性别	年龄（岁）	骨　骼	墓葬规模	分　期
M222	男	35～40	骨盆，下颌	II区中墓	第三期早段
M222	男	16左右	头骨，肢骨		
M222	不明	9～10	头骨，肢骨		
M223a	男	大于50	头骨，肢骨	II区中墓	第四期
M223b	女	35～45	头骨片，骨盆，肢骨		
M223c	女？	成年	头骨片，碎体骨		
	不明	成年	头骨片		
M223d	不明	成年	头骨片		
M223f	不明	婴儿	头骨片		
M224c	男	45左右	头骨，肢骨，髋	II区中墓	第三期早段
	男	25左右	肢骨，骨盆		
M224b	男	20～25	头骨		
M224	女	30左右	骨盆，肢骨		
M224d	男	30左右	头骨，肢骨，髋骨		
M226	女	45左右	骨盆，下颌	II区大墓	第三期晚段
M226	女	35左右	骨盆，下颌		
M226	男	27～30	骨盆		
M226a	男	不明	肢骨		
M226	不明	成年	下肢骨		
M226	男？	成年	上肢骨		
M226b	男	30左右	骨盆		
M226	女	20左右	骨盆		
M227a	女	30左右	髋	II区中墓	第三期晚段
M227b	女	14～15	髋，颌骨		
M227c	不明	3左右	下颌		
M229	女	30～35	头骨，肢骨，髋骨	II区大墓	第三期晚段
M229a	女	30～35	头骨，肢骨，髋骨		
M229b	男	30左右	肢骨，髋		
M229a1	女	成年	肢骨，髋		
M231a	男	成年	头骨片	II区中墓	第三期晚段
M231b	男	15～16	头骨片		
M231e	男	15～16	头骨片		
M231d	男	成年	下肢骨		

续附表二

墓 号	性别	年龄（岁）	骨 骼	墓葬规模	分 期
M231f	不明	成年	肢骨		
M231	不明	成年	肢骨		
M231	不明	成年	肢骨		
M232	女	20～25	头骨	Ⅱ区大墓	第三期晚段
M232c	男	成年	头骨		
M232d	不明	成年	头骨片		
M233	不明	成年	头骨片，骨盆，肢骨	Ⅱ区小墓	第三期晚段
M234b	不明	4、5	头骨，肢骨	Ⅱ区小墓	
M234c	不明	13～14	肢骨		
M235a	男	30～35	头骨（有钻孔），体骨片，肢骨，骨盆	Ⅱ区中墓	第四期
M235b	男	50左右	头骨，肢骨，骨盆		
M235c	男	55左右	完整头骨		
M236a	男	＞55	肢骨，骨盆	Ⅱ区中墓	第三期晚段
M236b	男	30左右	肢骨，骨盆		
M240	不明	婴儿	骨盆，肢骨	Ⅱ区小墓	第三期晚段
M242a	男	45～50	头骨	Ⅱ区中墓	第四期
M242b	男	＞55	完整头骨		
M242c	男	30～35	完整头骨		
M242d	男	成年	头骨片		
M245	女	35～40	肢骨，骨盆	Ⅱ区中墓	第二期晚段
M246	女	成年	头骨片，髋，肢骨	Ⅱ区中墓	第二期晚段
M247a	女	35～40	完整头骨	Ⅱ区中墓	第二期晚段
M247b	女	成年	肢骨		
M248a	女	成年	肢骨	Ⅱ区小墓	第二期晚段
M249a	女	30～35	头骨	Ⅱ区中墓	第二期晚段
M251－1	女	25～30	头骨片	Ⅱ区中墓	第二期晚段
M251－2	不明	未成年	头骨片		
M253	男	50～55	头骨，肢骨，髋	Ⅱ区小墓	第三期晚段
M254b	男	30左右	头骨片，肢骨，髋	Ⅱ区中型墓	第二期早段
M254a	女	50左右	肢骨，髋，头骨片		
M255	女	＞55	头骨，骨骼基本全	Ⅱ区中墓	第二期晚段
M255a	女	45～50	完整头骨		
M255b	男	40左右	完整头骨		

续附表二

墓　号	性别	年龄（岁）	骨　骼	墓葬规模	分　期
M256a	男	18，19	头骨，体骨片	Ⅱ区中墓	第二期晚段
M258	男	25～30	全身骨骼，较好	Ⅱ区中墓	第二期晚段
M260a	女	成年	头骨片	Ⅱ区中墓	第二期早段
M260b	男	30左右	头骨片，体骨	Ⅱ区中型墓	第二期早段
M262	不明	成年	头骨片	Ⅱ区中墓	第三期晚段
M263a	男	成年	髋，肢骨	Ⅱ区中墓	第三期晚段
M263b	女	25左右	头骨，体骨片		
M264a	男	18～19	肢骨，髋	Ⅱ区中墓	第三期晚段
M265a	女	30左右	颌骨，下肢，髋	Ⅱ区中墓	第三期晚段
	不明	8月9日	肢骨，椎骨		
M265b	不明	成年	头骨片，残肢		
	女	30～35	肢骨，椎骨，髋		
M265c	女	成年	头骨片		
	女	13左右	颌骨，肢骨，髋		
M265d	不明	10左右	头骨片		
M266a	女？	35～40	头骨片，肢骨，髋	Ⅱ区中墓	第三期晚段
M266b	男？	成年	残肢骨		
M267a	男	30～35	头骨片，体骨	Ⅱ区中墓	第三期晚段
M269	不明	5、6	头骨片	Ⅱ区小墓	第四期？
M271	男	20左右	颌骨	Ⅱ区中墓	第三期晚段
M271a	女	35～40	头骨		
M271b	不明	成年	头骨片		
M271c	女	15～16	头骨		
M272a	不明	7至9	头骨，肢骨，体骨	Ⅱ区中墓	第三期晚段
M272b	不明	7至9	肢骨，体骨		
M273	男	15～16	头骨片，肢骨。髋	Ⅱ区中墓	第三期晚段
M274	男	35左右	头骨	Ⅱ区中墓	第三期晚段
M274a	男	30左右	下颌，肢骨，髋		
M274b	不明	6左右	头骨，体骨片		
M275a	男	40～45	骨盆，头骨，肢骨	汉代	
M275e	女	20左右	骨盆，头骨，肢骨		
M275f	男	16～18	骨盆，肢骨		
M275g	女	40左右	骨盆		

续附表二

墓　号	性别	年龄（岁）	骨　骼	墓葬规模	分　期
M275c	女？	成年	头骨片		
M275d	男	成年	头骨片		
M275b	男	成年	头骨，肢骨，髋		
M276a	男	35 左右	头骨，肢骨，骨盆	II 区中墓	第二期晚段
M276b	女	35～40	头骨，肢骨，骨盆		
M276c	男	成年	头骨片，骶骨		
M277a	男	45 左右	骨盆，肢骨	II 区中型墓	第二期晚段
M277b	女	35～40	骨盆，肢骨，下颌		
M277c	不明	4～5	肢骨		
M277d	不明	13～14	下颌		
M277e	女	25 左右	头骨		
M278	男	25 左右	头骨	II 区中墓	第二期晚段
M278a	不明	成年	头骨片		
M278b	不明	未成年	头骨片		
M278c	女	56 以上	髋，残肢		
M278？	不明	成年	肢骨，椎骨		
	不明	14～15	椎骨		
M278？	男	成年	肢骨		
	女？	成年	肢骨		
M278	男	35 左右	肢骨，髋		
M279a	男？	16～17	头骨片，椎骨	II 区中墓	第四期
M281a	男	25～30	头骨，肢骨，髋	II 区中墓	
M281b	男	40 左右	肢骨，髋		第三期早段
M283a	女	30 左右	头骨片	II 区中墓	

后　记

　　拜城多岗墓地发掘于 1999 年，第二年即进行整理。通过半年的整理，基本完成了器物的修复、绘图和卡片登记工作，报告正文也基本完成。2010 年，多岗墓地正式考古报告项目申请正式启动，2013 年获得批准。在考古所领导的大力支持下，通过新疆维吾尔自治区文物局的关心和帮助，申请到国家文物局出版专项资金的支持。报告前面部分按发掘单位全面介绍考古发掘所得，后面的研究分章作为独立的部分，形成既有客观详细的介绍，又有主观研究相结合的方式，图版全部采用彩版。多学科研究部分，主要突出体质人类学的研究，也包括食性及 DNA 的分析。

　　由于考古发掘至今已过去 14 年，其间阿克苏文物局和博物馆、拜城县文物局要回部分文物作为展览之用，因此，为了拍摄彩照，郭物重新赴这两个单位及新疆考古队库尔勒工作站，拍摄了文物照片。

　　墓地的发掘由中国社会科学院考古研究所与阿克苏文物局、拜城县文管所（现为拜城县文物局）合作完成，参加发掘的专业人员主要为中国社会科学院考古研究所的陈超、龚国强、巫新华、李肖、郭物、阿克苏地区文物局颜松和拜城县文管所（现为拜城县文物局）吐逊江·木沙等。发掘现场摄影及照片整理工作由李肖同志完成。现场绘图工作由郭物及另外两位技工谭崇礼、席现坤负责。技工郑国刚负责陶器的修复。文物绘图、卡片制作、资料的整理和报告撰写主要为郭物负责完成。在李森的组织下，完成了出土器物的清绘工作，墓葬平剖面图的清绘则由刘方带领王苹、王帅帅和任红完成。

　　多岗墓地的碳十四年代由中国社会科学院考古研究所科技考古中心张雪莲负责测定。人骨由中国社会科学院考古研究所科技考古中心张君负责整理和研究，张雪莲负责食性分析研究，中国社会科学院考古研究所科技考古中心赵欣、张君和加拿大西蒙菲莎大学考古学系古 DNA 实验室杨东亚负责测定及研究相关人骨的 DNA。中国社会科学院考古研究所科技考古中心刘煜、北京科技大学冶金与材料史研究所刘建宇负责研究了出土的部分铜器。中国社会科学院考古研究所科技考古中心叶晓红负责研究墓葬出土石器。北京大学考古文博学院的陈建立检测了出土的部分铁器。

　　报告编写分工：第一章至第四章及结语由郭物、巫新华、李肖、龚国强、颜松、吐逊江·木沙执笔。第五章第一、第二节由张君执笔。第五章第三节由赵欣、张君、杨东亚执笔，第五章第四节由张雪莲、仇士华、张君执笔。第六章第一节由刘建宇与刘煜执笔。第六章第二节由叶晓红执笔。郭物对全部稿件进行了通读和审改。

多岗墓地的发掘、整理及报告的出版历经了十六年，它是大家齐心努力的结果。感谢国家文物局、新疆维吾尔自治区文物局、阿克苏地区文物局、拜城县文物局对考古发掘及整理工作给予的大力支持和帮助。感谢阿克苏地区博物馆和拜城县文物局在拍摄文物照片的过程中给予的协助。文物出版社责编秦彧报告编辑出版过程中助力尤多，谨致谢忱。最后感谢中国社会科学院考古所领导及各相关部门的支持和帮助。

由于时间仓促和编者水平所限，报告中难免会有纰漏，请大家批评指正！

编者

2014 年 9 月

Abstract

Duogang Cemetery is located to Dugan Village, Yatur Town, Baicheng County, Xinjiang Uygur Autonomous Region. In 1999, a co-excavation was carried out at Duogang Cemetery by Institute of Archaeology, Chinese Academy of Social Sciences, Aksu Bureau of Cultural Relics, Xinjiang Uygur Autonomous Region and Bureau of Cultural Relics of Baicheng County, in which one hundred tombs were unearthed. Duogang Cemetery isroughly divided into three parts. The tombs in the western part, Section I, are smaller in quantity but of higher rank. With more tombs, the middle part, Section II, constitutes the main body of the cemetery. In the eastern part, Section III, Buddhist remains of Wei and Jin periods were found.

Belonging to the same culture, the majority of tombs at Duogang Cemetery have vertical pits and round grave mounds. According to the scale, these tombs can fall into three categories, the small, the medium and the big ones, whose grave mounds respectively measure over nine meters, from five to nice meters and less than five meters in diameter. By the bottom plan, they can be classified into three types, that is, oval, Jia (甲) -shaped and sole-shaped types. Some tombs have appending pits, and others have niches on the west wall. Some tombs have stone mounds, and others were built inside stone walls.

As for the burial custom, both first burials and secondary burials can be seen at this cemetery. Several burial positions were also found, such asfixed burial with the body lying on one side or fixed burial with the body lying on the back, prone burial with the contracted limbs, and extended supine position burial. The first two kinds of burials account for the overwhelming majority. Some tomb occupants have well preserved skeletons and we can clearlydefine their burial positions, but others only have incomplete or separated skeletons, for example, the skull is separated from the body. Someonly left a pile of scattered bones. One or two drilled holes can be occasionally seen on the skull. In Section I, a custom of painting cinnabar on the skull was detected among some big tombs.

According to the number of occupants buried in a single tomb, we can divide these tombs into individual burials, joint burials and multiple burials. Among the individual burials, there are three burial positions such as fixed burial, extended supine position burial and burial with scattered bones. As for the joint burial, there are tombs with one adult and one child, or two children interred in one lay or in double layers. As for the multiple burials, occupants can be buried in one layer or in multiple layers. For the latter, the dead were even found on the top of the wooden shack. As for the tomb furniture, some occupants are covered with or lay on straw mat woven with achnatherumsplendens or on the corpse bed made with crabsticks. Various tomb structures and burial positions are combined together, which has added complicated characteristics to the tomb feather.

Pottery represents the largest portion among the burial goods, mainly including boiler with spout, round-mouth boiler, singer-eared or double-eared jar, bowl, pot and so forth.

Proved by the archaeological finds and dietary analysis, the occupants of Duogang cemetery lived once mainly on animal husbandry and the main livestock were sheep, cattleand horse, with priority given to sheep. They probably had mountainous nomadic economy. and primitive agriculture in which wheat and millet had been planted.

The occupants of Duogang cemetery mainly belong to the primitive European populationsbut we can also see the penetration and communication among different ethical groups. The gene analysis indicates that these people have a hybrid gene from both western and eastern races.

In the earlier stage, the cemetery occupants probably lived in tribes with family as its basic unit, in which there is none social division. In the later period, due to the reinforced cohesion of family clans, there appeared the division of social rank and wealth. Some people became tribal leaders, owning more and more rights. The archaeological finds suggest, there is a division among burial goods and the scale of tombs. On the other hand, people began to build walled cities and castle-like small towns.

The cultural feather of this cemetery is close to that of Qunbake Cemetery of LuntaiCounty and Czeier Cemetery of Baicheng County. All of three cemeteries should belong to the same culture, which I propose it be named "Qunbake Culture". The vast majority of the tombs at this cemetery are dated to the first half of one thousand B. C. E. By the periodization of this cemetery, we can establish a reliable reference to the researches of the archaeological culture in the Tarim Basin.

In a word, the excavating materials have a unique value andimportant significance.

1. 多岗墓地（北—南）

2. 多岗墓地（南—北）

彩版一　多岗墓地远景

1. M101封堆（南—北）

2. M101被烧过的棚木（西—东）

彩版二　多岗墓地M101

1. 双錾耳釜 M101：1

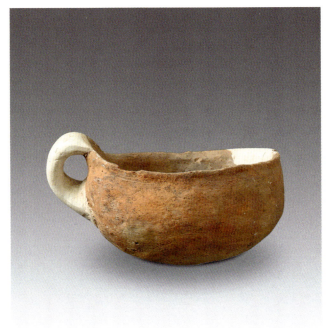

2. 单耳深腹钵 M101：5

3. 无耳浅腹钵 M101：4

4. 单耳方形钵 M101：2

彩版三　多岗墓地M101出土遗物

1. M102封堆（南—北）

2. M102人骨架

3. 带流杯M102：1

彩版四　多岗墓地M102及出土遗物

1. M103封堆

2. M103铜牌饰出土情况

彩版五　多岗墓地M103

1. M105封堆（北—南）

2. M105封堆内附葬婴儿墓

3. 单耳钵M105：1

彩版六　多岗墓地M105及出土遗物

1．M107封堆（南—北）

2．角形管銎铜器M107：1

3．铜节约

4．铜马镳M107：2

5．铜马衔M07：6

彩版七　多岗墓地M107及出土遗物

1．M108c号人骨架脚部

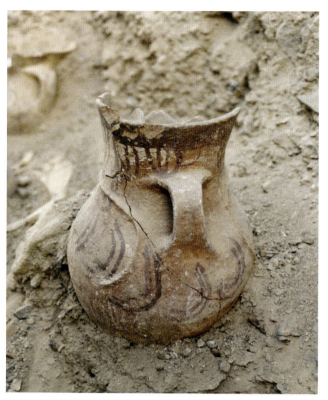

3．M108a号人骨架上方单耳带流釜

2．M108c号人骨架下草席

4．M108砺石出土情况

彩版八　多岗墓地M108

1. 单耳带流釜M108：1

2. 单耳圆口釜M108：10

3. 陶壶M108：2

4. 无耳直沿钵M108：3

5. 化妆棒M108：12

6. 砺石M108：11

彩版九　多岗墓地M108出土遗物

1. M109封堆北侧石围（东—西）

2. M109封堆内附葬婴儿墓

彩版一〇　多岗墓地M109

1. M109b号婴儿骨架

2. M109草席上的砺石

1．无耳钵M109：17

2．錾耳圆口釜M109：1

3．灰陶壶M109：12

4．铜簪M109：16

5．砺石M109：13

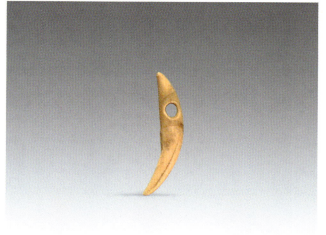

6．兽牙M109：5

彩版一二　多岗墓地M109出土遗物

1．M110主墓室南侧附葬坑口棚木（北—南）

2．M110封堆内附葬婴儿墓（东—西）

1. M114墓室（南—北）

2. M114墓口西侧人骨（南—北）

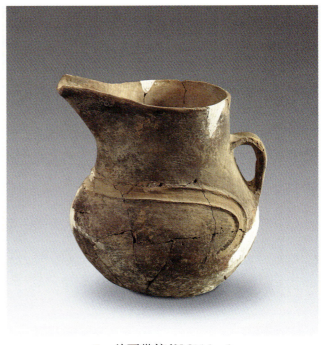

3. 单耳带流釜M114：1

彩版一四　多岗墓地M114

1．M201墓室（东—西）

2．带流釜M201：1

3．单耳深腹钵M201：2

彩版一五　　多岗墓地M201及出土遗物

1. M202墓室（东—西）

2. 单耳圆口釜M202：1

3. 深腹钵M202：2

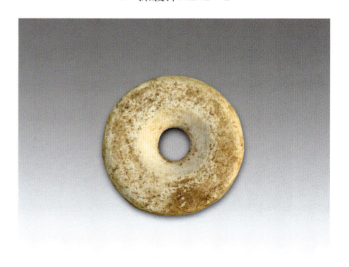

4. 石纺轮M202：3

彩版一六　　多岗墓地M202及出土遗物

1．M203墓室

2．单耳带流釜M203∶3

3．深腹钵M203∶5

彩版一七　多岗墓地M203及出土遗物

1．M204墓室

2．单耳浅腹钵M204：1

3．石纺轮M204：2

彩版一八　多岗墓地M204及出土遗物

1. M206上层人骨架（南—北）

2. M206下层人骨架（东—西）

彩版一九　多岗墓地M206

1. 单耳带流釜M206：3

2. 单耳带流釜M206：4

3. 单耳钵M206：2

5. 化妆棒M206：6

4. 石纺轮M206：5

彩版二〇　多岗墓地M206出土遗物

1．M207墓室（东—西）

2．无耳钵M207∶3

3．陶纺轮M207∶2

4．化妆棒M207∶1

彩版二一　多岗墓地M207及出土遗物

1. M209封堆（南—北）

2. M209墓室（东—西）

彩版二二　　多岗墓地M209

1．M210墓室（东—西）

2．单耳圆口釜M210：1

3．单耳深腹钵M210：3

彩版二三　多岗墓地M210及出土遗物

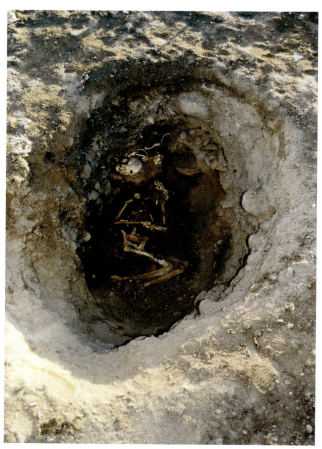

1. M211墓室（东—西）

2. 单耳直口釜M211：1

3. 单耳深腹钵M211：5

彩版二四　多岗墓地M211及出土遗物

1．M213墓室（东—西）

2．M213墓室局部

彩版二五　多岗墓地M213

1．M213棺床（北—南）

2．M213棺床局部

3．M213棚木上草席

彩版二六　多岗墓地M213

1. 单耳带流釜M213：1

2. 单耳带流釜M213：5

3. 单耳深腹钵M213：3

4. 单耳浅腹钵M213：7

5. 单耳浅腹钵M213：2

6. 红陶壶M213：6

彩版二七　多岗墓地M213出土遗物

1．M215墓室（北—南）

2．陶纺轮M215：1

3．串珠M215：2

彩版二八　多岗墓地M215及出土遗物

1．M216棚木（北—南）

2．M216人骨架（南—北）

彩版二九　多岗墓地M216

1．单耳带流釜M216∶1

2．单耳带流釜M216∶1

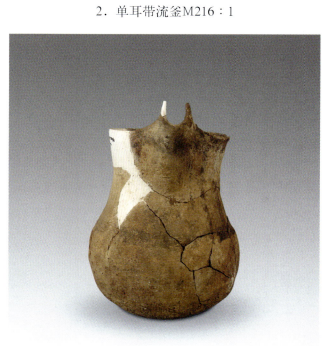

3．单耳带流釜M216∶1

4．单耳带流釜M216∶1

彩版三〇　　多岗墓地M216出土遗物

1．M218墓室（南—北）

2．M219墓室（北—南）

彩版三一　多岗墓地M218与M219

1．M220墓室（北—南）

2．M220底层骨架旁的铁勺

彩版三二　多岗墓地M220

1. 圆口彩陶釜M220：3

2. 圆口彩陶釜M220：3

3. 单耳浅腹钵M220：2

4. 单耳浅腹钵M220：2

5. 红陶小杯M220：1

6. 铁勺M220：4

彩版三三　多岗墓地M220出土遗物

1. M221墓口封石（南—北）

2. M221墓室（南—北）

彩版三四　多岗墓地M221

1. M221下层人骨架（东—西）

2. 单耳深腹钵M221：2

3. 单耳浅腹钵M221：1

4. 无耳钵M221：5

5. 无耳钵M221：6

彩版三五　多岗墓地M221及出土遗物

1．M222棚木上人骨架（东—西）

2．M222墓室内人骨架（东—西）

彩版三六　多岗墓地M222

1．M223墓室（北—南）

2．M224墓室（南—北）

彩版三七　多岗墓地M223与M224

1. 单耳圆口釜M224：2

2. 单耳圆口釜M224：2

3. 单耳浅腹钵M224：3

4. 单耳浅腹钵M224：3

5. 单耳深腹钵M224：7

6. 骨条M246：6

彩版三八　多岗墓地M224出土遗物

1．M226墓口棚木（西—东）

2．M226墓室第二层人骨架（南—北）

彩版三九　多岗墓地M226

1. M226墓室第三层人骨架（东—西）

2. 陶壶M226：2

3. 单耳深腹钵M226：1

4. 陶纺轮M226：3

5. 石纺轮M226：5

彩版四○　多岗墓地M226及出土遗物

1. M228墓室（北—南）

2. 陶壶M228：2

彩版四一　多岗墓地M228及出土遗物

1．M229墓口棚木（北—南）

2．M229棚木上的草席

彩版四二　多岗墓地M229

1．M229墓室上层人骨架（东—西）

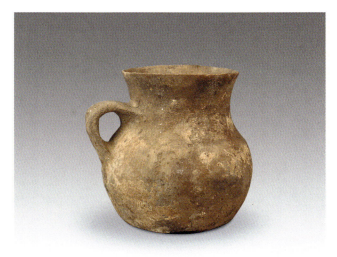

2．单耳小罐M229：1

3．砺石M229：6

4．戒面M229：7

彩版四三　多岗墓地M229及出土遗物

1. M231墓室第二层人骨架（东—西）

2. 大深腹盆M231：3

3. 铜镞M231：4

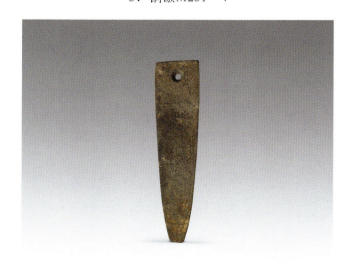

4. 砺石M231：5

彩版四四　多岗墓地M231及出土遗物

1．M234棚木上人骨架（东—西）

2．单耳带流釜M234：1

3．串珠M234：4

4．串珠M234：4

5．骨纺轮M234：3

彩版四五　多岗墓地M234及出土遗物

1. M235墓口棚木

3. 单耳圆口釜 M235：3

2. M235上层人骨架（北—南）

4. 单耳深腹钵 M235：1

5. 无耳钵 M235：2

彩版四六　多岗墓地 M235

1. M236墓口棚木（东—西）

2. 金耳环M236：1

3. 金耳环M236：1

彩版四七　多岗墓地M236及出土遗物

1. M236上层人骨架（东—西）

2. M236下层人骨架（东—西）

彩版四八　多岗墓地M236

1．M241墓口棚木（东—西）

2．M241墓室（东—西）

彩版四九　多岗墓地M241

1．双耳釜M241：2

2．双耳釜M241：2

3．无耳杯M241：3

4．串珠M241：6

彩版五○　多岗墓地M241出土遗物

1. M242墓室（东—西）

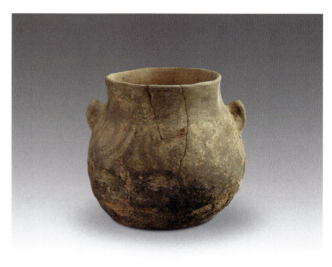

2. 錾耳圆口釜M242：1

3. 单耳浅腹钵M242：2

4. 单耳小罐M242：3

5. 铜耳坠M242：8

6. 铜耳坠M242：8

7. 砺石M242：5

彩版五一　多岗墓地M242及出土遗物

1. M244墓室（东一西）

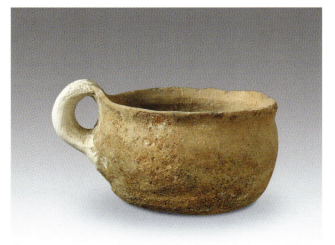

2. 单耳深腹钵 M244：5

3. 单耳圆口釜 M244：4

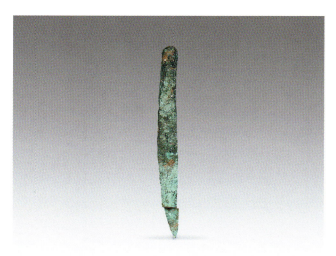

4. 铜刀 M244：2

彩版五二　多岗墓地M244及出土遗物

1. M245墓室（东—西）

2. M246墓室（东—西）

彩版五三　　多岗墓地M245与M246

1. M247墓室

2. 单耳带流釜M247：1

3. 单耳圆口釜M247：2

4. 单耳圆口釜M247：2

5. 单耳圆口釜M247：2底部

彩版五四　多岗墓地M247及出土遗物

1. 单耳深腹钵M247：3

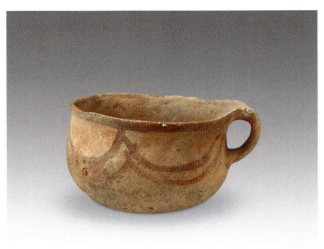

2. 单耳深腹钵M247：3

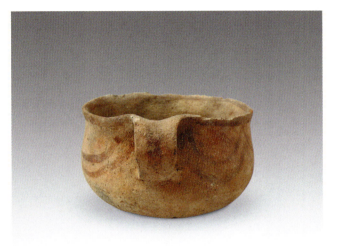

3. 单耳深腹钵M247：3

4. 化妆棒M247：5

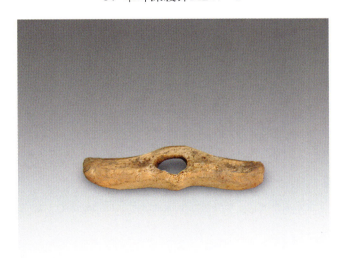

5. 骨饰件M247：6

6. 骨簪M247：7

彩版五五　多岗墓地M247出土遗物

1. M248墓室第二层骨架（东—西）

2. 骨管M248：1

3. 骨管M248：3

4. 骨饰件M248：2

彩版五六　多岗墓地M248及出土遗物

1. M249墓口封石（北—南）

2. M249墓室（北—南）

彩版五七　多岗墓地M249

1. M249儿童头骨西侧的铜簪与铜针

2. 铜簪 M249：1

3. 铜簪 M249：2

4. 铜针 M249：3

彩版五八　多岗墓地M249及出土遗物

1．M250墓口棚木（北—南）

2．M250墓室（东—西）

彩版五九　多岗墓地M250

1．M250单耳带流釜出土情况

2．单耳带流釜M250：7

3．单耳深腹钵M250：2

4．石纺轮M250：4

彩版六〇　多岗墓地M250及出土遗物

1. 单耳带流釜M250：1   2. 单耳带流釜M250：1

3. 单耳带流釜M250：1   4. 单耳带流釜M250：1

彩版六一　多岗墓地M250出土遗物

1. 单耳深腹钵 M251：7

2. 串珠 M251：6

3. M253墓室（西—东）

彩版六二　多岗墓地 M253 与 M251 出土遗物

1．单耳深腹钵M252∶4

2．方口钵M252∶5

3．化妆棒M252∶2

5．串珠M252∶1

4．串珠M252∶1

彩版六三　多岗墓地M252出土遗物

1．M254墓室（东—西）

3．单耳深腹钵M254：3

4．单耳浅腹钵M254：1

2．单耳带流釜M254：2

5．骨纺轮M254：5

彩版六四　多岗墓地M254及出土遗物

1. 单耳带流釜 M255：4

2. 单耳带流釜 M255：1

3. 单耳深腹钵 M255：5

4. 化妆棒 M255：2

彩版六五　多岗墓地M254出土遗物

1. 串珠M256：1

4. M257墓室（东—西）

2. 单耳带流釜M257：1

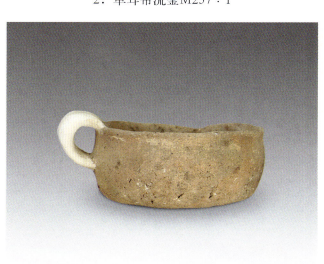

3. 单耳深腹钵M257：2

彩版六六　　多岗墓地M256与M257出土遗物

1. M259墓室（东—西）

2. 单耳圆口釜M259：3

3. 单耳深腹钵M259：2

5. M260墓室（东—西）

4. 浅腹盆M259：1

彩版六七　多岗墓地 M260 与 M259 及出土遗物

1．单耳带流釜M260：1   2．单耳带流釜M260：1

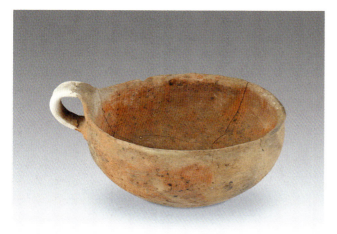

3．单耳深腹钵M260：3   4．单耳深腹钵M260：2

5．串珠M260：4

彩版六八　多岗墓地M260出土遗物

1. M261墓室（南—北）

2. 方钵M261：2

3. 方钵M261：2

4. 方钵M261：2

彩版六九　多岗墓地M261及出土遗物

1．M262墓室（东—西）

2．单耳带流釜M262：1

3．单耳深腹钵M262：2

彩版七〇　多岗墓地M262及出土遗物

1．M263墓室（北—南）

2．M264墓室（东—西）

彩版七一　多岗墓地M263与M264

1. M265墓室（东—西）

2. 灰陶壶M265：2

彩版七二　多岗墓地M265及出土遗物

1. M266墓室上层骨架（东—西）

2. M266墓室下层骨架（东—西）

彩版七三　多岗墓地M266

1．M266墓室上层骨架局部（南—北）

2．M266上层骨架颈部石坠饰

3．M266上层骨架旁的卜骨

彩版七四　多岗墓地M266

1．铜簪M266：2　　　　　　　2．铜簪M266：6　　　　　　　3．铜针M266：8

4．化妆棒M266：10　　　　　　　　　　5．化妆棒M266：1

6．坠饰M266：4　　　　　　　　　　7．骨器M266：5

彩版七五　　多岗墓地M266出土遗物

1. M267墓室（东—西）

2. M267墓室（东—西）

彩版七六　多岗墓地M267

1．单耳圆口釜M267：1

2．单耳圆口釜M267：1

3．单耳圆口釜M267：1

4．单耳圆口釜M267：1

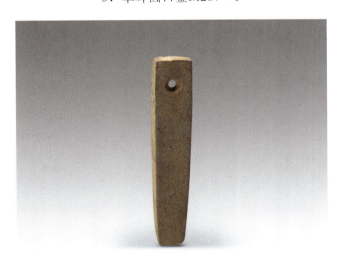

5．砺石M267：4

彩版七七　　多岗墓地M267出土遗物

1．M269墓室（北—南）

2．M270墓室（东—西）．

彩版七八　多岗墓地M269与M270

1．M270棚木上人骨架（北—南）

2．M270墓室第三层（东—西）

彩版七九　多岗墓地M270

1. 单耳浅腹钵M270∶4

2. 单耳浅腹钵M270∶1

3. 无耳圆口钵M270∶5

4. 白石球M270∶7

5. 化妆棒M270∶8

6. 骨器M270∶10

彩版八〇　多岗墓地M270出土遗物

1．M271头骨钻孔情况

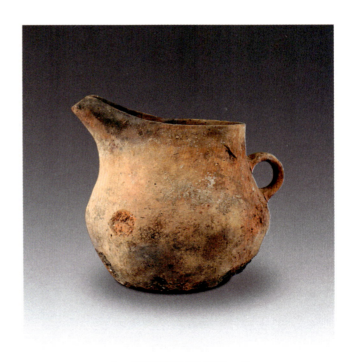

2．单耳带流釜M271：3

彩版八一　多岗墓地M271及出土遗物

1. M272墓室（东—西）

2. M273墓室（东—西）

彩版八二　多岗墓地M272与M273

1. M274墓室上层人骨架（南—北）

2. M274墓室下层人骨架（东—西）

彩版八三　多岗墓地M274

1．单耳带流釜M276：1

3．化妆棒M276：3

2．无耳圆口钵M276：2

4．化妆棒M276：5

5．骨针M276：4

彩版八四　多岗墓地M276出土遗物

1. M277墓室（南—北）

3. 单耳浅腹钵M277：2

2. M277墓室下层人骨架（东—西）

4. 化妆棒M277：1

彩版八五　多岗墓地M277及出土遗物

1．M278封堆内积石

2．单耳带流釜M278：3

3．单耳深腹钵M278：5

4．单耳浅腹钵M278：4

5．铜马衔M278：2

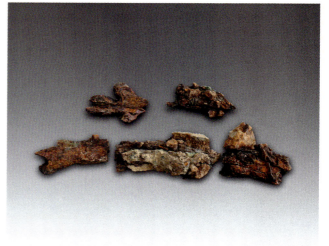

6．铁器M278：6

彩版八六　多岗墓地M278及出土遗物

1．M279墓室（东—西）

2．M283墓室（东—西）

彩版八七　多岗墓地M279与M283

1. M275墓室（东北—西南）

2. M275墓室（东—西）

彩版八八　多岗墓地M275

1. M275墓室中间大柱洞

2. M275墓室东北角砾石

3. M275墓室东南角砾石

彩版八九　多岗墓地M275

1．玛瑙圆珠M275：6　　　2．八面玛瑙珠M275：5　　　3．长玛瑙珠M275：4

4．紫色珠M275：16　　　5．金箔包铜饰M275：14　　　6．铁牌饰M275：17

7．铜印M275：2　　　8．带红色颜料土块M275：8　　　9．云母M275：15

彩版九〇　多岗墓地M275出土遗物

1．M242b正面（男性）

4．M255A正面（女性）

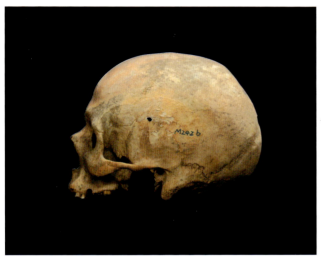

2．M242b侧面（男性）

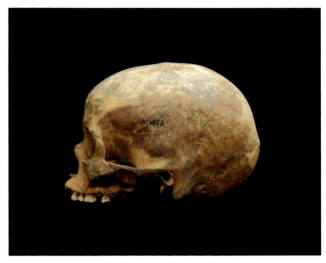

5．M255A侧面（女性）

3．M242b顶面（男性）

6．M255A顶面（女性）

彩版九一　多岗墓地出土头骨

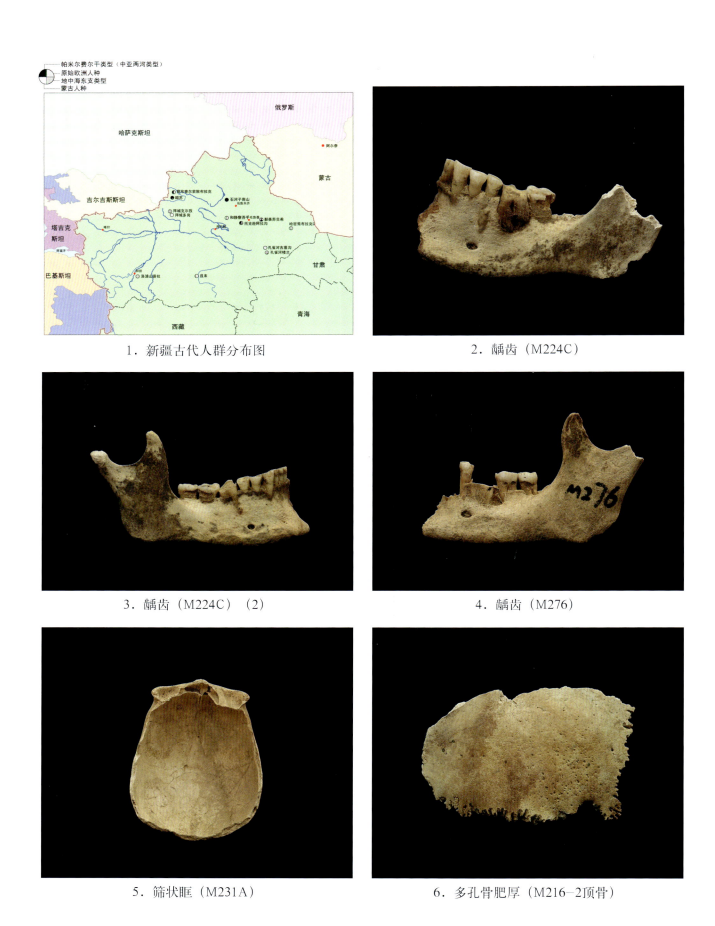

1. 新疆古代人群分布图

2. 龋齿（M224C）

3. 龋齿（M224C）（2）

4. 龋齿（M276）

5. 筛状眶（M231A）

6. 多孔骨肥厚（M216-2顶骨）

彩版九二　多岗墓地出土骨头

1. 骨关节炎（M254肱骨下端）

2. 压缩性骨折（M220B椎骨）

3. 肌炎骨化（M224D髋骨上缘）

4. 骨关节炎（M292A股骨下端）（2）

5. 骨关节炎（M292A股骨头）

6. 骨关节炎（M292A股骨下端）

彩版九三　多岗墓地出土骨头

1．M107：1铜器

2．M266铜簪

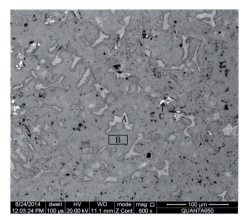

9．M107：1铜块部分背散射图像（一）

（EDS微区分析Wt%：A．共析体 Cu15.7，Sn46.9，As1.8，Fe0.7，O34.9 B．α基体 Cu64.3，Sn14.1，As1.4，O20.2 C．亮白色点 Cu10.8，Sn4.8，Ag70.3，O8.6，Cl5.5）

3．M107：1半环部分的金相组织（未浸蚀） 25X

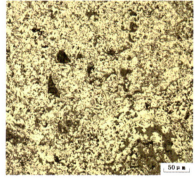

4．M107：1半环部分的金相组织（未浸蚀） 200X

5．M107：1铜块部分的金相组织（未浸蚀） 50X

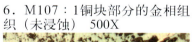

6．M107：1铜块部分的金相组织（未浸蚀） 500X

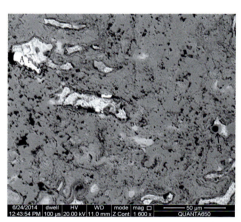

10．M107：1铜块部分背散射图像（二）

（EDS微区分析Wt%：A．亮白色条块 Cu5.7，Sn3.5，Ag84.9，O5.3，Cl0.6 B．灰黑色夹杂物 Cu65.4，Sn12.3，S15.8，Fe0.4，O6.1）

7．M266铜簪的金相组织（未浸蚀） 25X

8．M266铜簪的金相组织（未浸蚀） 500X

彩版九四　多岗墓地出土铜器

1. 眉墨M266:7

2. 眉墨M266:7

3. 眉墨M266:7

4. 眉墨M266:7

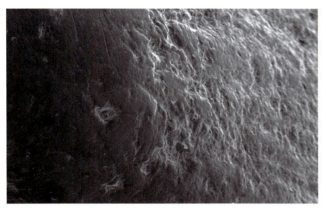
5. 眉墨M266:7磨面SEM200X

6. 眉墨M266:7钻孔SEM20X

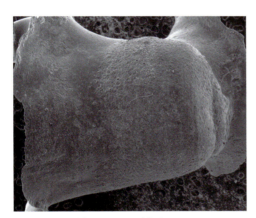
7. 眉墨M266:7钻孔SEM50X

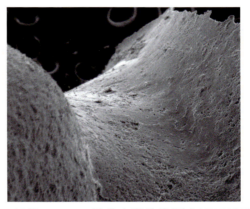
8. 眉墨M266:7钻孔上端的使用痕SEM200X

9. 眉笔M266:1

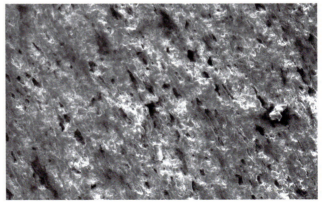
10. 眉笔M266:1的显微结构SEM200X

彩版九五　多岗墓地出土石器

1．M266出土眉墨和眉笔的使用方式　　2．坠饰M266：4　　3．坠饰M266：4局部

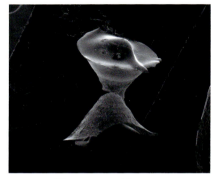
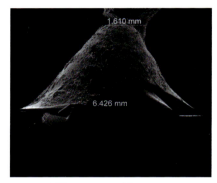

4．坠饰M266：4表面磨痕SEM200X　　5．坠饰M266：4钻孔SEM20X　　6．坠饰M266：4钻孔SEM40X

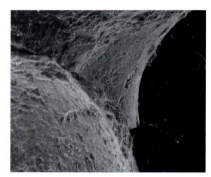

7．坠饰M266：4钻孔上端的使用痕SEM200X

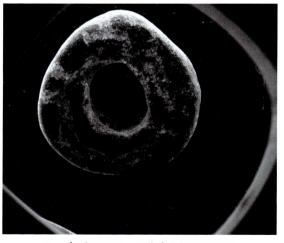

8．串珠M242：9　　9．串珠M242：9放大图SEM30X

彩版九六　　多岗墓地出土石器